Fundamentos de
Economia

Marco Antonio Sandoval de Vasconcellos
Manuel Enriquez Garcia

Professores do Departamento de Economia da FEA-USP

Fundamentos de
Economia

Best-Seller em **Economia** — 7ª edição

Av. Paulista, 901, Edifício CYK, 4º andar
Bela Vista – São Paulo – SP – CEP 01310-100

SAC | sac.sets@saraivaeducacao.com.br

Diretoria executiva	Flávia Alves Bravin
Diretoria editorial	Ana Paula Santos Matos
Gerência de produção e projetos	Fernando Penteado
Gerenciamento de catálogo	Gabriela Ghetti
Edição	Neto Bach
	Estela Janiski Zumbano
Design e produção	Daniele Debora de Souza (coord.)
	Rosana Peroni Fazolari
	Camilla Felix Cianelli Chaves
	Deborah Mattos
	Lais Soriano
	Tiago Dela Rosa
Planejamento e projetos	Cintia Aparecida dos Santos
	Daniela Maria Chaves Carvalho
	Emily Larissa Ferreira da Silva
	Kelli Priscila Pinto
Diagramação e revisão	Join Bureau
Capa	Lais Soriano
Produção gráfica	Marli Rampim
	Sergio Luiz Pereira Lopes
Impressão e acabamento	Vox Gráfica

DADOS INTERNACIONAIS DE CATALOGAÇÃO NA PUBLICAÇÃO (CIP)
VAGNER RODOLFO DA SILVA – CRB-8/9410

V331f	Vasconcellos, Marco Antonio Sandoval
	Fundamentos de economia / Marco Antonio Sandoval Vasconcellos, Manuel Enriquez Garcia. – 7. ed. – São Paulo: SaraivaUni, 2023.
	376 p.
	ISBN 978-65-8795-809-5 (Impresso)
	1. Economia. I. Garcia, Manuel Enriquez. II. Título.

	CDD 330
2022-3833	CDU 33

Índices para catálogo sistemático:
1. Economia 330
2. Economia 33

Copyright © Marco Antonio Sandoval de Vasconcellos e Manuel Enriquez Garcia.
2023 Saraiva Educação.
Todos os direitos reservados.

7ª edição

Dúvidas? Acesse www.saraivaeducacao.com.br

CÓD. OBRA	2187	CL	651974	CAE	816452

Agradecimentos

Ao longo das várias edições do livro, muitos colegas e professores forneceram importantes colaborações. Assim, gostaríamos de registrar nossos agradecimentos aos professores Dr. Roberto Luis Troster, ex-docente da Universidade de São Paulo (USP) e da Pontifícia Universidade Católica de São Paulo (PUC-SP) e Dr. Antonio Lanzana, da USP; ao economista Eduardo Lundberg, do Banco Central; e ao advogado e diplomata Dr. João Henrique Guidugli, que, nas primeiras edições, apresentaram sugestões valiosas para este trabalho.

A partir da sexta edição, precisamos destacar as sugestões do professor Marcio Bobik Braga, da Faculdade de Economia, Administração e Contabilidade de Ribeirão Preto (FEA-RP/USP), no Capítulo 2, e do professor Cleveland Prates, ex-conselheiro do Conselho Administrativo de Defesa Econômica (Cade), e professor de cursos de Microeconomia do FGV-Law, da Fundação Getulio Vargas (FGV), nos Capítulos 2 e 7.

Particularmente nas leituras complementares aos capítulos, contamos com a inestimável colaboração do Dr. Ulisses Ruiz de Gamboa, professor do Insper e da Universidade Presbiteriana Mackenzie, bem como dos cursos MBA da Fundação Instituto de Pesquisas Econômicas (Fipe), e do professor Dr. Francisco Carlos Barbosa dos Santos, da Escola de Artes, Ciências e Humanidades da USP (USP-Leste).

Finalmente, não poderíamos deixar de agradecer a Patrícia Pereira e Ana Ferri pelo inestimável trabalho de digitação e elaboração de tabelas e gráficos, nas várias edições do livro.

Marco Antonio Sandoval de Vasconcellos
Manuel Enriquez Garcia

Sobre os Autores

Marco Antonio Sandoval de Vasconcellos é bacharel, mestre e doutor em Economia pela Faculdade de Economia, Administração e Contabilidade da Universidade de São Paulo (FEA/USP). É professor sênior do Departamento de Economia da FEA/USP e dos cursos de especialização, MBA e pós-graduação *lato sensu* da Fundação Instituto de Pesquisas Econômicas (Fipe). É professor e coordenador de cursos e projetos na Fipe, ex-membro da Comissão de Avaliação de Ensino de Economia (Avaliação das Faculdades e Provão, atual Enade) do Ministério da Educação, ex-presidente do Conselho Regional de Economia de São Paulo, ex-conselheiro do Conselho Federal de Economia, e conselheiro da Ordem dos Economistas do Brasil. É professor nas áreas de Macroeconomia e Economia Brasileira.

Manuel Enriquez Garcia é bacharel, mestre e doutor em Economia pela Universidade de São Paulo (USP). É professor sênior do Departamento de Economia da Faculdade de Economia, Administração e Contabilidade da Universidade de São Paulo (FEA/USP). Foi presidente do Conselho Regional de Economia de São Paulo e atualmente é presidente da Ordem dos Economistas do Brasil. É advogado inscrito na OAB – Seção de São Paulo. Ex-professor da Pontifícia Universidade Católica de São Paulo (PUC/SP). É professor nas áreas de Economia, Direito e Negócios Internacionais.

Apresentação

Fundamentos de Economia é um livro dirigido a estudantes e profissionais das áreas de Direito e Ciências Humanas em geral, que tem por objetivo fornecer uma visão abrangente das principais questões econômicas de nosso tempo.

Não é um livro de Economia Política, em que se enfatizam aspectos históricos e políticos do desenvolvimento da Economia, nem um livro de Direito Econômico, cujo enfoque está mais direcionado à Ciência Jurídica do que à Ciência Econômica. Trata-se de um livro introdutório de Economia Aplicada, no qual procuramos explicar com clareza e concisão conceitos e problemas econômicos fundamentais, de forma que os estudantes possam ter melhor compreensão da realidade econômica. Ele é o resultado da experiência dos autores em ministrar aulas em cursos de graduação e pós-graduação, bem como em cursos de extensão e especialização, para estudantes e profissionais de várias áreas interessados em Economia.

Embora dirigido a estudantes, profissionais no exercício de suas atividades, tais como advogados, administradores, contadores e economistas, poderão encontrar neste livro algumas questões de interesse prático, como atualização de valores de ações judiciais, cálculo de valores reais (isto é, livre do efeito da taxa de inflação). Além disso, o leitor interessado em concursos públicos que incluam Economia, como os da área fiscal, encontrará neste livro alguns tópicos normalmente solicitados nesses concursos.

Nesta sétima edição, fizemos uma revisão completa, atualizando as tabelas estatísticas, e incluímos novos temas, como o papel recente das moedas digitais e uma avaliação do impacto econômico da pandemia do coronavírus (covid-19). As alterações foram no sentido de tornar a obra ainda mais didática, que é certamente a razão fundamental de sua grande aceitação em todo o país, atendendo a estudantes e profissionais das mais diversas áreas.

O livro contém 16 capítulos. O primeiro é introdutório, e nele se encontra o escopo do estudo econômico. No Capítulo 2, procuramos mostrar as inter--relações entre Economia e Direito. Nos cinco capítulos seguintes desenvolvemos os principais conceitos e temas ligados à área da teoria microeconômica: Introdução à Microeconomia (Capítulo 3), Demanda, Oferta e Equilíbrio de Mercado (Capítulo 4), Custos de Produção (Capítulo 5), Estruturas de Mercado (Capítulo 6), e Noções sobre Teoria dos Jogos e Economia da Informação (Capítulo 7). O restante do livro é dedicado à teoria e política macroeconômica. No Capítulo 8, apresentamos os principais fundamentos da Macroeconomia. A seguir, no Capítulo 9, analisamos o ramo da Macroeconomia conhecido como Contabilidade Social, e são apresentados os principais agregados macroeconômicos. A Determinação da Renda e do Produto Nacional encontram-se nos Capítulos 10 (Mercado de Bens e Serviços) e 11 (O Lado Monetário da Economia, em que comentamos o surgimento das moedas digitais). O Capítulo 12 encerra o modelo macroeconômico básico, incluindo O Setor Externo da economia, em que demos um destaque especial para a crise de 2008 como leitura complementar a esse capítulo. O Capítulo 13 detalha a questão inflacionária, sendo que, nesta edição, mantivemos o destaque à importância do Plano Real e incluímos a discussão sobre o impacto econômico da pandemia do coronavírus. No Capítulo 14, especificamos o papel do Setor Público na atividade econômica. No Capítulo 15, são apresentadas noções fundamentais acerca do Crescimento e Desenvolvimento Econômico. Finalmente, no Capítulo 16, apresentamos um breve retrospecto da Evolução do Pensamento Econômico.

Fundamentos de Economia traz ainda um glossário com aproximadamente 300 verbetes; referências bibliográficas ao longo da obra, com autores nacionais e estrangeiros; e um índice remissivo, que inclui não somente termos específicos de teoria econômica, mas também remissão a temas atuais tratados neste livro.

Os erros porventura contidos neste livro são de exclusiva responsabilidade dos autores.

Marco Antonio Sandoval de Vasconcellos
Manuel Enriquez Garcia

Sumário

Capítulo 10 – Determinação da Renda e do Produto Nacional: o Mercado de Bens e Serviços 167

Glossário 321

Índice Remissivo 347

Capítulo 1

Introdução à Economia

1.1 Introdução

Seja em nosso cotidiano, seja nos jornais, no rádio e na televisão, deparamo-nos com inúmeras questões econômicas, como:

- aumentos de preços;
- períodos de crise econômica ou de crescimento;
- desemprego;
- setores que crescem mais do que outros;
- diferenças salariais;
- crises no balanço de pagamentos;
- vulnerabilidade externa;
- valorização ou desvalorização da taxa de câmbio;
- dívida externa;
- ociosidade em alguns setores de atividade;
- diferenças de renda entre as várias regiões do país;
- comportamento das taxas de juros;
- déficit governamental;
- elevação de impostos e tarifas públicas.

Esses temas, já rotineiros em nosso dia a dia, são discutidos pelos cidadãos comuns, que costumam ter opiniões formadas sobre as medidas adotadas pelo Estado. Um estudante de Economia, de Direito ou de outra área pode vir a ocupar um cargo de responsabilidade em uma empresa ou na própria administração pública e necessitará de conhecimentos teóricos mais sólidos para poder analisar os problemas econômicos que nos rodeiam diariamente.

O objetivo do estudo da Ciência Econômica é analisar os problemas econômicos e formular soluções para resolvê-los, de forma a melhorar nossa qualidade de vida.

1.2 Conceito de Economia

Etimologicamente, a palavra economia deriva do grego *oikonomía* (de *oikos*, casa; *nomos*, lei). Na acepção original seria a "administração da casa" que, posteriormente foi associado à "administração da coisa pública".

Define-se **Economia** como a Ciência Social que estuda de que maneira a sociedade decide (escolhe) empregar recursos produtivos escassos na produção de bens e serviços, de modo a distribuí-los entre as várias pessoas e grupos da sociedade, a fim de satisfazer as necessidades humanas. Portanto, é a Ciência Social que estuda como a sociedade administra recursos produtivos (fatores de produção) escassos.

Essa definição contém vários conceitos importantes considerados a base e o objeto do estudo da Ciência Econômica:

- Ciência Social;
- escolha;
- escassez;
- necessidades;
- recursos;
- produção;
- distribuição.

Como Ciência Social, o estudo da teoria econômica pertence ao campo das Ciências Humanas. Como repousam sobre decisões humanas, as decisões econômicas envolvem juízo de valor, dando origem a diferentes formas de interpretação e, consequentemente, a várias correntes de pensamento econômico.

A Ciência Econômica nasce da constatação de que, em qualquer sociedade, os recursos produtivos ou fatores de produção (mão de obra, terra, capital, matérias-primas, entre outros) são limitados. Por outro lado, os desejos e as necessidades humanas são ilimitados e sempre se renovam, por força do próprio crescimento populacional e pela contínua elevação do padrão de vida. Independentemente do seu grau de desenvolvimento, nenhum país consegue dispor de todos os recursos dos quais necessita.

Tem-se, então, um problema de escassez: recursos limitados contrapondo-se a necessidades humanas ilimitadas.

Em função da escassez de recursos, toda sociedade tem de escolher entre alternativas de produção e de distribuição dos resultados da atividade produtiva entre os vários grupos da sociedade. Essa é a questão central do estudo da Economia: como alocar recursos produtivos limitados, de forma a atender ao máximo às necessidades humanas.

1.2.1 Os problemas econômicos fundamentais

A escassez dos recursos ou fatores de produção, associada às necessidades ilimitadas do homem, leva a um problema de escolha, originando, então, os chamados problemas econômicos fundamentais: o que e quanto produzir? Como produzir? Para quem produzir?

- **O que e quanto produzir:** dada a escassez de recursos de produção, a sociedade terá de escolher, dentro do leque de possibilidades de produção, quais produtos serão produzidos e as respectivas quantidades a serem fabricadas.

- **Como produzir:** a sociedade terá de escolher quais recursos de produção serão utilizados para a produção de bens e serviços, dado o nível tecnológico existente. A concorrência entre os diferentes produtores acaba decidindo como serão produzidos os bens e serviços. Os produtores escolherão, entre os métodos mais eficientes, aquele que tiver o menor custo de produção possível.
- **Para quem produzir:** a sociedade terá também de decidir como seus membros participarão da distribuição dos resultados de sua produção. A distribuição da renda dependerá não só da oferta e da demanda nos mercados de serviços produtivos, ou seja, da determinação dos salários, das rendas da terra, dos juros e dos benefícios do capital, mas também da repartição inicial da propriedade e da maneira como ela se transmite por herança.

A **Teoria Econômica** fornece instrumentos de análise que ajudam a equacionar tais problemas, mostrando os custos e os benefícios associados a cada escolha. Evidentemente, a escolha racional, do ponto de vista econômico, será aquela que apresente a melhor relação custo/benefício. No fundo, o enfoque econômico é basicamente uma *análise custo/benefício*.

O modo como as sociedades resolvem os problemas econômicos fundamentais depende da forma da organização econômica do país, ou seja, do sistema econômico de cada nação.

1.3   Sistemas econômicos

Um **sistema econômico** pode ser definido como a forma política, social e econômica pela qual está organizada uma sociedade. É um sistema particular de organização da produção, distribuição e consumo de todos os bens e serviços que as pessoas utilizam, buscando a melhoria no padrão de vida e bem-estar.

Os elementos básicos de um sistema econômico são:

- estoque de recursos produtivos ou fatores de produção: aqui se incluem os recursos humanos (trabalho e capacidade empresarial), o capital, a terra, as reservas naturais e a tecnologia;
- complexo de unidades de produção: constituído pelas empresas;
- conjunto de instituições políticas, jurídicas, econômicas e sociais: que são a base da organização da sociedade.

Os sistemas econômicos podem ser classificados em:

- **sistema capitalista ou economia de mercado**. É regido pelas forças de mercado, predominando a livre iniciativa e a propriedade privada dos fatores de produção;

- **sistema socialista ou economia centralizada** ou, ainda, **economia planificada**. Nesse sistema as questões econômicas fundamentais são resolvidas por um órgão central de planejamento, predominando a propriedade pública dos fatores de produção, chamados nessas economias de *meios de produção*, englobando bens de capital, terra, prédios, bancos, matérias-primas.[1]

Os países se organizam segundo esses dois sistemas, ou alguma forma intermediária entre eles.

Pelo menos até o início do século XX, prevalecia nas economias ocidentais o **sistema de concorrência pura** (mercado perfeitamente competitivo), em que praticamente não havia a intervenção do Estado na atividade produtiva. Era a filosofia do Liberalismo, que será discutida mais adiante.

Principalmente a partir de 1930, passaram a predominar os **sistemas de economia mista**, nos quais ainda prevalecem as forças de mercado, mas com a atuação complementar do Estado, seja na produção de **bens públicos**, nas áreas de educação, saúde e saneamento, justiça, defesa nacional etc., seja induzindo **investimentos do setor privado**, principalmente para setores de infraestrutura, como energia, transportes, comunicações.

Em **economias de mercado**, a maioria dos preços dos bens e serviços e dos fatores de produção é determinada predominantemente pelo mecanismo de preços, que atua por meio da oferta e da demanda de bens e serviços e dos fatores de produção. Nas **economias centralizadas**, essas questões são decididas pelo órgão central de planejamento, a partir de um levantamento dos recursos de produção disponíveis e das necessidades do país. Nesse caso, grande parte dos preços dos bens e serviços, salários, cotas de produção e de recursos é calculada nos computadores desse órgão, e não pela oferta e demanda no mercado.

Após o fim da chamada "Cortina de Ferro", ao final dos anos 1980, mesmo economias ainda guiadas por governos comunistas, como Rússia e China, abriram espaço cada vez mais para a atuação da iniciativa privada, caracterizando o "**socialismo de mercado**" ou "**capitalismo de estado**", com regime político comunista e economia de mercado.

Provavelmente apenas Cuba e Coreia do Norte sejam os últimos remanescentes desse tipo de economia completamente centralizada.

---

[1] Não pertencem ao Estado as pequenas atividades comerciais e artesanais que, com os *meios de sobrevivência* como roupas, automóveis e móveis, pertencem aos indivíduos (mas com preços fixados pelo governo). Existe também liberdade para escolha de profissão (ou seja, há mobilidade de mão de obra).

1.4 Curva de possibilidades de produção (ou curva de transformação)

A **curva (ou fronteira) de possibilidades de produção (CPP)** expressa a capacidade máxima de produção da sociedade, supondo pleno emprego dos recursos ou fatores de produção de que se dispõe em dado momento do tempo. Trata-se de um conceito teórico com o qual se ilustra como a escassez de recursos impõe um limite à capacidade produtiva de uma sociedade, que terá de fazer escolhas entre diferentes alternativas de produção.

Devido à escassez de recursos, a produção total de um país tem um limite máximo, uma **produção potencial** ou **produto de pleno emprego**, quando todos os recursos disponíveis estão empregados (todos os trabalhadores que querem trabalhar estão empregados e não há capacidade ociosa).

Suponhamos uma economia que só produza máquinas (bens de capital) e alimentos (bens de consumo) e que as alternativas de produção de ambos sejam as seguintes:

Tabela 1.1 Possibilidades de produção

Alternativas de produção	Máquinas (milhares)	Alimentos (toneladas)
A	25	0
B	20	30
C	15	47,5
D	10	60
E	0	70

Na primeira alternativa (**A**), todos os fatores de produção seriam alocados para a produção de máquinas; na última (**E**), seriam alocados somente para a produção de alimentos; e nas alternativas intermediárias (**B**, **C** e **D**), os fatores de produção seriam distribuídos na produção de um e de outro bem (Tabela 1.1).

A curva **ABCDE** indica todas as possibilidades de produção potencial de máquinas e de alimentos nessa economia hipotética. Qualquer ponto sobre a curva significa que a economia irá operar no pleno emprego, ou seja, à plena capacidade, utilizando todos os fatores de produção disponíveis.

No ponto **F** – ou em qualquer outro ponto interno à curva – (Figura 1.1), quando a economia está produzindo 10 mil máquinas e 30 toneladas de alimentos, dizemos que se está operando com capacidade ociosa ou com desemprego. Ou seja, os fatores de produção estão sendo subutilizados.

O ponto **G** (Figura 1.1) representa uma combinação impossível de produção (25 mil máquinas e 50 toneladas de alimentos), uma vez que os fatores de produção e a tecnologia de que a economia dispõe seriam insuficientes para obter essas quantidades de bens. Esse ponto ultrapassa a capacidade de produção potencial ou de pleno emprego dessa economia, dados os recursos dos quais dispõe no momento.

Figura 1.1 Curva (ou fronteira) de possibilidades de produção

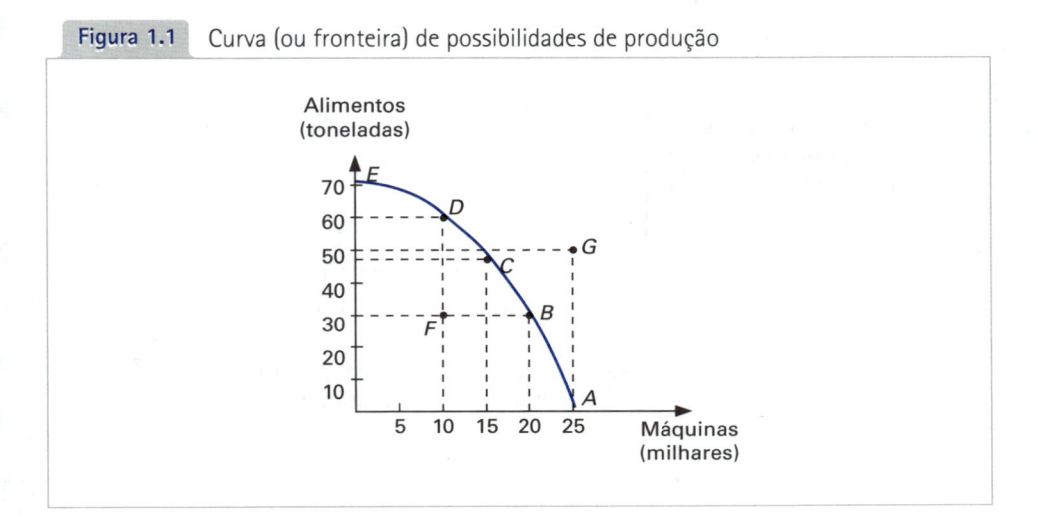

1.4.1 Custo de oportunidade

A transferência dos fatores de produção de um *bem x* para produzir um *bem y* implica o **custo de oportunidade**, que é igual ao sacrifício de deixar de produzir parte do *bem x* para produzir mais do *bem y*. O custo de oportunidade também é chamado de **custo alternativo**, por representar o custo da produção alternativa sacrificada. Por exemplo, na Figura 1.1, para aumentar a produção de alimentos de 30 para 60 toneladas (passar do ponto *B* para o *D*), o custo de oportunidade em termos de máquinas é igual a 10 mil, que é a quantidade sacrificada desse bem para produzir mais 30 toneladas de alimentos.

É de se esperar que os custos de oportunidade sejam crescentes, uma vez que, quando aumentamos a produção de determinado bem, os fatores de produção transferidos dos outros produtos se tornam cada vez menos aptos para a nova finalidade, ou seja, a transferência vai ficando cada vez mais difícil e onerosa e o grau de sacrifício vai aumentando. Isto é, os fatores de produção são especializados em determinadas linhas de produção e não são completamente adaptáveis a outros usos.

Esse fato justifica o formato côncavo da curva de possibilidades de produção: acréscimos iguais na produção dos alimentos implicam decréscimos cada vez maiores na produção de máquinas, como mostra a Figura 1.2.[2]

Figura 1.2 Curva de possibilidades de produção/custos de oportunidade crescentes

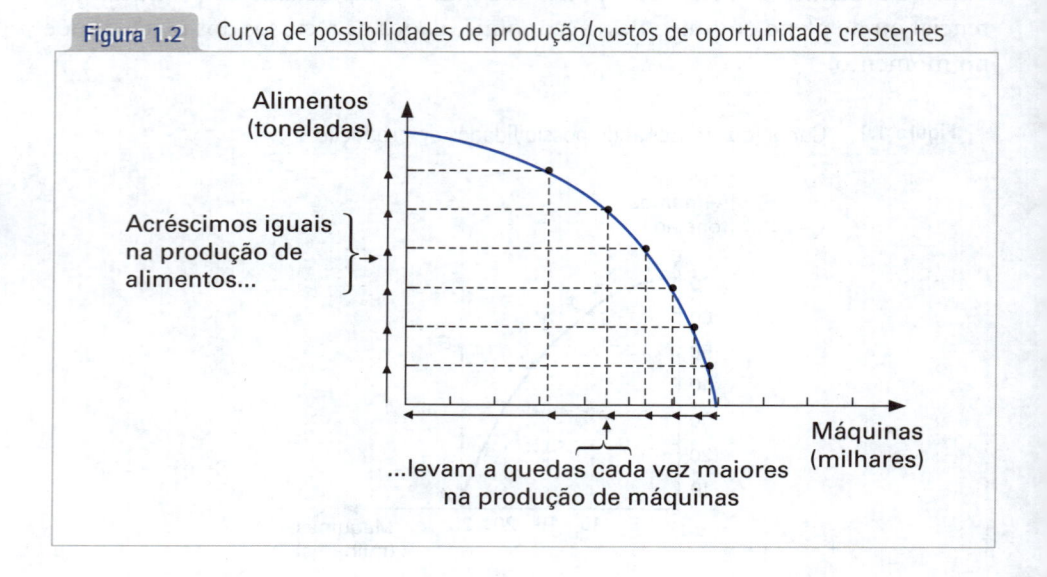

1.4.2 Deslocamentos da curva de possibilidades de produção

O deslocamento da CPP para a direita indica que o país está crescendo. Isso pode ocorrer tanto em função do aumento da quantidade física de fatores de produção como em função do melhor aproveitamento dos recursos já existentes, o que pode ocorrer com o progresso tecnológico, maior eficiência produtiva e organizacional das empresas e melhoria no grau de qualificação da mão de obra. Desse modo, a expansão dos recursos de produção e os avanços tecnológicos, que caracterizam o crescimento econômico, mudam a curva de possibilidades de produção para cima e para a direita, permitindo que a economia obtenha maiores quantidades de ambos os bens (Figura 1.3).

---

[2] Se os custos de oportunidade fossem constantes, a CPP seria uma reta; se fossem decrescentes, a CPP seria convexa em relação à origem.

Figura 1.3 Crescimento econômico

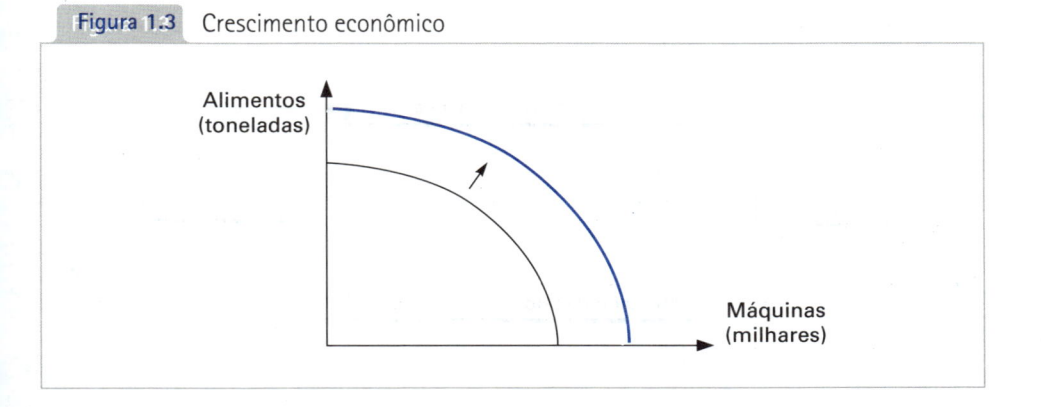

1.5 Funcionamento de uma economia de mercado: fluxos reais e monetários

Para entender o funcionamento do sistema econômico, vamos supor uma economia de mercado que não tenha interferência do governo nem transações com o exterior (**economia fechada**). Os agentes econômicos são as famílias (unidades familiares) e as empresas (unidades produtoras). Numa economia de mercado, as famílias são proprietárias dos fatores de produção e os fornecem às unidades de produção (empresas) no mercado dos fatores de produção. As empresas combinam fatores de produção, produzem bens e serviços e os fornecem às famílias no mercado de bens e serviços. Os **fatores de produção básicos** são a **mão de obra**, a **terra** e o **capital**.

A esse fluxo de fatores de produção, bens e serviços denominamos **fluxo real da economia**.[3]

Como pode ser observado na Figura 1.4, famílias e empresas exercem um duplo papel. No mercado de bens e serviços, as famílias demandam bens e serviços, enquanto as empresas os oferecem; no mercado de fatores de produção, as famílias oferecem os serviços dos fatores de produção (que são de sua propriedade), enquanto as empresas os demandam.

---

[3] Um **fluxo** é definido ao longo de um dado período de tempo (por ano, por mês, por trimestre etc.). Diferencia-se do conceito de **estoque**, que é definido num dado momento do tempo e não ao longo de um período. Em Economia, essa diferenciação é particularmente importante: por exemplo, o conceito de déficit público é um fluxo (mensal, trimestral, anual), enquanto a dívida pública é um estoque acumulado até um dado momento.

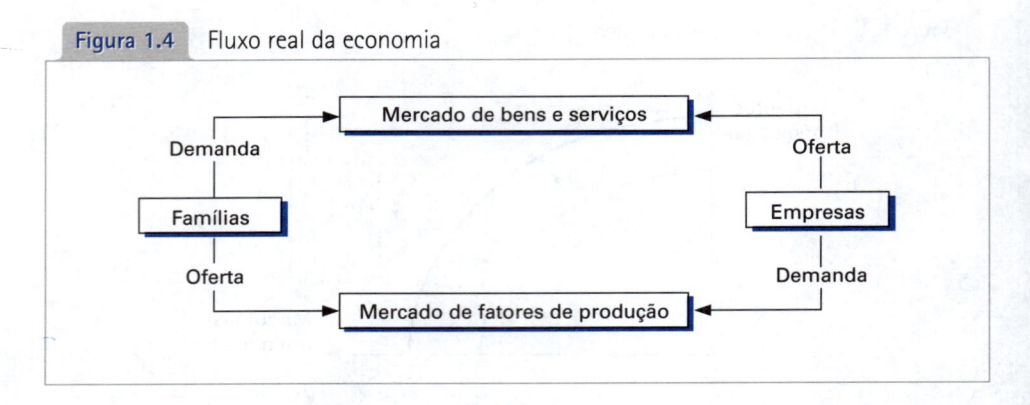

Figura 1.4 Fluxo real da economia

No entanto, o fluxo real da economia só se torna possível com a presença da **moeda**, que é utilizada para o pagamento dos bens e serviços e para a remuneração dos fatores de produção.

A cada fator de produção corresponde uma remuneração ao seu proprietário, como se segue:

- **salário:** remuneração aos proprietários do fator de produção mão de obra;
- **juro:** remuneração aos proprietários do capital monetário, aplicado pelas famílias nas empresas;
- **aluguel:** remuneração aos proprietários do fator terra (também chamado de **renda da terra**);
- **lucro:** remuneração ao capital físico, como prédios, máquinas e equipamentos.[4] Inclui os **dividendos** pagos às famílias como proprietários de empresas.

Assim, paralelamente ao fluxo real, temos um **fluxo monetário da economia** (Figura 1.5).

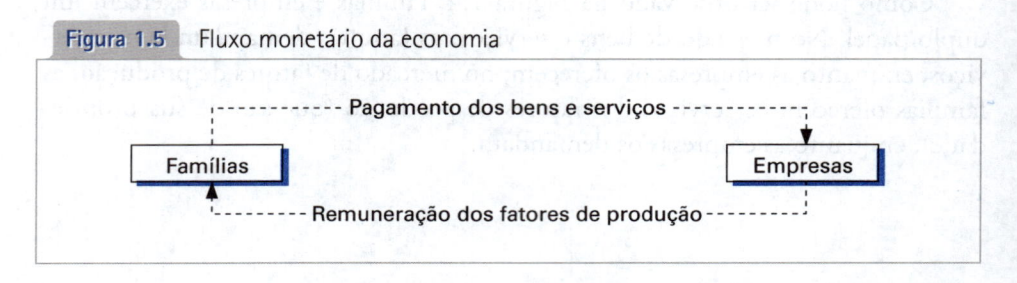

Figura 1.5 Fluxo monetário da economia

Unindo os fluxos real e monetário da economia, temos o chamado fluxo circular de renda (Figura 1.6).

---

[4] Em muitos textos, o **lucro** é também chamado de remuneração à capacidade gerencial ou empresarial dos proprietários das empresas, que fazem parte das unidades familiares.

Figura 1.6 Fluxo circular de renda

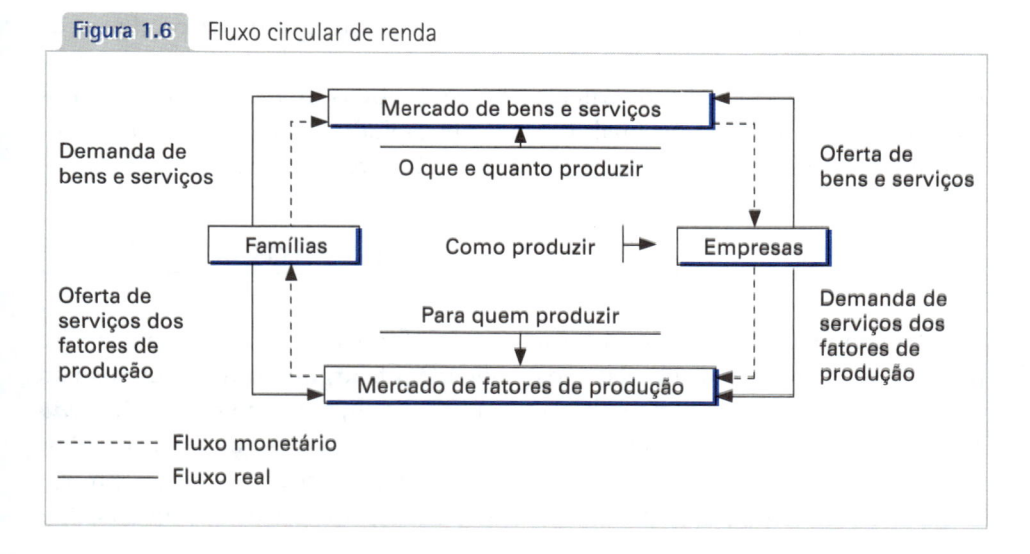

Em cada um dos mercados atuam conjuntamente as forças da oferta e da demanda, determinando o preço. Assim, no mercado de bens e serviços formam-se os **preços dos bens e serviços**, enquanto no mercado de fatores de produção são determinados os **preços dos fatores de produção** (salários, juros, aluguéis, lucros). No mercado de bens e serviços, determina-se "o que" e "quanto" produzir; no mercado de fatores de produção, decide-se "para quem" produzir. A questão de "como" produzir é dada no âmbito das empresas, pela sua eficiência produtiva.

Esse fluxo, também chamado de **fluxo básico**, é o que se estabelece entre famílias e empresas. O **fluxo completo** incorpora o **setor público**, adicionando-se o efeito dos impostos e dos gastos públicos ao fluxo anterior, bem como o **setor externo**, que inclui todas as transações com mercadorias, serviços e o movimento financeiro com o resto do mundo. Para um entendimento básico do funcionamento da economia, objetivo deste capítulo, não é necessária sua inclusão.

Definição de Bens de Capital, Bens de Consumo e Bens Intermediários

Os **bens de capital** são utilizados na fabricação de outros bens, mas não se desgastam totalmente no processo produtivo. É o caso, por exemplo, de máquinas, equipamentos e instalações. São usualmente classificados no ativo fixo das empresas, e uma de suas características é contribuir para a melhoria da produtividade da mão de obra.

Os **bens de consumo** destinam-se diretamente ao atendimento das necessidades humanas. De acordo com sua durabilidade, podem ser classificados como **duráveis** (por exemplo, geladeiras, fogões, automóveis) ou como **não duráveis** (alimentos, produtos de limpeza).

Os **bens intermediários** são transformados ou agregados na produção de outros bens e são consumidos totalmente no processo produtivo (insumos, matérias-primas e componentes). Diferenciam-se dos **bens finais**, que são vendidos para consumo ou utilização final. Os bens de capital, como não são "consumidos" no processo produtivo, são bens finais, e não intermediários.

1.6 Argumentos positivos *versus* argumentos normativos

A Economia é uma Ciência Social e utiliza fundamentalmente uma análise positiva, que deve explicar os fatos da realidade. Os **argumentos positivos** não envolvem juízo de valor e referem-se às proposições objetivas, do tipo *se A*, *então B*; isto é, pressupõe a capacidade de observar e mensurar o que se afirma. Por exemplo, *se* o preço da gasolina aumentar em relação a todos os outros preços, *então* a quantidade que as pessoas comprarão de gasolina cairá. É uma análise *do que é*.

Desse ponto de vista, a Economia se aproxima da Física e da Química, que são ciências consideradas virtualmente isentas de juízo de valor. Em Economia, entretanto, defrontamo-nos com um problema diferente, pois ela trata do comportamento de pessoas, e não de moléculas, como na Química, e, frequentemente, nossos valores interferem na análise do fato econômico.

Nesse sentido, definimos também **argumentos normativos**, relativos a uma análise que contém, explícita ou implicitamente, um juízo de valor sobre alguma medida econômica.

Por exemplo, na afirmação "o preço da gasolina não deve subir" expressamos uma opinião ou juízo de valor, ou seja, se é uma coisa *boa* ou *má*. É uma análise sobre *como deveria ser*.

Suponhamos, por exemplo, que desejemos melhoria na distribuição de renda do país (argumento normativo). É um julgamento de valor em que acreditamos. O administrador de política econômica (*policymaker*) dispõe de algumas opções para alcançar esse objetivo (aumentar salários, combater a inflação, criar empregos). A Economia Positiva ajudará a escolher o instrumento de política econômica mais adequado. Se a economia estiver próxima da plena capacidade de produção, aumentos de salários, por encarecerem o custo da mão de obra, podem gerar desemprego; isso é o contrário do desejado quanto à melhoria na distribuição de renda. Esse é um argumento positivo, indicando que aumentos salariais, nessas circunstâncias, não constituem a política mais adequada.

1.7 Inter-relação da Economia com outras áreas do conhecimento

Embora a Economia tenha seu núcleo de análise e seu objeto bem definidos, ela tem intercorrências com outras ciências. Afinal, todas estudam a mesma realidade e, evidentemente, há muitos pontos de contato.

Nesta seção estabeleceremos as relações entre Economia e outras áreas do conhecimento. As inter-relações entre Economia e Direito serão discutidas com mais profundidade no Capítulo 2.

1.7.1 Economia, Física e Biologia

O início do estudo sistemático da Economia coincidiu com os grandes avanços da técnica e das ciências físicas e biológicas nos séculos XVIII e XIX.

A construção do núcleo científico inicial da Economia começou a partir das chamadas concepções organicistas (biológicas) e mecanicistas (físicas). Segundo o **grupo organicista**, a Economia se comportaria como um órgão vivo, daí se utilizarem termos como órgãos, funções e circulação na teoria econômica. Já para o **grupo mecanicista**, as leis da Economia se comportariam como determinadas leis da Física, daí, advêm termos como equilíbrio, fluxos, estoques, estática, dinâmica, aceleração, velocidade, forças e outros.

Com o passar do tempo, predominou uma **concepção humanística**, que coloca em plano superior os móveis psicológicos da atividade humana. Afinal, a Economia repousa sobre os atos humanos e é por excelência uma Ciência Social.

1.7.2 Economia, Matemática e Estatística

Apesar de ser uma ciência social, a Economia é limitada pelo meio físico, dado que os recursos são escassos, e se ocupa de quantidades físicas e das relações entre essas quantidades, como a que se estabelece entre a produção de bens e serviços e os fatores de produção utilizados no processo produtivo.

Surge, então, a necessidade da utilização da Matemática e da Estatística como ferramentas para estabelecer relações entre variáveis econômicas.

A **Matemática** torna possível escrever de forma resumida importantes conceitos e relações de Economia e permite análises econômicas na forma de modelos analíticos, com poucas variáveis estratégicas, que resumem os aspectos essenciais da questão em estudo.[5] Tomemos como exemplo uma importante relação econômica:

---

[5] Modelos também podem ter formulação verbal, como as experiências históricas para fundamentar a análise econômica.

"O consumo nacional está diretamente relacionado com a renda nacional". Essa relação pode ser representada da seguinte forma:

$$C = f(RN) \ \text{e} \ \frac{\Delta C}{\Delta RN} > 0$$

A primeira expressão diz que o consumo (C) é uma função (f) da renda nacional (RN); ou seja, as variações do consumo dependem de variações da renda nacional. A segunda informa que, dada uma variação na renda nacional (ΔRN), teremos uma variação diretamente proporcional (na mesma direção) do consumo agregado (ΔC).

As relações entre as variáveis econômicas não são exatas, como na Matemática e na Física, mas **probabilísticas**. Por exemplo, não existem em Economia relações matemáticas exatas. Se a Economia tivesse relações matemáticas, tudo seria previsível. No entanto, "não existem no mundo econômico regularidades como $c = 2\pi r$ (o comprimento da circunferência é igual a dois 'pí' radianos), equivalência entre massa e energia, leis de Newton. Na Economia, o 'átomo' aprende, pensa, reage, projeta, finge. Imagine como seria a Física e a Química se o átomo aprendesse: aquelas belas regularidades desapareceriam. Os átomos pensantes logo se agrupariam em classes para defender seus interesses: teríamos uma 'Física dos átomos proletários', 'Física dos átomos burgueses' e outros".[6]

Entretanto, a Economia apresenta muitas relações entre variáveis com razoável regularidade, que podem ser calculadas utilizando-se a **Estatística**, tais como:

- o consumo nacional depende diretamente da renda nacional;
- a quantidade demandada de um bem tem uma relação inversamente proporcional com seu preço, tudo o mais constante;
- as exportações e as importações dependem da taxa de câmbio.

Por exemplo, na relação vista anteriormente ($C = f(RN)$), conhecendo o valor da renda nacional em um dado ano, não é possível prever o valor exato do consumo, mas sim uma estimativa aproximada. Embora a renda seja a variável mais importante, o consumo não depende só da renda nacional, mas de outros fatores (como condições de crédito, juros, patrimônio).

A área da Economia que está voltada para a quantificação das relações entre variáveis e quantificação de modelos é a **Econometria**, que combina Teoria Econômica, Matemática e Estatística.

A Matemática e a Estatística são instrumentos, ferramentas de análise que permitem testar as proposições teóricas da Ciência Econômica com os dados da realidade, além de serem muito úteis para previsões econômicas, que auxiliam

---

[6] Extraído de DELFIM NETTO, A. *Moscou, Freiburg e Brasília*: ensaios. Rio de Janeiro: Topbooks, 1994.

tanto no planejamento estratégico das empresas, como na política econômica do governo.

1.7.3 Economia e Política

A Economia e a Política são áreas bastante interligadas.

A **Política** fixa as instituições sobre as quais se desenvolverão as atividades econômicas. Nesse sentido, a atividade econômica se subordina à estrutura e ao regime político do país. As prioridades de política econômica (crescimento, distribuição de renda, estabilização) são determinadas pelo poder político. No regime democrático, as diretrizes de política econômica são dadas pelo povo, que elege o partido político escolhido pela população. Em um regime autoritário, as prioridades são estabelecidas pela vontade dos detentores do poder.

Entretanto, por outro lado, a estrutura política se encontra muitas vezes subordinada ao poder econômico. Citemos apenas alguns exemplos:

- política do "café com leite", antes de 1930, quando Minas Gerais e São Paulo dominavam os cenários econômico e político do país;
- poder econômico dos latifundiários;
- poder dos oligopólios e dos monopólios;
- poder das corporações estatais;
- poder do sistema financeiro;
- poder sindical.

Esse poder econômico é exercido fundamentalmente por meio de pressões dos representantes desses setores atuando dentro da estrutura política no Congresso Nacional e nas Câmaras estaduais e municipais.

1.7.4 Economia e História

A pesquisa histórica é extremamente útil e necessária para a Economia, pois facilita a compreensão do presente e ajuda nas previsões. As guerras e revoluções, por exemplo, alteraram o comportamento e a evolução da Economia.

Por outro lado, também os fatos econômicos afetam o desenrolar da **História**. Alguns importantes períodos históricos são associados a fatores econômicos, como os ciclos do ouro e da cana-de-açúcar no Brasil, a Revolução Industrial, a quebra da Bolsa de Nova York (1929) ou a crise do petróleo, que alteraram profundamente a história mundial. Em última análise, as próprias guerras e revoluções são permeadas por motivações econômicas.

1.7.5 Economia e Geografia

A **Geografia** não é o simples registro de acidentes geográficos e climáticos. Ela nos permite avaliar fatores muito úteis à análise econômica, como as condições geoeconômicas dos mercados, a concentração espacial dos fatores produtivos, a localização de empresas e a composição setorial da atividade econômica.

Atualmente, algumas áreas de estudo econômico estão relacionadas diretamente com a Geografia, como a Economia Regional, a Economia Urbana, as teorias de localização industrial e a Demografia Econômica.

1.7.6 Economia, Moral, Justiça e Filosofia

Antes da Revolução Industrial, no século XVIII, a atividade econômica era vista como parte integrante da Filosofia, Moral e Ética. A Economia era orientada por princípios morais e de justiça. Não existia ainda um estudo sistemático das leis econômicas e predominavam princípios como a lei da usura e o conceito de preço justo (discutidos, entre outros filósofos, por São Tomás de Aquino).

Ainda hoje, as encíclicas papais refletem a aplicação da filosofia moral e cristã às relações econômicas entre homens e nações.

1.8 Divisão do estudo econômico

A análise econômica, para fins metodológicos e didáticos, é normalmente dividida em quatro áreas de estudo:

Microeconomia ou **Teoria de Formação de Preços**. Examina a formação de preços em mercados específicos, ou seja, como consumidores e empresas interagem no mercado e como decidem os preços e a quantidade para satisfazer a ambos simultaneamente. Essa parte será desenvolvida nos Capítulos 3 a 7.

Macroeconomia. Estuda a determinação e o comportamento dos grandes agregados nacionais, como o Produto Interno Bruto (PIB), o investimento agregado, a poupança agregada, o nível geral de preços, entre outros. Seu enfoque é basicamente de curto prazo (ou conjuntural).

A teoria macroeconômica será discutida nos Capítulos 8 a 11, 13 e 14.

Economia internacional. Analisa as relações econômicas entre residentes e não residentes do país, as quais envolvem transações com bens e serviços e transações financeiras.

Os principais aspectos das relações de um país com o resto do mundo serão abordados no Capítulo 12.

Desenvolvimento econômico. Preocupa-se com a melhoria do padrão de vida da coletividade ao longo do tempo. O enfoque é também macroeconômico, mas centrado em questões estruturais e de longo prazo (como progresso tecnológico e estratégias de crescimento). No Capítulo 15, apresentaremos as noções básicas que envolvem essa parte da teoria econômica.

Leitura complementar

A abordagem econômica do custo-benefício

Como vimos, a Economia parte do princípio de que os recursos são escassos diante do conjunto de necessidades a satisfazer, que é sempre crescente. Sendo assim, como essa ciência poderia ajudar a sociedade a escolher os melhores usos para esses recursos? A resposta é: o papel da economia é mostrar-nos quais são os custos e benefícios associados a cada escolha, pois poderíamos afirmar que a chamada **abordagem econômica** não é outra coisa senão uma análise de custo--benefício aplicada às decisões da sociedade.

Desse modo, por exemplo, se uma empresa deseja decidir se deve ou não lançar um produto novo, deverá avaliar quais serão os custos adicionais associados a esse projeto, posto que precisará contratar mão de obra, comprar mais insumos, mais matérias-primas etc. Além disso, a empresa deverá garantir que seu proprietário receba pelo menos o rendimento equivalente à melhor aplicação que poderia realizar com os recursos financeiros que estaria investindo no lançamento desse produto novo. Concluímos, então, que, além dos custos explícitos anteriores, a empresa deverá incluir como despesa, ainda que implícita, o custo de oportunidade (implícito) de seu acionista.

Por sua vez, também será importante estimar o aumento de receitas (benefícios) que a venda desse produto significará para a empresa. Assim, se os custos superam os benefícios adicionais, sua decisão deverá ser não lançar o produto, e vice-versa, se a relação custo-benefício for positiva. Esse tipo de análise configura o que se chama de **análise de viabilidade econômica de um projeto**, uma das principais aplicações práticas da abordagem de custo-benefício que caracteriza a Ciência Econômica.

Contudo, a utilização da abordagem de custo-benefício não tem porque ficar restrita às decisões econômicas individuais (microeconômicas), também podendo ser aplicada para analisar a conveniência de realizar uma determinada política macroeconômica. Assim, por exemplo, o aumento das transferências de renda (Bolsa Escola, Bolsa Família, aumentos reais do salário mínimo, benefícios da Previdência Social) praticado durante os Governos Fernando Henrique e Lula ajudou a reduzir a desigualdade da distribuição de renda brasileira, uma das mais perversas do mundo. Isso certamente poderia ser considerado um benefício para a sociedade brasileira, tanto em termos éticos como no tocante à estabilidade política e social. Todavia, essas transferências fazem parte do gasto do governo, o que leva o setor público a aumentar impostos e a se endividar para poder financiá-las. O aumento de impostos reduz a capacidade de compra das famílias, inclusive no caso daquelas que recebem as transferências, e o maior endividamento público diminui o crédito disponível para famílias e empresas, elevando a taxa de juros, constituindo-se, portanto, em importantes custos para a sociedade.

Em síntese, qualquer decisão, seja ela individual (microeconômica) ou coletiva (macroeconômica), implicará custos e benefícios para a sociedade, independentemente de que esses últimos sejam maiores que os primeiros e vice-versa. Como afirmou certa vez Milton Friedman, famoso economista norte-americano, "em economia não existe almoço grátis".

Questões para revisão

1. Por que os problemas econômicos fundamentais (o que, quanto, como e para quem produzir) originam-se da escassez de recursos de produção?

2. O que mostra a curva de possibilidades de produção ou curva de transformação?

3. Explique a razão do formato da curva de possibilidades de produção. Ilustre graficamente.

4. Analisando-se uma economia de mercado, observa-se que os fluxos real e monetário conjuntamente formam o fluxo circular da renda. Explique como esse sistema funciona.

5. Conceitue: bens de capital, bens de consumo, bens intermediários, bens finais e fatores de produção.

6. O que vêm a ser argumentos positivos e argumentos normativos? Exemplifique.

7. Qual a importância da Matemática e da Estatística para os estudos econômicos? Exemplifique.

Capítulo 2

Economia e Direito

2.1 Introdução

Este capítulo procura mostrar como importantes conceitos da teoria econômica estão relacionados ou dependem do quadro de normas jurídicas do país. No mundo real, por um lado, as normas jurídicas molduram o campo de análise da teoria econômica e, por outro, o surgimento de novas questões econômicas pode modificar esse arcabouço jurídico.

Particularmente nas últimas décadas, em função do expressivo avanço da liberalização dos mercados, tanto do comércio como das finanças internacionais, vem ganhando mais importância o papel regulador do governo, visando garantir a defesa da concorrência e os direitos dos consumidores.

Nesse sentido, iniciamos este capítulo com o enfoque na Microeconomia. Em seguida, direcionados para a Macroeconomia, destacamos a relevância do arcabouço jurídico que norteia a aplicação dos instrumentos de política econômica. Finalizamos o capítulo com alguns comentários sobre o papel do Estado na promoção do bem-estar da sociedade, tanto do ponto de vista econômico como jurídico.

2.2 O Direito e a teoria dos mercados: defesa do consumidor e da concorrência

Quando se estuda a teoria dos mercados, que é parte da Microeconomia, dois enfoques são encontrados: de um lado, o econômico, analisa o **comportamento dos produtores e dos consumidores** quanto às suas decisões de produzir e de consumir; de outro, o jurídico, focaliza os **agentes das relações de consumo** – consumidor e fornecedor –, sendo que, conforme o Código Brasileiro de Defesa do Consumidor, os direitos do consumidor colocam-se perante os deveres do fornecedor de bens e serviços.

Quando se estuda o estabelecimento comercial e o papel do empresário, novamente, duas visões emergem da análise: a **econômica** e a **jurídica**. A visão econômica ressalta o papel do administrador na organização dos fatores de produção – capital, trabalho, terra e tecnologia –, combinando-os de modo a minimizar seus custos ou maximizar seu lucro. A jurídica, extraída do Direito Comercial, apresenta várias concepções, que enfatizam que o estabelecimento comercial é um sujeito de direito distinto do comerciante, com seu patrimônio elevado à categoria de pessoa jurídica, com a capacidade de adquirir e exercer direitos e obrigações.

Consumidores e produtores/fornecedores encontram-se nos mais variados mercados. Como veremos no Capítulo 16, Adam Smith, analisando os mercados, descobriu uma propriedade notável: o princípio da **mão invisível**, pelo qual cada indivíduo, ao atuar na busca apenas de seu bem-estar particular, realiza o que é mais conveniente para o conjunto da sociedade. Assim, em mercados competitivos, não concentrados em poucas empresas dominantes, o sistema de preços permite que se extraia a máxima quantidade de bens e serviços úteis do conjunto de recursos disponíveis na sociedade, conduzindo a economia a uma eficiente alocação dos recursos.

Ele ficou impressionado com a ordem econômica estabelecida pelos mercados e preconizou que qualquer interferência governamental na livre concorrência seria prejudicial, tanto para compradores como para vendedores de mercadorias ou serviços.

Segundo essa visão do sistema econômico, o Estado deveria intervir o menos possível no funcionamento dos mercados, porque estes livremente resolveriam da maneira mais eficiente possível os problemas econômicos básicos da sociedade: o que, quanto, como e para quem produzir.

Contudo, quando o Estado deveria intervir na economia? A justificativa econômica para a intervenção governamental nos mercados se apoia no fato de que no mundo real observam-se desvios em relação ao modelo ideal preconizado por Smith, isto é, existem as chamadas **imperfeições de mercado**: externalidades, informação imperfeita e poder de monopólio e oligopólio.

As **externalidades** ou **economias externas** se observam quando a produção ou o consumo de um bem acarreta efeitos, positivos ou negativos, sobre outros indivíduos ou empresas, que não se refletem nos preços de mercado. As externalidades dão a base econômica para a criação de leis antipoluição, de restrições quanto ao uso da terra, de proteção ambiental etc.

Por seu lado, se os agentes econômicos possuem **falhas de informação**, ou seja, não têm informação completa a respeito de determinado bem ou serviço, eles não tomarão decisões corretas quando forem ao mercado desejando adquiri-lo. A análise da "**assimetria de informações**" é um dos campos mais estudados na moderna teoria econômica. Como meio de proteger os consumidores, justifica-se a ação governamental com a regulamentação do comércio de bens e serviços; por exemplo, estabelecendo normas quanto aos prazos de validade de produtos; ou, no caso da segurança do motorista, exigindo o uso do cinto de segurança etc.

Por outro lado, o exercício do **poder de monopólio** caracteriza-se quando um produtor (ou grupo de produtores) aumenta unilateralmente os preços (ou reduz a quantidade), ou diminui a qualidade ou a variedade de produtos ou serviços, com a finalidade de aumentar os lucros.

Em resposta a essas imperfeições ou falhas de funcionamento do mercado, normas jurídicas possibilitaram que a atuação do governo na economia fosse cada vez mais abrangente. Pouco a pouco, a sociedade foi vivenciando a **mão visível do governo** como forma de aumentar a eficiência econômica. Sua atuação se faz por meio de leis, as chamadas **leis de defesa da concorrência**, que regulam tanto as estruturas de mercado, como a conduta das empresas.

Historicamente, o controle de monopólios e oligopólios surgiu nos Estados Unidos no final do século XIX. Naquele período, empresas de pequeno porte foram absorvidas por outras maiores, que passaram a limitar a oferta e a encarecer os preços dos bens e serviços. Paralelamente, maquiagens nos balanços permitiram colocar no mercado ações com preços bem acima do valor real dessas empresas. Devido a esses fatos, em 1890, foi votada a **lei Sherman** contra os *trusts*, que proibiu a formação de monopólios, tanto no comércio como na indústria. E, em 1914, com o **Clayton Act**, tratou-se de definir mais concretamente quais condutas seriam consideradas ilícitas. Finalmente, em 1950, a **lei Celler-Kefauver** proibiu as fusões de empresas por meio da compra de ativos, se fosse verificado que essas fusões reduziriam a concorrência.

O Brasil, desde os anos 1960, possui legislação em defesa da concorrência. Contudo, esse conjunto de normas, até meados dos anos 1990, tinha sido pouco eficaz, devido aos altos níveis de proteção à indústria nacional e aos elevados índices de inflação. Em consequência, o Estado brasileiro fez, durante muitos anos, a opção pelos controles de preços.

Mudança expressiva ocorreu, todavia, a partir da **Constituição Federal** de 1988.[1] Nela encontram-se os princípios básicos da atuação do Estado na economia, a sujeição do sistema econômico ao Estado sob a forma de proteção contra o abuso do poder econômico e, na forma da lei, as funções de fiscalização, incentivo e planejamento, sendo este determinante para o setor público e indicativo para o setor privado.

A partir dessa base legal, foi promulgada a Lei n. 8.884, de 11 de junho de 1994[2] que criou o **Sistema Brasileiro de Defesa da Concorrência (SBDC)**, formado por três órgãos: a **Secretaria de Direito Econômico (SDE)**, do Ministério da Justiça, a **Secretaria de Acompanhamento Econômico (Seae)**, do Ministério da Fazenda, e o **Conselho Administrativo de Defesa Econômica (Cade)**, autarquia vinculada ao Ministério da Justiça. O Cade tem poder decisório sobre os processos por ele julgados, enquanto as secretarias são instrutoras do processo.

O SBDC foi reformulado em 2011 (Lei n. 12.529, de 2011). Por essa lei, o Cade absorve algumas das competências da SDE e da Seae e assume toda a análise e o julgamento de fusões e aquisições, as ações de prevenção e de repressão às infrações contra a ordem econômica. Uma das principais alterações foi a exigência de submissão prévia de operações de fusões e incorporações.

---

[1]   Arts. 173 e 174 da Carta Magna.
[2]   A Lei n. 10.149, de 21 de dezembro de 2000, alterou e acrescentou dispositivos à Lei n. 8.884, de 1994.

Por sua vez, a SDE foi transformada na Secretaria Nacional do Consumidor (Senacon, por meio do Decreto n. 7.738, de 28 de maio de 2012, com suas atribuições estabelecidas no art. 106 do Código de Defesa do Consumidor e no art. 3º do Decreto n. 2.181, de 1997. A atuação da Senacon concentra-se no planejamento, elaboração, coordenação e execução da Política Nacional das Relações de Consumo, e tem por objetivos: (i) garantir a proteção e o exercício dos direitos dos consumidores; (ii) promover a harmonização nas relações de consumo; e (iii) incentivar a integração e a atuação conjunta dos membros do Sistema Nacional de Defesa do Consumidor (SNDC).

Já a Seae, que passou a manter parte de suas funções na área de defesa da concorrência, concentrou sua atividade na promoção da concorrência junto ao setor privado e público (*Advocacy*), atuando principalmente como órgão auxiliar nas decisões de mudanças regulatórias e em casos analisados pelo Cade, quando julgasse contribuir na análise. Mais recentemente, esta Secretaria foi desmembrada em duas, tendo uma parte transformada em Secretaria de Promoção da Produtividade e Advocacia da Concorrência, por meio do Decreto n. 9.266, de 2018, mas mantendo sua atuação na área concorrencial.

O Cade baseia suas decisões na lei antitruste de 1994, que regulamenta os acordos de união e cooperação entre as empresas. Esse órgão tem a tarefa de julgar os processos, desempenhando três papéis principais: preventivo, repressivo e educativo. Em todas essas funções, o Cade tem por principal objetivo zelar pela conduta concorrencial, impedindo práticas que violem a essência competitiva do mercado.

Nesse sentido, o Cade atua em duas frentes: a primeira, no controle das estruturas de mercado; a segunda, procurando coibir condutas ou práticas anticoncorrenciais.

O **controle das estruturas de mercado** diz respeito aos atos que resultem em qualquer forma de concentração econômica, seja por fusões ou por incorporações de empresas, pela constituição de sociedade para exercer o controle de empresas ou qualquer forma de agrupamento societário que implique participação da empresa ou grupo de empresas.

O **controle de condutas**, por seu turno, consiste na **apuração de práticas anticoncorrenciais** de empresas que detêm poder de mercado; por exemplo: a fixação de preços de revenda, as vendas casadas, os acordos de exclusividade, a cartelização de mercados e os preços predatórios.

Como se pode notar, é de extrema importância a ação governamental para a política de defesa da concorrência. Por meio dela, busca-se **coibir e reprimir abusos no mercado**: aquisições e fusões entre empresas que tenham por efeito a restrição à concorrência, condutas discriminatórias de concorrentes, acordos entre concorrentes que não impliquem ganhos de eficiência que sejam compartilhados com o consumidor, uso abusivo de propriedade intelectual dentre outros. Enfim, a defesa da concorrência implica necessariamente a defesa do bem-estar público.

2.3 Arcabouço jurídico das políticas macroeconômicas

As políticas monetária, de crédito, cambial e de comércio exterior são de competência da União. Esse ente federal tem a competência para emitir moeda e para legislar sobre o sistema monetário e de medidas, títulos e garantias de metais; sobre a política de crédito, câmbio, seguros e transferências de valores; e sobre o comércio exterior. No entanto, cabe ao Congresso Nacional, com a sanção do Presidente da República, dispor sobre moeda, seus limites de emissão e montante da dívida mobiliária federal.[3]

A política fiscal (arrecadação e despesas públicas) é de competência das três entidades da federação: União, estados e municípios. No tocante às receitas, a Constituição Federal de 1988 trata dos princípios gerais; das limitações do poder de tributar; das competências para instituir impostos da União, estados, Distrito Federal e municípios, além da repartição das receitas tributárias.[4]

O papel da despesa do governo ganha destaque especial quando se estuda o papel do Estado na geração de renda, produção e emprego. Como veremos ao longo do livro, o governo, por meio de gastos correntes (funcionalismo público, aposentadorias, programas sociais) e gastos em investimentos – obras de infraestrutura, hidroelétricas, rodovias, entre outros –, gera um **aumento da demanda agregada do país**, com importantes reflexos sobre a renda e o emprego.

O processo de globalização, caracterizado pela integração econômica internacional, fundamenta-se primordialmente sobre as bases econômicas e jurídicas. Especialmente no Brasil, esse fato deve-se à grande regulação dos mercados e ao intenso uso de bases contratuais como forma de organizar, viabilizar e proteger a produção, especialmente após a abertura comercial adotada a partir dos anos 1990.

Justamente nesse momento em que países em desenvolvimento começam a passar por reformas, tanto institucionais como econômicas, faz-se necessária a existência de um poder judiciário forte e bem definido, que garanta o bom funcionamento da economia. No caso brasileiro, em particular, com as privatizações, o fim dos controles de preços e a abertura comercial, muitas das transações que antes eram realizadas dentro do aparelho estatal passaram a ser realizadas por meio dos mecanismos de mercado. O processo de privatizações e concessões ocorrido no Brasil nos anos 1990 trouxe a necessidade de criar órgãos especiais de regulação, as chamadas **Agências Reguladoras**, devido às especificidades de cada setor, tais como transportes, energia elétrica, telecomunicações, antes monopólios do Estado.

Como são setores estratégicos fortemente concentrados, a principal função desses órgãos é verificar o cumprimento dos contratos de concessão e as metas

---

[3] Art. 48 da Constituição Federal de 1988.
[4] Arts. 145 a 162 da Constituição Federal de 1988.

acordadas com as empresas, em sua maioria multinacionais,[5] e definir regras regulatórias, inclusive com relação aos preços que possam ser praticados.

Sem um poder judiciário essencialmente forte e bem definido, seria tarefa árdua e ineficiente a garantia dos direitos de propriedade e o cumprimento dos contratos dentro do cenário econômico.

2.4 O Estado promovendo o bem-estar da sociedade

A ação do Estado, quer do ponto de vista econômico, quer do jurídico, supõe-se que esteja voltada para o bem-estar da população, e é o Direito que estabelece as normas que regulam as relações entre indivíduos, grupos, e mesmo entre governos, indivíduos e organizações internacionais.

Segundo **John Locke**,[6] um dos expoentes do liberalismo, os indivíduos, por um acordo, teriam colocado parte de seus direitos naturais sob controle de um governo parlamentar, limitado em suas competências e responsável perante o povo. Assim, de maneira voluntária e unânime, os homens decidiram entrar em acordo para criar uma sociedade civil cuja finalidade fosse promover e ampliar os direitos naturais do homem à vida, à liberdade e à propriedade.

Em parte, baseando-se nesses princípios, as normas constitucionais brasileiras foram criadas com a preocupação de promover o bem-estar da coletividade, e encontram-se na Constituição Federal de 1988, nos capítulos relacionados com a tributação, as finanças públicas e os orçamentos anuais.

Em última instância, para a atuação do Estado brasileiro na economia, buscou-se o que está previsto no art. 170 da Constituição de 1988:

> A ordem econômica, fundada na valorização do trabalho humano e na livre iniciativa, tem por fim assegurar a todos existência digna, conforme os ditames da justiça social, observados os seguintes princípios:
> I. soberania nacional;
> II. propriedade privada;
> III. função social da propriedade;
> IV. livre concorrência;
> V. defesa do consumidor;
> VI. defesa do meio ambiente;
> VII. redução das desigualdades regionais e sociais;
> VIII. busca do pleno emprego;

---

[5] As principais agências reguladoras são: Aneel (Agência Nacional de Energia Elétrica), autarquia vinculada ao Ministério de Minas e Energia; Anatel (Agência Nacional de Telecomunicações), autarquia vinculada ao Ministério das Comunicações; ANP (Agência Nacional do Petróleo), autarquia vinculada ao Ministério de Minas e Energia; ANS (Agência Nacional da Saúde), autarquia vinculada ao Ministério da Saúde; Susep (Superintendência de Seguros Privados), órgão do Ministério da Saúde, e Anac (Agência Nacional de Aviação Civil), vinculada ao Ministério da Defesa.

[6] LOCKE, J. *Segundo tratado sobre o governo civil*. Rio de Janeiro: Vozes, 2006.

IX. tratamento favorecido para as empresas de pequeno porte constituídas sob as leis brasileiras e que tenham sua sede e administração no País.

Parágrafo único. É assegurado a todos o livre exercício de qualquer atividade econômica, independentemente de autorização de órgãos públicos, salvo nos casos previstos em lei.

É possível ainda observar a ligação entre Economia e Direito quando se analisam os princípios gerais da atividade econômica; da política urbana, agrícola e fundiária; o Sistema Financeiro Nacional; as políticas monetária, de crédito, cambial e de comércio exterior. Nunca é demais repetir que a fundamentação jurídica para essas políticas encontra-se na Constituição, em que se definem as competências econômicas das várias esferas de governo.

Por outro lado, os governos também têm tentado criar normas jurídicas que protejam a fauna, a flora e os mananciais, bem como o meio ambiente de maneira geral, no qual se insere o Protocolo de Quioto e a regulamentação do mercado de carbono.

Assim, as normas jurídicas buscam, em última análise, regular as atividades econômicas, no sentido de tornar os mercados mais eficientes (**função alocativa**) e buscar melhor qualidade de vida para a população como um todo (**função distributiva**).[7]

Leitura complementar

Créditos de Carbono e o Teorema de Coase

Uma das proposições mais famosas em economia foi feita, na verdade, por um brilhante advogado norte-americano, Ronald Coase, que inclusive foi o único advogado do mundo a ganhar o Prêmio Nobel de Economia, em 1991.

Coase estava muito preocupado com os impactos econômicos dos efeitos colaterais (externalidades) positivos ou negativos do consumo ou da produção de um indivíduo sobre outro. Assim, analisou o caso de um médico que processou seu vizinho, dono de uma pequena tecelagem, cujo ruído atrapalhava o atendimento de seus pacientes.

Utilizando sua experiência como advogado, começou a se perguntar se o processo jurídico, que identificaria uma "vítima" e um "culpado", seria melhor, do ponto de vista social, em comparação à livre negociação entre as duas partes. Em outras palavras, a "culpa" é do dono da tecelagem, cuja produção provoca uma externalidade negativa para o médico, ou a "culpa" é do médico, que resolveu abrir um consultório ao lado de uma tecelagem? Para responder a essa questão devemos nos perguntar se é o tecelão que tem "o direito a fazer barulho" ou se é o médico que tem "o direito a ter silêncio", ou seja, de quem são os direitos de propriedade.

---

[7] Sobre as funções do governo na atividade econômica, veja o Capítulo 14.

Independentemente de quem seja o "dono" dos direitos anteriores, desde que estejam definidos, se os custos de chegar a um acordo entre as duas partes (custos de transação) são baixos, esse acordo seria melhor para ambas as partes (sociedade) que o processo judicial anterior. Isso é exatamente o que postula o chamado "**Teorema de Coase**". Assim, se o tecelão "chegou primeiro", o médico é que deveria procurar outra localização para seu consultório, ou oferecer um desconto a seus pacientes pelo desconforto do barulho provocado pelo vizinho. Caso contrário, o tecelão deveria oferecer algum tipo de compensação ao médico. A solução jurídica pressupõe que o direito esteja sempre de posse do médico, o que, como vimos, pode não ser certo, reduzindo indevidamente a quantidade de roupas produzidas pela tecelagem.

Coase também analisou casos em que, em vez de um processo judicial, a solução típica para evitar externalidades negativas é a aplicação de impostos. Assim, uma fábrica que emita poluentes (dióxido de carbono), na visão tradicional, deveria ser taxada com um imposto ou obrigada a reduzir sua produção.

Aplicando a ideia de Coase, o governo dos Estados Unidos decidiu criar um sistema de "direitos de emissão de dióxido de carbono", que foram vendidos a fábricas poluentes, definindo-se, então, direitos de propriedade. Com essa medida, em primeiro lugar, estabeleceu-se um limite máximo total de poluição e, por meio do leilão desses direitos, possibilitou-se que as fábricas "internalizassem" o fato de que teriam de pagar para poluir, pois isso gerava custos para a sociedade. Além disso, como havia permuta dos direitos de emissão entre as fábricas instaladas e as que desejavam ingressar, a medida incentivou o desenvolvimento de tecnologia despoluente, pois aquelas que conseguissem emitir menos dióxido de carbono poderiam vender direitos às que emitiam acima do limite estabelecido.

Questões para revisão

1. O objetivo das empresas é maximizar os lucros. As normas jurídicas, entretanto, têm por fim proteger a sociedade de abusos e delimitam o campo de atuação das empresas. Você acha que a Lei n. 10.149 tem essa finalidade?

2. O que vem a ser lei antitruste?

3. Qual órgão tem a competência para executar a política monetária, de crédito, cambial e de comércio exterior? Qual o fundamento legal?

4. Exponha brevemente as justificativas econômicas para a intervenção governamental nos mercados.

5. Descreva o Sistema Brasileiro de Defesa da Concorrência e o papel de cada órgão que o compõe.

Capítulo 3

Introdução à Microeconomia

3.1 Conceito

A **Microeconomia**, ou **Teoria dos Preços**, analisa a formação de preços no mercado, ou seja, como a empresa e o consumidor interagem e decidem qual o preço e a quantidade de determinado bem ou serviço em mercados específicos.

Assim, enquanto a **Macroeconomia** enfoca o comportamento da Economia como um todo, considerando variáveis globais como consumo agregado, renda nacional e investimentos globais, a análise microeconômica preocupa-se com a formação de preços de bens e serviços (por exemplo, soja, automóveis) e de fatores de produção (salários, aluguéis, lucros) em mercados específicos.

A Teoria Microeconômica não deve ser confundida com economia de empresas, pois tem enfoque distinto. A **Microeconomia** estuda o funcionamento da oferta e da demanda na formação do preço no mercado, isto é, o preço obtido pela interação do conjunto de consumidores com o conjunto de empresas que fabricam um dado bem ou serviço.

Do ponto de vista da Administração de Empresas, que estuda uma empresa específica, prevalece a visão contábil-financeira na formação do preço de venda de seu produto, que tem base principalmente nos custos de produção, enquanto na Microeconomia predomina a visão do mercado como um todo. Assim, alguns temas como liderança, motivação, gestão de pessoas, marketing etc., são específicos da área de Administração de Empresas, e não da Microeconomia.

A abordagem econômica se diferencia da contábil mesmo quando são tratados os custos de produção, pois o economista analisa não só os custos efetivamente incorridos, mas também aqueles decorrentes das oportunidades sacrificadas, ou seja, os **custos de oportunidade** ou **implícitos**. Como detalharemos mais adiante, os custos de produção do ponto de vista econômico não são apenas os gastos ou desembolsos financeiros incorridos pela empresa (custos explícitos), mas incluem também quanto as empresas gastariam se tivessem de alugar ou comprar no mercado os insumos que são de sua propriedade (custos implícitos).

Os agentes da demanda – os **consumidores** – são aqueles que se dirigem ao mercado com o intuito de adquirir um conjunto de bens ou serviços que lhes maximize sua função utilidade, ou seja, seu grau de satisfação no consumo. A **empresa** ou o **estabelecimento comercial** é a combinação realizada pelo empresário dos fatores de produção – capital, trabalho, terra e tecnologia –, de tal modo organizados para se obter o maior volume possível de produção ou de serviços ao menor custo. Como vimos no capítulo introdutório, toda a renda pertence às famílias, o que inclui os proprietários das empresas. Nesse sentido, a empresa é definida como o local onde se organiza a produção, sendo que a renda auferida no processo de produção pertence aos empresários e trabalhadores.[1]

3.2 Pressupostos básicos da análise microeconômica

3.2.1 A hipótese *coeteris paribus*

Para analisar um mercado específico, a Microeconomia se vale da hipótese de que **tudo o mais permanece constante** (em latim, ***coeteris paribus***). O foco de estudo é dirigido apenas àquele mercado, analisando-se o papel que a oferta e a demanda nele exercem, supondo que outras variáveis interfiram pouco, ou que não interfiram de maneira absoluta.

Adotando essa hipótese, é possível o estudo de determinado mercado, selecionando-se apenas as variáveis que influenciam os agentes econômicos – consumidores e produtores – nesse particular mercado, independentemente de outros fatores que estão em outros mercados e que possam influenciá-los.

A condição *coeteris paribus* permite também isolar o efeito de uma determinada variável, independente de outras variáveis influentes no estudo. Sabemos, por exemplo, que a procura de uma mercadoria é normalmente afetada por seu preço e pela renda dos consumidores. Para analisar o efeito do preço sobre a procura, supomos que a renda permanece constante (*coeteris paribus*); da mesma forma, para avaliar a relação entre a procura e a renda dos consumidores, supomos que o preço da mercadoria não varia. Temos, assim, o efeito "puro" ou "líquido" de cada uma dessas variáveis sobre a procura.

3.2.2 Objetivos da empresa

A grande questão na Microeconomia, que inclusive é a origem das diferentes correntes de abordagem, reside na hipótese adotada quanto aos objetivos da empresa produtora de bens e serviços.

A análise tradicional supõe o **princípio da racionalidade**, segundo o qual o empresário sempre busca a maximização do lucro total, otimizando a utilização dos recursos de que dispõe.[2] Essa corrente enfatiza conceitos como receita marginal, custo marginal e produtividade marginal em lugar de conceitos de média

---

[1] Na visão jurídica, o empresário é o sujeito da atividade econômica, e o objeto é constituído pelo estabelecimento, que é o complexo de bens corpóreos e incorpóreos utilizados no processo de produção. A empresa, nesse contexto, é o complexo de relações jurídicas que unem o sujeito ao objeto da atividade econômica.

[2] O princípio da racionalidade (que supõe um *homo economicus*, isto é, um homem econômico) é aplicado extensamente na teoria microeconômica tradicional. Por esse princípio, os empresários tentam sempre maximizar lucros, estando condicionados pelos custos de produção; os consumidores procuram maximizar sua satisfação (ou utilidade) no consumo de bens e serviços (limitados por sua renda e pelos preços das mercadorias); os trabalhadores procuram maximizar lazer etc.

(receita média, custo médio e produtividade média), daí ser chamada de **marginalista**. Como veremos no Capítulo 5, a maximização do lucro da empresa ocorre quando a receita marginal se iguala ao custo marginal.

As correntes alternativas consideram que o objetivo do empresário não seria a maximização do lucro, mas fatores como aumento da participação nas vendas do mercado, ou maximização da margem sobre os custos de produção, independentemente da demanda de mercado.

Geralmente, nos cursos de Economia, a abordagem marginalista compõe a teoria microeconômica propriamente dita, pelo que é chamada de **teoria tradicional**, enquanto as demais abordagens são usualmente analisadas nas disciplinas denominadas Teoria da Organização Industrial ou Economia Industrial.

3.3   Aplicações da análise microeconômica

A análise microeconômica ou teoria dos preços, como parte da Ciência Econômica, preocupa-se em explicar como se determina o preço dos bens e serviços, bem como dos fatores de produção. O instrumental microeconômico procura responder também a questões aparentemente triviais, por exemplo, por que, quando o preço de um bem se eleva, a quantidade demandada desse bem deve cair, *coeteris paribus*?

Entretanto, deve-se salientar que, se a teoria microeconômica não é um manual de técnicas para a tomada de decisões do dia a dia, representa uma ferramenta útil para estabelecer políticas e estratégias, dentro de um horizonte de planejamento, tanto para empresas como para políticas econômicas.

Para as **empresas**, a análise microeconômica pode subsidiar as seguintes decisões:

- política de preços da empresa;
- previsões de demanda e faturamento;
- previsões de custos de produção;
- decisões ótimas de produção (escolha da melhor alternativa de produção, isto é, da melhor combinação de fatores de produção, e do tamanho (escala) ótimo de operação;
- avaliação e elaboração de projetos de investimentos (análise custo-benefício da compra de equipamentos, ampliação da empresa);
- política de propaganda e publicidade (como as preferências dos consumidores podem afetar a procura do produto);
- localização da empresa (se a empresa deve situar-se próxima dos centros consumidores ou dos centros fornecedores de insumos);
- diferenciação de mercados (possibilidades de preços diferenciados, em diferentes mercados consumidores do mesmo produto).

Em relação à **política econômica**, a teoria microeconômica pode contribuir para a análise e tomada de decisões das seguintes questões:

- avaliação de projetos de investimentos públicos;
- efeitos de impostos sobre mercados específicos;
- política de subsídios (nos preços de produtos como trigo e leite, ou na compra de insumos como máquinas, fertilizantes);
- fixação de preços mínimos na agricultura;
- fixação do salário mínimo;
- controle de preços;
- política salarial;
- política de preços e tarifas públicas (água, luz e outras);
- fixação de tarifas alfandegárias;
- leis antitruste (defesa da concorrência).

Como se observa, são decisões necessárias ao planejamento estratégico das empresas e à política e programação econômica do setor público.

3.4 Divisão do estudo microeconômico

A teoria microeconômica consiste nos seguintes tópicos:

3.4.1 Análise da demanda

A **teoria da demanda** ou procura de uma mercadoria ou serviço divide-se em **teoria do consumidor (demanda individual)** e **teoria da demanda de mercado**.

3.4.2 Análise da oferta

A **teoria da oferta** de um bem ou serviço também subdivide-se em **oferta da firma individual** e **oferta de mercado**. Dentro da análise da oferta da firma são abordadas a **teoria da produção**, que analisa as relações entre quantidades físicas do produto e os fatores de produção, e a **teoria dos custos de produção**, que incorpora os preços dos insumos.

3.4.3 Análise das estruturas de mercado

A partir da demanda e da oferta de mercado, são determinados o preço e a quantidade de equilíbrio de um dado bem ou serviço. O preço e a quantidade, entretanto, dependerão da forma particular ou estrutura desse mercado, ou seja, se ele é competitivo, com muitas empresas produzindo um dado produto, ou concentrado em poucas ou em uma única empresa.

Na análise das estruturas de mercado, avaliam-se os efeitos da oferta e da demanda, tanto no mercado de bens e serviços como no mercado de fatores de produção. As estruturas do **mercado de bens e serviços** são:

a) concorrência perfeita;
b) concorrência imperfeita ou monopolística;
c) monopólio;
d) oligopólio.

As estruturas do **mercado de fatores de produção** são:

a) concorrência perfeita;
b) concorrência imperfeita;
c) monopsônio;
d) oligopsônio.

No mercado de fatores de produção, a procura de fatores produtivos é chamada de **demanda derivada**, uma vez que a demanda por insumos (mão de obra, capital) está condicionada à (ou derivada da) procura pelo produto final da empresa no mercado de bens e serviços.

3.4.4 Teoria do equilíbrio geral e bem-estar

A **análise do equilíbrio geral** leva em conta as inter-relações entre todos os mercados, diferente da análise de equilíbrio parcial, que analisa um mercado isoladamente, sem considerar suas inter-relações com os demais. Portanto, procura-se analisar se o comportamento independente de cada agente econômico conduz todos a uma posição de equilíbrio global, embora todos sejam, na realidade, interdependentes.

A **teoria do bem-estar**, ou *welfare economics*, estuda como alcançar soluções socialmente eficientes para o problema da alocação e distribuição dos recursos, ou seja, encontrar a "alocação ótima dos recursos".

Na realidade, tanto a teoria do equilíbrio geral e do bem-estar como a teoria do consumidor são fundamentalmente abstratas, exigindo, com frequência, um razoável conhecimento de matemática. Como o objetivo deste livro é fornecer conceitos básicos de Economia, que deem subsídios para estudantes e profissionais da área de ciências humanas na sua atuação no dia a dia e um melhor entendimento das principais questões econômicas de nosso tempo, essas teorias não serão discutidas aqui, pois não costumam ser abordadas nos cursos introdutórios de Economia, sendo normalmente ministradas ao final da disciplina de teoria microeconômica.

3.4.5 Imperfeições (falhas) de mercado

Na análise das **imperfeições de mercado**, estudam-se situações nas quais o mercado isoladamente não promove perfeita alocação de recursos. Por exemplo, no caso da existência de externalidades, de assimetria de informações e no fornecimento de bens públicos.

> ## Leitura complementar
>
> ## Os preços de mercado como sistema de informação
>
> O verdadeiro papel do mecanismo de preços em uma economia de mercado é servir como um eficiente sistema de informação, pois os preços refletem implicitamente os fatores que determinam a demanda (renda, gostos do consumidor, preços de bens substitutos, preços de bens complementares, taxas de juros, prazos de financiamento, expectativas do consumidor etc.) e a oferta (avanços da tecnologia, custos de produção, preços de bens substitutos na produção, preços de bens complementares na produção, taxas de juros, prazos de financiamento, clima, expectativas dos empresários etc.).
>
> Assim, quando os mercados funcionam adequadamente, não apresentando "falhas", qualquer alteração desses fatores se refletirá nos preços, ajudando milhões de consumidores e produtores a realizar suas análises de custo-benefício. Se, por exemplo, vamos a uma loja de eletrodomésticos e observamos que os preços de duas TVs são bastante diferentes, apesar de possuírem as mesmas especificações, seguramente atribuiremos a diferença à melhor qualidade, à marca mais confiável ou à melhor assistência técnica (ou as três simultaneamente). Nem sequer necessitamos perguntar ao vendedor a causa da disparidade de preços, que nos estão "informando" sobre a qualidade, confiabilidade e serviços pós-venda dos produtos a um custo muito baixo, em termos de tempo e recursos. Essa eficiência dos preços como sistema de informação é um dos principais fatores que viabilizam o comércio eletrônico, no qual, em geral, o consumidor toma decisões sem consultar nenhum vendedor.
>
> Por sua vez, se um agricultor deseja decidir se plantará café, soja ou cana-de-açúcar em um pedaço de terra de sua propriedade, também poderá observar os preços de mercado de cada um desses bens. Desse modo, deverá produzir aquele bem cujo preço e, portanto, a receita, represente o maior lucro em relação aos custos de produção de cada alternativa. Se os mercados funcionam adequadamente, esse produtor não necessitará saber as causas das diferenças de preços para tomar sua decisão de produção. Foi assim que, durante 2009, os usineiros brasileiros incrementaram a oferta de açúcar, devido à disparada de seus preços internacionais. Visto que esses preços funcionaram como sinalizador confiável, os produtores reagiram, aproveitando a oportunidade, sem precisar saber se a importante elevação das cotações no mercado mundial devia-se à quebra de safra na Índia, ocasionada pelo atraso das chuvas de monção, ou se era fruto de mera especulação.

Questões para revisão

1. Qual o papel dos preços relativos na análise microeconômica?

2. O estabelecimento comercial pode ser conceituado de duas óticas: a econômica e a jurídica. Explique cada uma delas.

3. No raciocínio econômico, qual a importância da hipótese do *coeteris paribus*? Exemplifique.

4. Qual o principal campo de atuação da teoria microeconômica?

5. Como se divide o estudo microeconômico?

Demanda, Oferta e Equilíbrio de Mercado

4.1 Introdução

4.1.1 Breve histórico

A evolução do estudo da teoria microeconômica teve início basicamente com a análise da demanda de bens e serviços, cujos fundamentos estão alicerçados no conceito subjetivo de utilidade. A **utilidade** representa o grau de satisfação que os consumidores atribuem aos bens e serviços que podem adquirir no mercado. Ou seja, a utilidade é a qualidade que os bens econômicos possuem de satisfazer as necessidades humanas. Como tem sua base em aspectos psicológicos ou preferências subjetivas, a utilidade difere de consumidor para consumidor (uns preferem uísque, outros, cerveja).

A **teoria do valor-utilidade** contrapõe-se à chamada **teoria do valor-trabalho,** desenvolvida pelos economistas clássicos (Malthus, Adam Smith, Ricardo, Marx). A teoria do valor-utilidade pressupõe que o valor de um bem se forma por sua **demanda**, isto é, pela satisfação que o bem representa para o consumidor. Ela é, portanto, subjetiva e considera que o valor nasce da **relação do homem com os objetos**. Representa a chamada visão **utilitarista**, em que prepondera a soberania do consumidor, pilar do capitalismo.

A **teoria do valor-trabalho** considera que o valor de um bem se forma do lado da **oferta**, por meio dos custos do trabalho incorporados ao bem. Os custos de produção seriam representados basicamente pelo fator mão de obra, em que se supunha que a terra era praticamente gratuita (abundante) e o capital pouco significativo. Pela teoria do valor-trabalho, o valor do bem surge da **relação social** entre homens, dependendo do tempo produtivo (em horas) que eles incorporam na **produção de mercadorias**. Nesse sentido, a teoria do valor-trabalho é objetiva (depende de custos de produção), diferente da teoria do valor-utilidade, que é subjetiva.

A teoria do valor-utilidade veio complementar a teoria do valor-trabalho, pois não era mais possível predizer o comportamento dos preços dos bens apenas com base nos custos da mão de obra (ou mesmo custos em geral) sem considerar o lado da demanda (padrão de gostos, hábitos, renda e outros).

Além disso, a teoria do valor-utilidade permitiu distinguir os conceitos de valor de uso do valor de troca de um bem. O **valor de uso** é a utilidade que ele representa para o consumidor. O **valor de troca** se forma pelo preço no mercado, pelo encontro da oferta e da demanda do bem.

A teoria da demanda, objeto deste capítulo, baseia-se na teoria do valor-utilidade.

4.1.2 Utilidade total e utilidade marginal[1]

Ao final do século passado, alguns economistas elaboraram o conceito de utilidade marginal e dele derivaram a curva da demanda e suas propriedades.

Tem-se que a **utilidade total** tende a aumentar quanto maior a quantidade consumida do bem ou serviço. Entretanto, a **utilidade marginal**, que é a satisfação adicional (na margem) obtida pelo consumo de mais uma unidade do bem, é decrescente, pois o consumidor vai perdendo a capacidade de percepção da utilidade proporcionada por mais uma unidade do bem. É a chamada **Lei da Utilidade Marginal Decrescente**. Matematicamente:

$$Umg = \frac{\Delta Utotal}{\Delta q}$$

sendo q a quantidade que o consumidor deseja consumir.[2]

Graficamente (Figura 4.1):

Figura 4.1   Utilidade total e utilidade marginal

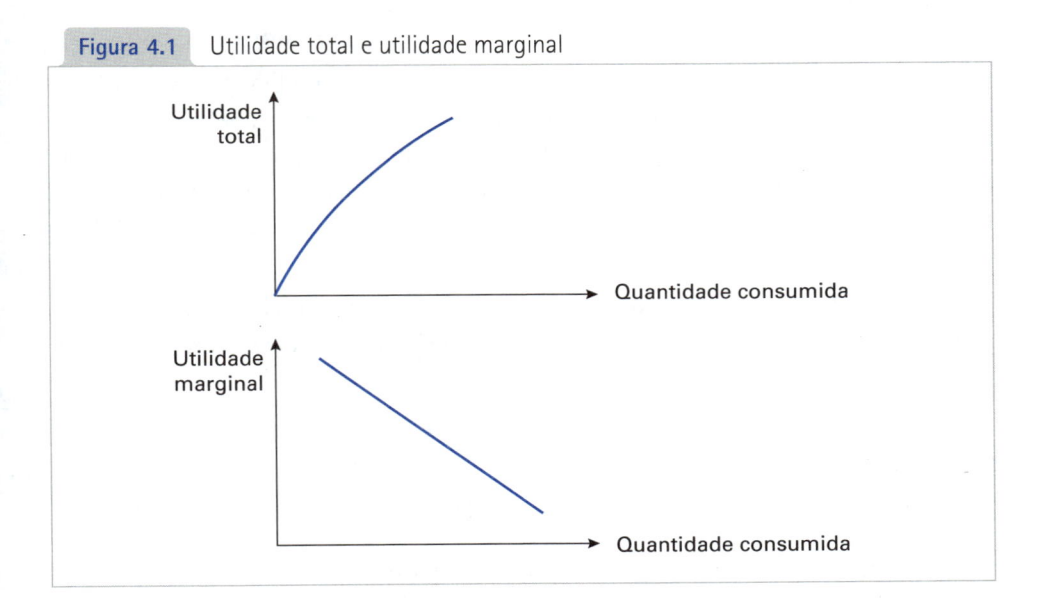

Capítulo 4 – Demanda, Oferta e Equilíbrio de Mercado

---

[1]   Essa parte da análise microeconômica é discutida dentro da chamada Teoria do Consumidor. Como ela é relativamente abstrata, inclusive com razoável grau de formalização matemática, não costuma ser aprofundada em cursos introdutórios de Economia. Para mais detalhes, consultar: PINHO, D.; VASCONCELLOS, M. A. S.; TONETO JR., R. *Manual de Economia* – Equipe de Professores da USP. 7. ed. São Paulo: Saraiva, 2017. Capítulo 6.

[2]   Supondo curvas contínuas e diferenciáveis (ou seja, sem intervalos e "bicos"), a Utilidade Marginal pode ser expressa, em vez de acréscimos finitos (Δ), por derivadas, que são acréscimos infinitesimais (dq), assim: $Umg = \frac{dUtotal}{dq}$.

O **paradoxo da água e do diamante** ilustra por que os preços dependem basicamente da utilidade marginal, e não da utilidade total. Por que a água, mais necessária, é tão barata, e o diamante, supérfluo, tem preço tão elevado? Ocorre que a água tem grande utilidade **total**, mas baixa utilidade **marginal** (é abundante), enquanto o diamante, por ser raro e escasso, tem grande utilidade marginal. Todas as unidades de água são valiosas (grande utilidade total), mas seu preço, na margem, é menor, pois os últimos copos de água que bebemos têm pouca utilidade. Contudo, o último e talvez único diamante proporciona grande satisfação (utilidade) a quem o adquire.

4.2 Demanda de mercado

4.2.1 Conceito

A **demanda** ou **procura** pode ser definida como a quantidade de certo bem ou serviço que os consumidores desejam adquirir em determinado período de tempo.[3]

A procura depende de variáveis que influenciam a escolha do consumidor. As principais são: o preço do bem ou serviço; o preço dos outros bens; a renda do consumidor e as preferências e hábitos do indivíduo. Dependendo do mercado a ser estudado, outras variáveis podem ser incluídas, tais como: fatores sazonais (demanda de sorvetes, por exemplo); localização dos consumidores; disponibilidade de crédito etc.

Para estudar a influência **isolada** dessas variáveis utiliza-se a hipótese do *coeteris paribus*, ou seja, analisa-se cada uma dessas variáveis isoladamente, supondo que as demais permaneçam fixadas.

4.2.2 Relação entre quantidade procurada e preço do bem: a lei geral da demanda

Há uma relação inversamente proporcional entre a quantidade procurada e o preço do bem, *coeteris paribus*. É a chamada **lei geral da demanda**.

Essa relação quantidade procurada/preço do bem pode ser representada por uma **escala de procura** (Tabela 4.1), **curva de procura** ou **função demanda**.

---

[3] Prova-se que a curva de demanda representa pontos nos quais o consumidor está maximizando sua satisfação (utilidade), dada sua renda e o preço do bem, *coeteris paribus*. Ver PINHO; VASCONCELLOS; TONETO JR., 2017.

Tabela 4.1 Escala de procura

Alternativas de preço ($)	Quantidade demandada
1,00	11.000
3,00	9.000
6,00	6.000
8,00	4.000
10,00	2.000

Outra forma de apresentar essas diversas alternativas é pela **curva de procura** ou **escala de procura** (Figura 4.2). Para tanto, traçamos um gráfico com dois eixos, colocando no eixo vertical os vários preços **P**, e no horizontal as quantidades demandadas **Q**. Assim:

Figura 4.2 Curva de procura do *bem x*[4]

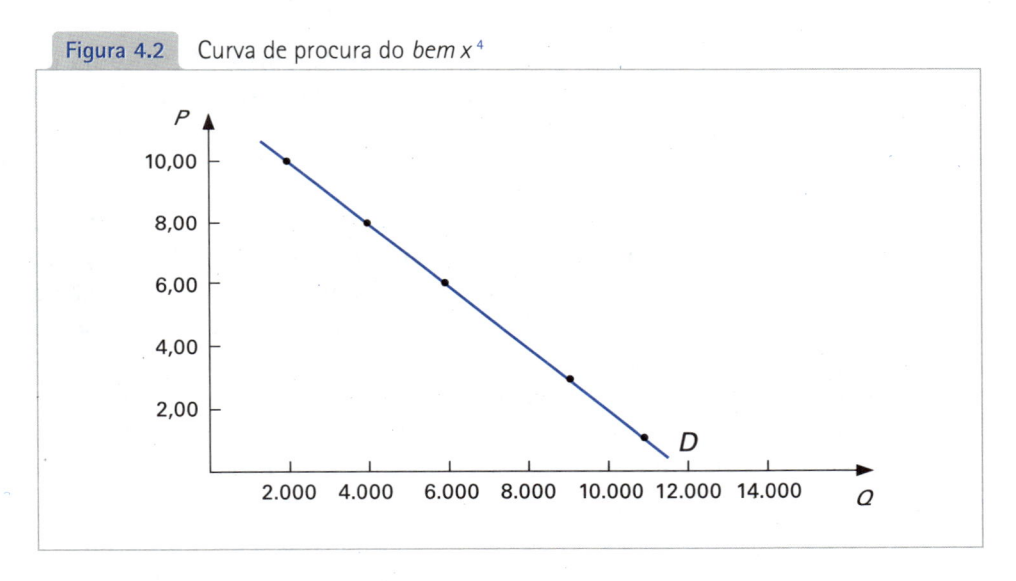

Os economistas supõem que a curva de procura revela as preferências dos consumidores, sob a hipótese de que estão maximizando sua utilidade, ou grau de satisfação, no consumo daquele produto. Ou seja, subjacente à curva há uma teoria de valor, que envolve, como vimos, os fundamentos psicológicos do consumidor.

---

[4] Apenas por questão de simplificação, vamos supor que a relação entre a quantidade procurada e o preço de uma dada mercadoria ou serviço seja do tipo linear (reta). Na realidade, essa relação pode assumir outras funções matemáticas, como potencial e exponencial.

A curva de procura inclina-se de cima para baixo, no sentido da esquerda para a direita, refletindo o fato de que a quantidade procurada de determinado produto varia inversamente em relação a seu preço, *coeteris paribus*.

Matematicamente, a relação entre a quantidade demandada e o preço de um bem ou serviço pode ser expressa pela chamada **função demanda** ou **equação da demanda**:

$$Qd = f(P)$$

em que:

Qd = quantidade procurada de determinado bem ou serviço, num dado perío-do de tempo;

P = preço do bem ou serviço.

A expressão $Qd = f(P)$ significa que a quantidade demandada Qd é uma função f do preço P, isto é, depende do preço P.

A curva de demanda é negativamente inclinada devido ao efeito conjunto de dois fatores: o efeito substituição e o efeito renda. Se o preço de um bem aumenta, a queda da quantidade demandada será provocada por esses dois efeitos somados:

a) **efeito substituição:** se um *bem x* possui um bem substituto *y*, ou seja, outro bem similar que satisfaça a mesma necessidade, quando o preço do *bem x* aumenta, *coeteris paribus*, o consumidor passa a adquirir o bem substituto (o *bem y*), reduzindo assim a demanda do *bem x*. Exemplo: se o preço da caixa de fósforos subir demasiadamente, os consumidores passarão a demandar isqueiros, reduzindo assim sua demanda por fósforo;

b) **efeito renda:** quando aumenta o preço de um *bem x*, tudo o mais constante (renda do consumidor e preços de outros bens estando constantes), o consumidor perde poder aquisitivo, e a demanda por esse produto (*x*) diminui. Assim, embora seu salário monetário não tenha sofrido nenhuma alteração, seu salário "real", em termos de poder de compra, foi corroído.[5]

4.2.3 Outras variáveis que afetam a demanda de um bem

Efetivamente, a procura de uma mercadoria não é influenciada apenas por seu preço. Existe uma série de outras variáveis que também afetam a procura.

Para a maioria dos produtos, a procura será também afetada pela renda dos consumidores, pelo preço dos bens substitutos (ou concorrentes), pelo preço dos bens complementares e pelas preferências ou hábitos dos consumidores.

Se a **renda dos consumidores** aumenta e a demanda do produto também, temos um **bem normal**. Existe também uma classe de bens que são chamados **bens inferiores**, cuja demanda varia em sentido inverso às variações da renda; por exemplo, se o consumidor fica mais rico, diminuirá o consumo de carne de segunda e aumentará o consumo de carne de primeira. Analogamente, tem-se a categoria de **bens superiores** ou de luxo: se o consumidor fica mais rico, demandará mais produtos de maior qualidade. Temos ainda o caso de **bens de consumo saciado**, quando a demanda do bem não é influenciada pela renda dos consumidores (por exemplo, quando a renda aumenta, não afeta praticamente o consumo de produtos como arroz, farinha, sal, açúcar).

A demanda de um bem ou serviço também pode ser influenciada **pelos preços de outros bens e serviços**. Quando há uma relação direta entre preço de um bem e quantidade de outro, *coeteris paribus*, eles são chamados de **bens substitutos** ou **concorrentes**, ou, ainda, **sucedâneos**. Por exemplo, um aumento no preço da carne de vaca deve elevar a demanda do frango, tudo o mais constante. Quando há uma relação inversa entre o preço de um bem e a demanda de outro, eles são chamados de **bens complementares** (por exemplo, quantidade de automóveis e preço da gasolina, quantidade de camisas sociais e preço das gravatas).

Finalmente, a demanda de um bem ou serviço também sofre a influência dos **hábitos e preferências dos consumidores**. Os gastos em publicidade e propaganda objetivam justamente aumentar a procura de bens e serviços influenciando preferências e hábitos.

Além das variáveis anteriores, que se aplicam ao estudo da procura pela maior parte dos bens, alguns produtos são afetados por fatores mais específicos como efeitos sazonais e localização do consumidor, ou fatores mais gerais, como condições de crédito, perspectivas da economia, congelamentos ou tabelamentos de preços e salários.

Podemos, então, resumir as principais variáveis que afetam a demanda de determinado bem ou serviço:

Demanda do bem x = f (preço de x, preços dos bens substitutos do bem x, preço dos bens complementares ao bem x, renda dos consumidores, preferências dos consumidores)

4.2.4 Distinção entre demanda e quantidade demandada

Embora tendam a ser utilizados como sinônimos, esses termos têm significados diferentes. Por **demanda** entende-se toda a escala ou curva que relaciona os possíveis preços a determinadas quantidades. Por **quantidade demandada** devemos compreender um ponto específico da curva relacionando um preço a uma quantidade.

Na Figura 4.3, a demanda corresponde à reta indicada pela letra D; já a quantidade procurada relacionada ao preço P_0 é Q_0. Caso o preço do bem aumentasse para P_1, haveria uma diminuição na quantidade demandada, não na demanda. Ou seja, as alterações da quantidade demandada ocorrem ao longo da própria curva de demanda (reta D).

Figura 4.3 Alteração na quantidade demandada

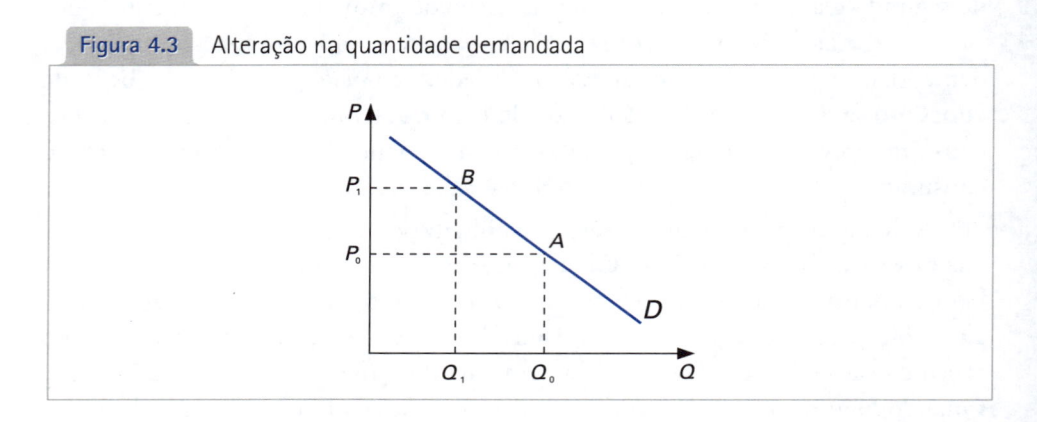

Suponhamos que agora a curva da procura inicial (Figura 4.4) fosse a reta indicada pela letra D_0. Sendo o bem normal, caso houvesse um aumento na renda dos consumidores, *coeteris paribus*, a curva da procura D_0 iria se deslocar para a direita, o que estaria indicando que, aos mesmos preços, por exemplo, P_0, o consumidor estaria disposto a adquirir maiores quantidades do bem, passando de Q_0 para Q_2. A nova curva de demanda é representada pela reta D_1.

Figura 4.4 Alteração na demanda

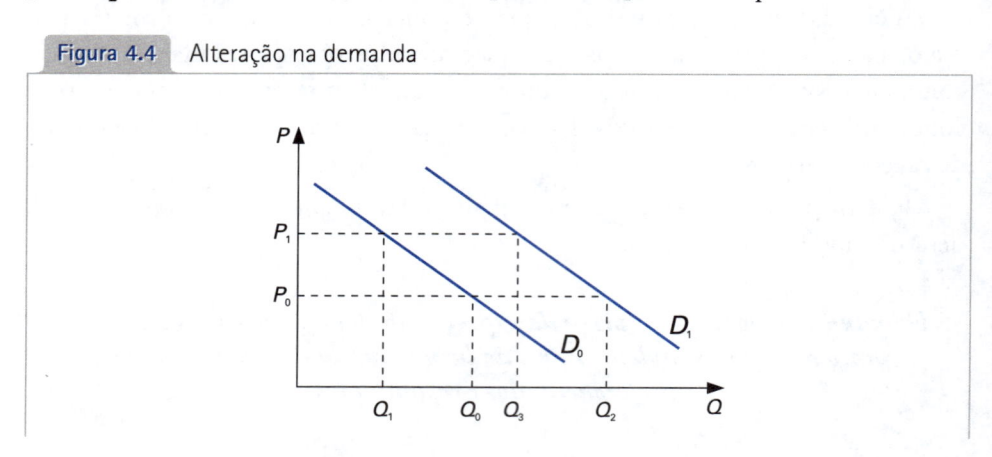

Antes do aumento da renda	Após o aumento da renda
ao preço P_0, o consumidor pode comprar Q_0	ao mesmo preço P_0, o consumidor pode comprar Q_2
ao preço P_1, o consumidor pode comprar Q_1	ao mesmo preço P_1, o consumidor pode comprar Q_3

Dessa forma, movimentos da quantidade demandada ocorrem ao longo da própria curva, devido a mudanças no preço do bem. Quando a curva de procura se desloca (em virtude de variações da renda ou de outras variáveis, que não o preço do bem), temos uma mudança na demanda (e não na quantidade demandada).

4.3 Oferta de mercado

Pode-se conceituar **oferta** como as várias quantidades que os produtores desejam oferecer ao mercado em determinado período de tempo. Da mesma maneira que a demanda, a oferta depende de vários fatores, entre eles, de seu próprio preço, do preço (custo) dos fatores de produção e das metas ou objetivos dos empresários.

Ao contrário da função demanda, a função oferta mostra uma correlação direta entre quantidade ofertada e nível de preços, *coeteris paribus*. É a chamada **lei geral da oferta**.

Podemos expressar uma **escala de oferta** de um *bem x* – dada uma série de preços, quais seriam as quantidades ofertadas a cada preço, como mostra a Tabela 4.2.

Tabela 4.2 Escala de oferta

Preço ($)	Quantidade ofertada
1,00	1.000
3,00	3.000
6,00	6.000
8,00	8.000
10,00	10.000

Essa escala pode ser expressa na Figura 4.5.

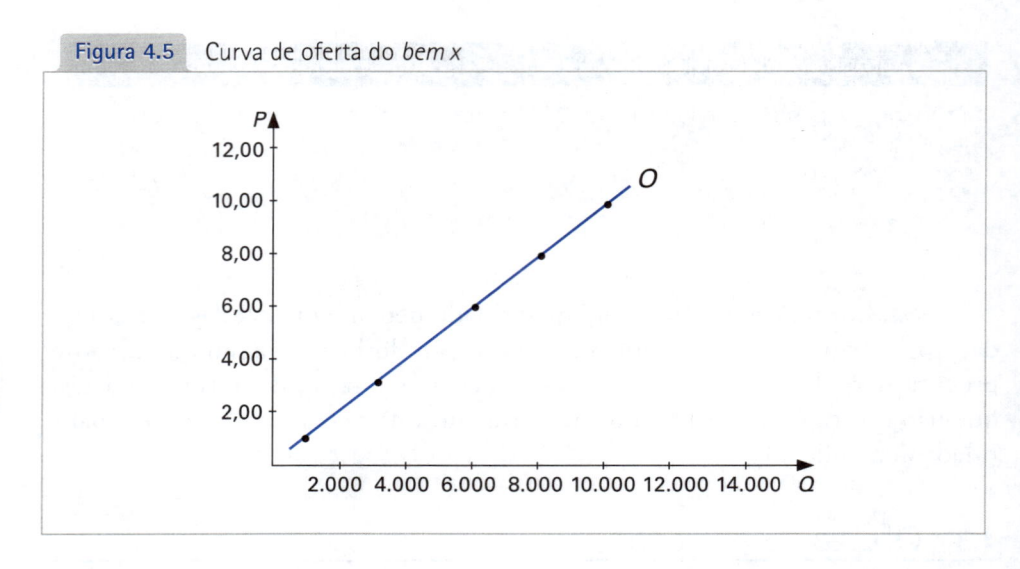

Figura 4.5 Curva de oferta do *bem x*

Matematicamente, a função ou equação da oferta é dada pela expressão:

$$Q_0 = f(P)$$

em que:

Q_0 = quantidade ofertada de um bem ou serviço, num dado período;

P = preço do bem ou serviço.

A relação direta entre a quantidade ofertada de um bem e o preço desse bem deve-se ao fato de que, *coeteris paribus*, um aumento do preço de mercado eleva a rentabilidade das empresas, estimulando-as a elevar a produção.

Além do preço do bem, a oferta de um bem ou serviço é afetada pelos **custos dos fatores de produção** (matérias-primas, salários, preço da terra), por alterações tecnológicas e pelo aumento do número de empresas no mercado.

Parece claro que a relação entre a oferta e o custo dos fatores de produção seja inversamente proporcional. Por exemplo, um aumento dos salários ou do custo das matérias-primas deve provocar, *coeteris paribus*, uma retração da oferta do produto.

A relação entre a oferta e o **nível de conhecimento tecnológico** é diretamente proporcional, dado que melhorias tecnológicas promovem melhorias da produtividade no uso dos fatores de produção e, portanto, aumento da oferta. Da mesma forma, há uma relação direta entre a oferta de um bem ou serviço e o **número de empresas ofertantes** do produto no setor.

***Oferta do bem x = f (preço de x, custos dos fatores de produção, nível de
conhecimento tecnológico, número de empresas no mercado)***

4.3.1 Oferta e quantidade ofertada

Como no caso da demanda, também devemos distinguir entre a oferta e a
quantidade ofertada de um bem. A **oferta** refere-se à escala (ou toda a curva),
enquanto a **quantidade ofertada** diz respeito a um ponto específico da curva
de oferta. Assim, um aumento no preço do bem provoca um aumento da quantidade ofertada, *coeteris paribus* (movimento ao longo da curva – diagrama *a* da
Figura 4.6), enquanto uma alteração nas outras variáveis (como nos custos de
produção ou no nível tecnológico) desloca a oferta (isto é, a curva de oferta).

Por exemplo, o aumento no custo das matérias-primas provoca queda na
oferta: mantido o mesmo preço P_0 (isto é, *coeteris paribus*), as empresas são obrigadas a diminuir a produção – diagrama *b*.

Figura 4.6 Alteração da quantidade ofertada e da oferta

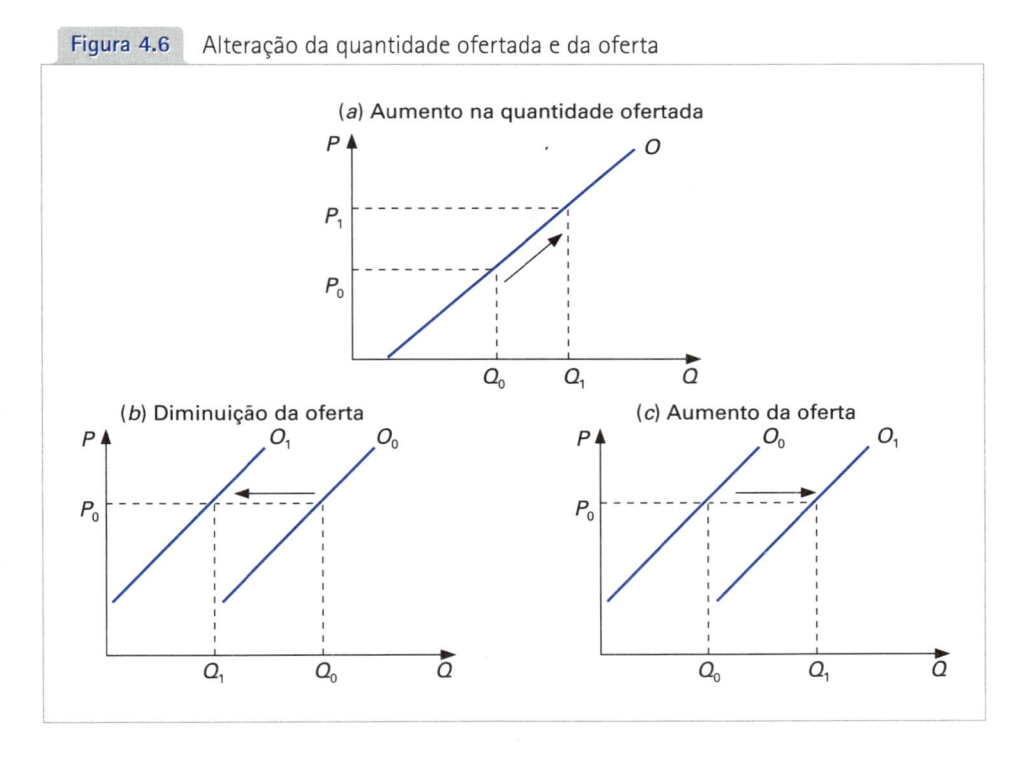

Por outro lado, a diminuição no preço dos insumos, ou a melhoria tecnológica em sua utilização, ou ainda o aumento no número de empresas no mercado,
conduz ao aumento da oferta, dados os mesmos preços praticados, deslocando-
-se, desse modo, a curva de oferta para a direita – diagrama *c*.

4.4 Equilíbrio de mercado

4.4.1 A lei da oferta e da procura: tendência ao equilíbrio

A interação das curvas de demanda e de oferta determina o preço e a quantidade de equilíbrio de um bem ou serviço em um dado mercado.

Seja a Tabela 4.3 representativa da oferta e da demanda do *bem x*:

Tabela 4.3 Oferta e demanda do *bem x*

Preço ($)	Quantidade		Situação de mercado
	Procurada	Ofertada	
1,00	11.000	1.000	Excesso de procura (escassez de oferta)
3,00	9.000	3.000	Excesso de procura (escassez de oferta)
6,00	6.000	6.000	Equilíbrio entre oferta e procura
8,00	4.000	8.000	Excesso de oferta (escassez de procura)
10,00	2.000	10.000	Excesso de oferta (escassez de procura)

Como se observa na Tabela 4.3, existe equilíbrio entre oferta e demanda do *bem x* quando o preço é igual a 6,00 unidades monetárias. Graficamente (Figura 4.7):

Figura 4.7 Equilíbrio de mercado

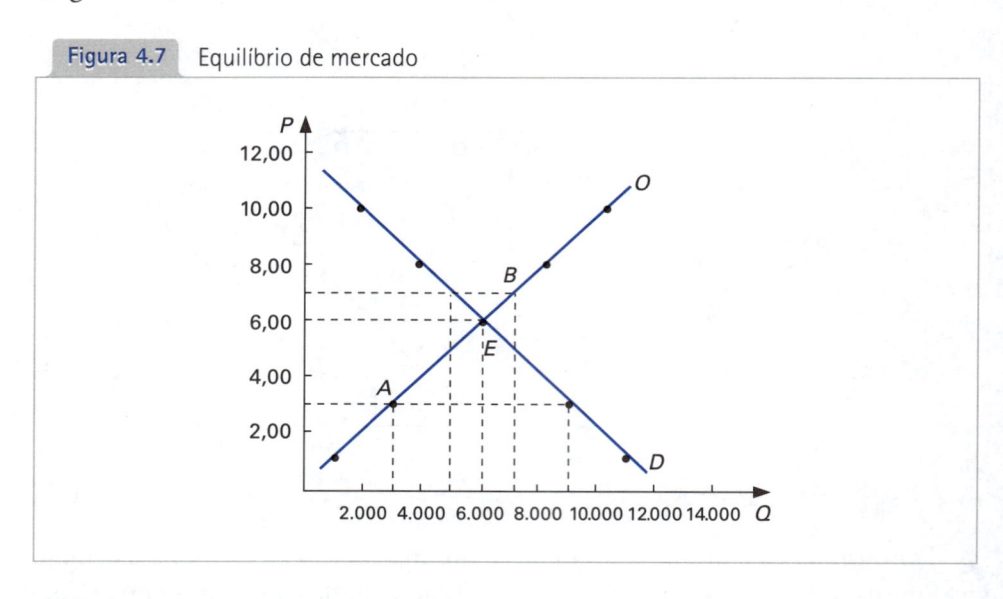

Na intersecção das curvas de oferta e demanda (ponto E), teremos o preço e a quantidade de equilíbrio, isto é, o preço e a quantidade que atendem às aspirações dos consumidores e dos produtores simultaneamente.[6]

Se a quantidade ofertada se encontrar abaixo daquela de equilíbrio E (A, por exemplo), teremos uma situação de **escassez** do produto. Haverá uma competição entre os consumidores, pois as quantidades procuradas serão maiores que as ofertadas. Formar-se-ão filas, o que forçará a elevação dos preços, até atingir-se o equilíbrio (ponto E), quando as filas cessarão.

Analogamente, se a quantidade ofertada se encontrar acima do ponto de equilíbrio E (B, por exemplo), haverá um **excesso** ou **excedente de produção**, um acúmulo de estoque não programado do produto, o que provocará uma competição entre os produtores, conduzindo a uma redução dos preços, até que se atinja o ponto de equilíbrio E.

Como se observa, quando há competição tanto de consumidores como de ofertantes, há uma **tendência natural** no mercado para se chegar a uma situação de **equilíbrio estacionário** – sem filas e sem estoques não desejados pelas empresas.

Desse modo, se não há obstáculos para a livre movimentação dos preços, ou seja, se o sistema é de concorrência pura ou perfeita, será observada essa tendência natural de o preço e a quantidade atingirem determinado nível desejado tanto pelos consumidores como pelos ofertantes. Para que isso ocorra, é necessário que não haja interferência nem do governo nem de forças oligopólicas, que têm poder de afetar o preço de mercado.

4.4.2 Deslocamento das curvas de demanda e oferta

Como vimos, existem vários fatores que podem provocar deslocamento das curvas de oferta e demanda, com evidentes mudanças do ponto de equilíbrio. Suponhamos, por exemplo, que o mercado do *bem x* (um bem normal, não inferior) esteja em equilíbrio. O preço de equilíbrio inicial é P_0 e a quantidade, Q_0 (ponto A).

Se, por hipótese, os consumidores obtêm um aumento de renda real (aumento de poder aquisitivo), *coeteris paribus*, a demanda do *bem x*, aos mesmos preços anteriores, será maior. Isso significa um deslocamento da curva de demanda para a direita, para D_1. Assim, ao preço P_0 teremos inicialmente um excesso de demanda, que provocará um aumento de preços até que o excesso de demanda acabe.

---

[6] No Apêndice deste capítulo, demonstramos algebricamente como são determinados o preço e a quantidade de equilíbrio.

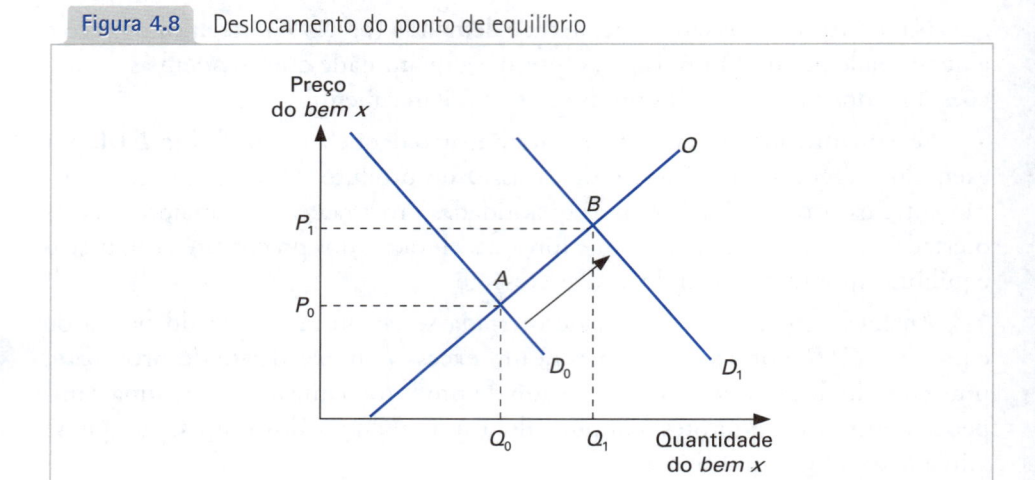

Figura 4.8 — Deslocamento do ponto de equilíbrio

O novo equilíbrio se dará ao preço P_1 e quantidade Q_1 (ponto B).

Da mesma forma, um deslocamento da curva de oferta afetará a quantidade de mercado e o preço de equilíbrio. Suponha, para exemplificar, que haja uma diminuição dos preços das matérias-primas usadas na produção do *bem x*. Consequentemente, a curva de oferta do *bem x* se deslocará para a direita, e, por raciocínio análogo ao anterior, o preço de equilíbrio se tornará menor e a quantidade maior. O leitor poderá, como exercício, construir o gráfico para esse caso.

4.5 Interferência do governo no equilíbrio de mercado

O governo intervém na formação de preços de mercado quando fixa impostos, tarifas alfandegárias, dá subsídios, estabelece os critérios de reajuste do salário mínimo, fixa preços mínimos para produtos agrícolas, decreta tabelamentos ou, ainda, congela preços e salários.

4.5.1 Estabelecimento de impostos

Embora seja tratado nos capítulos de Macroeconomia o papel do governo por meio dos instrumentos da política tributária, é interessante observar o enfoque microeconômico da tributação, que ressalta a questão da incidência do tributo. Sabemos que é a empresa quem recolhe a totalidade do tributo, mas isso não quer dizer que é ela quem efetivamente o paga. Assim, saber sobre quem recai efetivamente o ônus do tributo é uma questão da maior importância na análise dos mercados.

Os tributos podem ser impostos, taxas ou contribuições de melhoria. Os impostos dividem-se em:

- **impostos indiretos:** impostos incidentes sobre o consumo ou sobre as vendas. Exemplos: Imposto sobre Circulação de Mercadorias e Serviços (ICMS), Imposto sobre Produtos Industrializados (IPI);
- **impostos diretos:** impostos incidentes sobre a renda e o patrimônio. Exemplos: Imposto de Renda (IR) e Imposto Predial e Territorial Urbano (IPTU).

Entre os impostos indiretos destacamos:

- **imposto específico:** o valor do imposto é fixo, independentemente do valor da unidade vendida. Exemplo: para cada carro vendido, recolhe-se, a título de imposto, R$ 5.000 ao governo (esse valor é fixo e independe do valor do automóvel);
- **imposto *ad valorem*:** é um percentual (alíquota) aplicado sobre o valor da venda. Exemplo: supondo a alíquota do IPI sobre automóveis de 10%, se o valor do automóvel for de R$ 50.000, o valor do IPI será de R$ 5.000; se seu valor aumentar para R$ 60.000, o valor do IPI será de R$ 6.000. Assim, como se pode notar, a alíquota permanece inalterada em 10%, enquanto o valor do imposto varia com o preço do automóvel.

No Brasil, há poucos impostos específicos, sendo a quase totalidade dos impostos incidentes sobre o consumo do gênero ***ad valorem***.

No ato do recolhimento, um aumento de impostos representa um aumento de custos de produção para a empresa, Se ela quiser continuar vendendo as mesmas quantidades anteriores, terá de elevar o preço de seu produto, ou seja, procurará repassar o imposto para o consumidor, deslocando a curva de oferta para a esquerda. Caso contrário, terá de reduzir seu volume de produção.

A proporção do imposto paga por produtores e consumidores é a chamada **incidência tributária**, que mostra sobre quem recai efetivamente o ônus do imposto.

O produtor procurará repassar a totalidade do imposto aos consumidores. Entretanto, a margem de manobra de repassá-lo dependerá do grau de sensibilidade dos consumidores às alterações do preço do bem. E essa sensibilidade (ou elasticidade) dependerá do tipo de mercado. Quanto mais competitivo ou concorrencial o mercado, maior a parcela do imposto paga pelos produtores, pois eles não poderão aumentar o preço do produto para nele embutir o tributo. O mesmo ocorrerá se os consumidores dispuserem de vários substitutos para esse bem. Por outro lado, quanto mais concentrado o mercado – ou seja, com poucas empresas –, maior o grau de transferência do imposto para os consumidores finais, que contribuirão com maior parcela do imposto.

Há uma **diferença entre o conceito jurídico e o conceito econômico de incidência**. Do ponto de vista legal, a incidência refere-se a quem recolhe o imposto aos cofres públicos; do ponto de vista econômico, diz respeito a quem arca efetivamente com o ônus. Normalmente, os impostos indiretos são recolhidos pelas empresas, mas elas repassam parte do imposto, aumentando o preço do produto e, assim, onerando o consumidor final.

4.5.2 Política de preços mínimos na agricultura

Trata-se de uma política que visa dar uma garantia de preços ao produtor agrícola, com o propósito de protegê-lo das flutuações dos preços no mercado, ou seja, ajudá-lo diante de uma possível queda acentuada de preços e, consequentemente, da renda agrícola. O governo, antes do início do plantio, garante o preço que ele pagará após a colheita do produto. Se, por ocasião da colheita, os preços de mercado forem superiores aos preços mínimos, o agricultor preferirá vendê-la no mercado. Contudo, se os preços mínimos forem superiores aos preços de mercado, o produtor preferirá vender sua produção para o governo ao preço anteriormente fixado. Nesse caso, com o preço mínimo acima do preço de equilíbrio de mercado, haverá um excedente de produto adquirido pelo governo, que será utilizado como estoque regulador em momentos subsequentes (Figura 4.9).

Graficamente:

Figura 4.9   Fixação do preço mínimo

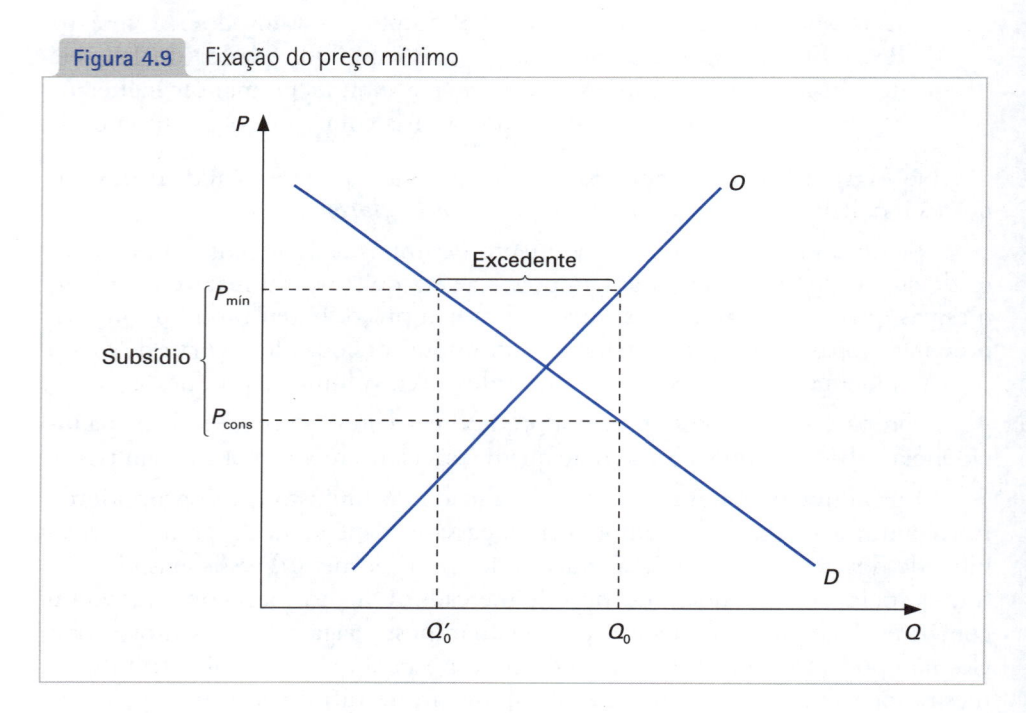

Nesse caso, o governo pode adotar dois tipos alternativos de política:

a) comprar o excedente (Q_0 menos Q'_0) ao preço mínimo $P_{mín}$ (**política de compras**);

b) pagar subsídio no preço (**política de subsídios**): o governo deixa os produtores colocarem no mercado toda a produção Q_0, o que provocará grande queda no preço pago pelos consumidores (P_{cons}). Os produtores receberão $P_{mín}$, e o governo bancará a diferença ($P_{mín} - P_{cons}$).

Evidentemente, o governo optará pela política menos onerosa aos cofres públicos.

4.5.3 Tabelamento

Refere-se à intervenção do governo no sistema de preços de mercado visando a coibir abusos por parte dos vendedores, controlar preços de bens de primeira necessidade ou, então, refrear o processo inflacionário como foi adotado no Brasil (Planos Cruzado, Bresser e Collor) quando se aplicou o congelamento de preços e salários.

4.6 Conceito de elasticidade

Cada produto tem uma sensibilidade específica com relação às variações dos preços e da renda. Essa sensibilidade ou reação pode ser medida por meio do conceito de elasticidade. Genericamente, a **elasticidade** reflete o grau de reação ou sensibilidade de uma variável quando ocorrem alterações em outra variável, *coeteris paribus*.

Trata-se de um conceito econômico que pode ser objeto de cálculo a partir de dados do mundo real, permitindo-se, desse modo, o confronto das proposições da teoria econômica com os dados da realidade.

O conceito de elasticidade representa uma informação bastante útil tanto para as empresas como para a administração pública. Nas empresas, a previsão de vendas é de extrema importância, pois permite uma estimativa da reação dos consumidores em face das alterações nos preços da empresa, dos concorrentes e em seus salários. Para o planejamento macroeconômico, a elasticidade é de igual importância, pois pode-se prever, por exemplo, qual seria o impacto de uma desvalorização cambial sobre o saldo da balança comercial, ou qual a sensibilidade dos investimentos privados a alterações na tributação ou na taxa de juros.

4.6.1 Elasticidade-preço da demanda

Conceito

É a resposta relativa da quantidade demandada de um *bem x* às variações de seu preço, ou, de outra forma, é a variação percentual na quantidade procurada do *bem x* em relação a uma variação percentual em seu preço, *coeteris paribus*.

Podemos expressar simbolicamente tal conceito da seguinte forma:

$$E_{pD} = \frac{variação\ percentual\ em\ Q_d}{variação\ percentual\ em\ P}$$

Como a correlação entre preço e quantidade demandada é inversa, ou seja, a uma alteração positiva de preços corresponderá uma variação negativa da quantidade demandada, o valor encontrado da elasticidade-preço da demanda será **negativo**. Para evitar problemas com o sinal, o valor da elasticidade normalmente é colocado em módulo.

Suponhamos, por exemplo, os seguintes dados:

P_0 = preço inicial = $ 20,00
P_1 = preço final = $ 16,00
Q_0 = quantidade demandada, ao preço $P_0 \rightarrow Q_0$ = **30**
Q_1 = quantidade demandada, ao preço $P_1 \rightarrow Q_1$ = **39**

A variação percentual do preço é dada por:

$$\frac{P_1 - P_0}{P_0} = \frac{-4}{20} = -0,2 \text{ ou } -20\%$$

A variação percentual da quantidade demandada é dada por:

$$\frac{Q_1 - Q_0}{Q_0} = \frac{9}{30} = 0,3 \text{ ou } 30\%$$

O valor da elasticidade-preço da demanda é dado por:

$$E_{pD} = \frac{\textit{variação percentual em } Q_d}{\textit{variação percentual em } P} = \frac{+30\%}{-20\%} = -1,5 \text{ ou } |E_{pD}| = 1,5$$

Significa que, dada uma queda de 20% no preço, a quantidade demandada aumenta em 1,5 vez os 20%, ou seja, 30%. Trata-se de um produto cuja demanda tem grande sensibilidade a variações do preço. Isso nos remete aos conceitos de demanda elástica, inelástica e de elasticidade unitária.

- **Demanda elástica:** a variação da quantidade demandada supera a variação do preço, ou

$$|E_{pD}| > 1$$

No exemplo anterior: $E_{pD} = -1,5$, ou, em módulo $|E_{pD}| = 1,5$.

Os consumidores desse produto têm grande reação ou resposta a eventuais variações de preços. Em caso de aumentos de preços, diminui drasticamente o consumo; quando há quedas do preço de mercado, aumenta o consumo em uma vez e meia a variação do preço.

- **Demanda inelástica:** ocorre quando uma variação percentual no preço provoca uma variação percentual relativamente menor nas quantidades procuradas, *coeteris paribus*, ou

$$|E_{pD}| < 1$$

Exemplo:

$$E_{pD} = -0,5 \text{ ou } |E_{pD}| = 0,5$$

Nesse caso a redução, suponhamos, de 10% nos preços provoca o aumento de 5% nas quantidades procuradas. Os consumidores desse produto reagem pouco a variações dos preços, isto é, possuem baixa sensibilidade ao que acontece com os preços de mercado.

- **Demanda de elasticidade-preço unitária:** as variações percentuais no preço e na quantidade são de mesma magnitude, porém em sentido inverso, ou seja:

$$E_{pD} = -1 \text{ ou } |E_{pD}| = 1$$

Observa-se que o conceito de elasticidade fornece um **número puro**, pois independe das unidades de medida consideradas, já que se refere a uma razão entre duas percentagens (variação percentual da quantidade sobre variação percentual do preço). Por exemplo, é indiferente se a quantidade está expressa em quilos ou toneladas, já que a variação percentual é a mesma, embora as variações absolutas sejam diferentes (a variação percentual de cinco toneladas sobre dez toneladas é igual à variação percentual de 5.000 quilos sobre 10.000 quilos, ou seja, 50%). Essa característica nos permite comparar a elasticidade entre produtos e setores diferentes (algodão × aço, alimentos × manufaturados etc.).

Fatores que influenciam o grau de elasticidade-preço da demanda

Afinal o que faz que alguns bens tenham demanda elástica ou inelástica, isto é, que fatores explicam os valores obtidos para a elasticidade-preço da demanda?

- **existência de bens substitutos:** quanto mais substitutos houver para um bem, mais elástica será sua demanda, pois pequenas variações em seu preço – para cima, por exemplo – farão que o consumidor passe a adquirir seu substituto, provocando queda em sua demanda mais que proporcional à variação do preço.

Nesse sentido, quanto mais ampla a definição do bem, menor a elasticidade. Ou seja, a elasticidade-preço da demanda de guaraná será maior que a de refrigerantes em geral, pois existem mais substitutos para o guaraná do que para refrigerantes em geral. Na mesma linha, a elasticidade-preço da procura da pasta de dente de mentol é maior que a de pastas de dente em geral.

- **essencialidade do bem:** se o bem é essencial, sua demanda será pouco sensível à variação de preço; terá, portanto, demanda inelástica;
- **importância do bem, quanto a seu gasto no orçamento do consumidor:** quanto maior o gasto referente a determinado bem (maior participação ou peso) em relação ao gasto total (orçamento) do consumidor, mais sensível torna-se o consumidor a alterações em seu preço (ou seja, a demanda é mais elástica). Por exemplo, supondo que haja um aumento de 100% no preço dos fósforos, e de 5% no preço da carne, a elasticidade-preço da demanda de carne tende a ser mais elevada que a de fósforos, já que o consumidor gasta uma parcela muito maior de seu orçamento com carne do que com fósforos.

Formas de cálculo: elasticidade num ponto específico, ou no ponto médio

- **elasticidade em um ponto específico:** quando calculamos a elasticidade apenas para um dado preço e quantidade, como no exemplo anterior;
- **elasticidade no ponto médio (ou no segmento):** em vez de utilizar apenas um ponto, consideram-se as médias de preços e de quantidades em um dado trecho da demanda. Basta substituir, na fórmula anterior, P_0 e Q_0 pelas médias entre P_0 e P_1 e entre Q_0 e Q_1. Chamando de P_{01} o preço médio e de Q_{01} a quantidade média, e retomando o exemplo da página 53, tem-se:

$$E_{pD} = \frac{\dfrac{\Delta Q_d}{\text{média de } Q_0 \text{ e } Q_1}}{\dfrac{\Delta P}{\text{média de } P_0 \text{ e } P_1}} \cong \frac{\dfrac{9}{34,5}}{\dfrac{-4}{18}} \cong \frac{0,26}{-0,22} \cong -1,18$$

Nesse exemplo, tem-se que a demanda é elástica entre os preços R$ 20,00 e R$ 16,00 (a quantidade demandada varia 1,18 vezes a variação de preços do produto em sentido oposto).

Relação entre receita total do vendedor e o grau de elasticidade

A receita total do vendedor, que equivale ao gasto total dos consumidores para uma dada mercadoria, é igual à quantidade vendida vezes seu preço unitário de venda.

$$RT = P \times Q$$

em que:

RT = receita total do vendedor;

P = preço unitário;

Q = quantidade vendida.

Dada uma variação no preço do produto, o que acontecerá com a receita total do vendedor? Tal resposta dependerá da reação dos consumidores, isto é, do grau de elasticidade-preço da demanda.

Podem ocorrer três possibilidades:

- **demanda elástica:** a redução no preço do bem tenderá a aumentar a receita total, pois o aumento percentual na quantidade vendida será maior do que a redução percentual do preço (trata-se de um mercado em que os consumidores têm demanda bastante sensível a preços). Da mesma forma, um aumento de preço provocará redução da receita total;
- **demanda inelástica:** o raciocínio é inverso – aumento de preço provoca aumento da receita total e a redução de preço provoca diminuição da receita total;
- **demanda de elasticidade unitária:** aumento ou redução no preço não afetam a receita total, já que o percentual de variação no preço corresponde a igual percentual de variação na quantidade (em sentido contrário).

Isso explica, por exemplo, o que ocorre com mercados agrícolas. Via de regra, a demanda por alimentos é inelástica, dada sua essencialidade. Ou seja, a variação da quantidade é inferior à variação de preço. Assim, se a produção for reduzida, ela será compensada por uma variação de preços proporcionalmente mais elevada, o que representará um aumento de seu faturamento. É por esse motivo que, muitas vezes, o produtor agrícola prefere até destruir parte de sua produção para manter os preços.

Evidentemente essa possibilidade tem um limite, pois poder-se-ia imaginar que, sempre que a demanda é inelástica, é vantajoso aumentar indefinidamente os preços do produto. Entretanto, vimos que um dos fatores que determinam o valor da elasticidade-preço é o peso do bem no orçamento do consumidor. Então, quando se eleva o preço de mercado, o gasto com o bem aumenta, e o consumidor passa a ser cada vez mais sensível às variações de preços desse produto, podendo até tornar a demanda elástica.

Esse exemplo revela outro ponto: quanto maior o preço do bem, maior a elasticidade-preço da demanda. Ou seja, a elasticidade-preço varia ao longo de uma mesma curva de demanda.[7]

---

[7] Na verdade, podem ocorrer casos em que a elasticidade é constante em toda a curva, como no caso específico de hipérboles equiláteras.

Incidência tributária e elasticidade-preço da demanda

Vimos que o recolhimento de impostos aos cofres públicos é feito pelas empresas; entretanto, isso não significa que elas efetivamente pagarão a totalidade do imposto, pois podem repassar parte do ônus para o consumidor final, via aumento de preços de seus produtos. Parece claro que:

- quanto mais inelástica for a demanda do bem, maior será a proporção do imposto repassada ao consumidor e menor a parcela paga pelo produtor. O consumidor não tem muitas condições de diminuir o consumo do bem, provavelmente porque tem poucos produtos substitutos ou sucedâneos. Trata-se de uma característica mais comum em mercados em que a produção está concentrada em poucas empresas;
- quanto mais elástica for a demanda do bem, menor será a proporção do imposto repassada ao consumidor e maior a parcela paga pelo produtor. Mercados com um número bastante grande de empresas produtoras costumam apresentar esse comportamento.

4.6.2 Elasticidade-renda da demanda

O coeficiente de elasticidade-renda da demanda (E_R) mede a variação percentual da quantidade da mercadoria comprada resultante de uma variação percentual na renda do consumidor, *coeteris paribus*.

$$E_R = \frac{variação\ percentual\ na\ quantidade\ demandada}{variação\ percentual\ na\ renda\ do\ consumidor}$$

Se a elasticidade-renda da demanda (E_R) é positiva, mas menor que 1, o bem é **normal**, isto é, aumentos de renda levam a aumentos menos que proporcionais no consumo.

Se a elasticidade-renda da demanda (E_R) é negativa, o bem é **inferior**, ou seja, aumentos de renda levam a quedas no consumo desse bem, *coeteris paribus*.

Se a elasticidade-renda da demanda (E_R) é positiva e maior que 1, o bem é **superior** ou de **luxo**, ou seja, aumentos na renda dos consumidores levam a um aumento mais que proporcional no consumo do bem. Por exemplo: $E_R = 1,5$ – o aumento da renda do consumidor de, digamos, 10% levará ao aumento de 15% do consumo desse bem, *coeteris paribus*.

É oportuno salientar que a distinção entre bem normal e bem inferior não tem muito significado para os consumidores mais pobres, para os quais praticamente todos os bens são normais.

Produtos mais sofisticados, como eletrônicos e automóveis, apresentam elasticidade-renda da demanda superior à dos produtos básicos, como alimentos, que têm um limite fisiológico a seu consumo. Ou seja, se houver aumento da renda dos consumidores, eles não consumirão muito mais arroz, feijão, açúcar do que já consomem, mas certamente gastarão em bens de consumo duráveis, como TV, automóvel, microcomputador.

O conceito de elasticidade-renda da demanda é muito utilizado para ilustrar uma tese defendida por muitos economistas, principalmente na América Latina, denominada **deterioração dos termos de troca no comércio internacional,** mostrando que os países que exportam bens manufaturados, de alta elasticidade-renda, têm vantagens no comércio internacional, relativamente aos exportadores de produtos básicos (*commodities* em geral), de baixa elasticidade-renda da demanda.

Como normalmente são os países desenvolvidos que exportam bens manufaturados, enquanto os países mais pobres tendem a exportar produtos básicos ou *commodities,* o crescimento da renda mundial tenderia a favorecer as exportações dos países desenvolvidos, relativamente aos países mais pobres. Apesar de nos últimos anos muitos países emergentes, produtores de *commodities,* como Brasil, países árabes, Argentina, Chile e outros, estarem se beneficiando do comércio exterior, impulsionados pelo crescimento da China e da Índia, a elasticidade-renda da demanda é uma informação importante para entendermos os determinantes do comércio entre os países.

4.6.3 Elasticidade-preço cruzada da demanda

A elasticidade-preço cruzada da demanda mede a mudança percentual na quantidade demandada do *bem x* quando se modifica percentualmente o preço de outro bem. Desse modo, a elasticidade-preço cruzada da demanda (E_{xy}) mede a variação percentual na quantidade procurada do *bem x* com relação à variação percentual no preço do *bem y*, *coeteris paribus*.

$$E_{xy} = \frac{\text{variação percentual na quantidade demandada de um bem } x}{\text{variação percentual no preço de um bem } y}$$

Se x e y forem **bens substitutos**, E_{XY} será positiva: o aumento no preço do guaraná deve provocar a elevação do consumo de soda, *coeteris paribus*.

Se x e y forem **bens complementares**, E_{XY} será negativa: o aumento no preço da camisa social levará à queda na demanda de gravatas, *coeteris paribus*.

4.6.4 Elasticidade-preço da oferta

O mesmo raciocínio utilizado para a demanda também se aplica à oferta, observando-se, no entanto, que o resultado da elasticidade será positivo, pois a correlação entre preço e quantidade ofertada é direta. Quanto maior o preço, maior a quantidade que o empresário estará disposto a ofertar, *coeteris paribus*.

$$E_{po} = \frac{\text{variação percentual na quantidade ofertada}}{\text{variação percentual do preço do bem}}$$

Como na demanda, a elasticidade-preço da oferta também pode ser calculada em um ponto específico, ou no ponto médio.

As elasticidades da oferta são menos difundidas que as da demanda. A elasticidade-preço da oferta mais frequentemente estudada é a dos produtos agrícolas, sendo inclusive apontada como a principal causa da inflação, de acordo com a chamada **corrente estruturalista**. Segundo essa tese, em países em vias de desenvolvimento, a elasticidade da oferta de produtos agrícolas seria inelástica, pouco sensível a variações de preços. Isso seria devido à estrutura fundiária na agricultura, pouco voltada a estímulos dados pela demanda (e, portanto, de preços). De um lado, há latifúndios que estão mais preocupados com a especulação das terras do que com produtividade; e, de outro, existem os minifúndios, que praticam a agricultura apenas para sua subsistência, não produzindo para o mercado. Assim, a produção agrícola seria inelástica a estímulos de preços. No Capítulo 13, sobre inflação, voltaremos a discutir esse e outros pontos sobre a corrente estruturalista, muito difundida na América Latina, e hoje, particularmente, no Brasil.

Leitura complementar 1

Demanda, oferta e elasticidades no mercado imobiliário brasileiro

Ao longo de 2010, os preços dos imóveis dispararam nas principais capitais brasileiras, chegando a valores quase 70% superiores aos negociados três anos antes, gerando preocupação de que se estaria vivendo uma situação de "bolha imobiliária". Contudo, se aplicarmos os conceitos de demanda, oferta e elasticidades, poderemos explicar grande parte dessa importante valorização.

Em primeiro lugar, entre 2009 e 2010 houve importante expansão do crédito imobiliário, que cresceu acima de 40% durante o período janeiro-setembro, traduzindo-se, ademais, em juros mais baixos e prazos mais longos de financiamento. Como a maior parte das aquisições de imóveis é financiada com crédito, essa expansão provocou um importante aumento da demanda por imóveis, tanto novos como usados.

Outro fator importante foi a elevação da renda das famílias observada ao longo de 2010, devido tanto à vigorosa recuperação da atividade econômica, quanto à continuidade da política governamental de transferência de renda, que ampliou o acesso ao Bolsa Família, como também concedeu generosos aumentos aos salários do funcionalismo público e ao salário mínimo, base para os reajustes dos benefícios previdenciários. Nesse caso, os imóveis poderiam ser considerados bens "normais", ou seja, a elasticidade-renda de sua demanda deveria ser positiva, pois o aumento dos rendimentos das famílias contribuiu para a expansão das aquisições.

A procura em todo o país também se viu incrementada pela aplicação de subsídios governamentais no contexto do programa "Minha Casa, Minha Vida", que viabiliza a aquisição de propriedades por famílias de baixa renda, financiadas pela Caixa Econômica Federal.

Em suma, a ampliação do crédito imobiliário, com menores taxas de juros e maiores prazos de financiamento, o crescimento da renda e os subsídios concedidos pelo governo às famílias provocaram apreciável aumento da demanda por imóveis.

A oferta de propriedades, por sua vez, é completamente inelástica em relação ao preço no curto prazo, pois, evidentemente, toma tempo construir casas e apartamentos para fazer frente à maior procura. Sendo assim, toda a elevação anterior da demanda se transferirá aos preços de mercado, pois a quantidade produzida não é capaz de se ajustar, o que provavelmente explicaria os picos de valorização, sem que isso necessariamente indique a existência de anomalias como "bolhas" imobiliárias ou financeiras.

Leitura complementar 2

Elasticidades-preço do etanol e da gasolina C (comum) no Brasil

A Tabela 4.4 apresenta os cálculos para a elasticidade-preço e a elasticidade-preço cruzada dos mercados de etanol e gasolina comum (C) para o Brasil e São Paulo, no período de julho de 2001 a agosto de 2009.[8]

Uma primeira observação é que as estimativas permitem concluir que os consumidores são sensíveis a preço, no Brasil como um todo e em São Paulo, e que a demanda por etanol responde mais a variações de preço do que a demanda por gasolina C. A razão para que isso ocorra é que o etanol é utilizado em carros flex, nos quais ele pode ser substituído pela gasolina, ao passo que carros exclusivamente movidos a gasolina não têm condições de substituí-la por outro combustível.

No que se refere às elasticidades-preço cruzadas da demanda, como era de se esperar, tanto no caso de etanol, como no de gasolina, apresentam sinais positivos, por se tratar de bens concorrentes.

Tabela 4.4 Cálculos para elasticidade-preço e elasticidade-preço cruzada dos mercados de etanol e gasolina comum

Mercado de Etanol		
Elasticidade-preço do Etanol	−1,23(BR) −1,33(SP)	Aumento de 1% no preço do etanol reduz em 1,23% a quantidade demandada brasileira pelo etanol (1,33% SP)
Elasticidade cruzada Etanol/Gasolina C	1,45(BR) 1,54(SP)	Aumento de 1% no preço da gasolina aumenta em 1,45% a demanda brasileira pelo etanol (1,54% SP)
Mercado de Gasolina		
Elasticidade-preço da Gasolina C	−0,63(BR)	Aumento de 1% no preço da gasolina reduz em 0,63% a quantidade demandada por gasolina
Elasticidade cruzada Gasolina C/ Etanol	0,28(BR)	Aumento de 1% no preço do etanol aumenta em 0,28% a demanda por gasolina

Fonte: FARINA; VIEGAS; GARCIA, 2010.

---

[8] FARINA, E.; VIEGAS, C.; GARCIA, C. Mercado e concorrência do etanol. In: *Etanol e bioeletricidade*. Única, 2010. p. 226-259.

Apêndice

Determinação do preço e quantidade de equilíbrio

Dadas as equações representativas da demanda e da oferta, o preço e a quantidade de equilíbrio serão determinados na intersecção dessas duas curvas. Suponhamos, por simplificação, que ambas sejam lineares, ou retas, e que dependam apenas do preço, assim:

$$D_x = a - bP_x$$
$$O_x = c + dP_x$$

em que:

D_x = quantidade demandada do *bem x*

O_x = quantidade ofertada do *bem x*

P_x = preço do *bem x*

a = intercepto da função demanda

c = intercepto da função oferta

b = declividade da função demanda

d = declividade da função oferta

Como era esperado, pela lei da procura, a declividade da função demanda é negativa (**−b**), evidenciando uma reta negativamente inclinada, e, pela lei da oferta, a declividade da função oferta é positiva (**+d**) (reta positivamente inclinada).

Exemplo numérico

Suponhamos que, estatisticamente, foram calculadas as funções oferta e demanda do *bem x*, assim:

$$D_x = 300 - 8P_x$$
$$O_x = 48 + 10P_x$$

O preço e a quantidade do *bem x* que equilibram o mercado são calculados fazendo-se:

$$D_x = O_x$$

Portanto:

$$300 - 8P_x = 48 + 10P_x$$

$$252 = 18P_x$$

$$P_x^0 = \frac{252}{18} = 14$$

Para determinar Q_x^0, basta substituir $P_x^0 = 14$ na função oferta ou na função demanda.

$$Q_x^0 = 48 + 10(14) = 188$$

$$P_x^0 = 14,00$$

$$Q_x^0 = 188$$

Exercício proposto

São dadas as seguintes funções de demanda e oferta de certa mercadoria:

$$D_x = 300 - P_x - 2P_y - R$$

$$O_x = 100 + 5P_x$$

em que P_x e Q_x são o preço e a quantidade; P_y, o preço de outro produto, igual a \$ 10,00; e R, a renda dos consumidores, igual a \$ 100,00.

Calcular:

a) O preço e a quantidade de equilíbrio da mercadoria *x*.

b) Os *bens x* e *y* são substitutos ou complementares? Por quê?

c) Classifique o *bem x* de acordo com a renda dos consumidores. Justifique a resposta.

d) Supondo que haja aumento de 10% na renda dos consumidores, calcule o novo ponto de equilíbrio.

Questões para revisão

1. Conceitue a função demanda. Que diferenças há entre demanda e quantidade demandada?

2. Para muitos produtos, tanto seus preços como as vendas têm aumentado. Isso significa que a lei geral da demanda não funciona na prática? Justifique.

3. Conceitue a função oferta. De que variáveis depende a oferta de uma mercadoria?

4. Por que o governo costuma estabelecer preços mínimos (garantidos) para os produtos agrícolas? Quais políticas ele pode adotar?

5. Sobre a elasticidade-preço da demanda:

   a) Quais fatores influenciam a elasticidade-preço da demanda?

   b) Por que a elasticidade-preço da demanda de sal é próxima de zero?

   c) Por que, quando a demanda é inelástica, aumentos do preço do produto devem elevar a receita total dos vendedores?

6. Supondo uma demanda elástica, o aumento de um imposto sobre vendas incidirá mais sobre consumidores ou vendedores? Justifique.

7. Defina elasticidade-renda, elasticidade-preço cruzada da demanda e elasticidade-preço da oferta.

Capítulo 5

Custos de Produção

Parte I

Teoria da Produção

5.1   Introdução

A teoria dos custos de produção constitui-se, em Economia, na chamada **teoria da oferta da firma individual**. Os princípios da **teoria dos custos de produção** são peças fundamentais para a análise dos preços e do emprego dos fatores, assim como de sua alocação entre os diversos usos alternativos na economia. Assim sendo, a teoria dos custos de produção serve de base para a análise das relações existentes entre produção e custos dos fatores de produção: em uma economia moderna, cuja tecnologia e processos produtivos evoluem diariamente, o relacionamento entre a produção e os custos de insumos é muito importante na análise da teoria da formação dos preços.

A **teoria da produção** propriamente dita, preocupa-se com a relação técnica ou tecnológica entre a quantidade física de produtos (*outputs*) e de fatores de produção (*inputs*), enquanto a teoria dos custos de produção relaciona a quantidade física de produtos com os preços dos fatores de produção. Ou seja, a teoria da produção trata apenas de relações físicas, enquanto a teoria dos custos de produção envolve também os preços dos insumos.

Este capítulo está dividido em três partes. Na Parte I, apresentamos a teoria da produção. Em seguida, na Parte II, discutimos os conceitos relativos aos custos de produção. Na Parte III, mostramos qual o nível de produção ideal para a firma maximizar seus lucros dentro do modelo tradicional (marginalista).

5.2   Conceitos básicos da teoria da produção

5.2.1   Produção

Produção é o processo de transformação dos fatores adquiridos pela empresa em produtos para a venda no mercado. O conceito de produção não se refere apenas aos bens físicos e materiais, mas também a serviços, como transportes, atividades financeiras, comércio e outras atividades.

No processo de produção, diferentes insumos ou fatores de produção são combinados de modo a produzir o bem ou serviço final. As formas como esses insumos são combinados constituem os chamados **processos** ou **métodos de**

produção, que podem ser intensivos em mão de obra (utilizam mais mão de obra em relação a outros insumos), intensivos em capital ou intensivos em terra.

Se, a partir da combinação de fatores, for possível produzir um único produto (ou *output*), teremos um **processo de produção simples**; se for possível produzir mais de um produto, teremos um **processo de produção múltiplo**, ou **produção múltipla**.

A escolha do método ou processo de produção depende de sua eficiência. O conceito de eficiência pode ser enfocado do ponto de vista técnico ou tecnológico, ou do ponto de vista econômico.

Um método é tecnicamente eficiente (**eficiência técnica** ou **tecnológica**) quando, comparado com outros métodos, utiliza menor quantidade de insumos para produzir uma quantidade equivalente do produto. A **eficiência econômica** está associada ao método de produção mais barato (isto é, os custos de produção são menores) relativamente a outros métodos, para produzir a mesma quantidade do produto.

5.2.2 Função de produção

O empresário, ao decidir o que, como e quanto produzir, com base nas respostas do mercado consumidor, modificará a quantidade utilizada dos fatores, para, com isso, variar a quantidade produzida do produto. A **função de produção** é a relação que mostra a quantidade física obtida do produto a partir da quantidade física utilizada dos fatores de produção em determinado período de tempo.

A função de produção, assim definida, admite sempre que o empresário esteja utilizando a maneira mais eficiente de combinar os fatores e, consequentemente, obter a maior quantidade produzida do produto. A melhor tecnologia de produção é, na realidade, mais uma questão de engenharia do que de economia.

É possível representar a função de produção, analiticamente, da seguinte maneira:

$$q = f(x_1, x_2, x_3, ..., x_n)$$

em que:

q é a quantidade produzida do bem ou serviço, em determinado período de tempo;

$x_1, x_2, x_3, ..., x_n$ identificam as quantidades utilizadas de diversos fatores de produção;

f indica que q depende de $x_1, x_2, x_3, ..., x_n$, ou seja, é uma função da quantidade de insumos utilizados.

Para efeitos didáticos, costuma-se considerá-la uma função de apenas duas variáveis:

$$q = f(N, K)$$

em que:

N = quantidade utilizada de mão de obra;

K = quantidade utilizada de capital.

Supõe-se que todas as variáveis (q, N, K) são expressas num fluxo no tempo, isto é, consideradas ao longo de um dado período de tempo (produção mensal, produção anual etc.), e que o nível tecnológico está dado.[1]

5.2.3 Fatores fixos e fatores variáveis de produção → curto e longo prazos

Na teoria econômica em geral, e não apenas na microeconomia, é fundamental a questão do prazo que está sendo considerado, já que alguns fatores podem ser relevantes a curto prazo, mas não a longo prazo e vice-versa. A diferença entre análises de curto e de longo prazos dependem de quais fatores de produção e insumos mantêm-se fixos, ou variam, no período analisado:

- **fatores de produção variáveis:** são aqueles cujas quantidades utilizadas variam quando o volume de produção se altera. Por exemplo: quando aumenta a produção, são necessários mais trabalhadores e maior quantidade de matérias-primas;
- **fatores de produção fixos:** são aqueles cujas quantidades não mudam quando a quantidade do produto varia. Por exemplo: as instalações da empresa e a tecnologia, que são fatores que só são alterados no longo prazo.

Na função de produção, quando alguns fatores são considerados fixos e outros variáveis, identifica-se o que a teoria denomina uma situação de **curto prazo**, que é o período de tempo em que pelo menos um fator de produção se mantém fixo. Nesse sentido, o curto prazo para uma siderúrgica será maior que o curto prazo para uma tecelagem, já que as instalações de uma siderúrgica demandam mais tempo para serem alteradas do que as instalações de uma tecelagem. Quando todos os fatores da função de produção são considerados variáveis, identifica-se uma situação de longo prazo.

A seguir, desenvolvemos a teoria da produção de acordo com as duas situações: curto e longo prazos.

---

[1] Há uma diferença entre nível de tecnologia e método ou processo de produção. O nível de tecnologia é o "estado da arte", o conhecimento tecnológico global, enquanto o método de produção é a escolha de uma particular combinação de fatores, com a tecnologia conhecida e disponível.

5.3 Análise de curto prazo

Tomemos uma função de produção simplificada, ou seja, com apenas dois fatores (um fixo e outro variável):

$$q = f(N, K)$$

em que:

q = quantidade;

N = mão de obra (fator de produção variável);

K = capital (fator de produção fixo).

A curto prazo, a quantidade produzida depende somente de uma variação da quantidade utilizada do fator variável, isto é, de uma variação da quantidade de mão de obra. Podemos, então, expressar a função de produção simplesmente como:

$$q = f(N)$$

5.3.1 Conceitos de produto total, produtividade média e produtividade marginal

- **produto total:** é a quantidade do produto que se obtém da utilização do fator variável, mantendo-se fixa a quantidade dos demais fatores;
- **produtividade média do fator:** é o resultado do quociente da quantidade total produzida pela quantidade utilizada desse fator. Tem-se então:

a) produtividade média da mão de obra:

$$PMe_N = \frac{quantidade\ de\ produto}{n\acute{u}mero\ de\ trabalhadores}$$

b) produtividade média do capital:

$$PMe_K = \frac{quantidade\ de\ produto}{n\acute{u}mero\ de\ m\acute{a}quinas}$$

- **produtividade marginal do fator:** é a relação entre as variações do produto total e as variações da quantidade utilizada do fator. Ou seja, é a variação do produto total quando ocorre uma variação no fator de produção.

a) produtividade marginal da mão de obra:

$$PMg_N = \frac{\textit{variação de produto}}{\textit{acréscimo de 1 unidade de mão de obra}}$$

b) produtividade marginal do capital:

$$PMg_K = \frac{\textit{variação de produto}}{\textit{acréscimo de 1 unidade de capital}}$$

Especificamente no caso da agricultura, pode-se definir também a **produtividade do fator terra** (área cultivada). Tem-se então:

c) produtividade média da terra:

$$PMe_T = \frac{\textit{quantidade produzida}}{\textit{área cultivada}}$$

d) produtividade marginal da terra:

$$PMg_T = \frac{\textit{variação do produto}}{\textit{acréscimo de 1 unidade de área cultivada}}$$

5.3.2 Lei dos rendimentos decrescentes

Um dos conceitos mais conhecidos entre os economistas, dentro da teoria da produção, é o da **lei** ou **princípio dos rendimentos decrescentes**, que pode ser enunciado como se segue: elevando-se a quantidade do fator variável, permanecendo fixa a quantidade dos demais fatores, a produção inicialmente aumentará a taxas crescentes; a seguir, depois de certa quantidade utilizada do fator variável, continuará a crescer, mas a taxas decrescentes (ou seja, com acréscimos cada vez menores); continuando o incremento da utilização do fator variável, a produção total chegará a um máximo, para depois decrescer.

Considerando-se dois fatores – terra (fixo) e mão de obra (variável) –, se várias combinações de terra e mão de obra forem utilizadas para produzir, digamos, arroz, e se a quantidade de terra for mantida constante, os aumentos da produção dependerão do aumento da mão de obra utilizada na lavoura. Nesse caso, a produção de arroz aumentará até certo ponto e depois decrescerá, isto é, a maior quantidade de homens para trabalhar, associada à área fixa de terra, fará que a produção cresça inicialmente a taxas crescentes. Após um determinado ponto, porém, a produção continuará crescendo, mas a taxas decrescentes até atingir o máximo, e depois a produção passa a decrescer. Ou seja, o número de trabalhadores aumenta com o aumento da produção, mas eles terão dificuldades cada vez maiores para utilizar as ferramentas e o espaço disponível, que são fixos. Como a proporção entre os fatores fixo e variável vai se alterando quando aumenta a produção, essa lei também é chamada de **lei das proporções variáveis**.

A Tabela 5.1 ilustra os conceitos anteriormente definidos:

Tabela 5.1 Produção e produtividades média e marginal de um fator variável

Terra (fator fixo) (alqueires) (1)	Mão de obra (fator variável) (em milhares de trabalhadores) (2)	Produto total (toneladas) (3)	Produtividade média da mão de obra (toneladas por mil trabalhadores) (4) = (3) : (2)	Produtividade marginal da mão de obra (toneladas por mil trabalhadores) $(5) = \dfrac{\text{variação em (3)}}{\text{variação em (2)}}$
10	1	6	6,0	6
10	2	14	7,0	8
10	3	24	8,0	10
10	4	32	8,0	8
10	5	38	7,6	6
10	6	42	7,0	4
10	7	44	6,3	2
10	8	44	5,5	0
10	9	42	4,7	−2

A Tabela 5.1 foi construída colocando-se arbitrariamente números para as três primeiras colunas. Os valores das duas últimas colunas decorrem das anteriores.

Verifica-se que, de início, podem ocorrer rendimentos crescentes, isto é, os acréscimos de utilização do fator variável provocam incrementos na produção. A partir da quinta unidade de mão de obra incluída no processo produtivo, começam a surgir os rendimentos decrescentes. A oitava unidade, associada a dez unidades do fator fixo terra, maximiza o produto (44 toneladas). A produtividade marginal dessa oitava unidade é nula. Daí por diante, cada unidade do fator variável mão de obra, associada aos dez alqueires do fator fixo terra, passará a ser ineficiente, ou seja, sua produtividade marginal torna-se negativa.

Tais relações permitem traçar os gráficos das Figuras 5.1 e 5.2:

Figura 5.1 Produto total

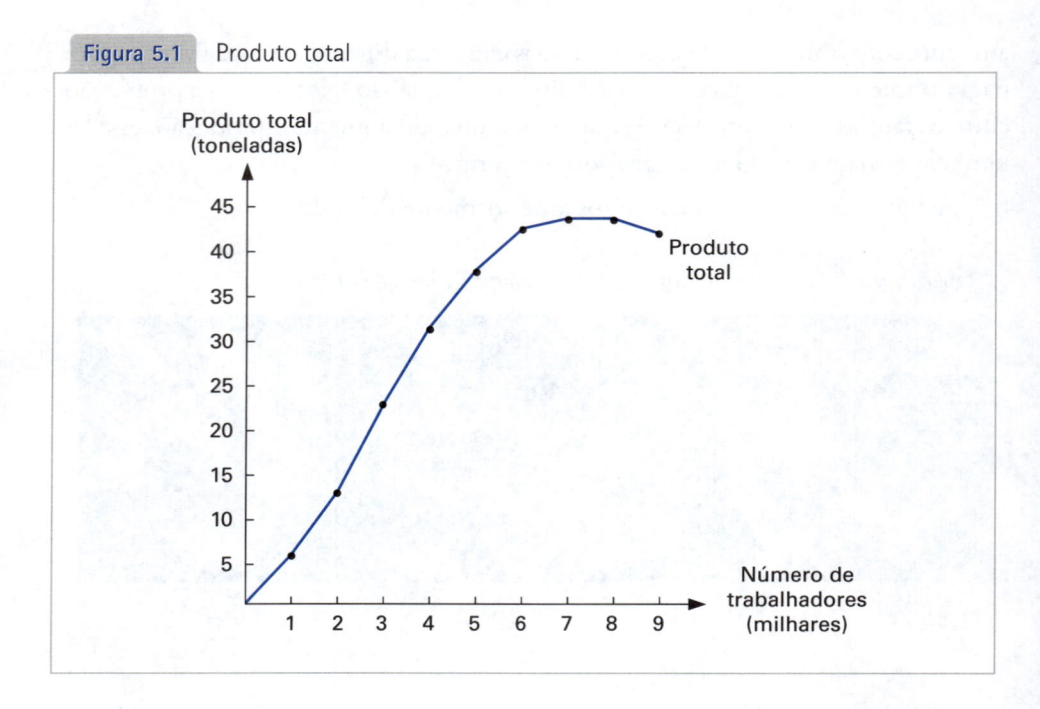

Figura 5.2 Produtividades média e marginal

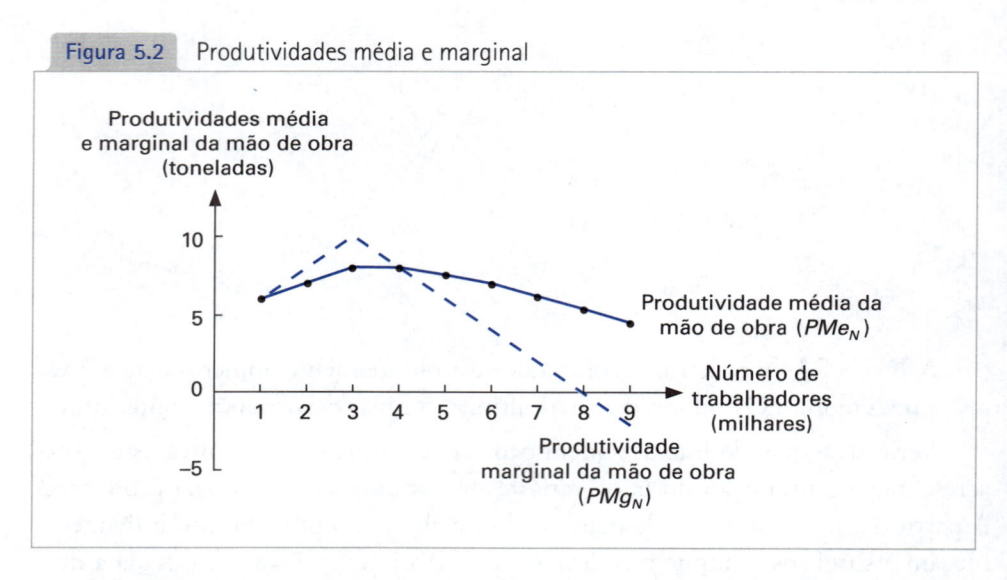

Para melhor visualização, as figuras anteriores podem ser aproximadas por curvas contínuas, como nas Figuras 5.3 e 5.4.

Figura 5.3 Produto total

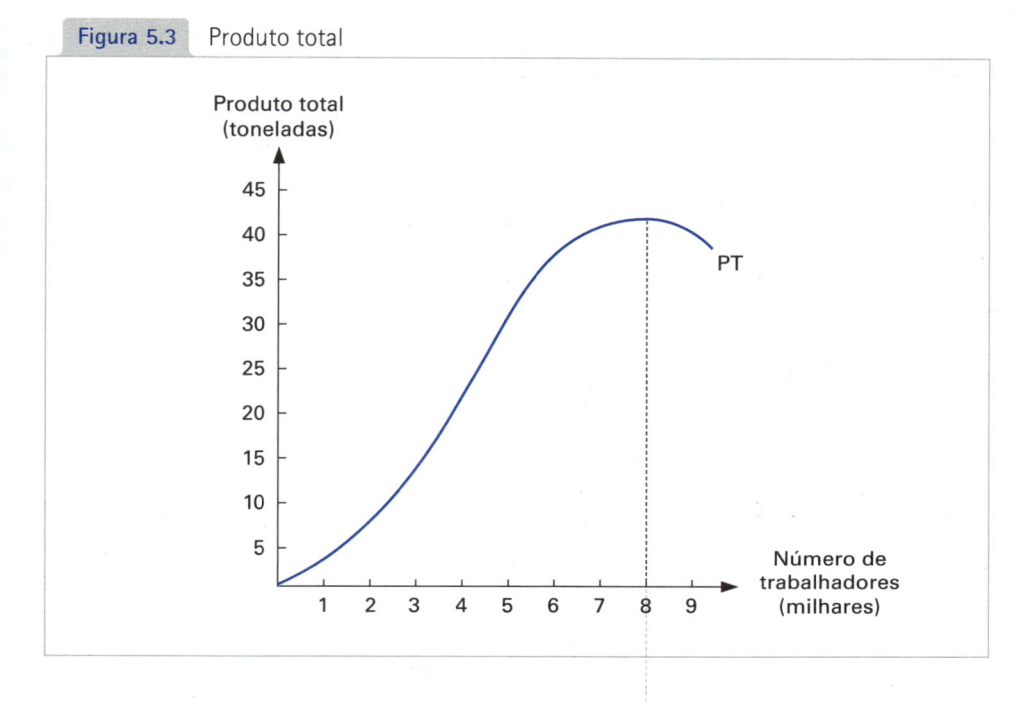

Figura 5.4 Produtividades média e marginal

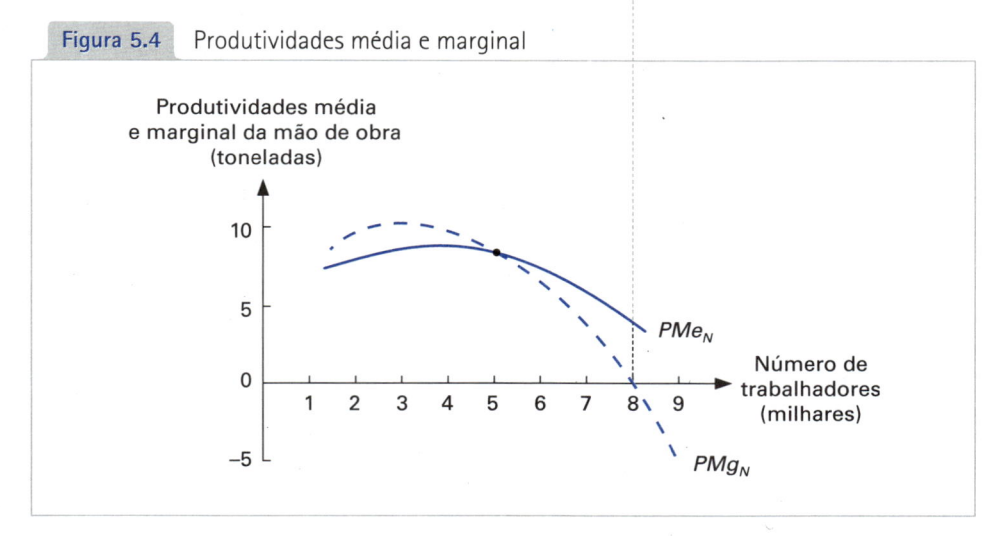

Como pode ser observado, a curva do produto inicialmente sobe a taxas crescentes, depois a taxas decrescentes, até atingir seu máximo; em seguida, decresce. As curvas de produtividade média e marginal são construídas a partir da curva do produto total.[2] O formato dessas curvas deve-se à lei dos rendimentos decrescentes.

A lei dos rendimentos decrescentes é tipicamente um fenômeno de curto prazo, com pelo menos um insumo fixo. Se, no exemplo anterior, a quantidade de terra também fosse variável (por exemplo, passasse de 10 para 15 alqueires), o produto total teria um comportamento completamente diferente. Se isso ocorrer, sairemos de uma análise de curto prazo e entraremos na análise de longo prazo, pois também o fator capital variará, não existindo mais fatores fixos de produção.

Na prática, em uma firma individual, não é fácil imaginar que um empresário racional permita que a situação chegue ao ponto de o produto marginal ser negativo. Antes que isso ocorra, ele por certo procurará investir em novas instalações ou comprará mais máquinas. Nesse caso, a curva do produto total desloca-se para cima.

Para determinado setor produtivo, existe um exemplo clássico na literatura econômica denominado **desemprego disfarçado**, que pode ser verificado em agriculturas de subsistência, em países subdesenvolvidos. São agriculturas não voltadas ao mercado (por exemplo, as roças), com famílias muito numerosas, de sorte que a retirada de parte dessa população do campo não provocaria queda do produto agrícola (ou seja, a produtividade marginal na mão de obra é nula). A transferência desse tipo de mão de obra para as regiões urbanas, embora em atividades de pouca qualificação (construção civil, vigilância etc.), eleva o produto urbano, e pode ser um dos primeiros requisitos para que um país inicie um processo de industrialização e de crescimento econômico.

5.4   Análise de longo prazo

A hipótese de que todos os fatores são variáveis caracteriza a análise de longo prazo.

A função de produção simplificada, considerando a participação de apenas dois fatores de produção, é representada da seguinte forma:

$$q = f(N, K)$$

A suposição de que todos os fatores de produção variam, inclusive o tamanho da empresa, dá origem aos conceitos de economias ou deseconomias de escala.

---

[2]   Como se observa, a produtividade marginal (PMg_N) corta a produtividade média (PMe_N) no máximo da PMg_N. Isso é intuitivo: se $PMg_N > PMe_N$ significa que a média está crescendo (a produtividade do trabalhador adicional é maior do que a produtividade média anterior); se $PMg_N < PMe_N$ a adição de mais trabalhadores reduzirá a PMe_N. Portanto, quando $PMg_N = PMe_N$ é o máximo da PMe_N.

5.4.1 Economias de escala ou rendimentos de escala

Os rendimentos de escala ou economias de escala representam a resposta da quantidade produzida a uma variação da quantidade utilizada de todos os fatores de produção, ou seja, quando a empresa aumenta seu tamanho.

Os rendimentos de escala podem ser:

a) **rendimentos crescentes de escala (ou economias de escala):** ocorrem quando a variação na quantidade do produto total é mais do que proporcional à variação da quantidade utilizada dos fatores de produção. Por exemplo, aumentando-se a utilização dos fatores em 10%, o produto cresce 20%. Equivale a dizer que a produtividade dos fatores aumentou.

Pode-se apontar como causas geradoras dos rendimentos crescentes de escala:[3]

- maior especialização no trabalho, quando a empresa cresce;
- a existência de indivisibilidades entre os fatores de produção (por exemplo, em uma siderúrgica, como não existe "meio forno", quando se adquire mais um forno, deve ocorrer grande aumento na produção).

b) **rendimentos constantes de escala:** acontecem quando a variação do produto total é proporcional à variação da quantidade utilizada dos fatores de produção. Aumentando-se a utilização dos fatores em 10%, o produto também aumenta em 10%;

c) **rendimentos decrescentes de escala** (ou **deseconomias de escala**): aparecem quando a variação do produto é menos do que proporcional à variação na utilização dos fatores. Por exemplo, aumenta-se a utilização dos fatores em 10% e o produto cresce em 5%. Houve, nesse caso, uma queda na produtividade dos fatores.

A causa geradora dos rendimentos decrescentes de escala reside no fato de o poder de decisão e a capacidade gerencial e administrativa serem "indivisíveis e incapazes de aumentar"; ou seja, pode ocorrer uma descentralização nas decisões que faça que o aumento de produção obtido não compense o investimento feito na ampliação da empresa.

---

[3] Estas são economias de escala do ponto de vista tecnológico (economias de escala técnicas). Existem também economias de escala pecuniárias: quanto maior for a empresa, maior será a compra de insumos, e ela pode obter redução nos preços unitários do insumo.

Parte II

Custos de Produção

5.5 Introdução

O objetivo básico de uma firma é a maximização de seus resultados quando da realização de sua atividade produtiva. Assim sendo, ela procurará sempre obter a máxima produção possível em face da utilização de certa combinação de fatores.

A otimização dos resultados da firma poderá ser conseguida quando for possível alcançar um dos dois objetivos seguintes:

a) maximizar a produção para um dado custo total; ou
b) minimizar o custo total para um dado nível de produção.

Em qualquer dessas situações, a firma estará maximizando ou otimizando seus resultados. Estará, pois, em uma situação que a teoria econômica denomina **equilíbrio da firma**.

Uma observação é importante: nas curvas de custos que veremos a seguir, são considerados também os **custos de oportunidade**, que são custos implícitos, e não apenas os **custos contábeis**, que são explícitos, pois envolvem desembolso monetário. Por exemplo, é considerada nas curvas de custos, no sentido econômico, no caso de uma firma que possui prédio próprio, uma estimativa do aluguel que eventualmente ganharia se resolvesse alugá-lo, bem como uma estimativa da remuneração que o empresário poderia obter em outro negócio (que definiremos mais adiante, no item 5.9, como lucro normal). Por essa razão, os custos de oportunidade são também chamados de custos alternativos, como vimos no capítulo inicial. Ao final deste tópico, discutiremos um pouco mais detalhadamente essa questão.

5.6 Custos totais de produção

Conhecidos os preços dos fatores, é sempre possível determinar o custo total de produção ótimo para cada nível de produção. Assim, define-se **custo total de produção** como o total das despesas realizadas pela firma com a utilização da combinação mais econômica dos fatores, por meio da qual é obtida determinada quantidade do produto.

Os custos totais de produção (**CT**) são divididos em custos variáveis totais (**CVT**) e custos fixos totais (**CFT**):

$$CT = CVT + CFT$$

- **custos variáveis totais** (**CVT**): parcela dos custos totais que depende da produção, e por isso muda com a variação do volume de produção. Representam as despesas realizadas com os fatores variáveis de produção. Por exemplo: folha de pagamentos e gastos com matérias-primas. Na contabilidade privada, são também chamados de **custos diretos**;
- **custos fixos totais** (**CFT**): correspondem à parcela dos custos totais que independe da variação na produção da empresa. São decorrentes dos gastos com os fatores fixos de produção. Por exemplo: aluguéis e iluminação. Na contabilidade empresarial, são também chamados de **custos indiretos**.

Como na teoria da produção, a análise dos custos de produção também é dividida em curto e longo prazos:

- **custos totais de curto prazo:** são caracterizados pelo fato de serem compostos por parcelas de custos fixos e de custos variáveis;
- **custos totais de longo prazo:** são formados unicamente por custos variáveis, pois, no longo prazo, não existem fatores fixos de produção, inclusive a planta ou tamanho da empresa (normalmente considerado fator fixo no curto prazo).

5.6.1 Custos de curto prazo

Suponhamos que uma firma realize sua produção por meio da utilização de fatores fixos e variáveis. Consideremos, a título de exemplo, a existência de apenas um fator fixo, identificado pelo tamanho ou dimensão da firma, e de um fator variável: mão de obra.

Assim, essa firma só poderá aumentar ou diminuir sua produção por meio da utilização do fator mão de obra, uma vez que seu tamanho é constante, não podendo ser aumentado ou diminuído em curto prazo.

Como o custo fixo total permanece inalterado, o custo total de curto prazo variará apenas em decorrência de modificações no custo variável total.

Custos Médios e Marginais

- **custo total médio (*CTMe* ou *CMe*):** é obtido por meio do quociente entre o custo total e a quantidade produzida:

$$CTMe = CMe = \frac{CT}{q} = \frac{custo\ total\ (em\ \$)}{total\ produzido}$$

Ou seja, é o custo por unidade produzida, também chamado **custo unitário**.[4]

- **custo variável médio (*CVMe*):** é o quociente entre o custo variável total e a quantidade produzida:

$$CVMe = \frac{CVT}{q} = \frac{custo\ variável\ total}{total\ produzido}$$

- **custo fixo médio (*CFMe*):** é o quociente entre o custo fixo total e a quantidade produzida:

$$CFMe = \frac{CFT}{q} = \frac{custo\ fixo\ total}{total\ produzido}$$

- **custo marginal (*CMg*):** é dado pela variação do custo total em resposta a uma variação da quantidade produzida:

$$CMg = \frac{\Delta CT}{\Delta q} = \frac{variação\ do\ custo\ total}{acréscimo\ de\ 1\ unidade\ na\ produção}$$

Como o custo fixo total não se modifica com as variações da produção, no curto prazo, o custo marginal é determinado apenas pela variação do custo variável total.

Formato das Curvas de Custos: a Lei dos Custos Crescentes

Para verificar o formato das curvas de custos, vamos utilizar os dados da Tabela 5.2.

78

Fundamentos de Economia

---

[4] Interessante observar que, enquanto os economistas utilizam o termo "custo variável médio", no ambiente das empresas utiliza-se mais o termo "custo unitário".

Tabela 5.2 Custos de produção

Produção total (Q/dia)	Custo fixo total (CFT) R$	Custo variável total (CVT) R$	Custo total (CT) R$	Custo fixo médio (CFMe) R$	Custo variável médio (CVMe) R$	Custo médio (CMe) R$	Custo marginal (CMg) R$
(1)	(2)	(3)	(4) = (2) + (3)	(5) = (2) : (1)	(6) = (3) : (1)	(7) = (4) : (1)	(8) = $\frac{\text{variação em (4)}}{\text{variação em (1)}}$
0	10,00	0	10,00	—	—	—	—
1	10,00	5,00	15,00	10,00	5,00	15,00	5,00
2	10,00	8,00	18,00	5,00	4,00	9,00	3,00
3	10,00	10,00	20,00	3,33	3,33	6,67	2,00
4	10,00	11,00	21,00	2,50	2,75	5,25	1,00
5	10,00	13,00	23,00	2,00	2,60	4,60	2,00
6	10,00	16,00	26,00	1,67	2,67	4,33	3,00
7	10,00	20,00	30,00	1,43	2,86	4,28	4,00
8	10,00	25,00	35,00	1,25	3,13	4,38	5,00
9	10,00	31,00	41,00	1,11	3,44	4,56	6,00
10	10,00	38,00	48,00	1,00	3,80	4,80	7,00
11	10,00	46,00	56,00	0,91	4,18	5,09	8,00

A partir dos dados da Tabela 5.2, podem-se construir curvas de custos das Figuras 5.5 e 5.6:

Figura 5.5 Curvas de custos totais

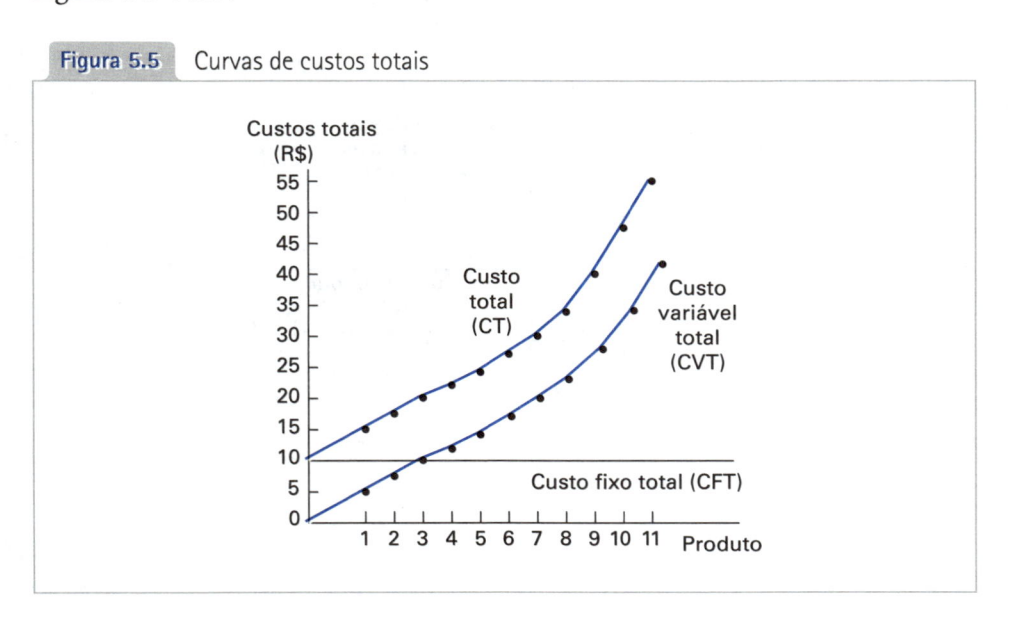

Figura 5.6 Curvas de custos médios e marginais

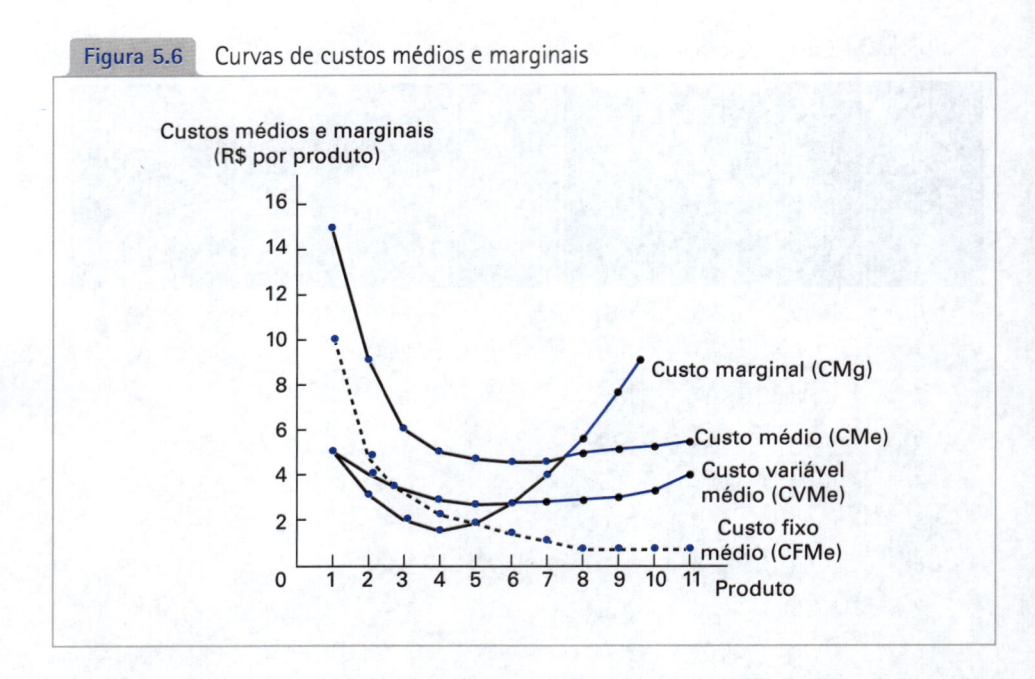

As Figuras 5.5 e 5.6 podem ser aproximadas pelas Figuras 5.7 e 5.8:

Figura 5.7 Curvas de custos totais

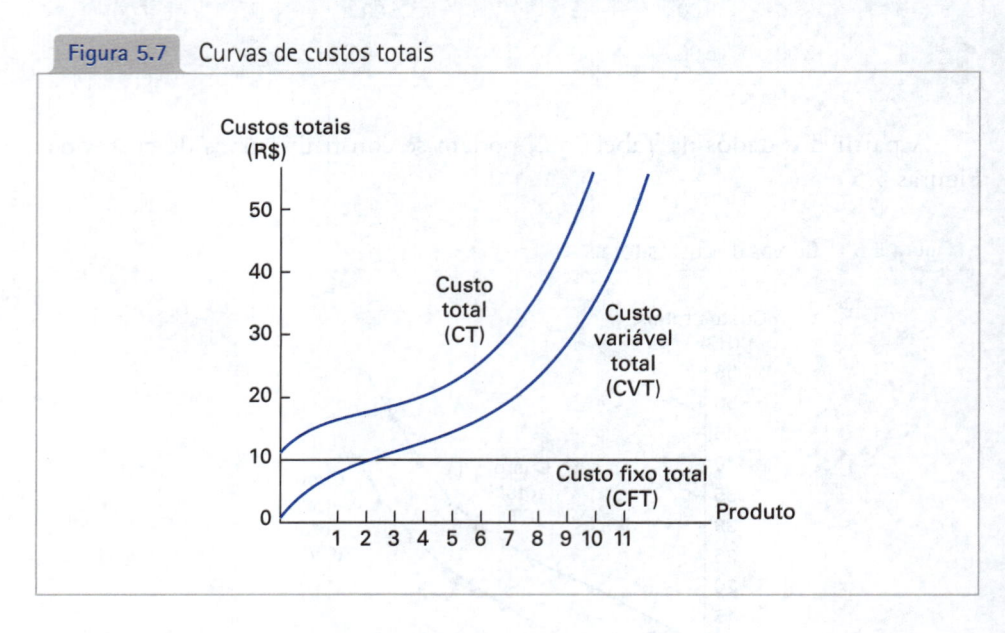

Figura 5.8 Curvas de custos médios e marginais

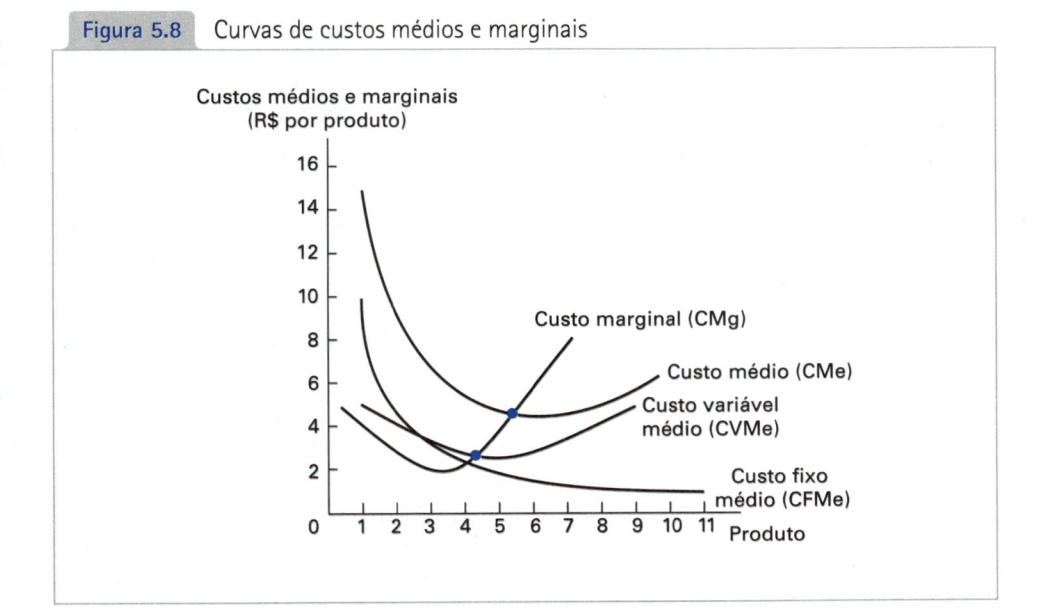

Como podemos observar nas figuras anteriores, com o aumento do volume produzido, os custos totais, com exceção dos custos fixos, só podem crescer. Os custos médio e marginal, entretanto, podem ser decrescentes em certa etapa do processo de produção.

O custo variável médio, o custo total médio e o custo marginal têm todos o **formato em *U***: primeiro decrescem, para depois crescerem. Isso porque, no início do processo de produção, a empresa trabalha com reservas de capacidade (muito capital e pouca mão de obra). Assim, o custo total cresce menos que a produção, fazendo que os custos médio e marginal decresçam (o "denominador" cresce mais que o "numerador").

Após certo nível de produção, o custo total passa a crescer mais que o aumento da produção, e os custos médio e marginal passam a ser crescentes. Observa-se que, como o custo fixo médio tende a zero, quando aumenta o volume de produção, o custo total médio tende, no limite, a se igualar ao custo variável. Finalmente, tem-se que a curva do custo marginal corta as curvas do custo médio e variável no ponto mínimo dessas duas.[5]

Essa é a chamada **lei dos custos crescentes**, que no fundo é a lei dos rendimentos decrescentes, da teoria da produção, aplicada à teoria dos custos da produção.

---

[5] Intuitivamente, se o custo marginal (adicional) superar o médio, o custo médio crescerá; se o custo adicional for menor que o médio, o custo médio diminuirá. Portanto, o custo marginal passa pelo ponto mínimo do custo médio (tanto total, como variável).

5.6.2 Custos de longo prazo

Conforme observado, uma situação de longo prazo caracteriza-se pelo fato de todos os fatores de produção serem variáveis, inclusive o tamanho ou dimensão da empresa. Ou seja, os custos totais constituem-se apenas de custos variáveis, uma vez que não existem custos fixos no longo prazo.

É importante saber que o comportamento do custo total e do custo médio de longo prazo está intimamente relacionado ao tamanho ou à dimensão da planta escolhida para operar em longo prazo.

Deve ser salientado que o longo prazo é um **horizonte de planejamento** e não o que está sendo efetivamente realizado. Na verdade, é uma sequência de situações prováveis de curtos prazos: os empresários, ao fazerem o planejamento estratégico, têm um elenco de possibilidades de produção de curto prazo, com diferentes escalas de produção (diferentes tamanhos, equipamentos etc.), que eles podem escolher. Por exemplo, antes de fazer um investimento, a empresa está em uma situação de longo prazo: o empresário pode selecionar qualquer uma das alternativas. Depois do investimento realizado, os recursos são convertidos em equipamentos (capital fixo) e a empresa opera em condições de curto prazo. Portanto, *a empresa opera a curto prazo e planeja a longo prazo.*

Tomando como exemplo a curva de custo médio de longo prazo (**CMeL**), ela também terá um formato em **U**, como o custo médio de curto prazo, devido à existência de rendimentos ou economias de escala, pois o tamanho da empresa está variando em cada ponto da curva. Na Figura 5.9, até o ponto **A**, o aumento da produção da empresa leva a uma diminuição do custo médio (existem ganhos de produtividade), revelando a existência de rendimentos crescentes ou economias de escala. Após esse ponto, o custo médio de longo prazo tende a crescer, revelando rendimentos decrescentes ou deseconomias de escala.

Figura 5.9 Curvas médio de longo prazo

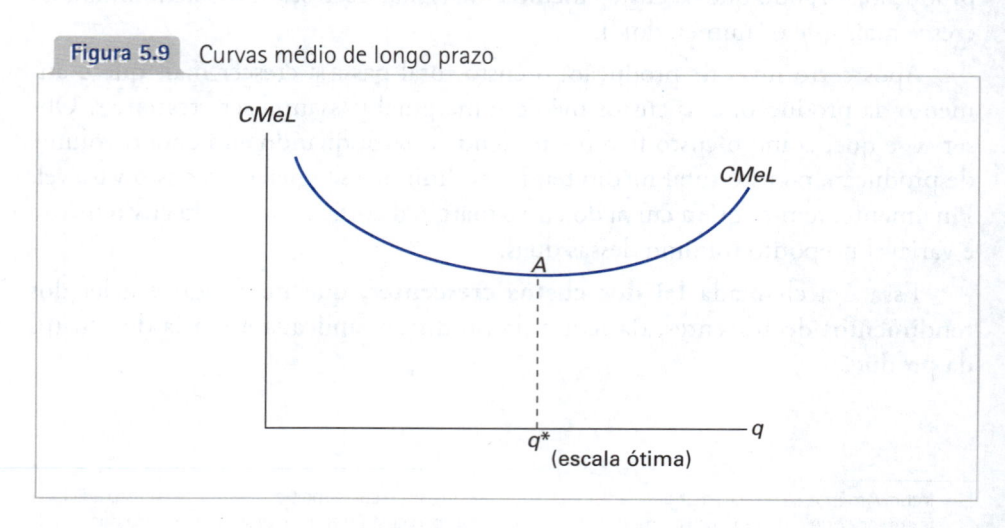

Dessa forma, o formato em **U** da curva de custo médio de longo prazo deve-se às economias de escala, com todos os fatores de produção variando, incluindo o próprio tamanho ou escala da empresa, enquanto o formato em **U** do custo médio de curto prazo deve-se à lei dos custos crescentes (lei dos rendimentos decrescentes), que supõe um fator fixo de produção.

Na prática, observa-se com mais frequência um formato como o da Figura 5.10: nos estágios iniciais de produção, com subutilização do capital fixo, as empresas costumam apresentar rendimentos crescentes (economias de escala); depois, rendimentos constantes de escala; e, mais raramente, observam-se deseconomias de escala (o trecho crescente da curva).

Figura 5.10 Formato usual da curva de custo médio de longo prazo

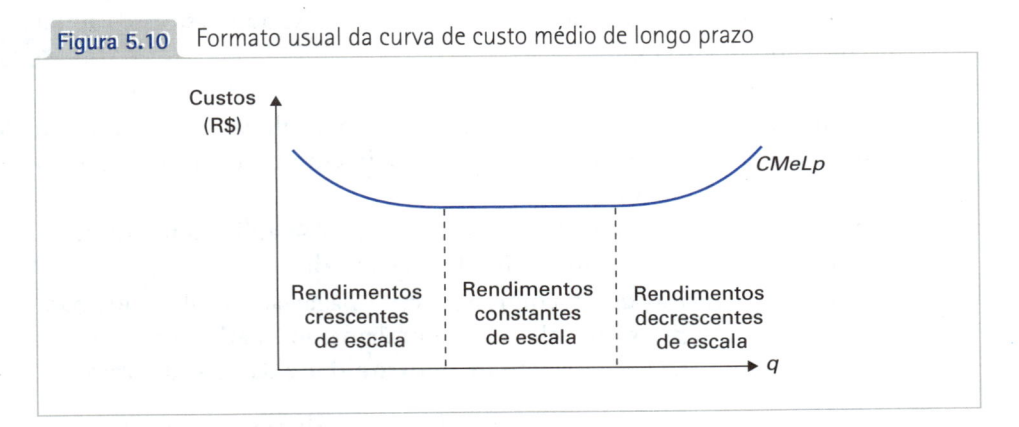

5.7 Diferenças entre a visão econômica e a visão contábil-financeira dos custos de produção

Existem muitas diferenças entre a ótica utilizada pelo economista e a utilizada nas empresas, por contadores e administradores. Em linhas gerais, pode-se dizer que a visão econômica é mais global, olhando o mercado (o ambiente externo da empresa), enquanto a ótica contábil-financeira é específica, centrando-se no detalhamento dos gastos da empresa específica.

As principais diferenças estão nos seguintes conceitos:

- custos de oportunidade e custos contábeis;
- externalidades (custos privados e custos sociais);
- custos e despesas.

5.7.1 Custos de oportunidade *versus* custos contábeis

Custos contábeis são os normalmente utilizados na contabilidade privada, ou seja, são custos explícitos, que sempre envolvem um dispêndio monetário.

É o gasto efetivo, explícito, na compra ou aluguel de insumos, contabilizado no balanço da empresa.

Custos de oportunidade são custos implícitos, relativos aos insumos que pertencem à empresa e que não envolvem desembolso monetário. Esses custos são estimados a partir do que poderia ser ganho no melhor uso alternativo (por isso são também chamados **custos alternativos** ou **custos implícitos**).

Embora os custos de oportunidade não sejam contabilizados no balanço, trata-se de um conceito útil para planejamento estratégico da empresa. Os exemplos a seguir ilustram a sua utilidade:

a) o capital que permanece parado no caixa da empresa: o custo de oportunidade é o que a empresa poderia estar ganhando se aplicasse esse capital no mercado financeiro;

b) quando a empresa tem prédio próprio, ela deve imputar um custo de oportunidade correspondente ao que ganharia se alugasse um imóvel e utilizasse o valor correspondente ao do prédio em outra aplicação (outro negócio, mercado financeiro);

c) quanto os proprietários ou acionistas ganhariam se aplicassem em outra atividade. É o **custo de oportunidade do capital**;

d) qual o menor salário que a empresa deveria pagar aos assalariados para mantê-los empregados, ou seja, correspondente ao salário potencial em outra atividade. Trata-se do **custo de oportunidade da mão de obra**.

Para o economista, as curvas de custos das firmas devem considerar, além dos custos contábeis, os custos de oportunidade, pois assim estariam refletindo os custos de todos os fatores de produção envolvidos em uma dada atividade, inclusive a capacidade ou talento empresarial. Como todos os recursos produtivos são limitados, o conceito de custo de oportunidade permite captar a verdadeira escassez relativa do recurso utilizado. Ou seja, qual o custo para a sociedade da alocação de recursos (o **custo social**).

5.7.2 Custos privados e custos sociais: as externalidades ou economias externas

As **externalidades** (ou **economias externas**) podem ser definidas como as alterações de custos e benefícios para a sociedade derivadas da produção das empresas. Podem também ser vistas como as alterações de custos e receitas da empresa devidas a fatores externos.

Temos uma **externalidade positiva** (ou **economia externa**) quando uma unidade econômica cria benefícios para outras, sem receber pagamento por isso. Por exemplo, uma empresa treina a mão de obra, que acaba, após o treinamento, transferindo-se para outra empresa; a beleza do jardim do vizinho, que valoriza sua casa; uma nova estrada; os comerciantes de um mesmo ramo que se localizam na mesma região.

Temos uma **externalidade negativa** (ou **deseconomia externa**) quando uma unidade econômica cria custos para outras, sem pagar por isso. Por exemplo, poluição e congestionamento causados por automóveis, caminhões e ônibus; uma indústria que polui um rio e impõe custos à atividade pesqueira; a construção de uma barragem etc.

O conceito de externalidade revela a diferença entre custos privados e custos sociais. É particularmente importante para a **avaliação social** e **avaliação privada** de projetos de investimentos. Por exemplo, em uma obra pública, como a construção de estradas, para a construtora (ou seja, da **ótica privada**) importam os custos efetivos, como mão de obra e materiais. Já sob a **ótica social**, devem-se avaliar quais as externalidades provocadas pelo empreendimento, que poderão ser positivas (aumento do emprego ou do comércio na região) ou negativas (poluição do meio ambiente).

Como foi visto no Capítulo 2, as externalidades dão a base econômica para a criação de leis antipoluição, proteção ambiental, entre outras, podendo ser incorporadas (internalizadas) com a aplicação adequada de taxas ou impostos (impostos pigouvianos) sobre a fonte causadora. No Brasil, exige-se, em toda obra pública, o **Relatório de Impacto Ambiental (Rima)**, que incorpora a avaliação social do projeto (as externalidades positivas e negativas).

5.7.3 Custos *versus* despesas

Na teoria microeconômica tradicional, não é feita uma distinção rigorosa entre os conceitos de custos e despesas, como é feito na Contabilidade.

A definição contábil entende que **custos** são os gastos associados ao processo de fabricação de produtos, enquanto **despesas** são associadas ao exercício social e alocadas para o resultado geral do período (como despesas financeiras, comerciais e administrativas).

Os custos são normalmente divididos em **custos diretos** (que correspondem aos custos variáveis) e **custos indiretos** (que se referem aos custos fixos).

Os custos diretos são os salários da mão de obra direta, custo das matérias-primas e componentes e gastos correntes com o estoque de capital, tais como energia, manutenção e reparação. Os custos indiretos referem-se aos salários da administração, aluguel do prédio, depreciação do equipamento e das instalações, retorno sobre capital fixo e provisão para risco.

Na grande maioria dos manuais de Economia, o conceito de custo fixo engloba também as despesas financeiras comerciais e administrativas. A exceção está dentro do campo da chamada **teoria da organização industrial**, que é um desenvolvimento relativamente recente da teoria microeconômica, em que as definições de custos e despesas são tratadas com mais precisão, pelo fato de essa teoria ter muita proximidade com os conceitos contábeis e financeiros utilizados pelas empresas.[6]

---

6   Um resumo da teoria da organização industrial pode ser encontrado em PINHO, D.; VASCONCELLOS, M. A. S.; TONETO JR., R. *Manual de Economia* – Equipe de Professores da USP. 7. ed. São Paulo: Saraiva, 2017. Capítulo 9.

Parte III

Maximização dos Lucros

5.8 Maximização do lucro total

A teoria microeconômica tradicional (também chamada teoria neoclássica ou teoria marginalista) parte da premissa de que as empresas têm como objetivo principal a **maximização de lucros**, seja no curto ou no longo prazos. Define-se **lucro total** como a diferença entre as receitas de vendas da empresa e seus custos totais de produção. Assim:

$$LT = RT - CT$$

em que:

LT = lucro total;

RT = receita total de vendas;

CT = custo total de produção.

A empresa, desejando maximizar seus lucros, escolherá o nível de produção para o qual a diferença positiva entre RT e CT seja a maior possível (máxima).

Define-se como **receita marginal** (RMg) o acréscimo da receita total da empresa quando esta vende uma unidade adicional de seu produto. **Custo marginal** (CMg), como vimos, é o acréscimo do custo total de produção da empresa quando esta produz uma unidade adicional de seu produto.

Pode-se demonstrar que a empresa maximizará seu lucro em um nível de produção tal que a receita marginal da última unidade produzida seja igual ao custo marginal dessa última unidade produzida:

$$RMg = CMg$$

O raciocínio da maximização é o seguinte: suponhamos que a empresa esteja em um ponto de produção em que a receita marginal supera o custo marginal ($RMg > CMg$). Nesse caso, o empresário terá interesse em aumentar a produção, porque cada unidade adicional fabricada aumenta seus lucros, já que sua receita marginal é maior que o custo marginal.

Suponhamos agora um outro nível de produção: $RMg < CMg$. Nesse caso, o empresário terá interesse em diminuir a produção, pois cada unidade adicional que deixa de fabricar aumenta seus lucros, uma vez que seu custo marginal é maior que a receita marginal. Em consequência, o empresário fabricará a quantidade de seu produto no ponto em que $RMg = CMg$, pois desse modo seu lucro total será máximo.[7]

A Tabela 5.3 exemplifica como ocorre a maximização de lucros.

Tabela 5.3 Maximização do lucro total*

Produção e vendas (por dia) (1)	Custo total (CT) R$ (2)	Preço unitário de mercado (P) R$ (3)	Receita total (RT) R$ (4) = (3) × (1)	Lucro total (LT) = RT − CT R$ (5) = (4) − (2)	Custo marginal (CMg) R$ (6) = $\frac{\text{variação em (2)}}{\text{variação em (1)}}$	Receita marginal (RMg) R$ (7) = $\frac{\text{variação em (4)}}{\text{variação em (1)}}$
0	10,00	5,00	0	−10,00	—	—
1	15,00	5,00	5,00	−10,00	5,00	5,00
2	18,00	5,00	10,00	−8,00	3,00	5,00
3	20,00	5,00	15,00	−5,00	2,00	5,00
4	21,00	5,00	20,00	−1,00	1,00	5,00
5	23,00	5,00	25,00	2,00	2,00	5,00
6	26,00	5,00	30,00	4,00	3,00	5,00
7	30,00	5,00	35,00	5,00	4,00	5,00
8	35,00	5,00	40,00	5,00	5,00	5,00
9	41,00	5,00	45,00	4,00	6,00	5,00
10	48,00	5,00	50,00	2,00	7,00	5,00
11	56,00	5,00	55,00	−1,00	8,00	5,00

* Supondo uma firma de concorrência perfeita.

Para o nível de produção de oito unidades, quando $RMg = CMg$, tem-se o lucro máximo no valor de R$ 5,00.

---

[7] Rigorosamente, podem existir duas situações em que $RMg = CMg$: uma na qual o custo marginal é decrescente; outra quando o custo marginal é crescente. Se $RMg = CMg$, mas CMg é decrescente, é possível que o aumento da produção ainda leve a um lucro maior, se a receita superar o custo marginal. Então, a empresa não estava maximizando o lucro, mesmo com $RMg = CMg$. O lucro só será maximizado se, quando $RMg = CMg$ e o custo da produção adicional (CMg) for crescente, e maior que RMg, pois um aumento da produção provocaria uma diminuição do lucro. Usando a terminologia matemática, a igualdade entre RMg e CMg é uma condição necessária, mas não suficiente, para que a empresa opere com o nível de produção que maximize seus lucros.

5.9   Conceitos de lucro normal e lucro econômico

Como vimos no item 5.7.1, os economistas consideram os chamados custos de oportunidade nas curvas de custos. Mostramos que, entre os custos de oportunidade, um dos mais significativos é representado pelo **custo de oportunidade do capital**, que seria o ganho alternativo que os proprietários ou acionistas aufeririam se empregassem o capital em outra atividade ou aplicação. O custo de oportunidade do capital é também chamado de **lucro normal**.

O lucro normal é o valor que mantém o proprietário em uma dada atividade: se o lucro fosse mais baixo, o empresário sairia desse mercado, aplicando em outro negócio, ou no mercado financeiro.

O que exceder o lucro normal é chamado de **lucro econômico**, também denominado **lucro extraordinário**. O lucro calculado na Tabela 5.3 é o lucro econômico, pois os custos já incluem o lucro normal.

Existem, desse modo, três conceitos diferentes de lucro:

- **lucro contábil:** diferença entre a receita e os custos efetivamente incorridos (custos contábeis, explícitos);
- **lucro normal:** custo de oportunidade do capital;
- **lucro econômico** (ou **lucro extraordinário**): diferença entre a receita e o total dos custos contábeis e custos de oportunidade.

5.10 O conceito de *break-even point*

Outra diferença entre o enfoque contábil e o enfoque econômico é o conceito de ***break-even point*** ou ***ponto de equilíbrio***. Esse ponto representa o nível de produção em que a receita total é igual ao custo total (lucro total zero), e a partir do qual a empresa passa a gerar lucros. Trata-se de um conceito mais utilizado pelas empresas e que não considera os custos de oportunidade, mas apenas os custos contábeis, explícitos, que envolvem desembolso financeiro. Por essa razão, é pouco citado na literatura econômica, que sempre considera os custos de oportunidade.

Leitura complementar

Produtividade no curto e no longo prazo da produção brasileira de soja

A produtividade dos fatores é um dos conceitos mais importantes da teoria econômica da produção. Do ponto de vista teórico, ela se divide em produtividade média, que mede a contribuição ao esforço produtivo médio de um determinado número de fatores produtivos, e em produtividade marginal, que representa a contribuição individual de um determinado fator.

Do ponto de vista microeconômico, o conceito mais importante seria o de produtividade marginal, que expressaria a contribuição marginal ou individual de cada um dos fatores à produção total. O conceito médio, ao medir esse esforço em termos de uma média aritmética simples, poderia estar subestimando a produtividade dos fatores mais eficientes e superestimando a contribuição dos menos eficientes.

Na prática, porém, o cálculo da produtividade marginal pode ser uma tarefa complexa devido a dois fatores: i) possibilidade das produtividades dos vários fatores estarem interconectadas, o que comumente ocorre nos trabalhos em equipe, sendo muito difícil ou quase impossível separá-las; ii) falta de informação sobre o esforço individual quando o resultado é medido em termos de um departamento ou equipe. Sendo assim, costuma-se usar a produtividade média como uma aproximação aceitável da produtividade marginal.

Na Figura 5.11 pode ser vista a evolução da produtividade média da produção de soja (produtividade do fator terra), expressa em kg por hectare plantado, durante o período 1976-2006. É interessante observar que nos subperíodos 1978/79-1981/82 e 1999/2000-2001/02, entre outros, a curva de produtividade média assemelha-se ao gráfico de produtividade marginal, com rendimentos crescentes iniciais e decrescentes a partir do ponto no qual os fatores fixos passam a limitar no curto prazo o crescimento da produção.

Figura 5.11 Produtividade média (marginal) da produção de soja: 1976-2006 (kg/ha)

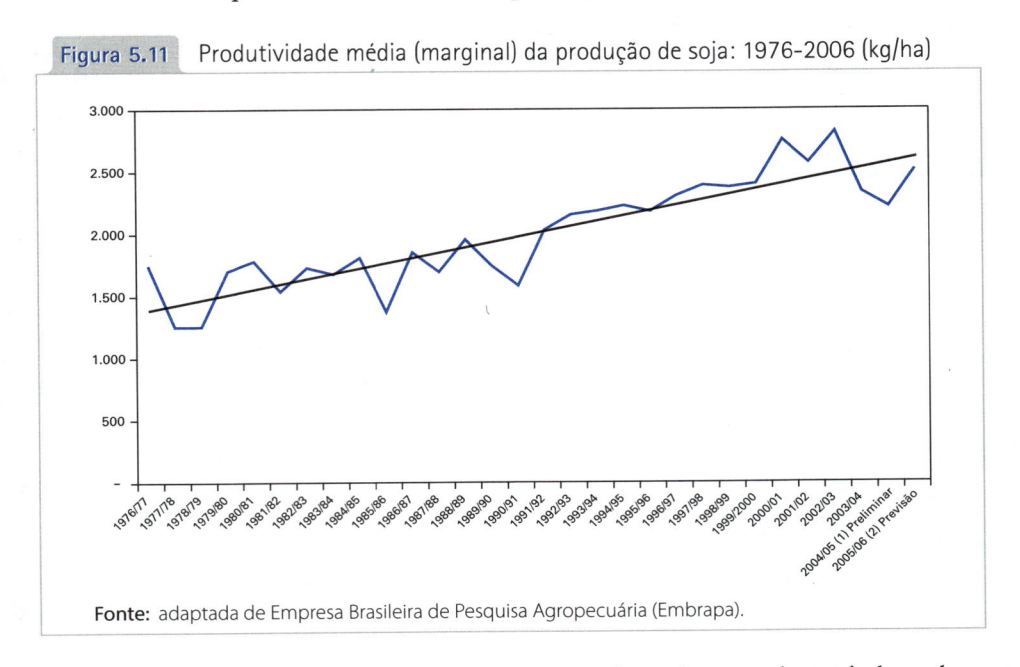

Fonte: adaptada de Empresa Brasileira de Pesquisa Agropecuária (Embrapa).

Contudo, e tal como nos diz a teoria, considerando a produtividade ao longo de todo o período 1976-2006, também pode ser apreciado que a tendência da produtividade média (marginal) da terra foi crescente. Esse crescimento da produtividade de longo prazo do plantio de soja, que também implicaria custos unitários mais baixos, deve-se precisamente ao avanço tecnológico gerado, tanto pelos grandes investimentos produtivos realizados pelo setor privado brasileiro, como pela notável contribuição da Empresa Brasileira de Pesquisa Agropecuária (Embrapa), que, a partir de suas pesquisas, desenvolveu tecnologias adaptadas ao clima tropical. No jargão econômico, diríamos, então, que o investimento em capital físico do setor privado, somado ao investimento em capital humano da Embrapa, produziu uma situação de retornos crescentes de escala (economias de escala), convertendo o Brasil no segundo maior produtor mundial de soja.

Questões para revisão

1. Defina produto, insumos e função de produção.
2. Explique o significado da lei dos rendimentos decrescentes.
3. Defina produto total, produto marginal e produto médio. Mostre as principais relações entre esses conceitos.
4. Explique por que a maximização dos lucros ocorre no ponto em que a receita marginal se iguala ao custo marginal.
5. Mostre as diferenças entre a visão econômica e a contábil-financeira dos custos de produção.
6. Explique as diferenças entre os conceitos de lucro contábil, lucro normal e lucro econômico.
7. Conceitue *break-even point* e diga qual conceito de lucro é levado em consideração.

Capítulo 6

Estruturas de Mercado

6.1 Introdução

Vimos nos capítulos anteriores quais variáveis afetam a demanda e a oferta de bens e serviços e como são determinados os preços, supondo que, sem interferências, o mercado automaticamente encontra seu equilíbrio. Implicitamente, estava sendo suposta uma estrutura específica de mercado, qual seja, a de concorrência perfeita ou mercado competitivo. Discutiremos neste capítulo mais detidamente essa e outras formas de mercado.

As várias formas ou estruturas de mercado dependem fundamentalmente de três características:

a) número de empresas que compõem esse mercado;
b) tipo do produto (se as firmas fabricam produtos idênticos ou diferenciados);
c) se existem ou não barreiras ao acesso de novas empresas nesse mercado.

A maior parte dos modelos existentes pressupõe que as empresas maximizam o lucro total, o que, como vimos no final do capítulo anterior, corresponde ao nível de produção no qual a receita marginal se iguala ao custo marginal. Essa é a hipótese da teoria tradicional ou marginalista.

Especificamente, para o caso de estruturas oligopolistas de mercado, veremos que existe uma teoria alternativa, que pressupõe que a empresa maximiza o *mark-up*, que é a margem entre a receita e os custos diretos (ou variáveis) de produção.

6.2 Concorrência perfeita (mercado competitivo)

A **concorrência perfeita** é um tipo de mercado em que há grande número de vendedores (empresas), de tal sorte que uma empresa, isoladamente, não afeta a oferta do mercado nem, consequentemente, o preço de equilíbrio. O grande número de empresas nesse mercado faz que elas sejam apenas **tomadoras de preços** ou *price-takers*.

Nesse tipo de mercado, devem prevalecer as seguintes premissas:

- **mercado atomizado:** composto de grande número de empresas, como se fossem "átomos";
- **produtos homogêneos:** não existe diferenciação entre produtos ofertados pelas empresas concorrentes;
- **não existem barreiras** para o ingresso de empresas no mercado;
- **transparência do mercado:** todas as informações sobre lucros, preços etc., são conhecidas por todos os participantes do mercado.

Uma característica do mercado em concorrência perfeita é que, no longo prazo, não existem **lucros econômicos** ou **extraordinários** (em que as receitas superam os custos), mas apenas os chamados **lucros normais**, que representam a remuneração implícita do empresário (seu custo de oportunidade).

Isso ocorre porque, em concorrência perfeita, como o mercado é transparente, se existirem lucros extraordinários a curto prazo, isso atrairá novas firmas para o mercado, pois também não há barreiras ao acesso. Com o aumento da oferta de mercado (devido ao aumento no número de empresas), os preços de mercado tenderão a cair e, consequentemente, também os lucros extras que tendem a zero. Existirão apenas lucros normais, implícitos nos custos, quando então cessa o ingresso de novas empresas nesse mercado.

Deve-se salientar que, na realidade, não existe o mercado tipicamente de concorrência perfeita, sendo talvez o mercado de produtos hortifrutigranjeiros o exemplo mais próximo a esse modelo.

A Figura 6.1 representa a situação de uma empresa operando em um mercado competitivo.

Figura 6.1 Concorrência perfeita

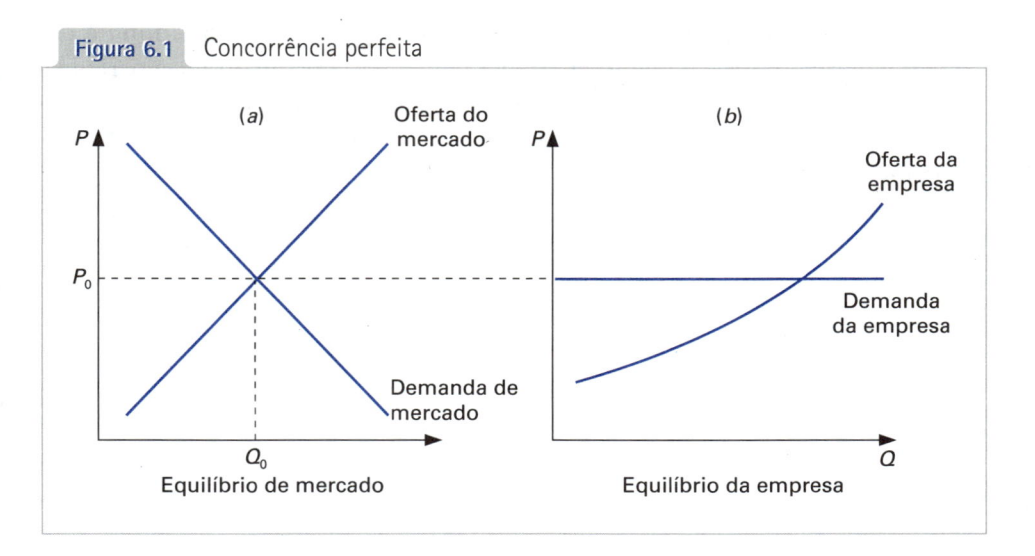

A curva da demanda, do ponto de vista da empresa perfeitamente competitiva, tem a configuração de uma reta (Gráfico *b*), mostrando o preço estabelecido pelas forças de mercado (Gráfico *a*), e todas as firmas componentes desse mercado tornam-se tomadoras de preço. Nenhuma firma isoladamente tem condições de alterar o preço ou praticar preço superior ao estabelecido no mercado. Ela possui uma pequena participação no mercado (é um "átomo") e sua atuação não influenciará o preço de mercado por não dispor de quantidade suficiente para tanto. Contudo, a esse preço dado pelo mercado, ela poderá vender quanto puder, limitada apenas por sua estrutura de custos.

Como o preço é fixado, a receita adicional (marginal) também é fixada e igual ao preço. Assim, em concorrência perfeita, a condição na qual a empresa maximiza lucro, vista no capítulo anterior, $RMg = CMg$, pode ser dada por $P = CMg$.

6.3 Monopólio

O **mercado monopolista** caracteriza-se por apresentar condições diametralmente opostas às da concorrência perfeita. Nele existe um único empresário (empresa) dominando inteiramente a oferta, de um lado, e todos os consumidores, de outro. Não há, portanto, concorrência, nem produto substituto ou concorrente. Nesse caso, ou os consumidores se submetem às condições impostas pelo vendedor, ou simplesmente deixarão de consumir o produto.

Nessa estrutura de mercado, a curva da demanda da empresa é a própria curva da demanda do mercado como um todo. Ao ser exclusiva no mercado, a empresa monopolista determina o preço de equilíbrio, de acordo com sua capacidade de produção: se ela aumentar a oferta, o preço de mercado diminuirá; se reduzir a oferta, o preço aumentará. Assim, enquanto em concorrência perfeita a demanda para a firma é dada, e é uma reta paralela ao eixo das quantidades, em monopólio a firma defronta com uma curva de demanda negativamente inclinada, como na Figura 6.2.

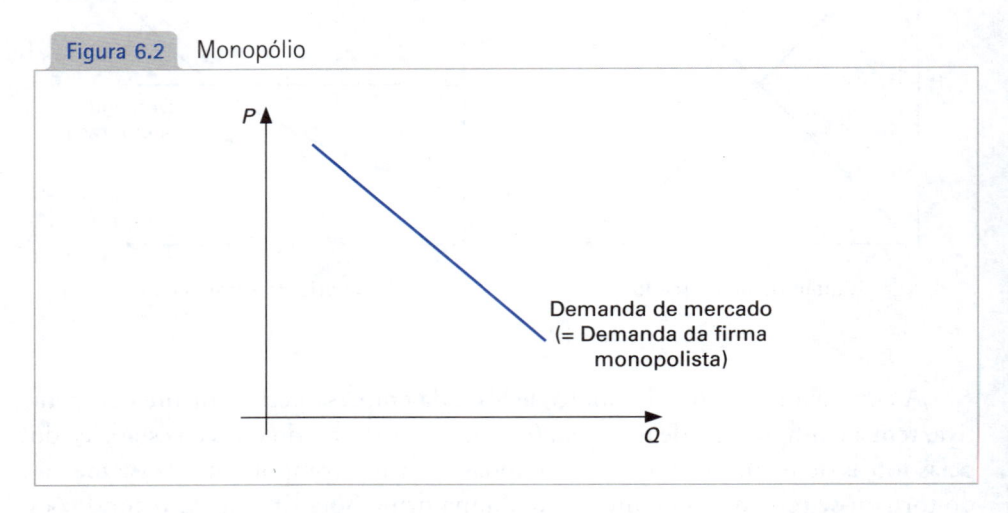

Figura 6.2 Monopólio

Como vimos no item sobre elasticidades, quando não existirem bens concorrentes ou substitutos, como acontece no mercado monopolista, a demanda de mercado tende a ser inelástica (não há opções para os consumidores). Então, quando o preço se elevar, haverá uma queda relativamente pequena no consumo da mercadoria, o que redundará em aumento da receita total da empresa (o aumento do preço supera proporcionalmente a queda no consumo). Contudo, isso não significa que o monopolista poderá aumentar os preços indefinidamente: se o preço se elevar em demasia, pesará muito no orçamento dos consumidores, que tenderão a consumir menos do produto. Em outras palavras, a demanda deixará de ser inelástica, e passará a ser elástica (quando, então, a queda no consumo supera o aumento do preço).

Para que existam monopólios, deve haver barreiras que praticamente impeçam a entrada de novas firmas no mercado. Essas **barreiras à entrada** podem advir das seguintes condições:

- **monopólio puro ou natural:** ocorre quando o mercado, por características próprias, exige elevado volume de capital. As empresas já instaladas operam com grandes plantas industriais, com elevadas economias de escala e custos unitários bastante baixos, o que possibilita a cobrança de preços relativamente baixos por seu produto, o que acaba sendo uma grande barreira para a entrada de novos concorrentes;
- **patentes:** enquanto a patente não cai em domínio público, a empresa é a única que detém a tecnologia apropriada para produzir aquele determinado bem;
- **controle de matérias-primas básicas:** por exemplo, o controle das minas de bauxita pelas empresas produtoras de alumínio.

Existe, ainda, o **monopólio institucional** ou **estatal** em setores considerados estratégicos ou de segurança nacional (por exemplo, energia, comunicações e petróleo), em que os preços não são fixados pelo mercado. Isso ocorreu e ainda ocorre com muitos desses setores no Brasil e no mundo.

Dada a existência de barreiras à entrada de novas empresas, **os lucros extraordinários devem persistir também no longo prazo em mercados monopolizados**, diferentemente do que ocorre em concorrência perfeita, quando no longo prazo só existirão lucros normais.

6.4 Oligopólio

O **oligopólio** é um tipo de estrutura normalmente caracterizada por um pequeno número de empresas que dominam a oferta de mercado. Ele pode ser definido como um mercado em que há pequeno número de empresas, como a indústria automobilística, ou então em que há grande número de empresas, mas poucas dominam o mercado, como na indústria de bebidas.

O setor produtivo brasileiro é altamente oligopolizado, sendo possível encontrar inúmeros exemplos: montadoras de veículos, setor de cosméticos, indústria de papel, indústria química, indústria farmacêutica, bebidas, alimentos, entre outras.

No oligopólio, tanto as quantidades ofertadas como os preços são fixados entre as empresas por meio de conluios ou cartéis. O **cartel** é uma organização (formal ou informal) de produtores dentro de um setor que determina a política de preços para todas as empresas que a ela pertencem. Elas podem adotar uma política de preços comum, agindo como monopolistas (chamada de **solução de monopólio**).[1] Podem ainda fazer uma **concorrência extrapreço** em termos de propaganda, publicidade, promoções etc.

Nos oligopólios, há empresas líderes que, via de regra, fixam o preço, respeitando as estruturas de custos das demais, e há empresas satélites que seguem as regras ditadas pelas líderes. Esse é um modelo chamado de **liderança de preços**. Como exemplo, no Brasil, pode-se citar a indústria de bebidas.

É possível caracterizar também tanto **oligopólios com produtos diferenciados** (como a indústria automobilística) como **oligopólios com produtos homogêneos** (alumínio, cimento).

Quanto aos **objetivos da empresa oligopolista**, a teoria microeconômica tem duas correntes principais: a **teoria marginalista** ou **neoclássica**, pela qual o oligopolista maximiza lucros, vista no capítulo anterior, e a **teoria da organização industrial**,[2] na qual o objetivo principal do oligopolista é maximizar *mark-up*, que é igual a:

$$Mark\text{-}up = Receita\ de\ vendas - Custos\ diretos\ (ou\ variáveis)$$

O preço cobrado pela empresa, no modelo de *mark-up*, é calculado da seguinte forma:

$$p = (1 + m)C$$

em que:

p = preço do produto;

C = custo direto unitário (que corresponde, na teoria marginalista, ao custo variável médio);

m = taxa de *mark-up*, que é uma porcentagem sobre os custos diretos.

---

[1] No Brasil e na maioria dos países, a legislação antitruste proíbe explicitamente o conluio ou cartel entre empresas para fixar conjuntamente os preços ou repartir mercados.

[2] A teoria da organização industrial discute ainda outros prováveis objetivos, tais como: maximização ou manutenção da participação no mercado; diferenças entre as metas desejadas pelos acionistas e o comportamento do executivo responsável, que normalmente é contratado e quer maximizar seu prestígio no mercado; diferenças entre objetivos de curto e de longo prazo das empresas etc. PINHO, D.; VASCONCELLOS, M. A. S.; TONETO JR., R. *Manual de Economia* – Equipe de Professores da USP. 7. ed. São Paulo: Saraiva, 2017. Capítulo 9.

A taxa de *mark-up* deve ser fixada de tal forma a cobrir, além dos custos diretos, os custos fixos, e atender a certa taxa de rentabilidade desejada pelos acionistas da empresa. O conceito de *mark-up* corresponde aproximadamente ao conceito de **margem de contribuição** utilizado na contabilidade privada, com a diferença de que esse último é calculado para cada linha de produto, enquanto o conceito de *mark-up* é mais geral, normalmente fixado pelos acionistas para os negócios globais da empresa.

A teoria do *mark-up* está respaldada em pesquisas empíricas que mostram que as empresas, ao fixar seu preço de venda, não conseguem prever adequadamente a demanda por seu produto e, portanto, suas receitas, mas conhecem muito bem seus custos. Como elas têm poder monopolístico, podem, então, fixar os preços em uma base mais objetiva, nos seus custos, dependendo menos da demanda prevista de mercado. Difere assim da teoria marginalista, segundo a qual a empresa, para fixar seu preço no lucro máximo, precisa prever também as receitas (o que envolve ter razoável poder para prever a demanda por seu produto), para igualar suas receitas marginais aos custos marginais.

6.5   Concorrência monopolística

A **concorrência monopolística** é uma estrutura de mercado intermediária entre a concorrência perfeita e o monopólio, mas que não se confunde com o oligopólio, pelas seguintes características:

- **número relativamente grande de empresas** com certo poder concorrencial, porém com segmentos de mercados e produtos diferenciados, seja por características físicas, embalagem, seja pela prestação de serviços complementares (pós-venda);
- **margem de manobra para fixação dos preços não muito ampla**, uma vez que existem produtos substitutos no mercado.

Essas características acabam dando um pequeno poder monopolista sobre o preço do produto, embora o mercado seja competitivo (daí o nome concorrência monopolística, que é aparentemente contraditório). Por exemplo, na área médica, existe um grande número de profissionais em todas as áreas, mas os mais credenciados e famosos cobram preços pela consulta, tratamento ou operação muito maiores que a média.

Como em concorrência perfeita, não há barreiras ao acesso de empresas no mercado. Assim, lucros extraordinários a curto prazo atrairão novas empresas, e, a longo prazo, só existirão lucros normais.

O Quadro 6.1 resume as principais diferenças entre as estruturas do mercado de bens e serviços.

Quadro 6.1 Principais características das estruturas básicas de mercado

Características	Concorrência perfeita	Monopólio	Oligopólio	Concorrência monopolística
1. Quanto ao número de empresas.	Muito grande.	Só há uma empresa.	Pequeno.	Grande.
2. Quanto ao produto.	Homogêneo. Não há quaisquer diferenças.	Não há substitutos próximos.	Pode ser homogêneo ou diferenciado.	Diferenciado.
3. Quanto ao controle das empresas sobre os preços.	Não há possibilidades de manobras pelas empresas.	As empresas têm grande poder para manter preços relativamente elevados, sobretudo quando não há intervenções restritivas do governo (leis antitrustes).	Embora dificultado pela interdependência entre as empresas, essas tendem a formar cartéis, controlando preços e cotas de produção.	Pouca margem de manobra, devido à existência de substitutos próximos.
4. Quanto à concorrência extrapreço (promoções, atendimento, propaganda, pós-venda etc.).	Não é possível e nem seria eficaz.	A empresa geralmente recorre a campanhas institucio-nais, para salvaguardar sua imagem.	É intensa, sobretudo quando há diferenciação do produto.	É intensa, exercendo-se pelas diferenças físicas, de embalagens e prestação de serviços complementares.
5. Quanto às condições de ingresso na indústria.	Não há barreiras.	Barreiras ao acesso de novas empresas.	Barreiras ao acesso de novas empresas.	Não há barreiras.

6.6 Estruturas do mercado de fatores de produção

Até aqui foram identificadas as estruturas de mercados de bens e serviços. O mercado de fatores de produção – mão de obra, capital, terra e tecnologia – também apresenta diferentes estruturas. Como o mercado de fatores depende da demanda de insumos pelos setores produtores de bens e serviços, ou seja, deriva do mercado do produto, a demanda por esses fatores é chamada de **demanda derivada**. Por exemplo, como a demanda de autopeças deriva da demanda de automóveis, se houver redução da demanda de automóveis, cairá também a demanda por autopeças.

As estruturas no mercado de fatores são resumidas a seguir.

6.6.1 Concorrência perfeita no mercado de fatores

A **concorrência perfeita no mercado de fatores** corresponde ao mercado cuja oferta do fator de produção (por exemplo, mão de obra não especializada) é abundante, o que torna o preço desse fator constante. Os ofertantes ou fornecedores, como são em grande número, não têm condições de obter remuneração mais elevada por seus serviços.

6.6.2 Monopólio no mercado de fatores

Quando há um **monopolista na venda de determinados insumos**.

6.6.3 Oligopólio no mercado de fatores

Ocorre quando poucas empresas produzem um determinado insumo (**oligopólio na venda do insumo**).

6.6.4 Monopsônio (monopólio na compra de insumos)

O **monopsônio** ou monopólio na compra de insumos compreende uma forma de mercado na qual há somente um comprador para muitos vendedores dos serviços dos insumos. É o caso da empresa que se instala em determinada cidade do interior e, por ser a única, torna-se demandante exclusiva da mão de obra local e das cidades próximas, tendo para si a totalidade da oferta de mão de obra.

6.6.5 Oligopsônio (oligopólio na compra de insumos)

O **oligopsônio** ou oligopólio na compra de insumos é o mercado em que há poucos compradores que negociam com muitos vendedores. Por exemplo, a indústria de laticínios, pois em cada cidade existem dois ou três laticínios que adquirem a maior parte do leite dos inúmeros produtores rurais locais. A indústria automobilística, além de oligopolista no mercado de bens e serviços, também é oligopsonista na compra de autopeças.

6.6.6 Monopólio bilateral

O **monopólio bilateral** ocorre quando um monopsonista, na compra do fator de produção, defronta-se com um monopolista na venda desse fator. Por exemplo, só a empresa *A* compra um tipo de aço que é produzido apenas pela siderúrgica *B*. A empresa *A* é monopsonista, porque só ela compra esse tipo de aço, e a siderúrgica *B* é monopolista, porque só ela vende esse tipo de aço.

Nesses casos, a determinação dos preços de mercado dependerá não só de fatores econômicos, mas do poder de barganha de ambos: o monopsonista tentando pagar o preço mais baixo (usando a força de ser o único comprador) e o monopolista tentando vender por um preço mais elevado (usando o poder de ser o único fornecedor).

6.7 A ação governamental e os abusos do poder econômico nos mercados

Como vimos no Capítulo 2, o Brasil possui, desde os anos 1960, extensa legislação que procura coibir os abusos do poder econômico em defesa da concorrência e da proteção aos consumidores.

Dentro do chamado Sistema Brasileiro de Defesa da Concorrência, o Conselho Administrativo de Direito Econômico (Cade), a Secretaria de Direito Econômico (SDE) e a Secretaria de Acompanhamento Econômico (Seae) são os órgãos que têm por objetivo julgar os processos administrativos relativos a abusos do poder econômico, bem como analisar fusões de empresas que podem criar situações de monopólio ou maior domínio de mercado.

6.8 Grau de concentração econômica no Brasil

Uma medida comumente utilizada para verificar o grau de concentração econômica é calcular a proporção do valor do faturamento das quatro maiores empresas de cada ramo de atividade sobre o total faturado no ramo respectivo. Em termos percentuais, quanto mais próximo de 100%, maior o grau de concentração do setor (as quatro maiores respondem com a quase totalidade do faturamento); quanto mais próximo de 0%, menor o grau de concentração (e, portanto, maior o grau de concorrência) do setor.

A Tabela 6.1 apresenta esse indicador de concentração econômica para os ramos da indústria e do comércio em 1990. Observa-se que os setores mais concentrados naquela data eram aços planos (100%), material de transporte (94%), fumo (91%), amianto e gesso (88%) e cerveja (86%). Os setores mais competitivos são fiação e tecelagem (20%), petroquímica (43%) e confecções (46%).

Tabela 6.1 Grau de concentração na indústria e comércio por setores

Faturamento das quatro maiores empresas, sobre o faturamento total de cada setor

Setor industrial

	Número de grupos considerados	Grau de concentração (%)	Grau de concentração média do setor (%)
1. Alimentos			54
■ Açúcar e álcool	4	51	
■ Moinhos	4	59	
■ Frigoríficos	4	53	
■ Conservas	4	74	
2. Bebidas e fumo			85
■ Sucos e concentrados	4	78	
■ Cerveja	2*	86	
■ Cigarros e fumo	3*	91	
3. Eletroeletrônico			66
■ Eletrodomésticos	4	60	
■ Equipamentos para construção	4	72	
■ Condutores elétricos	4	81	
■ Computadores	2*	64	
4. Borracha (pneus e artefatos)	4	75	75
5. Material de transporte	4	94	94
6. Mecânica			67
■ Motores e implementos agrícolas	4	65	
■ Máquinas operatrizes	4	68	
■ Equipamentos pesados	4	69	
7. Metalurgia			72
■ Aços planos	1**	100	
■ Aços não planos e especiais	4	55	
■ Metalurgia de não ferrosos	4	58	
8. Química			49
■ Petroquímica	4	43	
■ Fertilizantes	4	48	
■ Produtos de higiene e limpeza	4	71	
9. Papel e celulose	5***	56	56
10. Têxtil			29
■ Fiação e tecelagem	2*	20	
■ Confecções	2*	46	

	Número de grupos considerados	Grau de concentração (%)	Grau de concentração média do setor (%)
11. Minerais não metálicos			73
▪ Cimento e cal	4	68	
▪ Vidro e cristal	4	76	
▪ Amianto e gesso	4	88	
12. Mineração	4	76	76
13. Construção civil			
▪ Construção pesada	4	47	47

* O grupo que segue é inexpressivo.
** Monopólio absoluto.
*** O 4º e 5º estão bem próximos.

Setor comercial

	Número de grupos considerados	Grau de concentração (%)	Grau de concentração média do setor (%)
1. Varejista			
▪ Supermercados (redes)	4	55	55
2. Distribuição de gás	4	66	66
3. Distribuição de derivados de petróleo	4	79	79

Média da concentração na indústria dos setores considerados: 63%.
Média da concentração no comércio dos setores considerados: 71%.
Média da concentração geral: 64,35%.

Fonte: Pih, Lawrence. O desafio brasileiro. *Folha de S. Paulo*, 2 dez. 1990.

Leitura complementar

Mercado de cimento no Brasil e o enfoque moderno de estrutura de mercado

A visão econômica tradicional, herdada de modelos teóricos construídos nos anos 1950, sobre as possíveis configurações de estrutura de mercado, insistia sobre a relevância da participação de mercado (*market share*) das empresas como critério de definição. Assim, a "regra de bolso" afirmava que, quanto maior a participação de uma firma ou de um grupo delas em um determinado segmento, maior seria seu poder de mercado, ou, genericamente, seu poder monopólico.

O enfoque moderno, porém, trata a participação de mercado como um indicador importante, embora não totalmente determinante, do poder monopólico (ou oligopólico) de uma empresa. Desse modo, essa participação refletiria a concentração em um determinado momento do tempo, ou seja, seria uma "fotografia" estática da situação desse mercado. Com o correr do tempo, passaria a ser mais importante a existência de barreiras à entrada, que determinariam se o *market share* da firma se manteria elevado ou se reduziria com a entrada de novos concorrentes, tornando o mercado em questão mais "disputável" (*contestable*), no jargão econômico.

Essas barreiras podem estar representadas por ganhos de escala, grandes requerimentos de capital financeiro, proximidade de centros fornecedores ou compradores, fidelidade do cliente à marca, barreiras legais, investimento em capacidade ociosa, controle de insumos básicos, entre outras.

No caso do mercado brasileiro de cimento, poucas empresas detêm quase a totalidade da participação de mercado, o que lhes conferiria elevado poder monopólico, do ponto de vista do enfoque tradicional. Além disso, os últimos anos foram marcados por uma série de aquisições de concreteiras de pequeno porte por parte das grandes companhias cimenteiras, além de fusões entre estas últimas. De acordo com a visão moderna, esses movimentos tenderiam a aumentar as economias de escala e o controle de insumos básicos por parte desses grandes atores (*players*), o que implicaria manutenção ou crescimento de seus *market shares* ao longo do tempo, reforçando as suspeitas de excessivo poder de mercado.

De fato, o Conselho Administrativo de Defesa Econômica (Cade), que é uma instituição governamental encarregada de prevenir abusos econômicos, tem realizado várias intervenções, julgando e proibindo algumas dessas fusões e aquisições. Além disso, o próprio Ministério da Fazenda tem declarado que estaria disposto a reduzir as alíquotas de importação do cimento se os reajustes de preços no mercado interno continuassem a ser muito pronunciados. A ideia, justamente, era reduzir a importância da barreira legal representada pelos impostos aplicados às importações, incentivando a entrada de concorrentes estrangeiros, o que incrementaria a concorrência no mercado nacional, reduzindo a participação de mercado das grandes empresas e, portanto, sua possibilidade de auferir *mark-up* (margem sobre os custos diretos) a partir de preços elevados.

Questões para revisão

1. Caracterize o mercado concorrencial. Que regra o empresário segue para maximizar seus lucros?

2. Diferencie lucro normal de lucro extraordinário.

3. Confronte o monopólio com o oligopólio. Mostre as características de cada estrutura de mercado e o modo como o preço é fixado em cada uma delas.

4. Quais as estruturas do mercado de fatores? Como elas se caracterizam?

5. O que vem a ser o monopólio bilateral?

Capítulo 7

Fronteiras da Microeconomia: noções sobre Teoria dos Jogos e Economia da Informação

A Teoria Microeconômica vem passando por algumas revoluções nas últimas décadas, dentre elas, ganham destaque as abordagens baseadas na **Teoria dos Jogos** e na **Economia da Informação**.

7.1 Teoria dos Jogos

A **Teoria dos Jogos** tem como objetivo a análise de problemas em que existe interação de agentes. As decisões de um indivíduo, firma ou governo afetam e são afetadas pelas decisões dos demais agentes ou jogadores. É o estudo das decisões dos jogadores em situação interativa. Não se restringe apenas a problemas econômicos, sendo também bastante utilizada em análises de problemas políticos, sociais e militares. O termo "jogo" é empregado justamente por transmitir a ideia de interação entre agentes.

No modelo tradicional de concorrência perfeita, as informações que uma firma precisa para amparar suas decisões estão contidas nos preços de mercado de seus produtos e de seus insumos, preços esses que são tomados pela firma como dados. Isso não ocorre nos modelos de duopólios e oligopólios, em que a firma não apenas tem consciência de que pode afetar o preço de seu produto, como também percebe que este é afetado pelas decisões de seus concorrentes. Dizemos que, nesse caso, a firma apresenta **comportamento estratégico**, isto é, quando o agente percebe que é capaz de afetar variáveis relevantes para a sua decisão e que essas variáveis também podem ser afetadas pelas decisões de outros agentes.

Uma série de situações estudadas em Economia pode ser analisada ou "modelada" como um verdadeiro jogo, tal como o xadrez, o futebol, o pôquer etc. São situações em que os agentes econômicos, interagindo uns com os outros, têm que escolher entre diferentes estratégias, dentro de regras estabelecidas (sistema jurídico, contratos, regulação pública etc.) visando a um resultado desejado.

Por exemplo, o caso de uma empresa que deseja lançar um novo produto no mercado. Para decidir quais estratégias usar ou não no lançamento do novo produto, a empresa deve considerar também as estratégias dos concorrentes. Isso porque o lucro com o lançamento do novo produto, ou os resultados do jogo, podem ser alterados de acordo com a resposta dos concorrentes, que também podem lançar um produto similar. Essas e outras situações que envolvem problemas econômicos, ou mesmo de outras áreas, podem ser adequadamente analisadas pela Teoria dos Jogos.

7.1.1 Representação de um jogo

O jogo é caracterizado por um conjunto de regras com os seguintes elementos: (i) os jogadores e os agentes econômicos; (ii) o conjunto de ações disponíveis para cada jogador; (iii) as informações disponíveis que são relevantes aos resultados

dos jogos; e (iv) os possíveis resultados do jogo. Esse conjunto de resultados possíveis é chamado de **payoffs**.

Tomando como exemplo a empresa que deseja lançar um produto no mercado, os jogadores representam a empresa e as empresas concorrentes. As ações disponíveis são lançar ou não o novo produto no mercado. As informações dizem respeito, por exemplo, ao fato de os concorrentes saberem ou não das intenções da empresa em lançar o novo produto. Por fim, os resultados (*payoffs*) representam os possíveis níveis de lucro com o lançamento do novo produto.

Um dos problemas mais interessantes quando se trabalha com um jogo diz respeito à identificação dos prováveis resultados. Existe uma série de conceitos de solução de um jogo. Trataremos aqui de um dos conceitos mais utilizados em Teoria dos Jogos: o **Equilíbrio de Nash** e para entendê-lo, utilizaremos um jogo "clássico", o **Dilema dos prisioneiros**.

Nesse jogo, duas pessoas suspeitas de terem cometido conjuntamente um crime são aprisionadas. Vamos chamá-las de prisioneiro 1 e prisioneiro 2. A justiça dispõe de provas que os condenam por um crime menor, por porte ilegal de arma, com pena de dois anos para cada um, mas há também uma suspeita de que eles cometeram um crime muito maior, com pena de dez anos de reclusão. Os policiais colocam os dois suspeitos em celas separadas, de modo que a comunicação entre eles não seja possível. Os suspeitos são interrogados em salas separadas e simultaneamente, e a cada um é perguntado se ambos cometeram o crime ou não. Para induzi-los a confessar, os policiais propõem a cada um o seguinte:

- se o prisioneiro 1 confessar o crime, e o 2 não, a pena será máxima para o que não confessou (dez anos de reclusão). O que confessou terá a pena reduzida para apenas um ano;
- se ambos confessarem, a pena será atenuada para cinco anos de reclusão para cada suspeito;
- se ambos não confessarem serão condenados por um crime menor e ficarão presos por dois anos.

Por hora, vamos organizar os resultados possíveis em uma representação denominada **Matriz de payoffs**, como mostra a tabela apresentada na Figura 7.1. As estratégias (ou decisões) do Prisioneiro 1 são descritas nas linhas superior e inferior que representam, respectivamente, confessar e não confessar, ao passo que as estratégias do Prisioneiro 2 estão descritas nas colunas esquerda e direita que representam, também respectivamente, confessar e não confessar. Assim, temos uma matriz de formato "2 × 2" (duas linhas e duas colunas), gerando quatro células.

---

[1] Nome dado em homenagem a seu formulador, o vencedor do Prêmio Nobel de Economia de 1994, John Nash, cujos estudos datam da década de 1950.

Figura 7.1 *Payoff* do dilema dos prisioneiros

		Prisioneiro 2	
		Confessa	Não confessa
Prisioneiro 1	Confessa	-5; -5	-1; -10
	Não confessa	-10; -1	-2; -2

Note que em cada célula há um par de valores: o primeiro deles sempre se refere ao *payoff* usufruído pelo prisioneiro (jogador) 1 e o segundo se refere ao *payoff* usufruído pelo prisioneiro (jogador) 2. Os valores negativos transmitem a ideia de que ficar preso é ruim e que, quanto maior o tempo aprisionado, pior para o agente. Existem quatro possibilidades.

a) **Prisioneiros 1 e 2 confessam** (célula superior esquerda). Os jogadores 1 e 2 ficam na prisão cinco anos. É um péssimo resultado, pois se ambos tivessem permanecido em silêncio estariam em melhor situação e ficariam apenas dois anos na cadeia.

b) **Prisioneiro 1 confessa e o 2 não confessa** (célula superior direita). O jogador 1 fica preso por um ano e o jogador 2 fica preso por dez anos.

c) **Prisioneiro 1 não confessa e o 2 confessa** (célula inferior esquerda). O jogador 1 fica preso por dez anos e o jogador 2 por um ano.

d) **Prisioneiros 1 e 2 não confessam**. Agora, ambos ficam presos por apenas dois anos.

Conforme ressaltamos no início do capítulo, note que os resultados variam dependendo de como os jogadores interagem entre si, ou seja, um jogador estará em situação melhor ou pior a depender de como o outro se comporta, e o contrário também é verdade. Essa é uma das grandes virtudes da teoria dos jogos.

Antes de saber qual seria a melhor estratégia a ser selecionada por nossos prisioneiros ou, posto de outra forma, como se pode resolver esse jogo, vamos avançar um pouco na parte conceitual para entendermos qual seria o resultado mais provável.

7.1.2 Os conceitos de Estratégia Dominante e de Equilíbrio de Nash

Depois de estabelecidas a caracterização de um jogo e uma de suas formas de representação, cabe estudar a solução, entender qual a melhor estratégia de jogo para cada jogador e qual o resultado possível. Em teoria dos jogos, existem vários conceitos de solução ou tomada de decisão. Aqui analisaremos dois dos mais conhecidos: estratégias dominantes e equilíbrio de Nash.

Estratégias dominantes

Uma estratégia é dominante em relação à outra quando os resultados obtidos com a sua utilização são melhores se comparados aos resultados obtidos com outra estratégia, qualquer que seja a atuação dos demais jogadores.

Voltando ao exemplo do dilema dos prisioneiros, existe uma estratégia dominante para o jogador 1? Note que, se o jogador 2 confessa, o prisioneiro 1 pode ficar preso cinco anos se confessar, ou dez anos se não confessar. Ele, naturalmente, escolherá confessar. Mas e se o jogador 2 optar por não confessar? Nesse caso, o jogador 1 ficaria preso um ano se confessasse e dois anos se não confessasse, ou seja, ele novamente optará por confessar. Assim, qualquer que seja a decisão tomada pelo jogador 2, o melhor que o jogador 1 tem a fazer é confessar. Confessar é, então, uma estratégia dominante para o jogador 1. De modo análogo, podemos verificar que a estratégia dominante para o jogador 2 também é confessar.

No exemplo do dilema dos prisioneiros, ambos os jogadores possuem uma estratégia dominante: confessar. Assim, temos uma situação em que o par de estratégias *confessar & confessar* (para os jogadores 1 e 2, respectivamente) representa uma situação em que nenhum dos dois tem incentivos para mudar de escolha, ou seja, o caso é definido como um "equilíbrio". O dilema dos prisioneiros, então, é um jogo que apresenta equilíbrio com estratégias dominantes. Contudo, essa é uma característica que não necessariamente existe em todos os jogos; há jogos em que não existem estratégias dominantes.

O Equilíbrio de Nash

O conceito de equilíbrio (ou solução) de Nash ocorre quando a combinação de estratégias escolhidas leva a um resultado no qual nenhum dos jogadores individualmente tem motivos para mudar sua escolha, ou seja, esse jogador não poderia melhorar sua situação unilateralmente modificando a estratégia escolhida. Assim, é comum dizermos que, no equilíbrio de Nash, um jogador escolhe a melhor estratégia uma vez definida a escolha do outro jogador, e vice-versa.

Para melhor compreender o Equilíbrio de Nash, vamos supor um jogo com várias empresas e que, no decorrer do jogo, cada uma selecione sua melhor estratégia, ou seja, aquela que lhe traz o maior benefício (*payoff*), seja em termos de lucro ou de maior participação no mercado. Então, se cada empresa chega à conclusão de que não tem como melhorar sua estratégia, dadas as estratégias escolhidas pelas demais empresas, nenhuma empresa tem a ganhar mudando sua estratégia unilateralmente.

No dilema dos prisioneiros, vimos que a solução por estratégias dominantes é a de ambos confessarem e, assim, ficarem presos por cinco anos. Note que *confessar & confessar* também é um equilíbrio de Nash. O prisioneiro 1 tem uma decisão melhor do que a de confessar, uma vez que o prisioneiro 2 confessou? Não, pois a outra opção seria não confessar e, se o fizesse, ficaria dez anos preso. Assim, para o prisioneiro 1, confessar é a melhor estratégia caso o prisioneiro 2 confesse. O mesmo ocorre para o prisioneiro 2, pois confessar é a melhor resposta que pode dar à estratégia de confessar escolhida pelo prisioneiro 1. Cada um deles, individualmente, não poderia ter agido de maneira melhor.

E se ambos decidem *não confessar*? Neste caso, ambos ficariam presos dois anos, o que, em princípio, seria melhor para ambos. Note, contudo, que o fato de os dois suspeitos estarem sem comunicação gera uma ameaça: se um deles confessar poderá ficar preso apenas um ano, enquanto o outro ficará preso dez anos. Assim, sabendo da possível traição de seu companheiro, ambos têm fortes estímulos para confessar o crime, procurando reduzir a pena nessa situação. Em outros termos, *não confessar & não confessar* não é uma solução pelo critério de Nash: o jogador 1 se arrepende de não ter confessado, pois, se o tivesse feito, ficaria apenas um ano preso, uma vez que o prisioneiro 2 não confessou. Dado que ele poderia ficar menos tempo preso, existem incentivos para mudar de estratégia e *não confessar & não confessar* não é um equilíbrio. Note também que os outros resultados possíveis têm o mesmo problema pois, sempre, pelo menos um dos jogadores se arrepende da opção escolhida e tem motivos para mudar de estratégia.

No caso do dilema dos prisioneiros, notamos que confessar para o prisioneiro 1 e confessar para o prisioneiro 2 representa tanto um equilíbrio com estratégias dominantes como também um equilíbrio de Nash, mas devemos deixar claro que essa coincidência nem sempre ocorre. Há situações em que não existem estratégias dominantes, inviabilizando a solução do jogo por esse critério.

No mundo empresarial, principalmente no caso do oligopólio, o "dilema" anterior também constitui um paradigma relevante. Assim, tal como no caso dos prisioneiros, o comportamento cooperativo pode ser mais rentável para o conjunto de empresas que forma o cartel. Por que, então, não observamos unicamente resultados cooperativos e as empresas frequentemente entram em guerra de preços (como no caso dos celulares) ou de quantidades (por exemplo, quantidade de assentos disponibilizados pelas companhias aéreas em determinadas rotas que competem entre si)?

Pelos mesmos motivos expostos. Quase sempre existirá um forte incentivo a trair o acordo. Portanto, a ocorrência de um **equilíbrio cooperativo** dependerá ao menos dos seguintes fatores:

- rentabilidade relativa por trair o acordo;
- possibilidade de monitorar o comportamento das empresas pertencentes ao cartel;

- possibilidade de que a empresa líder "castigue" o desvio de conduta das seguidoras.

Com relação ao último fator, é crucial que a ameaça de castigo seja crível, o que implica que a empresa líder deve criar uma "reputação" de que está realmente disposta a punir o descumprimento dos "acordos firmados".

Vamos considerar o exemplo de duas empresas que competem em um dado mercado e que têm que escolher o nível de preço a ser praticado. Este preço escolhido pode ser elevado ou baixo e a combinação de escolha das duas empresas está representada pelos *payoffs* no quadro da Figura 7.2.

Figura 7.2 Matriz de *payoff*

		Empresa B	
		Preço baixo	Preço alto
Empresa A	Preço baixo	(30, 30)	(300, −150)
	Preço alto	(−150, 300)	(150, 150)

Veja que as duas empresas teriam mais a ganhar se adotassem uma estratégia comum e coordenada de colocar seus respectivos preços em um nível elevado. Nesta situação cada uma delas obteria um lucro de 150 e o resultado agregado equivaleria a 300.

No entanto, este não é o resultado que observamos ao final do jogo. Para entender a razão, um bom exercício é se colocar inicialmente na posição de quem escolhe os preços na empresa A (por exemplo, um diretor comercial ou de marketing). Este responsável pela escolha analisaria as suas opções fazendo as seguintes perguntas:

1. Se a empresa B trabalhar com preço alto, o que será melhor para mim: trabalhar com preço baixo e ganhar 300 ou trabalhar com preço alto e ganhar 150? Obviamente, a resposta será trabalhar com preço baixo.
2. Se a empresa B trabalhar com preço baixo, o que será melhor para mim: trabalhar com preço baixo e ganhar 30 ou trabalhar com preço alto e perder 150? Novamente, a resposta será trabalhar com preço baixo.

Desta maneira, a empresa A terá uma estratégia dominante em relação à outra, pois escolher preço baixo será sempre melhor do que preço alto, independentemente da estratégia escolhida por B.

Este mesmo exercício, se aplicado a quem decide o nível de preços a ser praticado na empresa B, nos levará à conclusão de que B também tem como estratégia dominante trabalhar com o preço baixo. Neste sentido, o jogo aqui apresentado nos leva a crer que o resultado final será de um equilíbrio semelhante ao do dilema dos prisioneiros, em que as duas empresas trabalharão com preço baixo e cada uma delas terá um lucro de apenas 30 (e o lucro agregado seria de 60), quando poderiam, coordenadamente, alcançar um lucro individual de 150.

E porque isto ocorre? Temos pelo menos duas razões para este resultado. Inicialmente, porque em um ambiente competitivo, em que exista uma lei de defesa da concorrência crível e efetiva, concorrentes não se comunicam para combinar preços, dadas as punições que poderão enfrentar.[2] Mas mesmo que isso fosse possível, ao trabalhar com preços elevados em um jogo de uma só rodada, corre-se o risco do outro jogador (a outra empresa) não cumprir o acordado e trabalhar com preços baixos. Se isto acontecer, o que poderia ser um lucro de 150 se transformará em um prejuízo de 150. Note que a empresa concorrente, depois de combinar um eventual cartel em preços, terá mais a ganhar se descumprir o acordo (ganhará 300 em vez de 150).

Vale ressaltar também, que o ganho derivado de um eventual cartel entre essas empresas representa, em contrapartida, uma perda para o conjunto de consumidores, posto que eles pagarão mais caro pelo produto negociado entre as empresas desse mercado.

A decisão de uma empresa não cooperar hoje não apenas terá consequências de curto prazo, mas afetará também a decisão das demais empresas no futuro. Então, a decisão de cooperar ou não será pensada não apenas em termos de efeitos imediatos, mas também do lucro de longo prazo. Se as empresas esperam ficar no mercado em que atuam por muitos anos, provavelmente tenderão a ter uma estratégia mais cooperativa entre elas. Isto porque, caso uma delas não coopere em alguma jogada, incentivará a outra a fazer o mesmo na jogada seguinte. Essa estratégia é conhecida como **olho por olho**. Trata-se do comportamento em que um jogador recompensa (ou pune) o outro pelo comportamento da jogada anterior. Portanto, o ganho final de cada empresa dependerá da combinação de estratégias adotadas pelas empresas ao longo das várias rodadas do jogo em questão.

Caso as empresas em oligopólio esperem permanecer no mercado por muitos anos, no limite para sempre (o que chamamos de horizonte infinito), elas poderão concluir que a melhor estratégia para elas será iniciar a primeira rodada cooperando (definindo um preço elevado de cartel) e só adotar a estratégia "olho por olho", com preços baixos, caso a sua concorrente resolva quebrar o acordado. Note-se que este mesmo resultado pode derivar da presença de uma **colusão tácita** (não necessariamente um acordo explícito proveniente de um cartel), na medida em que as empresas, sem necessariamente se comunicarem, podem aprender ao longo do tempo que cooperar produz um resultado melhor para elas do que a competição.

---

[2] Para entender melhor esse assunto, veja a lei de defesa da concorrência brasileira (Lei n. 12.529, de 2011).

Sob o ponto de vista prático, o resultado de um jogo de várias rodadas dependerá de uma série de circunstâncias, como:

- a crença, por parte de quem decide nas empresas, de que o jogo terminará em algum momento;
- as condições estruturais de mercado que possam favorecer eventuais acordos explícitos (cartéis) ou tácitos;
- a possibilidade de monitorar os termos dos acordos;
- a capacidade de retaliação (adoção da estratégia "olho por olho");
- de que os lucros obtidos ao longo do tempo sejam trazidos a valor presente (que dependerá também da taxa de desconto a ser aplicada).

7.2 Economia da Informação[3]

No Capítulo 2, Economia e Direito, no item 2.2, sobre O Direito e a Teoria dos Mercados, comentamos brevemente a possibilidade de falhas de informação. Agora, vamos desenvolver um pouco mais essa questão.

O Direito e a Teoria dos Mercados é um tema tratado dentro do escopo da chamada **Economia da Informação**, que ocorre quando alguns agentes detêm mais informação que outros, conferindo-lhes uma posição diferenciada no mercado. Essa situação pode fazer com que não seja possível encontrar uma situação de equilíbrio (ou de ótimo) para os envolvidos como nos modelos convencionais.

Em todas as estruturas de mercado que vimos no Capítulo 6, a hipótese usual é que haja informação perfeita entre compradores e vendedores, e que a qualidade do produto negociado seja reconhecida por eles. No entanto, isso nem sempre é verdade, pois na vida real, obter informação perfeita sobre a qualidade dos bens pode ser impossível ou cara.

Os problemas de informação têm sido levados em conta e com mais frequência nas análises das transações econômicas e no desempenho dos mercados.[4] A seguir, apresentamos uma síntese dos problemas de informação nas transações econômicas.

Todas as transações econômicas são realizadas de alguma forma por meio de contratos, como as operações de empréstimos, aluguéis, relações de trabalho etc. Um **contrato**, seja **formal** ou **informal**, tem como objetivo garantir que a transação ocorra de modo que os benefícios esperados sejam usufruídos

---

[3]   Esta seção foi adaptada de VASCONCELLOS, M. A. S. *Economia micro e macro*. 6. ed. São Paulo: Atlas, 2015. p. 183-185.

[4]   Essa é uma linha de pesquisa relativamente recente em Economia, cujo desenvolvimento deve-se aos trabalhos pioneiros de George Akerloff, Michael Spence e Joseph Stiglitz, entre outros, nas décadas de 1970 e 1980.

por ambas as partes contratantes. No entanto, há situações em que, na relação contratual, uma das partes possui ou consegue informação privilegiada – não observada pela outra parte, a não ser mediante custo e tempo –, sendo essa informação importante para o resultado da transação.

Tomemos como exemplo um contrato de empréstimo em que o credor disponibiliza certa quantia de dinheiro para o devedor, que promete devolvê-la a partir de certa data, acrescida de juros e demais encargos estabelecidos no contrato. O grande problema dessa relação é que o credor não necessariamente conhece o risco ou "caráter" do devedor a ser selecionado. Também pode não ter condições de monitorar se o empréstimo está ou não sendo aplicado de forma adequada. O devedor, entretanto, conhece seu próprio caráter e disposição de pagar o empréstimo. Exemplos como este são tratados na literatura como problemas de **informação assimétrica** ou **assimetria de informação**.

Alguns problemas podem surgir quando, em uma relação contratual, uma das partes detém informação não disponível para a outra, tirando proveito dessa informação em detrimento dos resultados da transação. Em geral, os modelos que consideram a existência de informação assimétrica denominam a parte que detém a informação privilegiada de **agente** e a parte menos informada de **principal**. Tais modelos também são conhecidos como **modelos agente/principal**.

Os problemas decorrentes da existência de informação assimétrica nas relações econômicas são conhecidos como **seleção adversa** ou **risco moral (*moral hazard*)**. Uma das formas de compreendermos os aspectos gerais desses dois problemas consiste em tomar como referência o contrato. A seguir, veremos como esses dois problemas se apresentam na prática.

A **seleção adversa** pode ser considerada um problema "pré-contratual", que ocorre antes que a transação seja concretizada, por exemplo, oferta de crédito. Determinado indivíduo (principal) deseja disponibilizar certa quantia de dinheiro para empréstimo. Ofertando o contrato de empréstimo, o potencial credor pode selecionar maus pagadores, uma vez que ele não consiga diferenciar os bons dos maus.

O **risco moral** (*moral hazard*) é uma questão "pós-contratual". Uma vez formalizado o contrato, uma das partes, o agente (devedor) pode passar a praticar ações indesejáveis sob o ponto de vista contratual, ações essas que nem sempre são observadas pelo principal (credor). Essas ações podem comprometer o pagamento do empréstimo (desvio de recursos, não utilização adequada do empréstimo no projeto financiado etc.) e o sucesso do contrato.

As implicações acerca da existência de assimetria de informação são inúmeras. No mercado de crédito, por exemplo, os contratos passaram a exigir garantias reais e penalizar devedores que não possuem tais garantias. De forma geral, podemos afirmar que os problemas de assimetria de informação geram custos adicionais às transações (**custos de transação**) a ponto de, em alguns casos, inviabilizá-las.

Tanto a Teoria dos Jogos como a Economia da Informação ainda mantêm alguns dos pressupostos básicos da Teoria Neoclássica, principalmente, em dois aspectos:

- o do **comportamento maximizador**, em que o agente toma as decisões procurando maximizar seus objetivos;
- e o do **princípio da racionalidade**, no sentido de que as ações tomadas pelos agentes sejam consistentes com a busca desses objetivos.

7.3 Considerações finais

O objetivo deste capítulo foi apresentar uma introdução à Teoria dos Jogos, caracterizar e conceituar princípios básicos por meio de exemplos bastante simples, mas que permitem alguma noção sobre o assunto. Há uma série de outros refinamentos em teoria dos jogos. Nossos exemplos se aplicaram aos casos chamados *one shot games* (**jogos de um lance único**) em que as partes envolvidas interagem apenas uma vez. Os jogos vistos até agora são definidos como simultâneos, quer dizer, aqueles em que os jogadores escolhem suas estratégias ao mesmo tempo. Mas podem ocorrer também os **jogos repetidos**, que podem repetir-se várias vezes.

Há outro tipo de estrutura, os chamados **jogos sequenciais**, em que um jogador escolhe sua estratégia primeiro e só depois o segundo jogador faz sua escolha. Essa simples modificação tem um impacto significativo no resultado final, pois o segundo jogador escolhe sabendo o que o primeiro escolheu, o que pode ou não ser uma vantagem quando se tem o poder de fazer a primeira jogada.

Os jogos que discutimos supõem que existam estratégias dominantes. Entretanto, dentro da Teoria dos Jogos, há um modelo sem estratégias dominantes que é a **Estratégia Maximin**. É o caso em que um jogador cauteloso procura "maximizar o mínimo" que ele pode garantir para si, independente das estratégias de outros jogadores. A ideia central dessa estratégia é: "Não sei o que fazer, farei aquilo que me der o "menos pior" dos piores resultados possíveis".

Vale lembrar que os jogos discutidos ao longo deste capítulo são do tipo **jogos não cooperativos**, em que cada agente busca maximizar seu *payoff* sem se preocupar com o bem-estar do oponente ou sem o estabelecimento de acordos. Existe outro tipo de jogo, o **jogo cooperativo** em que as partes podem definir estratégias para gerarem ganhos mútuos (por exemplo, um *joint venture* entre duas empresas).

Os exemplos também presumiram apenas uma escolha dos jogadores dentre as estratégias possíveis, ou seja, eram **jogos de estratégia pura**. Mas há casos em que se permite que os jogadores atribuam probabilidades de escolha às alternativas existentes (no caso do dilema dos prisioneiros, um deles poderia confessar com 40% de chances e não confessar com 60% de chances, por exemplo): esses são **jogos de estratégias mistas**.

Enfim, existe um sem número de aplicações, e aqui citamos apenas algumas delas.[5]

Leitura complementar

Credibilidade da política econômica e a Teoria dos Jogos

Muitas medidas de política econômica requerem cooperação entre o governo e os partidos políticos no Congresso Nacional. Em várias situações, as medidas impõem, no curto prazo, algum custo para a sociedade, como no caso das políticas de combate à inflação. No longo prazo, porém, é de se esperar que haja uma melhora para toda a sociedade.

Os partidos do Congresso enfrentam um dilema. Se colaborarem com o governo, perdem popularidade no curto prazo: se o governo mantiver tal política, a sociedade estará melhor em um prazo mais longo, o que aumentaria a popularidade dos partidos relativamente à situação anterior às medidas. O dilema surge quando o governo não é confiável na condução de suas políticas. Nesse caso, a política implementada pode não ser bem-sucedida, o que será ruim para os partidos tanto no curto como no longo prazo. Essa situação pode ser tratada como um jogo cujo resultado depende da credibilidade do governo.

---

[5] Para aprofundar seu conhecimento sobre o tema e sua utilização dentro do campo da microeconomia, ver PINHO, D.; VASCONCELLOS, M. A. S.; TONETO JR., R. *Manual de Economia* – Equipe de Professores da USP. 7. ed. São Paulo: Saraiva, 2017. Para uma visão ainda mais avançada, recomenda-se RASMUSSEN, E. *Games and information*: an introduction to game theory. 2. ed. Cambridge: Blackwell Publishers, 1994.

1. Explique sucintamente os seguintes conceitos:

   a) Matriz de *payoff*.

   b) Jogos cooperativos e não cooperativos.

   c) Estratégia dominante.

   d) Equilíbrio de Nash.

   e) Estratégia maximin.

2. Explique as situações em que o Equilíbrio de Nash é uma estratégia dominante, e quando não é.

3. Procure aplicar a teoria dos jogos na seguinte situação: uma pessoa herda o conhecimento do processo de fabricação de um novo tipo de cerveja com sabor superior e custo baixo. Essa pessoa deve entrar no mercado ou vender o conhecimento a uma grande indústria de cerveja?

4. Qual a contribuição básica da Economia da Informação à teoria microeconômica?

5. O que vem a ser o problema da seleção adversa? Utilize como exemplo um empréstimo bancário.

6. O que vem a ser o problema do risco moral (*moral hazard*)? Aplique esse conceito para o mercado de carros usados.

Capítulo 8

Introdução à Macroeconomia

8.1 Introdução

A **Macroeconomia** estuda a Economia como um todo, analisando a determinação e o comportamento de grandes agregados, tais como: renda e produto nacionais, nível geral de preços, emprego e desemprego, estoque de moeda e taxas de juros, balanço de pagamentos e taxa de câmbio.

Ao estudar e procurar relacionar os grandes agregados, a Macroeconomia não tem por enfoque o comportamento das unidades econômicas individuais e de mercados específicos. Como já foi analisado, essas são preocupações da Microeconomia. A Macroeconomia trata o mercado de bens e serviços como um todo (agregando produtos agrícolas, industriais e serviços de transporte, por exemplo), assim como o mercado de trabalho (não se preocupando com diferenças na qualificação, sexo, idade, origem da força de trabalho etc.).

Esse enfoque agregativo pode omitir fatores específicos importantes. Por exemplo, quando consideramos apenas o nível geral de preços, não atentamos devidamente para o comportamento diferenciado das variações de preços de produtos relevantes, como preços agrícolas, construção civil etc.

Apesar disso, a abordagem global tem a vantagem de estabelecer relações entre grandes agregados e permitir uma compreensão maior de algumas das interações mais relevantes da economia, entre os mercados de bens e serviços, o "mercado" monetário, financeiro e cambial, e o mercado de trabalho, representando, assim, importante instrumento para a política e a programação econômica.

Entretanto, embora exista um aparente contraste, não há conflito entre a Micro e a Macroeconomia, uma vez que o conjunto da economia é a soma de seus mercados individuais. A diferença é primordialmente uma questão de ênfase, de enfoque. Por exemplo, ao estudar a determinação de preços em um dado setor, na Microeconomia consideram-se constantes os preços dos outros setores (a hipótese de *coeteris paribus*). Na Macroeconomia, estuda-se o nível geral de preços, ignorando-se as mudanças de preços relativos dos bens dos diferentes setores.

A teoria macroeconômica, propriamente dita, preocupa-se mais com aspectos de curto prazo. Especificamente, trata de questões como o desemprego, que aparece sempre que a economia está trabalhando abaixo de seu máximo de produção, e da estabilização do nível geral de preços. Em outras palavras, a análise de curto prazo avalia fundamentalmente **questões conjunturais**, como desemprego e inflação.

A parte da teoria econômica que estuda questões de longo prazo é denominada **teoria do desenvolvimento e crescimento econômico**. Analisa também os grandes agregados, mas com um enfoque um pouco diferenciado, preocupando-se com a **trajetória de longo prazo** da economia. A teoria do desenvolvimento e crescimento econômico dedica-se fundamentalmente às **questões estruturais**, que não envolvem apenas a utilização de instrumentos de política econômica, mas também fatores institucionais, sociais, tecnológicos, como qualificação da mão de obra, progresso tecnológico, qualidade de vida da população, distribuição de renda etc.

Em resumo, a teoria macroeconômica tradicional trata fundamentalmente das questões do desemprego e da inflação, consideradas como problemas de curto prazo ou conjunturais, enquanto as teorias de desenvolvimento e crescimento incorporam questões estruturais, que envolvem políticas cujos efeitos demandam um período maior de tempo para apresentarem resultados, pois exigem mudanças profundas na estrutura econômica e institucional do país.

8.2 Objetivos de política macroeconômica

São os seguintes os objetivos de política macroeconômica:

- alto nível de emprego;
- distribuição de renda socialmente justa;
- estabilidade de preços;
- crescimento econômico.

As questões relativas ao emprego e à inflação são consideradas conjunturais, de curto prazo. É a preocupação central das chamadas **políticas de estabilização**. As questões relativas ao crescimento econômico e à distribuição de renda envolvem aspectos também estruturais, que são predominantemente de longo prazo.

Alguns textos colocam também como meta o **equilíbrio no balanço de pagamentos**, ou **equilíbrio externo**, mas esse não representa um objetivo em si mesmo, mas sim um meio, um instrumento que depende da orientação geral da política econômica determinada pelo governo sobre as metas já assinaladas. Isso posto, segue uma visão geral dessas questões.

8.2.1 Alto nível de emprego

Pode-se dizer que as discussões sobre desemprego, a partir dos anos 1930, permitiram um aprofundamento da análise macroeconômica. E o livro de John Maynard Keynes, *Teoria geral do emprego, do juro e da moeda*, de 1936, forneceu aos governantes os instrumentos necessários para que a economia recuperasse seu nível de emprego potencial ao longo do tempo.

Deve-se salientar que, antes da crise mundial dos anos 1930, o desemprego não preocupava a maioria dos economistas, pelo menos nos países capitalistas. Isso porque predominava o **pensamento liberal**, que acreditava que os mercados, sem interferência do Estado, conduziriam a economia ao pleno emprego de seus recursos, ou a seu produto potencial: milhões de consumidores e milhares de empresas, como que guiados por uma "mão invisível", determinariam os preços e a produção de equilíbrio, e, desse modo, não haveria problemas de desempenho.

De fato, desde a Revolução Industrial, em fins do século XVIII, até o início do século XX, o mundo econômico parece ter funcionado mais ou menos assim. Entretanto, a evolução da economia mundial trouxe em seu bojo novas variáveis, como o surgimento dos sindicatos de trabalhadores, os grupos econômicos e o desenvolvimento do mercado de capitais e do comércio internacional, de sorte a complicar e trazer incertezas sobre o funcionamento da economia. A não interferência do governo levou à quebra da Bolsa de Nova York em 1929, e uma crise de desemprego atingiu todos os países do mundo ocidental nos anos seguintes.

Com a contribuição de Keynes, contudo, fincaram-se as bases da moderna teoria macroeconômica e da intervenção do Estado na economia de mercado. Na verdade, Keynes praticamente inaugurou a seguinte discussão macroeconômica, que perdura até hoje: qual deve ser o grau de intervenção do Estado na economia e em que medida ele deve ser produtor de bens ou serviços? A corrente dos economistas liberais (hoje neoliberais ou monetaristas) prega que, na economia, o governo deva cuidar basicamente da política monetária, do fornecimento de bens públicos (justiça, defesa nacional) e da regulação do mercado, deixando a produção de bens e serviços para o setor privado, enquanto outras correntes apregoam maior grau de atuação do Estado na atividade econômica.

8.2.2 Distribuição equitativa de renda

A economia brasileira foi a que mais cresceu no mundo desde os anos 1930 até pelo menos a década de 1980. Apesar disso, verificou-se uma disparidade acentuada do nível de renda, tanto entre diferentes grupos socioeconômicos como entre as regiões brasileiras. Tal situação fere, evidentemente, o sentido de equidade ou justiça social.

O debate acerca da distribuição de renda no Brasil sempre esteve e está presente, mas foi particularmente intenso durante o chamado "milagre econômico", ocorrido entre 1967 e 1973. Os críticos argumentam que a concentração de renda no país piorou nesse período, devido a uma política deliberada do governo de primeiro crescer para depois distribuir (a chamada **teoria do bolo**).

A posição oficial era de que certo aumento na concentração de renda seria inerente ao próprio desenvolvimento capitalista, dadas as transformações estruturais que ocorrem nesse processo: êxodo rural, com trabalhadores de baixa qualificação, aumento da proporção de jovens, entre outros.

Em países que tiveram um crescimento bastante rápido, principalmente após a Segunda Guerra Mundial, como Brasil, Chile, México, Coreia do Sul, gerou-se um aumento abrupto da demanda por mão de obra qualificada, que, por ser escassa, obtém ganhos extras relativamente aos trabalhadores menos qualificados (que também tiveram ganhos nesse processo, mas menores que os mais qualificados). Assim, a falta de qualificação da mão de obra teria sido o principal determinante da piora distributiva nesses países.

Deve ser observado que, embora tenha ocorrido no Brasil uma concentração de renda naquele período, o padrão de vida de toda a população melhorou, o que é aparentemente contraditório. O que ocorreu é que a renda média por habitante (renda *per capita*) de todas as classes aumentou, mas a renda das classes mais ricas aumentou proporcionalmente mais que a renda das classes mais pobres. A renda dos pobres aumentou, melhorou seu padrão de vida no período, mas a participação deles na renda do país diminuiu.

8.2.3 Estabilidade de preços

Define-se **inflação** como o aumento contínuo e generalizado no nível geral de preços.

Por que a inflação é um problema? Como será mostrado nos próximos capítulos, a inflação acarreta distorções, principalmente sobre a distribuição da renda, sobre as expectativas dos agentes econômicos, sobre o mercado de capitais, sobre o balanço de pagamentos, e acaba afetando o crescimento econômico do país.

Costuma-se aceitar que um pouco de inflação faça parte dos ajustes de uma sociedade dinâmica, em crescimento. Efetivamente, a experiência histórica mostra que existem algumas condições inflacionárias que são inerentes ao próprio processo de crescimento econômico. As tentativas dos países em vias de desenvolvimento de alcançar estágios mais avançados de crescimento econômico dificilmente se realizam sem que também ocorram, concomitantemente, elevações no nível geral de preços.

Como observamos anteriormente, o Brasil, por exemplo, experimentou altas taxas de crescimento desde os anos 1930, mas sempre com elevadas taxas de inflação, com o que produziu uma das piores distribuições de renda do mundo, que se reflete até nossos dias.

Daí a necessidade de políticas econômicas que tenham por objetivo a estabilidade do comportamento do nível geral de preços, para um crescimento contínuo e sustentável, com justa distribuição de renda.

8.2.4 Crescimento econômico

Se existe desemprego e capacidade ociosa, pode-se aumentar o produto nacional por meio de políticas econômicas de curto prazo que estimulem a atividade produtiva. No entanto, feito isso, há um limite à quantidade que se pode produzir com a tecnologia e os recursos disponíveis (o chamado **produto potencial**).

Para o crescimento econômico a longo prazo, é necessário elevar o produto potencial da economia, o que exigirá:

a) ou um aumento nos recursos disponíveis;
b) ou um avanço tecnológico, ou seja, melhoria tecnológica, novas maneiras de organizar a produção, qualificação da mão de obra.

Quando falamos em crescimento econômico, estamos nos referindo ao crescimento da **renda nacional *per capita***, ou seja, em colocar à disposição da coletividade uma quantidade de mercadorias e serviços que supere o crescimento populacional. A renda *per capita* é considerada um razoável indicador – o mais operacional – para aferir a melhoria do padrão de vida da população, embora apresente falhas (os países árabes têm algumas das maiores rendas *per capita* do mundo, mas não o melhor padrão de vida em relação a outros países com renda *per capita* elevada).

8.2.5 Dilemas de política econômica: inter-relações e conflitos de objetivos

O crescimento econômico pode facilitar a solução de problemas relativos à pobreza, pois os conflitos sociais sobre a divisão do bolo produtivo podem ser abrandados quando ele aumenta. Nesse sentido, poder-se-ia aumentar a renda dos pobres sem diminuir a dos ricos.

Entretanto, no Brasil e em outros países em desenvolvimento, as metas de crescimento e equidade distributiva têm-se mostrado conflitantes, fundamentalmente devido ao fator educacional, com a maioria da mão de obra com baixa qualificação e, portanto, com baixos rendimentos.

Outro conflito gerado por políticas econômicas pode ser observado entre as metas de redução de desemprego e a estabilidade de preços. É fato que, quando o desemprego diminui e a economia se aproxima da plena utilização de recursos, passam a ocorrer pressões por aumentos de preços, principalmente nos setores fornecedores de insumos básicos (aço, embalagens, matérias-primas), o que explica o frequente controle do crescimento do consumo pelas autoridades para não provocar inflação. Por outro lado, observa-se que, em uma situação recessiva (desemprego elevado), as taxas de inflação tendem a ceder, uma vez que as empresas estarão mais voltadas a desovar seus estoques acumulados e os sindicatos de trabalhadores não estarão tão preocupados em obter salários mais elevados, mas sim com a manutenção do emprego. Essa tendência a uma relação inversa entre inflação e desemprego é denominada na literatura econômica ***trade-off* entre inflação e desemprego**, que é um reflexo de uma tendência cíclica da economia, alternando períodos de maior prosperidade com outros mais recessivos.

Um claro exemplo de *trade-off* ocorreu em 2003, no primeiro ano do Governo Lula, quando a necessidade de conter o aumento crescente de preços obrigou as autoridades a adotar medidas anti-inflacionárias, como elevação dos juros, redução do crédito e dos gastos públicos, e acabou provocando um aumento da taxa de desemprego naquele ano. Se o governo não tivesse adotado essa postura, dificilmente o Brasil apresentaria as taxas de crescimento que obteve nos anos seguintes.

Outro exemplo bastante claro desses dilemas de política econômica ocorreu no Plano Real, a partir de 1994: a meta de redução da inflação e de estabilização de preços foi plenamente atingida (de taxas de inflação de cerca de **20% mensais** passou-se a taxas em torno de **5%** a **6% ao ano**). Entre os instrumentos utilizados, recorreu-se à valorização da moeda nacional perante o dólar, o que promoveu um aumento das importações e da concorrência dos produtos estrangeiros com os nacionais, e o consequente barateamento dos preços internos. Entretanto, houve uma redução do ritmo das exportações (os produtos brasileiros ficaram mais caros em relação ao dólar), a balança comercial tornou-se deficitária e aumentou a vulnerabilidade externa da economia brasileira. Mas o objetivo básico, que foi a estabilização dos preços, foi plenamente atingido, sendo fator importante para a melhoria do poder aquisitivo das classes trabalhadoras. Essa postura foi mantida no Governo Lula sendo fator decisivo para melhoria dos indicadores sociais.

Ao final deste capítulo, na Leitura complementar, apresentamos mais detalhadamente esses dilemas, ocorridos na implantação do Plano Real, e o *trade-off* ocorrido em 2003.

Deve ser sempre enfatizado que a decisão a respeito de qual objetivo é prioritário é tarefa que pertence mais ao âmbito do poder político. Cabe aos economistas apresentar os custos e os benefícios de cada alternativa de política econômica, mas a decisão final sobre qual caminho percorrer pertence aos políticos.

8.3   Instrumentos de política macroeconômica

A política macroeconômica envolve a atuação do governo sobre a capacidade produtiva (oferta agregada) e as despesas planejadas (demanda agregada), [1] com o objetivo de permitir que a economia opere a pleno emprego, com baixas taxas de inflação com distribuição de renda justa, e cresça de forma contínua e sustentável.

Os principais instrumentos para atingir tais objetivos são as políticas fiscal, monetária, cambial, comercial e de rendas.

---

[1]   Os conceitos de oferta e demanda agregadas serão discutidos detalhadamente no Capítulo 10.

8.3.1 Política fiscal

Refere-se a todos os instrumentos de que o governo dispõe para arrecadar tributos (**política tributária**) e controlar suas despesas (**política de gastos**). A política tributária, além de influir sobre o nível de tributação, é utilizada, por meio da manipulação da estrutura e alíquotas de impostos, para estimular (ou inibir) os gastos de consumo do setor privado.

Se o objetivo da política econômica for reduzir a taxa de inflação, as medidas fiscais normalmente adotadas são a diminuição de gastos públicos e/ou o aumento da carga tributária (o que inibe o consumo). Logo, essas medidas visam diminuir os gastos da coletividade.

Se o objetivo for maior crescimento e emprego, os instrumentos fiscais são os mesmos, mas em sentido inverso, para elevar a demanda agregada.

Para uma política que vise melhorar a distribuição de renda, esses instrumentos devem ser utilizados de forma seletiva, em benefício dos grupos menos favorecidos. Por exemplo, impostos progressivos, gastos do governo em regiões mais atrasadas etc.

Toda política tributária deve obedecer a um princípio constitucional, chamado **princípio da anterioridade** (antes conhecido como **princípio da anualidade**), segundo o qual a implementação de uma medida só pode ocorrer a partir do ano seguinte ao de sua aprovação pelo Congresso Nacional. Como consta do art. 150, inciso III, *b*, da Constituição Federal de 1988, é vedado às autoridades públicas cobrar tributos no mesmo exercício financeiro em que tenha sido publicada a lei que os instituiu ou aumentou.

8.3.2 Política monetária

Refere-se à atuação do governo sobre a quantidade de moeda e títulos públicos existentes na economia. Como veremos no Capítulo 11, os instrumentos disponíveis para tal são:

- emissões;
- reservas compulsórias (percentual sobre os depósitos que os bancos comerciais devem colocar à disposição do Banco Central);
- *open market* (compra e venda de títulos públicos);
- redescontos (empréstimos do Banco Central aos bancos comerciais);
- regulamentação sobre crédito e taxa de juros.

Assim, por exemplo, se o objetivo for o controle da inflação, a medida apropriada de política monetária seria diminuir ("enxugar") o estoque monetário da economia (por exemplo, aumento da taxa de juros, aumento das reservas compulsórias ou venda de títulos no *open market*). Se a meta for o crescimento econômico, seria o inverso: redução da taxa de juros e da taxa de compulsório, compra de títulos no *open market*, aumentando a liquidez da economia.

As políticas monetária e fiscal representam meios alternativos diferentes para as mesmas finalidades. A política econômica deve ser executada por meio de uma combinação adequada de instrumentos fiscais e monetários.

Pode-se dizer que a política fiscal tem mais eficácia quando o objetivo é a melhoria na distribuição de renda, tanto na taxação às rendas mais altas como pelo aumento dos gastos do governo com destinação a setores menos favorecidos. A política monetária é mais difusa no tocante à questão distributiva.

Uma vantagem frequentemente apontada da política monetária sobre a fiscal é que a primeira pode ser implementada logo após a sua aprovação, dado que depende apenas de decisões diretas das autoridades monetárias, enquanto o processo de implementação de políticas fiscais é muito lento, pois depende de votação no Congresso e deve obedecer ao princípio da anterioridade, aumentando a defasagem entre a tomada de decisão e a implementação das medidas fiscais.

8.3.3 Políticas externas: política cambial e política comercial

São políticas que atuam sobre as variáveis relacionadas ao setor externo da economia.

A **política cambial** refere-se à atuação do governo sobre a taxa de câmbio. As autoridades monetárias podem fixar a taxa de câmbio (regime de taxas fixas de câmbio) ou permitir que ela seja flexível e determinada pelo mercado de divisas (regime de taxas flutuantes de câmbio).

A **política comercial** diz respeito aos instrumentos de incentivos às exportações e/ou ao estímulo e desestímulo às importações, ou seja, refere-se a estímulos fiscais (crédito-prêmio do ICMS, IPI etc.) e creditícios (taxas de juros subsidiadas) às exportações e ao controle das importações (via tarifas e barreiras quantitativas sobre importações).

No Brasil, as decisões de política cambial são de alçada das autoridades monetárias, enquanto a política comercial é comandada geralmente pelos ministros do Planejamento, da Indústria e Comércio e Agricultura, com apoio do Ministério das Relações Exteriores.

8.3.4 Política de rendas

A **política de rendas** refere-se à intervenção direta do governo na formação de renda (salários, aluguéis), com o controle e congelamento de preços.

Alguns tipos de controle exercidos pelas autoridades econômicas podem ser considerados dentro do âmbito das políticas monetária, fiscal ou cambial. Por exemplo, o controle das taxas de juros e da taxa de câmbio. Entretanto, os controles sobre preços e salários situam-se em categoria própria de política econômica. A característica especial é que, nesses controles, os preços são congelados e os agentes econômicos não podem responder às influências econômicas normais do mercado.

Normalmente, esses controles são utilizados como política de combate à inflação. No Brasil, a fixação da política salarial, o salário mínimo, a atuação do antigo Conselho Interministerial de Preços (CIP), e os congelamentos de preços e salários nos planos econômicos (Cruzado, Bresser, Verão, Collor) situaram-se no contexto de políticas anti-inflacionárias.

8.4 Estrutura de análise macroeconômica[2]

Tradicionalmente, a estrutura básica do modelo macroeconômico compõe-se de cinco mercados:

- mercado de bens e serviços ⎫
- mercado de trabalho ⎬ parte "real" da economia
- mercado monetário ⎫
- mercado de títulos ⎬ parte "monetária" da economia
- mercado de divisas ⎭

As variáveis ou agregados macroeconômicos são determinados pelo encontro da oferta e da demanda em cada um desses mercados.

A seguir apresentamos um esboço da estrutura básica do modelo macroeconômico. Nos próximos capítulos, essa estrutura e as variáveis macroeconômicas determinadas serão discutidas com mais detalhes.

8.4.1 Mercado de bens e serviços

A ideia básica seria a de idealizarmos a economia como se ela teoricamente produzisse apenas um único bem, que seria obtido pela agregação dos diversos bens produzidos. Esse mercado determina o nível de produção agregada, bem como o nível geral de preços.

A determinação do nível geral de preços e do nível agregado de produção está condicionada pela evolução do nível de oferta ou produção agregada e da demanda ou procura agregadas de bens e serviços produzidos pelas empresas do país. A demanda agregada é composta pela soma da demanda dos quatro grandes **setores** ou **agentes macroeconômicos**:

---

2   Neste tópico, os autores beneficiaram-se da colaboração do Prof. Carlos Antonio Luque, titular da FEA/USP.

- consumidores;
- empresas;
- governo;
- setor externo.

Por outro lado, a oferta ou produção agregada depende da evolução do nível de emprego e da capacidade instalada na economia.

A condição de equilíbrio do mercado é dada por:

Oferta agregada de bens e serviços = Demanda agregada de bens e serviços

As variáveis determinadas nesse mercado são as seguintes:

- nível de renda e produto nacional;
- nível de preços;
- consumo agregado;
- poupança agregada;
- investimentos agregados;
- exportações totais;
- importações totais.

8.4.2 Mercado de trabalho

Assim como no mercado de bens e serviços não se levam em conta os diferentes tipos de bens produzidos pela economia, nesse mercado não se distinguem os diferentes tipos de trabalho. Admite-se a existência de um único tipo de mão de obra, independentemente de características como grau de qualificação, escolaridade, sexo etc. Esse mercado determina a taxa de salários e o nível geral de emprego.

A demanda ou procura de mão de obra depende de dois fatores básicos: da taxa de salário real (ou custo efetivo da mão de obra para as empresas) e do nível de produção desejado pelas empresas. A oferta de mão de obra depende do salário real (custo efetivo da cesta básica de consumo para os trabalhadores) e da evolução da população economicamente ativa.

A condição de equilíbrio nesse mercado é dada por::

Oferta de mão de obra = Demanda de mão de obra

As variáveis determinadas são:

- nível de emprego;
- taxa de salários monetários.

Em conjunto com o mercado de bens e serviços, que determina a taxa de inflação, o mercado de trabalho determina também o **salário real**, isto é, o salário monetário, descontada a inflação.

8.4.3 Mercado monetário

Dado que todas as transações da economia são efetuadas com a utilização de moeda, admite-se também a existência de um mercado monetário. Nesse mercado, supõe-se a existência de uma demanda de moeda (em função da necessidade de transações dos agentes econômicos, ou seja, da necessidade de liquidez) e de uma oferta de moeda, determinada pelas autoridades monetárias e pela atuação dos bancos comerciais. A demanda e a oferta de moeda determinam a taxa de juros.

A condição de equilíbrio é dada por:

$$\textit{Oferta de moeda} = \textit{Demanda de moeda}$$

As variáveis determinadas nesse mercado são:

- taxa de juros;
- estoque de moeda (meios de pagamento).

8.4.4 Mercado de títulos

O mercado de títulos é incluído no modelo macroeconômico básico para que seja analisado o papel de agentes econômicos superavitários e deficitários e como interagem. Os agentes econômicos superavitários, que possuem um nível de gastos inferior a seu volume de renda, podem efetuar empréstimos para os agentes econômicos deficitários (aqueles que possuem nível de gastos superior ao seu nível de renda).

De maneira semelhante aos mercados de bens e serviços e ao mercado de trabalho, não se considera a existência de diferentes tipos de títulos; ao contrário, supõe-se que exista um título padrão. Normalmente, utiliza-se o título público federal como exemplo.

A condição de equilíbrio nesse mercado é dada por:

$$\textit{Oferta de títulos} = \textit{Demanda de títulos}$$

e a variável determinada nesse mercado é o preço dos títulos.

Normalmente, os mercados monetário e de títulos são analisados conjuntamente e podem, genericamente, ser chamados de **mercado financeiro**, dada sua grande interdependência. Na verdade, a **taxa de juros** é determinada por esses dois mercados.

8.4.5 Mercado de divisas

Como a economia mantém transações com o resto do mundo, existem mercados de divisas ou de moeda estrangeira. A oferta de divisas depende das exportações e da entrada de capitais financeiros, enquanto a demanda de divisas é determinada pelo volume de importações e saída de capital financeiro.

Assim, a condição de equilíbrio nesse mercado é dada por:

$$\textit{Oferta de divisas} = \textit{Demanda de divisas}$$

sendo que a variável determinada nesse mercado é a taxa de câmbio.

O Banco Central pode interferir no mercado de divisas e fixar antecipadamente a taxa de câmbio (**regime de taxas de câmbio fixas**) ou deixando a taxa flutuar (**regime de taxas de câmbio flutuantes** ou **flexíveis**), mas, praticamente, determinando a taxa de equilíbrio, pois ele atua tanto na compra como na venda de divisas (o que é chamado de "**flutuação suja**", ou *dirty floating*).

Na análise macroeconômica, os **gastos do governo** e a **oferta de moeda** são **exógenos**, isto é, não são determinados nesses mercados, mas sim de forma autônoma pelas autoridades. Dizemos que são **variáveis determinadas institucionalmente**, pois dependem do tipo de política econômica adotado pelas autoridades. Por exemplo, se a meta for a estabilização da taxa de inflação, deve ocorrer uma diminuição tanto nos gastos do governo como na oferta de moeda; se o objetivo for estimular a atividade econômica, devem ser adotadas políticas de expansão monetária e de gastos públicos. Elas vão condicionar o comportamento de todos os demais agregados, mas não são determinadas por eles.

O mercado de **capitais físicos** está embutido no mercado de bens e serviços por meio dos investimentos (gastos com a formação de capital) e da poupança (financiamento da formação de capital). O mercado de **capitais financeiros** é estudado com o mercado monetário e de títulos.

A análise que se segue nos próximos capítulos acompanha a maior parte da literatura contemporânea, que se baseia na obra *Teoria geral do emprego, do juro e da moeda*, do economista inglês John Maynard Keynes, cuja preocupação principal eram as **questões conjunturais**, de **curto prazo** e, em particular, a questão do **desemprego**. Ao final do livro, discutiremos alguns aspectos relacionados ao crescimento e desenvolvimento econômico de longo prazo.

Exemplos de dilemas de política econômica – o Plano Real em 1994 e o *trade-off* entre inflação e desemprego no Brasil em 2003

Tanto o Plano Real, estabelecido em 1994, como o primeiro ano do Governo Lula (2003) são excelentes exemplos de dilemas que as autoridades econômicas enfrentam, deixando claro que tudo tem um custo em economia ("não existe almoço grátis", famosa frase do Prêmio Nobel de Economia Milton Friedman, da Universidade de Chicago).

Como será detalhado no capítulo sobre inflação, um dos principais instrumentos utilizados na implantação e execução do Plano Real foi a chamada **âncora cambial**, que consistiu na redução da taxa de câmbio, ou seja, na valorização (apreciação) do real (o dólar chegou a valer apenas 0,84 reais). Significou um encarecimento da moeda nacional, relativamente a outras moedas, o que estimulou as importações, que concorreu com o produto nacional, pressionando os preços para baixo. A taxa de inflação, que apresentava dois dígitos mensais, passou a apenas um dígito anual, atingindo o objetivo principal estabelecido pelo governo. Entretanto, prejudicou as exportações, tanto para os produtores, que passaram a receber menos reais por dólar vendido, como inibindo potenciais compradores externos, que precisavam de mais dólares para comprar produtos brasileiros.

As importações acabaram crescendo mais que as exportações, o que levou ao déficit da balança comercial, e que, junto com o déficit na conta de serviços e rendas (juros, lucros, *royalties* etc.), representou uma saída de dólares. Como havia pouca entrada de capitais estrangeiros e as reservas cambiais eram baixas, foi necessária a tomada de empréstimos externos.

O déficit externo, e consequente aumento da dependência externa, foi o custo de se derrubar a inflação que nos afligia havia décadas.

Em 2002, em função da instabilidade gerada pelo receio do mercado de que ocorreria uma mudança radical de política econômica, com a provável vitória do candidato do Partido dos Trabalhadores, aumentou a procura por dólares ("corrida ao dólar"), o que provocou uma elevação da taxa de câmbio. Ou seja, houve uma valorização do dólar (aumentou sua procura), o que representou uma desvalorização do real (o dólar chegou a quase 4 reais). A desvalorização (depreciação) da moeda nacional encareceu as importações, impactando, portanto, nos custos dos insumos importados (petróleo, trigo etc.), e elevando os custos de produção das empresas. Esses custos foram repassados pelas empresas aos preços cobrados no mercado, elevando a taxa de inflação do país para mais de dois dígitos anuais.

Para retomar o controle da inflação nos níveis estabelecidos desde o Plano Real (um dígito anual), o Governo Lula, em seu primeiro ano, elevou a taxa de juros, restringiu o crédito e controlou os gastos públicos, o que reduziu a demanda agregada. O objetivo foi atingido, mas com a redução da demanda (consumo, investimentos) e, portanto, das vendas das empresas, levou a um aumento da taxa de desemprego, caracterizando então um *trade-off* (relação inversa entre taxas de desemprego e taxas de inflação). Isso foi muito criticado, particularmente pelos próprios economistas do PT. Entretanto, a partir de 2004, o Brasil passou a crescer de forma contínua (interrompido apenas pela crise externa em 2009), o que mostra o acerto da decisão tomada em 2003.

Esses exemplos, além de ilustrar os dilemas ou conflitos de política econômica, revelam também a importância do que os economistas chamam de **consistência de política econômica**, com uma visão de longo prazo, mesmo que possa muitas vezes levar a sacrifícios no curto prazo.

Segundo a grande maioria dos analistas, o acerto das decisões tomadas no início dos Governos Itamar Franco-Fernando Henrique Cardoso e do Governo Lula, associado também ao crescimento da economia mundial entre 2003 e 2008, explica os bons fundamentos da economia brasileira nesses governos, com inflação controlada e melhoria na distribuição da renda. Explica também a pronta recuperação do Brasil após a crise de 2008.

Questões para revisão

1. Conceitue e aponte as principais diferenças entre os enfoques da Macroeconomia e da Microeconomia.
2. Sintetize os objetivos de política econômica.
3. Políticas de estabilização da inflação não são compatíveis com melhoria no grau de distribuição de renda. Você concorda? Justifique sua resposta.
4. Comente a questão da compatibilidade (ou não) entre as metas de melhoria no grau de distribuição de renda e a busca do crescimento econômico, à luz da experiência brasileira no período do "milagre econômico".
5. Resuma os instrumentos de política econômica.
6. Qual é a condição de equilíbrio e quais são as variáveis macroeconômicas determinadas no:
   a) mercado de bens e serviços;
   b) mercado monetário;
   c) mercado de títulos;
   d) mercado de trabalho;
   e) mercado de divisas.

Capítulo 9

Contabilidade Social

9.1 Introdução

Como vimos no Capítulo 8, a teoria macroeconômica estuda a determinação e o comportamento dos agregados econômicos nacionais. A parte relativa à medição desses agregados é denominada **contabilidade social**, que é o registro contábil da atividade produtiva de um país ao longo de um dado período de tempo. A análise do comportamento dos agregados econômicos constitui a teoria macroeconômica propriamente dita, cujo foco é a evolução desses agregados e a atuação sobre eles por meio dos instrumentos de política econômica.

A contabilidade social procura definir e medir os principais agregados a partir de valores já realizados ou efetivados (ou *ex post*, *a posteriori*, após ocorridos). Já a Macroeconomia antecipa ou prevê o que pode ocorrer e trabalha com valores teóricos, previstos, planejados (ou *ex ante*, *a priori*, antes de ocorrerem). Assim, quando falamos, por exemplo, em poupança agregada na contabilidade social, referimo-nos à poupança realizada (*ex post*); na teoria macroeconômica é poupança planejada ou desejada (*ex ante*).

Neste capítulo, apresentaremos a parte relativa à contabilidade social. Nos capítulos seguintes, discutiremos questões pertinentes à teoria e política macroeconômicas.

9.1.1 Sistemas de contabilidade social

Os **agregados macroeconômicos** – que serão definidos neste capítulo – são determinados a partir de um sistema contábil que trata o país como se ele fosse uma grande empresa que produz um produto único, o Produto Nacional Bruto, que é o agregado de tudo o que é produzido nessa economia.

Existem dois sistemas principais de contabilidade social, adotados na quase totalidade dos países: o sistema de contas nacionais e a matriz de relações intersetoriais. A Organização das Nações Unidas (ONU) apresenta modelos e manuais desses sistemas, que orientam os institutos de pesquisas na medição dos agregados nacionais.

9.1.2 Sistema de contas nacionais

Assim como na contabilidade privada, o sistema de contas nacionais utiliza o **método tradicional das partidas dobradas**, discriminando as transações dos grandes agentes (setores) macroeconômicos: famílias, empresas, governo e setor externo, cada um representado por uma conta específica.[1] Como veremos,

---

[1] Por exemplo, os impostos pagos pelas empresas são considerados débitos para as empresas e crédito para o governo. Os salários representam débito para empresas e governo, e crédito para as famílias.

nesse sistema, medem-se apenas as transações com bens e serviços finais e não as transações com insumos ou matérias-primas, utilizados na produção dos bens finais.

9.1.3 Matriz de relações intersetoriais (ou matriz insumo-produto ou matriz de Leontief)

Diferentemente do sistema de contas nacionais, a matriz de Leontief inclui as transações intermediárias, permitindo também analisar relações econômicas entre os vários setores da atividade. Trata-se de uma matriz de dupla entrada, apresentando tudo que os setores gastam e o que compram com outros setores. Dessa forma, por incluir também as transações intermediárias, fornece informações mais completas do que o sistema de contas nacionais.

A metodologia utilizada pelo Instituto Brasileiro de Geografia e Estatística (IBGE) é um híbrido desses dois sistemas. Neste capítulo, tomamos por base a estrutura do sistema de contas nacionais.[2]

9.2 Princípios básicos das contas nacionais

Alguns princípios básicos devem ser observados no levantamento e medição dos agregados macroeconômicos, a saber:

- consideram-se apenas as transações com **bens e serviços finais**, não sendo computadas as transações com bens e serviços intermediários (matérias-primas, componentes). Os custos de produção referem-se, então, apenas à remuneração aos fatores de produção (salários, juros, aluguéis e lucros), não sendo considerados os custos de matérias-primas e demais produtos intermediários;[3]
- mede-se apenas a **produção corrente** do próprio período. Assim, não é levado em conta o valor de transações com bens produzidos em períodos anteriores (automóveis, máquinas, imóveis usados, por exemplo). Entretanto, como as atividades econômicas compõem-se também do setor de serviços, a atividade comercial é um serviço corrente. Então, considera-se a remuneração do vendedor (mesmo que de um produto de segunda mão) como parte do produto corrente, mas não o valor do objeto de transação (o produto em si);

---

[2] Para mais informações sobre a estrutura contábil do sistema de contas nacionais e da matriz insumo-produto, ver PAULANI, L.; BRAGA, M. B. *A nova contabilidade social*: uma introdução à Macroeconomia. 4. ed. São Paulo: Saraiva, 2013.

[3] Tudo que é vendido diretamente a famílias, governo e setor externo é considerado bem ou serviço final. Assim, também são considerados bens finais a reposição de peças, exportações de matérias-primas, bem como os estoques de matérias-primas e componentes que não chegaram a ser utilizados na elaboração de outros produtos.

- as transações referem-se a um **fluxo**, ou seja, são definidas ao longo de certo período de tempo. Normalmente, considera-se o ano, embora existam também estimativas trimestrais, como no Brasil, mas que são amostras parciais;
- a **moeda é neutra**, no sentido de ser considerada apenas como instrumento de troca e unidade de medida que permite a agregação de bens e serviços fisicamente diferentes;
- não são considerados os valores das transações puramente financeiras, dado que estas não representam diretamente acréscimos do produto real da economia. Esses agregados (depósitos e empréstimos bancários, transações na Bolsa de Valores) são considerados transferências financeiras entre aplicadores e tomadores.[4] Nessa mesma linha de raciocínio, as taxas de juros e a taxa de câmbio também não são apresentadas no sistema de contabilidade social. Ou seja, a contabilidade social preocupa-se apenas em mensurar os agregados reais, que representam diretamente alterações da renda e da riqueza.

9.3 Economia a dois setores: famílias e empresas

Seguindo a metodologia tradicionalmente adotada na teoria macroeconômica, partiremos inicialmente de algumas hipóteses simplificadoras. Primeiro, serão considerados apenas dois agentes: empresas e famílias (**economia a dois setores**). A seguir serão introduzidas as variáveis relativas do setor público (**economia a três setores**) e, finalmente, agrega-se o setor externo (**economia a quatro setores**, ou **economia aberta**).

9.3.1 O fluxo circular de renda: análise da ótica do produto, da despesa e da renda

A análise macroeconômica trata da formação e distribuição do produto e da renda gerados pela atividade econômica a partir de um fluxo contínuo que se estabelece entre os chamados **agentes macroeconômicos**: famílias, empresas, governo e setor externo. Esse fluxo (**fluxo circular de renda**) precisa ser periodicamente quantificado para se avaliar o desempenho da economia no período.

---

[4] Deve ficar claro que não são computados os montantes dessas transações financeiras como parte da formação do produto e da renda nacionais. Entretanto, a remuneração dos corretores da Bolsa de Valores, os salários e os lucros gerados pelas atividades financeiras são computados, já que representam geração de renda oriunda da atividade de prestação de serviços pelo setor financeiro da economia.

O resultado da atividade econômica do país pode ser medido de três óticas: pelo lado da produção e venda de bens e serviços finais na economia (**ótica do produto** e **ótica da despesa**) e também pela renda gerada no processo de produção (**ótica da renda**), que vem a ser a remuneração dos fatores de produção (salários, juros, aluguéis e lucros). As análises das óticas do produto e da despesa são medidas no mercado de bens e serviços, enquanto a da renda é medida no mercado de fatores de produção.

Para entender melhor os conceitos dos agregados macroeconômicos, vamos supor uma economia em que só existam três empresas. A empresa *A* produz trigo, sendo que o total de sua produção é vendido para a empresa *B*, que produz a farinha de trigo. O total de farinha de trigo produzido pela empresa *B* é vendido para a empresa *C*, que produz o pão e vende aos consumidores finais.

Suponhamos que os balancetes das três empresas sejam os seguintes:

Tabela 9.1 Empresa A → produção de trigo

Despesas (em $)		Receitas (em $)	
Salários	80	Vendas de trigo para a empresa *B*	140
Juros	30		
Aluguéis	20		
Lucros	10		
Total	140	Total	140

Tabela 9.2 Empresa B → produção de farinha de trigo

Despesas (em $)			Receitas (em $)	
Compra de trigo da empresa *A*		140	Vendas de farinha de trigo para a empresa *C*	245
Salários	50			
Juros	10			
Aluguéis	15			
Lucros	30	105		
Total		245	Total	245

| Tabela 9.3 | Empresa C → produção de pães |

Despesas (em $)			Receitas (em $)	
Compra de farinha de trigo da empresa **B**		245	Vendas de pães para os consumidores finais	390
Salários	60			
Juros	20			
Aluguéis	30			
Lucros	35	145		
Total		390	Total	390

Consideremos, inicialmente, apenas o balancete da empresa **A**. Do lado esquerdo da Tabela 9.1 encontram-se relacionadas as despesas necessárias para a produção de $ 140 de trigo. Por simplificação, e supondo que só existam as três empresas citadas, o setor trigo não tem despesas com a compra de matérias-primas. Assim, a despesa da empresa **A** ($ 140) é apenas o que ela gasta com o pagamento ou remuneração dos fatores de produção:

- salário, que é a remuneração do trabalho: $ 80;
- juros, que remuneram o capital: $ 30;
- aluguel da terra: $ 20;
- lucro: $ 10.

O **lucro** é interpretado nas contas nacionais como a remuneração da capacidade empresarial, ou gerencial, obtida da diferença entre a receita da venda ($ 140) e o pagamento dos demais fatores (80 + 30 + 20 = $ 130). Como já foi mostrado na parte de microeconomia, há uma diferença entre a interpretação econômica e a contábil, pois, para os economistas, o lucro é uma parcela dos custos de produção das empresas, que remuneram seus proprietários ou acionistas. Na visão contábil, é apenas a diferença entre as receitas e as despesas, e não é interpretado como custo.

Consolidando as informações das três empresas, vamos introduzir os conceitos de produto nacional, despesa nacional e renda nacional e mostrar que, embora sejam conceitos diferentes, levarão ao mesmo resultado numérico.[5]

Produto Nacional

Produto Nacional (PN) é o valor de todos os bens e serviços finais, medidos a preços de mercado, produzidos num dado período de tempo:

---

[5] Considerando apenas a empresa **A**, as vendas de trigo representam o produto final, ou consumo final. Quando se consideram as três empresas, o trigo é um produto intermediário e o pão passa a ser o produto final. Na prática, o trigo pode ser também um bem final, desde que vendido diretamente ao consumidor, para uso final.

$$PN = \sum_{i=1}^{n} p_i \cdot q_i$$

em que:

PN = produto nacional;

p_i = preço unitário dos bens e serviços finais;

q_i = quantidades produzidas dos bens e serviços finais;

Σ = símbolo de somatório, ou soma;

i = bens e serviços finais.

$$PN = P_{sacas\ de\ feijão} \cdot q_{sacas\ de\ feijão} + ... + P_{automóveis} \cdot q_{automóveis} + ... + P_{tarifas\ de\ ônibus} \cdot q_{tarifas\ de\ ônibus}$$

Setor primário	**Setor secundário**	**Setor terciário**
(agricultura, pecuária, pesca, extração vegetal)	(indústria, extração mineral)	(serviços, comércio, transportes, comunicação)

No exemplo anterior, o produto nacional é determinado apenas pela venda de pães, que é o único bem final correspondendo a $ 390. Então, nesse modelo básico, a economia só produz bens de consumo (**C**), e

$$PN = C$$

Despesa Nacional

Despesa Nacional (DN) é o gasto dos agentes econômicos com o produto nacional. Revela quais são os setores compradores do produto nacional.

No exemplo anterior, bastante simplificado, a despesa nacional é composta apenas pelos gastos das famílias com **bens de consumo (C)**, isto é:

$$DN = C$$

que é igual à compra de pão, $ 390. Ou seja, é um valor idêntico ao produto nacional, mas medido pela ótica de quem compra (ótica da despesa), enquanto o produto nacional é medido da ótica de quem produz e vende (ótica da produção).

A fórmula mais completa, que inclui os demais agentes de despesa (empresa, governo e setor externo), que discutiremos adiante, é a seguinte:

$$DN = C + I + G + (X - M)$$

em que:

C = despesas das famílias com bens de consumo;

I = despesas das empresas com investimentos;

G = despesas do governo;

$X - M$ = despesas líquidas do setor externo
(sendo X = exportações e M = importações).

Isso significa que o produto nacional é vendido para os quatro agentes de despesa: consumidores, empresas, governo e setor externo (este em termos de saldo líquido, já que estamos interessados nas despesas com o nosso produto, o que exclui as despesas com importações).[6]

Renda Nacional

Renda Nacional (RN) é a soma dos rendimentos pagos aos fatores de produção no período:

$$RN = Salários + Juros + Aluguéis + Lucros$$

ou:

$$RN = w + j + a + l$$

em que w = *wages* = salário.

Se somarmos todos os pagamentos de salários, juros, aluguéis e lucros das três empresas do exemplo anterior, chegaremos novamente ao valor de $ 390.

Observe, finalmente, **a identidade básica das contas nacionais**:

$$Produto\ nacional = Despesa\ nacional = Renda\ nacional$$

ou:

$$PN = DN = RN$$

No exemplo, consolidando as três empresas, tem-se que:

$$PN = DN = RN = \$ 390$$

---

[6] Rigorosamente, a identidade deveria ocorrer entre o produto nacional e a despesa com o produto nacional ($PN = C + I + G + X$), independentemente das importações. Ocorre que as estatísticas dos quatro itens de despesa não permitem excluir o componente importado; entretanto, como existe a estatística do valor global das importações, basta excluí-lo por seu total, permitindo a identidade entre produto nacional e despesa nacional. Se as importações (M) forem passadas para o lado direito da identidade, tem-se o conceito de oferta global (soma do produto nacional com as importações), que representa o total de mercadorias e serviços colocados à disposição da coletividade.

Isso ocorre porque, como os bens intermediários acabam se anulando (venda de empresa a empresa), tudo o que a empresa recebe ($PN = DN$)[7] ela gasta na remuneração aos fatores de produção (RN), que inclui o lucro dos empresários, igualando o fluxo do produto e o fluxo dos rendimentos.

Essas são as três óticas de medição do resultado da atividade econômica de um país em um dado período. Em termos operacionais, entretanto, a forma mais prática utilizada pelos estatísticos é a do valor adicionado, que veremos a seguir.

Valor Adicionado

Valor adicionado (ou **valor agregado**) é o valor que se adiciona ao produto em cada estágio de produção, ou seja, é a renda adicionada pelo setor produtivo. Somando o valor adicionado em cada estágio de produção, chegaremos ao produto final da economia. Na Tabela 9.4, o valor adicionado é calculado por diferença (valor das vendas menos os custos dos bens intermediários). Na Tabela 9.5, o valor adicionado é calculado diretamente pelo somatório da remuneração dos fatores de produção, alocados nos três estágios da produção do pão (trigo, farinha de trigo e pão), o que dá, evidentemente, o mesmo resultado.

Tabela 9.4   Valor adicionado – cálculo por diferença

Estágio de produção	Vendas no período ($) (1)	Custos dos bens Intermediários ($) (2)	Valor adicionado ($) (1) – (2)
Empresa A • Trigo	140	0	140
Empresa B • Farinha de trigo	245	140	105
Empresa C • Pão	390	245	145
Valor adicionado = produto final			390

Tabela 9.5   Valor adicionado – cálculo por somatório

Estágio de produção	Salários ($)	Juros ($)	Aluguéis ($)	Lucros ($)	Total
Trigo	80	30	20	10	140
Farinha de trigo	50	10	15	30	105
Pão	60	20	30	35	145
Total	190	60	65	75	390

---

[7]   Como nesse modelo básico não há ainda formação de estoques, tudo que as empresas produzem (*PN*), vendem (*DN*).

Como dificilmente se dispõe de informações tão detalhadas como as da Tabela 9.5, em termos práticos, o valor adicionado é medido por diferença, como na Tabela 9.4, ou seja:

Valor adicionado = Valor bruto da produção (receita de vendas) –
– Compra de bens e serviços intermediários

A vantagem é que o valor adicionado pode ser obtido a partir de notas fiscais, já que todas essas transações são realizadas entre empresas (vendas de bens finais e intermediários) e cópias dessas notas são enviadas aos órgãos de arrecadação. De outra forma, para obter a renda nacional, seria necessário ter informações completas sobre as declarações de imposto de renda de todas as pessoas físicas e jurídicas, o que não é factível.

9.3.2 Formação de capital: poupança, investimento e depreciação

Até agora, foram consideradas apenas transações com bens de consumo corrente. Admitamos, ainda dentro do modelo de uma **economia a dois setores**, que as famílias não gastam toda a sua renda em bens de consumo (elas também poupam para consumir no futuro), e que as empresas não produzem apenas bens de consumo, mas também **bens de capital**, que aumentarão a capacidade produtiva da economia. Isso introduz os conceitos de poupança, investimento e depreciação, em nível agregado.

Poupança Agregada (S)[8]

É a parcela da *renda nacional (RN)* que não é consumida no período, isto é:

$$S = RN - C$$

em que *C* é o consumo agregado. Ou seja, de toda a renda recebida pelas famílias, na forma de salários, juros, aluguéis e lucros, a parcela que não for gasta em consumo em um dado período é a poupança agregada, não importando o que será feito posteriormente com ela (se ficará embaixo do colchão, se será aplicada, se será transformada em investimentos etc.). **Poupança** é o ato de não consumir no período, deixando parte da renda para consumo futuro.

Fundamentos de Economia

[8] S = *saving* em inglês.

Investimento Agregado (I)

É o gasto com bens que foram produzidos, mas não foram consumidos no período, e que aumentam a capacidade produtiva da economia nos períodos seguintes. O investimento (também chamado de **taxa de acumulação do capital**) é composto pelo **investimento em bens de capital** (máquinas e imóveis) e pela **variação de estoques**[9] de produtos que não foram consumidos (ou seja, diferença entre o estoque do início e do fim do período). Os bens de capital são chamados, nas contas nacionais, de **formação bruta de capital fixo**.

Tem-se, então, que:

Investimento total = Investimentos em bens de capital + Variação de estoques

Deve ser observado que o investimento agregado é um conceito que envolve produtos físicos. Assim, "**investir em ações**", por exemplo, não é um investimento no sentido econômico. Trata-se de uma transferência financeira, que não aumentou a capacidade produtiva da economia. Entretanto, quando a empresa utiliza esse recurso ou parte dele para a compra de equipamentos, por exemplo, aí, sim, tem-se caracterizado um investimento no sentido macroeconômico (a compra do equipamento, não a transação na Bolsa de Valores).

Além disso, o **investimento em ativos de segunda mão** (máquinas, equipamentos, imóveis) não entra no investimento agregado, pois, no fundo, constitui uma transferência de ativos que se compensa: alguém "desinvestiu". Esse bem já foi computado como investimento no passado.

Com a introdução do Investimento (I), o produto nacional (PN) fica

$$PN = C + I$$

(ou seja, as empresas produzem bens de consumo (C) e bens de capital (I)).

Depreciação

É o desgaste do equipamento de capital da economia em um dado período.

Sabe-se que, no processo de produção, as máquinas e os equipamentos sofrem desgastes, tornando-se obsoletos, de forma que precisam ser repostos, para garantir a manutenção da capacidade produtiva. A depreciação é justamente a parte do produto que se destina a tal reposição. O conceito de depreciação

---

[9] Os estoques são vistos, nas contas nacionais, como bens que foram produzidos em um período mas não foram consumidos, ficando para o período seguinte; ou seja, aumentam a capacidade produtiva no período seguinte, representando, então, investimento.

introduz uma diferenciação entre **investimento bruto** e **investimento líquido**, que é dada pela depreciação:

$$Investimento\ líquido = Investimento\ bruto - Depreciação$$

Ou seja, do aumento do estoque de capital (investimento bruto), deduzindo-se a parcela do estoque que se depreciou, tem-se a variação líquida efetiva da capacidade produtiva da economia.

Da mesma forma, pode-se distinguir o **produto nacional líquido (PNL)** [10] e o **produto nacional bruto (PNB)**, assim:

$$Produto\ nacional\ líquido = Produto\ nacional\ bruto - Depreciação$$

9.4 Economia a três setores: agregados relacionados ao setor público

Vamos adicionar ao nosso modelo, que continha apenas famílias e empresas, o setor público.

O setor público é considerado em suas três esferas: União, estados e municípios. Com sua inclusão, introduzimos os conceitos de receita fiscal e gastos públicos.

9.4.1 Receita fiscal do governo

A receita ou arrecadação fiscal do governo constitui-se das seguintes receitas:

- **impostos indiretos:** incidem sobre transações com bens e serviços. Por exemplo: IPI, ICMS;
- **impostos diretos:** incidem sobre as pessoas físicas e jurídicas. Por exemplo: imposto de renda;
- **contribuições à previdência social** (de empregados e empregadores);
- **outras receitas:** taxas, multas, pedágios, aluguéis.

9.4.2 Gastos do governo

Nas contas nacionais, são diferenciados três tipos de gastos do governo:

---

[10] No Sistema de Contas Nacionais do Brasil, elaborado pelo IBGE, não é calculada a depreciação. Portanto, não temos os conceitos de investimento e produto nacional em termos líquidos, mas apenas em termos brutos.

- **gastos dos ministérios e autarquias**, cujas receitas provêm de dotações orçamentárias. Como os serviços do governo (justiça, educação, planejamento) não têm preço de venda de mercado, o produto gerado pelo governo é medido por suas **despesas correntes ou de custeio** (salários, compras de materiais para a manutenção da máquina administrativa) e **despesas de capital** (aquisição de equipamentos, construção de estradas, hospitais, escolas, prisões);
- **gastos das empresas públicas e sociedades de economia mista:** como suas receitas advêm da venda de bens e serviços no mercado, atuando como empresas privadas, elas são consideradas, nas contas nacionais, dentro do setor de produção, junto com empresas privadas, e não como governo. Por exemplo: Petrobras, universidades públicas;
- **gastos com transferências e subsídios:** são considerados nas contas nacionais como transferências (normalmente, donativos, pensões e subsídios), não são computados como parte da renda nacional, pois representam apenas uma transferência financeira do setor público ao setor privado, não ocorrendo qualquer aumento da produção corrente. Por exemplo: aposentadorias e bolsas de estudo, que não são fatores de produção do período corrente.

9.4.3 Superávit ou déficit público

Se o total da arrecadação superar o total dos gastos públicos nas várias esferas de governo, tem-se um **superávit** das contas públicas, caso contrário, tem-se um **déficit** (também chamado de **necessidades de financiamento do setor público**).

Excluindo-se os juros da dívida pública, interna e externa, tem-se o conceito de **superávit** ou **déficit primário** ou **fiscal**. Quando são incluídos os juros nominais sobre a dívida, tem-se o conceito de **superávit** ou **déficit total** ou **nominal**. Se forem considerados apenas os juros reais (excluindo a taxa de inflação e a variação cambial), tem-se o conceito de **superávit** ou **déficit operacional**.[11]

Nos acordos firmados com o Fundo Monetário Internacional (FMI), o conceito relevante é o fiscal ou primário. Para o FMI, um país que apresenta superávit primário, mesmo que apresente déficit nominal ou total, está com suas contas relativamente equilibradas e revela condições de honrar seus compromissos futuros, ganhando mais credibilidade para negociar sua dívida externa, com juros menores e prazos maiores.[12]

---

[11] No Capítulo 14, sobre o setor público, aprofundamos um pouco mais esses conceitos e seu comportamento para o caso brasileiro no período recente.

[12] É interessante ressaltar que o conceito de déficit ou superávit representa um fluxo, expresso ao longo de determinado período de tempo (ano, trimestre, mês), enquanto o conceito de dívida pública é o saldo (estoque) acumulado até determinado instante do tempo.

9.4.4 Renda nacional a custo de fatores e produto nacional a preços de mercado

O preço de mercado de um produto normalmente está acima do valor remunerado aos fatores de produção utilizados. Isso porque em seu preço estão incorporados os impostos indiretos cobrados pelo governo (ICMS, IPI e outros). Além disso, quando o produto é essencial para a população, o governo, em alguns casos, subsidia o preço do produto, fazendo que o preço pelo qual o produto é vendido seja inferior a seu custo de produção. Por exemplo, o governo concede subsídios ao produtor de trigo para que este tenha condição de vendê-lo abaixo do custo de produção, sem sofrer prejuízo, pois o diferencial entre o preço de mercado e o preço do produto é coberto pelo governo.

Com isso, torna-se necessário distinguir os conceitos de custo de fatores e preços de mercado. **Custo de fatores** é o que a empresa paga aos fatores de produção – salários, juros, aluguéis e lucros –, enquanto **preço de mercado**, que é o preço final pago na venda, adiciona ao custo de fatores de produção os impostos indiretos (ICMS e IPI) e subtrai os subsídios.

Assim, partindo, por exemplo, da *RNL* (ou *PNL*) a custo de fatores para se chegar ao *PNL* a preços de mercado, tem-se:[13]

$$\textbf{\textit{PNL a preços de mercado = RNL a custo de fatores +}}$$
$$\textbf{\textit{+ Impostos indiretos − Subsídios}}$$

ou:

$$\textbf{\textit{PNLpm = RNLcf + Impostos indiretos − Subsídios}}$$

Evidentemente, a mesma diferença vale em termos brutos, não só líquidos: se partirmos, por exemplo, da *RNBcf* em vez da *RNLcf*, chegaremos ao *PNBpm*, somando impostos indiretos e subtraindo os subsídios.

Apenas os impostos **indiretos**, e não os **diretos**, são relevantes nessa diferenciação. Isso porque os impostos diretos não representam uma diferença entre o custo de fatores para a empresa e o preço final de mercado, já que não são as empresas que pagam, mas os proprietários dos fatores de produção. Ou seja, incidirão sobre salários, juros, aluguéis e lucros. Não é custo para a empresa, mas para os proprietários dos fatores de produção.

---

[13] Por convenção, costuma-se associar aos preços de mercado, o produto; e ao custo de fatores, a renda. Assim, quando passamos de custo de fatores para preços de mercado, também passamos do conceito de renda para o de produto. Contudo, muitos textos consideram isso uma convenção de pouca importância. É comum encontrarmos na literatura os conceitos de renda nacional a preços de mercado e produto nacional a custo de fatores.

9.4.5 Renda pessoal disponível

Esse conceito procura medir quanto da renda gerada no processo econômico fica em poder das famílias. Partindo da renda nacional líquida a custo de fatores – que é a soma dos salários, juros, aluguéis e lucros e já descontada a depreciação –, é preciso deduzir os lucros retidos (não distribuídos) pelas empresas para reinvestimentos, pois, apesar de esta parcela da renda se encontrar de posse das empresas, não é transferida de imediato às famílias. Devem-se deduzir ainda os impostos diretos e as contribuições previdenciárias pagas pelas famílias e empresas ao governo. Finalmente, tem-se de deduzir as demais receitas correntes do governo e adicionar as transferências correntes do governo às famílias, como aposentadorias, bolsas de estudo.

Tem-se, então:

Renda pessoal disponível = RNLcf − Lucros retidos − Impostos diretos − − Contribuições previdenciárias − Outras receitas correntes do governo + + Transferências do governo às famílias

Portanto, a renda pessoal disponível mede quanto "sobra" efetivamente para as famílias decidirem gastar na compra de bens e serviços ou, então, poupar.

9.4.6 Carga tributária bruta e líquida

A carga tributária bruta é o total da arrecadação fiscal do governo (impostos diretos e indiretos e outras receitas do governo, como taxas, multas e aluguéis). No entanto, parte desses tributos retorna ao setor privado na forma de transferências e subsídios. Ao se deduzirem da carga tributária bruta os subsídios e as transferências do setor privado, chega-se à carga tributária líquida:

Carga tributária líquida = Carga tributária bruta − Transferências e subsídios do governo ao setor privado

9.5 Economia a quatro setores: agregados relacionados ao setor externo

Finalmente, o esquema da contabilidade social fica completo quando se considera a economia "aberta" ao exterior. Com isso, definem-se os conceitos de exportação, importação e renda líquida do exterior, e introduz-se uma diferença entre produto interno e produto nacional.

9.5.1 Exportações e importações

As **exportações** representam as compras, pelos estrangeiros, de mercadorias produzidas pelas empresas que pertencem ao nosso país. As **importações** representam as despesas que nós fazemos com produtos estrangeiros.

9.5.2 Produto interno bruto, produto nacional bruto e renda líquida do exterior

O **produto interno bruto** (**PIB**) é o somatório de todos os bens e serviços finais produzidos dentro do território nacional em um dado período, valorizados a preço de mercado, sem levar em consideração se os fatores de produção são de propriedade de residentes ou não residentes.

Entretanto, para produzir o PIB, utilizamos fatores de produção que pertencem a não residentes, cuja remuneração é remetida a seus proprietários no exterior, na forma de juros, lucros e *royalties*. Os juros representam o pagamento pela utilização do capital monetário externo (isto é, da dívida externa); as remessas de lucros são a remuneração pelo capital físico de propriedade das empresas estrangeiras instaladas no país; e os *royalties* representam o pagamento pela utilização da tecnologia estrangeira. Também existem residentes que possuem fatores de produção fora do país e recebem, portanto, renda do exterior (extração de petróleo pela Petrobras, grandes construtoras brasileiras no exterior etc.).

Somando ao PIB a renda recebida do exterior e subtraindo a renda enviada ao exterior, tem-se o **produto nacional bruto** (**PNB**), que é a renda que efetivamente pertence aos residentes do país.

Tem-se então:

$$PNB = PIB + \textit{Renda recebida do exterior} - \textit{Renda enviada ao exterior}$$

A diferença entre a renda recebida e a renda enviada ao exterior é chamada de **renda líquida do exterior** (**RLE**). Tem-se então:

$$PNB = PIB + RLE$$

No Brasil, como a renda enviada supera a renda recebida, a diferença é chamada de **renda líquida enviada ao exterior**. Então, o PIB é maior que o PNB, o que significa que utilizamos mais os serviços dos fatores de produção estrangeiros do que eles utilizam os nossos.

9.5.3 Exercício de fixação de conceitos

Suponhamos que sejam dados, em bilhões de reais:

- renda interna bruta, a custo de fatores (salários + juros + + aluguéis + lucros) (*RIBcf*) = 500
- impostos diretos = 50
- impostos indiretos = 60
- subsídios do governo às empresas privadas = 5
- transferências do governo às famílias (aposentadorias e bolsas de estudo) = 8
- renda enviada ao exterior (juros, lucros, **royalties**) = 3
- renda recebida do exterior (lucros) = 1
- depreciação de ativos fixos = 25

Calcular:

a) Produto interno bruto a preços de mercado (**PIBpm**).
b) Produto nacional bruto a preços de mercado (**PNBpm**).
c) Produto nacional líquido a preços de mercado (**PNLpm**).
d) Carga tributária bruta.
e) Carga tributária líquida.

Respostas:

a) $PIBpm = RIBcf + Impostos\ indiretos - subsídios$

$PIBpm = 500 + 60 - 5$

$PIBpm = 555$

b) $PNBpm = PIBpm + Renda\ líquida\ do\ exterior\ (RLE)$

como:

$$RLE = Renda\ recebida\ do\ exterior - Renda\ enviada\ ao\ exterior$$

Tem-se:

$$RLE = 1 - 3 = -2$$

Então:

$$PNBpm = 555 - 2 = 553$$

c) **PNLpm = PNBpm − Depreciação**

$PNLpm = 553 - 25$

$PNLpm = 528$

d) **Carga tributária bruta = Impostos indiretos + Impostos diretos + + Outras receitas do governo**

$Carga\ tributária\ bruta = 60 + 50 + 0$

$Carga\ tributária\ bruta = 110$

e) **Carga tributária líquida = Carga tributária bruta − (Transferências + + Subsídios)**

$Carga\ tributária\ líquida = 110 - (8 + 5)$

$Carga\ tributária\ líquida = 97$

Para medir a carga fiscal costuma-se utilizar como indicador a carga tributária bruta ou líquida como percentagem do **PIBpm**. São os chamados **índice da carga tributária bruta (ICTB)** ou **líquida (ICTL)**:

$$ICTB = \frac{Carga\ tributária\ bruta}{PIBpm} \times 100 = \frac{110}{555} \times 100 = 19,82\%$$

$$ICTL = \frac{Carga\ tributária\ líquida}{PIBpm} \times 100 = \frac{97}{555} \times 100 = 17,48\%$$

9.6 PIB nominal e PIB real

Até o momento, lidamos com valores nominais ou monetários, a preços correntes do período. Quando comparamos esses valores em períodos diferentes, eles incorporam o aumento da inflação. Para tirarmos o efeito da inflação, precisamos desinflacionar esses valores, transformando valores nominais em valores reais ou deflacionados. Daí, surge a diferença entre PIB nominal e PIB real.

9.6.1 PIB corrente ou nominal

O **PIB corrente ou nominal** é o PIB medido a preços correntes do próprio ano:

$$PIB\ 2019 = \Sigma\ p2019\ q2019$$

$$PIB\ 2020 = \Sigma\ p2020\ q2020$$
$$PIB\ 2021 = \Sigma\ p2021\ q2021$$

Quando comparamos os valores do PIB nominal entre os três anos, não sabemos diferenciar qual parcela deve-se ao aumento de preços (p) e qual deve-se à da quantidade física (q).

9.6.2 PIB real

Para medir o crescimento do produto físico (q), temos de supor que os preços mantiveram-se constantes entre os três anos. O **PIB real** é o PIB medido a preços constantes de um dado ano qualquer, chamado ano-base. Os preços ficam fixados nesse ano, como se a inflação fosse zerada a partir de então. Por exemplo, se tomarmos 2019 como ano-base, teremos:

$$PIB\ real\ 2019 = \Sigma\ p2019\ q2019$$
$$PIB\ real\ 2020 = \Sigma\ p2020\ q2020$$
$$PIB\ real\ 2021 = \Sigma\ p2021\ q2021$$

Como se observa, só as quantidades variaram, enquanto os preços permaneceram fixados em 2019, como se a inflação fosse zero desde então. Nota-se também que, no ano-base 2019, o PIB real e o nominal são iguais.

Assim, quando se compara o PIB real nos vários anos, tem-se o crescimento real, ou da produção física e de serviços, livre do efeito da inflação.

Para transformar uma série nominal em uma série real é preciso **deflacionar** a série nominal. Isso pode ser feito para qualquer série monetária (salários, impostos, custos de produção, faturamento da empresa, depósitos etc.). Para tanto, é necessário encontrar um índice de preços (**deflator**) que represente o crescimento da inflação no período.

No caso do PIB, aplicamos a fórmula:

$$PIB\ real = \frac{PIB\ nominal}{\text{Índice geral de preços}} \times 100$$

Como o numerador está "inflacionado", parece claro que, dividindo-o justamente pelo índice de preços, estamos tirando esse componente do PIB monetário, restando apenas a componente real (q).

A Tabela 9.6 ilustra esses conceitos. Apresenta, ainda, o **PIB _per capita_**, que é o PIB total dividido pela população do país (PIB por habitante).

Tabela 9.6 Produto Interno Bruto, Produto Interno Bruto *per capita*, população residente e deflator – 1996-2020

| Ano | Produto Interno Bruto | | | | População residente 1.000 hab. (1) (2) | Produto Interno Bruto *per capita* | | |
| | 1.000.000 (R$) | | Variação em volume (%) | Deflator Variação anual (%) | | R$ | | Variação em volume (%) |
	Valores correntes	Preços do ano anterior				Valores correntes	Preços do ano anterior	
1996	854.764	721.586	2,2	18,5	163.768	5.219,36	4.406,15	0,7
1997	952.089	883.782	3,4	7,7	166.187	5.729,02	5.317,99	1,9
1998	1.002.351	955.308	0,3	4,9	168.606	5.944,92	5.665,91	(–) 1,1
1999	1.087.710	1.007.041	0,5	8,0	171.029	6.359,80	5.888,13	(–) 1,0
2000	1.199.092	1.135.439	4,4	5,6	173.766	6.900,62	6.534,31	2,7
2001	1.315.755	1.215.758	1,4	8,2	176.209	7.467,03	6.899,54	(–) 0,0
2002	1.488.787	1.355.932	3,1	9,8	178.499	8.340,58	7.596,29	1,7
2003	1.717.950	1.505.772	1,1	14,1	180.708	9.506,76	8.332,61	(–) 0,1
2004	1.957.751	1.816.904	5,8	7,8	182.865	10.705,99	9.935,76	4,5
2005	2.170.585	2.020.441	3,2	7,4	184.991	11.733,45	10.921,83	2,0
2006	2.409.450	2.256.583	4,0	6,8	187.062	12.880,52	12.063,31	2,8
2007	2.720.263	2.555.700	6,1	6,4	189.038	14.390,01	13.519,49	5,0
2008	3.109.803	2.858.838	5,1	8,8	191.010	16.280,82	14.966,94	4,0
2009	3.333.039	3.105.891	(–) 0,1	7,3	192.981	17.271,34	16.094,29	(–) 1,1
2010	3.885.847	3.583.958	7,5	8,4	194.891	19.938,60	18.389,58	6,5
2011	4.376.382	4.040.287	4,0	8,3	196.604	22.259,91	20.550,41	3,1
2012	4.814.760	4.460.460	1,9	7,9	198.315	24.278,35	22.491,80	1,0
2013	5.331.619	4.959.435	3,0	7,5	200.004	26.657,54	24.796,66	2,1
2014	5.778.953	5.358.488	0,5	7,8	201.718	28.648,74	26.564,31	(–) 0,3
2015	5.995.787	5.574.045	(–) 3,5	7,6	203.476	29.466,85	27.394,16	(–) 4,4
2016	6.269.328	5.799.370	(–) 3,3	8,1	205.157	30.558,75	28.268,02	(–) 4,1
2017	6.585.479	6.352.263	1,3	3,7	206.805	31.843,95	30.716,23	0,5
2018	7.004.141	6.702.942	1,8	4,5	208.495	33.593,82	32.149,19	1,0
2019	7.389.131	7.089.646	1,2	4,2	210.147	35.161,70	33.736,58	0,4
2020	7.609.597	7.147.007	(–) 3,3	6,5	211.756	35.935,69	33.751,14	(–) 4,0

Fonte: Instituto Brasileiro de Geografia e Estatística (IBGE).

(1) 2010-2019: População projetada para 1º de julho, série revisada.

(2) 1996-2009: Retroprojeção da População do Brasil, para o período 1980-2010.

9.6.3 Exercício sobre deflacionamento

Suponha que uma empresa hipotética apresente informações sobre o faturamento mensal (coluna 1 da Tabela 9.7) e queira saber qual a evolução do faturamento real a preços constantes de um dado mês, digamos, janeiro. Para tanto, precisa deflacionar o faturamento nominal (a preços correntes dos respectivos meses), o que requer o conhecimento de um índice de preços, divulgado pelas instituições especializadas, como IBGE, Fipe, Dieese e Fundação Getulio Vargas (coluna 2 da Tabela 9.7).

Tabela 9.7 Faturamento nominal

Mês	Faturamento (R$ mil) (1)	Índice de preços (janeiro = 100) (2)
Janeiro	500	100
Fevereiro	508	102
Março	600	103
Abril	630	105
Maio	660	108

Para obter a série do faturamento real, a preços constantes de janeiro, basta dividir a coluna 1 pela coluna 2 e multiplicar por 100. Obtém-se:

Tabela 9.8 Faturamento real

Mês	$(3) = \frac{1}{2} \times 100$ Faturamento real (a preços de janeiro) (R$ mil)
Janeiro	500,0
Fevereiro	498,0
Março	582,5
Abril	600,0
Maio	611,1

Cabem duas observações quando da deflação de uma série:

- **escolha do índice deflator:** o índice a ser utilizado deve representar o crescimento dos preços do setor. Assim, para deflacionar uma série agrícola, utiliza-se como deflator o índice de preços agrícolas; em uma série do setor metalúrgico, utiliza-se o índice de preços do setor metalúrgico. Nessa linha de raciocínio, para saber a evolução do salário real, que reflete a variação do poder aquisitivo dos trabalhadores, utiliza-se o índice de preços ao consumidor (IPC);

- **mudança da base de comparação do índice de preços:** na Tabela 9.8, desejava-se obter o faturamento real a preços de **janeiro**. E se quisermos o faturamento a preços de **março**, por exemplo? Basta fazer uma "regra de três" para cada mês, dando o valor 100 para o mês de março, e dividindo toda a série anterior pelo valor do mês de março, com base em janeiro (ou seja, 103), assim:

$$\text{Janeiro} \quad 100 : x$$
$$103 : 100$$
$$\text{Fevereiro} \quad 102 : x$$
$$103 : 100$$
$$\text{Março} \quad 100,0$$
$$\text{Abril} \quad 105 : x$$
$$103 : 100$$
$$\text{Maio} \quad 108 : x$$
$$103 : 100$$

e obtém-se uma nova série para o índice, o que nos permite calcular o faturamento a preços de março, como mostrado na Tabela 9.9.

Tabela 9.9 Faturamento real → mudança de base

Mês	Faturamento (R$ mil) (1)	Índice de preços (março = 100) (2)	Faturamento real (preços de março) (R$ mil) (3)
Janeiro	500	97,1	514,9
Fevereiro	508	99,0	513,1
Março	600	100,0	600,0
Abril	630	101,9	618,3
Maio	660	104,9	629,2

É interessante observar que a alteração do mês-base afeta o valor (em R$) do faturamento real, mas não afeta a variação percentual (ou taxa de crescimento) mês a mês. Tanto com base em janeiro como em março (ou qualquer outro mês), as taxas entre um mês e outro são calculadas pela expressão:

$$\left(\frac{\textit{mês de referência}}{\textit{mês anterior}} - 1 \right) \times 100$$

e as taxas serão:

Mês	Variação percentual (%)
Janeiro	Desconhecida*
Fevereiro	−0,3
Março	16,9
Abril	3,1
Maio	1,8

Tabela 9.10 Taxa de crescimento do faturamento

* O exemplo não apresenta o mês de dezembro do ano anterior.

Dada a necessidade de utilização de índices de preços para atualizar valores de demandas jurídicas, apresentamos no Apêndice uma discussão mais detalhada sobre eles, incluindo alguns exemplos práticos.

9.7 PIB em dólares

Para comparações internacionais, utilizamos o PIB em dólares, mas não os dólares correntes, que são muito afetados pela política cambial de cada país.

Por exemplo, supondo um PIB brasileiro de R$ 4,0 trilhões. Se a taxa de câmbio for de R$ 4,00 por dólar, o PIB em dólares seria de US$ 1 trilhão. Se a taxa de câmbio aumentar para R$ 5,00 por dólar, o PIB em dólares cairá para US$ 800 bilhões.

Embora tenha caído o poder de compra dos brasileiros na compra de produtos importados, isso não significou que o Brasil ficou 20% mais pobre (a renda interna, salários, lucros, aluguéis não caíram em 20%).

Para sanar esse problema, a ONU criou, para comparações internacionais, o conceito de **dólar PPP – *Purchasing Power Parity*, ou paridade do poder de compra**, que toma como valor de referência os preços dos produtos dos Estados Unidos, assim:

$$PIB = \Sigma p^{US\$} \cdot q_{Brasil}$$
$$PIB = \Sigma p^{US\$} \cdot q_{México}$$
$$PIB = \Sigma p^{US\$} \cdot q_{USA}$$

ou seja, tomam-se as quantidades produzidas em cada país, mas não a preços desses produtos do país em dólares (dólar corrente), mas aos preços dos Estados Unidos.

Como o próprio nome diz, esse procedimento supõe que o dólar tenha o mesmo poder de compra em todos os países. Para esse cálculo, considera-se uma cesta de produtos homogênea, consumida em todos os países.

A Tabela 9.11 apresenta uma amostra de países, os respectivos PIB total e *per capita*, em dólares correntes e em dólares PPP em 2019.

| Tabela 9.11 | PIB total e *per capita* em dólares e em paridade do poder de compra – 2019 |

Países	PIB dólares PPP		PIB dólares correntes		Total de 186 países			
					PIB *per capita* dólares PPP		PIB *per capita* dólares correntes	
	US$ Bilhões	Rank	US$ Bilhões	Rank	US$	Rank	US$	Rank
Estados Unidos	20.580.250	2	21.439.453	1	62.869	11	65.111	7
China	25.278.770	1	14.140.163	2	18.116	74	10.098	65
Índia	10.485.230	3	2.935.570	5	7.859	124	2.171	139
BRASIL	**3.366.380**	**8**	**1.847.020**	**9**	**16.146**	**86**	**8.796**	**72**
Japão	5.596.960	4	5.154.475	3	44.246	31	40.846	22
Alemanha	4.342.910	5	3.863.344	4	52.386	20	46.563	16
Reino Unido	3.038.830	9	2.743.586	6	45.741	30	41.030	21
França	2.970.430	10	2.707.074	7	45.893	29	41.760	20
Argentina	915.749	29	445.469	28	20.551	73	9.887	66
Turquia	2.299.750	13	743.708	19	28.044	58	8.957	70
Grécia	312.267	57	214.012	51	29.072	54	19.974	39
Portugal	333.145	54	236.408	47	32.412	47	23.030	37
Luxemburgo	64.036	103	69.453	69	106.372	3	113.196	1
Catar	352.487	51	191.849	52	129.638	1	69.687	5

Fonte: adaptada de International Monetary Fund (FMI) – World Economic Outlook, 2021.

Em termos de PIB total, de acordo com o FMI[14] em 2019, entre 186 países, o Brasil é a oitava economia do mundo no PIB em dólares PPP e a nona no PIB em dólares correntes. A China é a segunda economia do mundo em dólares correntes, mas tornou-se recentemente a primeira em dólares PPP, ultrapassando os Estados Unidos. Observa-se que países como China e Índia, principalmente, apresentam PIB PPP bastante superior ao PIB em dólares correntes. Significa que o poder de compra do dólar é bastante elevado nesses países, em relação às suas moedas.

Em termos de PIB *per capita*, China e Índia ainda encontram-se em posição intermediária, tanto em dólares correntes como em PPP. O Catar é o país mais bem posicionado no PIB PPP, e 5º no PIB corrente. Luxemburgo é o 1º em dólares correntes e o 3º no PIB PPP. Quanto ao Brasil, coloca-se na 72ª posição em

---

14 Relatório do International Monetary Fund (FMI) – World Economic Outlook, 2021. Disponível em: https://www.statisticstimes.com/economy/world-statistics.php. Acesso em: 4 jan. 2023.

dólares correntes e na 86ª em dólares PPP. Desde 2015, o Brasil foi ultrapassado pela China em termos de dólares PPP. Note-se que, tanto em termos correntes como em PPP, o Brasil tem um PIB *per capita* inferior a alguns países menos desenvolvidos (embora não pobres) da Europa, como Portugal, Grécia e Turquia, e da maioria dos países da América Latina. [15]

Leitura complementar

Economia informal no Brasil

A economia informal é a desobediência civil às atividades formais de mercado, como a sonegação fiscal, o não registro de empregados, o "caixa dois" etc. Quando inclui atividades ilegais, como contrabando, tráfico de drogas, jogos de azar etc., tem-se a chamada economia subterrânea ou economia submersa. Ou seja, compreende toda a produção de bens e serviços que deliberadamente não é informada ao governo.

Estudos desenvolvidos pela Fundação Getulio Vargas (FGV) do Rio de Janeiro, encomendados pelo Instituto Brasileiro de Ética Concorrencial (Etco), [16] revelam que a economia informal no Brasil equivalia a 18,6% do Produto Interno Bruto do país em 2009. Esse percentual é denominado Índice **de Economia Subterrânea**. Em termos de valor, corresponde a cerca de R$ 660 bilhões, que é aproximadamente o PIB da Argentina. Se considerarmos que a carga tributária do Brasil é de cerca de 40% do PIB, é possível estimar que há sonegação de aproximadamente R$ 250 bilhões por ano no país.

Esse indicador vem sendo calculado desde 2003, quando representava 21% do PIB. Para o responsável pelo estudo, o professor Fernando de Holanda Barbosa Filho, da FGV, os principais fatores que respondem pela redução da economia subterrânea nesse período são o crescimento do PIB, a elevação de pessoas formalizadas no mercado de trabalho e a expansão do crédito, que levaram empresas e trabalhadores a se formalizarem para ter acesso aos financiamentos bancários. Pesaram também na redução da informalidade o uso de notas eletrônicas e a modernização do sistema de cobrança de impostos.

Segundo a mesma fonte, a informalidade representa cerca de 10% em países da Organização para Cooperação e Desenvolvimento Econômico (OCDE), enquanto nos países emergentes apresentam uma média de 30% do PIB.

---

[15] No Capítulo 15, que trata sobre Desenvolvimento Econômico, discutimos as limitações do PIB como medida de bem-estar de uma nação.

[16] Para mais informações, consultar o *site* do Instituto Brasileiro de Ética Concorrencial, disponível em: http://www.etco.org.br.

Apêndice

Números-índices

Conceito de número-índice

Número-índice é uma estatística da variação de um conjunto composto por bens fisicamente diferentes.

Não haveria dificuldades se fosse o caso de conhecer a variação de preços de um único bem. A necessidade da construção de índices aparece quando é preciso saber a variação conjunta de bens que são fisicamente diferentes e/ou que variam a taxas diferentes.

Existem índices de preços e índices de quantidade. Os **índices de preços** são mais difundidos, dada sua utilidade para deflacionar (tirar o efeito da inflação) ou inflacionar informações monetárias e para o acompanhamento da taxa de inflação. Os **índices de quantidade** (ou **de *quantum***) são úteis para determinar a variação física de séries compostas por produtos diferentes (por exemplo, o produto real).

Índices de preços

Existem **índices de preços por atacado** (indústria e agricultura) e **índice de preços de varejo** (consumidor e construção civil). Até agora estivemos considerando como principal base de referência os **índices de preços ao consumidor** (**IPC**), também chamados **índices de custo de vida** (**ICV**).

Suponha três bens na economia e a respectiva variação de preços entre dois meses:

Tabela 9.12 Variação de preço (em percentagem)

	Variação de preços no período (%)	Participação no gasto total do consumidor (%)
Carne	10	30
Arroz	10	60
Fósforo	100	10
TOTAL		100

No conjunto, quanto variou a taxa de inflação? Evidentemente, não podemos calcular uma média aritmética, pois os três bens têm pesos diferentes. Calculamos, então, uma *média aritmética ponderada*:

$$\text{Média aritmética ponderada} = (0,1 \times 0,3) + (0,1 \times 0,6) + (1 \times 0,1) =$$
$$= 0,03 + 0,06 + 0,1 = 0,19 \text{ ou } 19\%$$

Esse exemplo revela que, para calcular um número-índice, são necessários três componentes:

a) a variação de preços no período;
b) a importância relativa (ou peso relativo) de cada produto ou serviço no orçamento mensal do consumidor (neste caso, um índice de preços ao consumidor);
c) a fórmula de cálculo.

A forma como as instituições de pesquisa determinam esses componentes é o que provoca algumas diferenças entre os índices. Apresentamos, na Tabela 9.13, um resumo dos principais índices de preços no Brasil.

A necessidade de dispor de um índice de inflação nos primeiros dias do mês, para reajuste de contratos financeiros, salários etc., levou à criação de índices cujo período de coleta de preços não é do dia 1º ao último dia do mês (que só são divulgados cerca de dez dias após o levantamento das informações), o que gera um fato curioso. Por exemplo, o IGP-DI e o IGP-M só se diferenciam justamente no período de coleta (o IGP-M é levantado do dia 21 de um mês a 20 do outro, e o IGP-DI corresponde ao mês completo). Se a inflação for crescente nos últimos dez dias do mês (digamos abril), a inflação de abril medida pelo IGP-DI será maior que a inflação de abril medida pelo IGP-M, já que o IGP-DI captou a inflação desse final de mês, e o IGP-M não.

Notamos que os índices diferem também na região considerada. Por exemplo, o IPC-Fipe refere-se apenas ao município de São Paulo, o IPC-Dieese cobre a região metropolitana de São Paulo, enquanto os demais índices são mais abrangentes, considerando dez capitais mais o Distrito Federal.

Tabela 9.13 Principais índices que acompanham os preços

Índice/ Instituições	Período de coleta de preços	Abrangência	Orçamento familiar em salários mínimos	Para que é usado
IPCA IBGE	Mês completo	Nacional	1 a 40 s.m.	Índice oficial de inflação
INPC IBGE	Mês completo	Nacional	1 a 8 s.m.	Reajuste do salário mínimo
IGP-DI FGV*	Mês completo	Nacional	1 a 33 s.m. (inclui preços por atacado e construção civil)	Contratos
IGP-M FGV**	Dias 21 a 20	Nacional	1 a 33 s.m. (inclui preços por atacado e construção civil)	Contratos e tarifas de energia elétrica
IPC-Fipe***	Quadrissemanal	Município de São Paulo	1 a 10 s.m.	Contratos
ICV-Dieese****	Mês completo	Região Metropolitana de São Paulo	1 a 30 s.m.	Referência para acordos salariais

* É uma composição de três subíndices: Índice de Preços ao Produtor Amplo (60%), Índice de Preços ao Consumidor (30%) e Índice Nacional do Custo da Construção Civil (10%).
** Divulga prévias de 10 em 10 dias.
*** Divulgado semanalmente, considera variações quadrissemanais.
**** Pesquisa também para famílias com renda de 1 a 3 salários mínimos e de 1 a 5 salários mínimos.

Índices:

IPCA
Índice de Preços ao Consumidor Amplo

IGP-DI
Índice Geral de Preços, Disponibilidade Interna

IGP-M
Índice Geral de Preços do Mercado

ICV
Índice de Custo de Vida

Instituições:

IBGE
Instituto Brasileiro de Geografia e Estatística

FGV
Fundação Getulio Vargas

Fipe
Fundação Instituto de Pesquisas Econômicas

Dieese
Departamento Intersindical de Estatística e Estudos Socioeconômicos

Outra diferenciação reside nas classes de renda consideradas, que é uma informação necessária para o cálculo da importância relativa dos bens e serviços no orçamento do consumidor. Assim, por exemplo, o IPC-Fipe considera, em sua amostra, os preços dos bens e serviços relevantes para famílias que têm renda de 1 a 10 salários mínimos, enquanto o IPCA (IPC amplo) considera famílias com renda de 1 a 40 salários mínimos. Obviamente, a escolha das classes de renda da amostra fará que os pesos relativos dos itens componentes do índice sejam significativamente diferentes. Por exemplo, o item "alimentação" tem peso maior nos índices que incluem mais classes com renda menor.

Interpretação de uma série de um número-índice

As séries de índices divulgados têm sempre um mês-base (ou ano) igual a 100. Todos os demais valores da série devem ser comparados com o valor do mês-base.

Suponhamos uma série de um índice hipotético, com base em janeiro:

Tabela 9.14 Índice de preços

Mês	Índice de preços (base: janeiro)
Janeiro	100
Fevereiro	120
Março	138
Abril	152
Maio	177

Assim, os preços cresceram 20% em fevereiro, que é a taxa de inflação do mês.

Agora, em março, o valor do índice (138) indica que os preços cresceram 38% em relação a janeiro, mas não indica a taxa de inflação de março, que deve ser calculada sobre o mês anterior (fevereiro) da seguinte forma:

$$\frac{138}{120} - 1 = 0,15 \text{ ou } 15\%, \text{ em valores percentuais}$$

A mesma interpretação vale para os meses seguintes.

Ou seja, o índice representa uma estimativa do **nível** de preços do mês, e não da **taxa** de variação. Normalmente, as publicações especializadas trazem as duas séries (a do índice e sua taxa de variação).

Exemplo de atualização de uma dívida

No item 9.6.3, foi apresentado um exemplo de como deflacionar, ou seja, retirar o efeito da inflação de uma série expressa em valores correntes, que é a utilização mais usual de números-índices. Embora existam tabelas de atualização de dívidas, julgamos interessante apresentar alguns exemplos.

Exemplo 1

Suponhamos que, em 10/2/2019, A ingressou em juízo pedindo a tutela jurisdicional para cobrar dívida de B, representada por nota promissória, com vencimento em 31/1/2021, no valor de R$ 50.000,00. O juiz prolatou sentença em 31/10/2021, condenando B a pagar a dívida atualizada em 24 horas. Qual é o valor que A deve receber?

Para atualizar o valor da dívida, é usual tomar-se o IPCA (Índice de Preços ao Consumidor Amplo), calculado pelo **IBGE,** considerado o índice oficial de inflação do país, e reproduzido a seguir:

Tabela 9.15 IPCA

Base: janeiro/2021 (*)	
Mês	**IPCA**
Janeiro/2021	100,0
Fevereiro/2021	100,3
Março/2021	100,6
Abril/2021	100,7
Maio/2021	101,0
Junho/2021	100,8
Julho/2021	101,0
Agosto/2021	101,2
Setembro/2021	101,4
Outubro/2021	101,8
Novembro/2021	102,1
Dezembro/2021	102,6

Fonte: Instituto Brasileiro de Geografia e Estatística (IBGE).

Deve-se levar em conta a inflação de fevereiro de 2021, pois o título de crédito teve seu vencimento em 31/1/2021, e também a inflação do mês de outubro, uma vez que a sentença condenatória foi prolatada em 31/10/2021.

Tem-se que a inflação acumulada de fevereiro a outubro de 2021 foi:

$$\frac{101,8}{100,3} - 1 = 0,014955 = 1,4955\%$$

isto é, o índice apurado em outubro dividido pelo índice calculado em janeiro. O resultado dessa divisão menos a unidade indica a taxa de inflação do período de fevereiro a outubro de 2021.

Com a taxa de inflação acumulada e o valor da dívida em 31/10/2021, calcula-se o valor atual da dívida fazendo-se os seguintes cálculos:

a) R$ 50.000,00 vezes 1,4955% = R$ 747,75
b) esse valor é somado à dívida inicial de R$ 50.000,00, gerando o valor de R$ 50.747,75, que corresponde à dívida atualizada.

Em atualizações de valores muito antigos, dois pontos devem ser observados. Primeiro, tomar cuidado com as constantes alterações do valor da moeda nacional. Por exemplo, em ações judiciais com início anterior à implantação do Plano Real, em 1º de julho de 1994, os valores em cruzeiros reais, para passar para reais, têm de ser divididos por 2.750. Segundo, tomar cuidado ainda ao utilizar números diferentes de uma mesma revista, pois podem ter bases diferentes, mesmo se tratando de um só índice. Por exemplo, a Fundação Getulio Vargas altera o mês-base de comparação de seus índices a cada dois anos. Nesse caso, a atualização deve ser feita por etapas, tantas quantas forem as alterações ocorridas.

Questões para revisão

1. Mostre como opera o fluxo circular de renda e como surge a identidade entre as três óticas de medição do resultado da atividade econômica de um país, conforme a contabilidade social.
2. Sobre o setor de formação de capital, na contabilidade social:
   a) Defina poupança agregada e investimento agregado e mostre a identidade entre ambos.
   b) Quais os componentes do investimento agregado? A compra de ações constitui um investimento no sentido macroeconômico?
   c) Defina depreciação de ativos fixos, investimento bruto e investimento líquido.
3. Com relação ao setor governo:
   a) Em que se constituem a receita fiscal e os gastos do governo, na contabilidade social?
   b) Defina produto nacional a preços de mercado e renda nacional a custo de fatores.
   c) Defina carga tributária bruta e carga tributária líquida.
4. Quanto ao setor externo, na contabilidade social:
   a) Defina renda líquida ao exterior, produto nacional bruto (PNB) e produto interno bruto (PIB).
   b) No Brasil, a renda enviada supera a renda recebida do exterior. Qual o maior: o PNB ou o PIB?
5. Conceitue PIB real, PIB nominal e deflacionamento.

Capítulo 10

Determinação da Renda e do Produto Nacional: o Mercado de Bens e Serviços

10.1 Introdução

Até 1930, os economistas acreditavam que as forças de mercado se encarregariam de equilibrar o fluxo econômico, conduzindo a economia automaticamente ao pleno emprego de recursos. No entanto, a crise econômica vivida pelo mundo capitalista a partir da quebra da Bolsa de Nova York em 1929, que redundou em queda brutal do nível de atividade, elevação do desemprego e da capacidade ociosa, mostrou que o mercado sozinho não teria condições de tirar a economia da depressão.

A partir desse marco histórico, o economista inglês John Maynard Keynes desenvolveu suas teorias, cuja base se assenta no pressuposto de que é necessária a intervenção do governo para regular a atividade econômica e levar a economia ao pleno emprego, a curto prazo.

O governo, principalmente com seus gastos, seria um elemento fundamental para a inversão do quadro de recessão e desemprego, uma vez que, gastando mais, estaria aumentando a despesa agregada e, consequentemente, o nível de produção, permitindo às empresas ocupar sua capacidade ociosa e elevar a procura de mão de obra.

Desde então, o grande paradigma da teoria macroeconômica tem sido a questão do grau de intervenção do Estado na atividade econômica, que é provavelmente o maior divisor entre as correntes de pensamento econômico (neoliberais ou monetaristas, keynesianos ou fiscalistas, estruturalistas e marxistas, entre outros), como veremos mais adiante.

Essa parte do estudo econômico é denominada **teoria de determinação do equilíbrio da renda nacional**, ou **modelo keynesiano básico**, que se divide em lado real (mercado de bens e serviços e mercado de trabalho) e lado monetário (mercado monetário e de títulos). Neste capítulo, discutiremos o lado real; no próximo, o lado monetário.

O foco desse modelo é a conjuntura econômica de curto prazo, não abordando questões estruturais, como progresso tecnológico, distribuição de renda, qualificação da mão de obra etc., tratadas com detalhes na teoria do desenvolvimento econômico, a longo prazo.

Antes de prosseguir, entretanto, é oportuno destacar novamente a diferença entre a abordagem da contabilidade social e a utilizada na teoria macroeconômica.

A contabilidade social trabalha com informações efetivas, reais, que já se realizaram. Com esses dados, são calculados os valores do produto nacional, do consumo, do investimento e dos demais agregados macroeconômicos. Já a Macroeconomia preocupa-se em formular proposições de política econômica para atuar sobre os valores previstos ou planejados das variáveis globais.

Em outras palavras: a contabilidade social trabalha com **valores *ex post*** (após ocorrerem), enquanto a teoria macroeconômica lida com **valores *ex ante*** (antecipados, antes de ocorrerem). Quando se fala em consumo, poupança, investimento, na contabilidade social, são os valores realizados (***ex post***); para a teoria macroeconômica, são os planejados (***ex ante***).

10.2 Hipóteses do modelo básico

10.2.1 Economia com desemprego de recursos (subemprego)

O modelo macroeconômico básico foi criado por Keynes a partir da crise dos anos 1930, período em que a taxa de desemprego alcançou valores elevados nos Estados Unidos e em todos os países da Europa Ocidental. O modelo keynesiano supõe a existência de desemprego, ou seja, que a economia esteja em **equilíbrio abaixo do pleno emprego**, produzindo abaixo de seu potencial: as empresas estão com capacidade ociosa e uma parcela da força de trabalho está desempregada.[1]

10.2.2 Nível geral de preços constante

Como a economia está em desemprego, não há razões para as empresas elevarem os preços de seus produtos, em um eventual aumento da demanda. Ou seja, supõe-se que as empresas, quando estimuladas por um aumento de demanda por seus produtos, procurarão elevar sua produção, e não os preços, porque estão com capacidade ociosa, e existem muitos trabalhadores disponíveis, a custos relativamente baixos.

Em decorrência dessa hipótese tem-se que todas as variáveis monetárias do modelo que veremos a seguir são, ao mesmo tempo, **variáveis reais**, pois os preços estão fixados.

---

[1] Existem várias definições e tipos de desemprego na literatura econômica. Neste capítulo, utilizamos o conceito de **desemprego keynesiano**, que se refere à insuficiência de demanda agregada em relação à produção (oferta) de pleno emprego.

Há outras definições:

- **desemprego estrutural ou tecnológico:** o desenvolvimento tecnológico do capitalismo leva ao desemprego de trabalhadores, pois é capital intensivo e marginaliza a mão de obra. É também chamado de desemprego marxista ("os trabalhadores devem formar um exército de reserva, tomar o poder e impor a ditadura do proletariado");
- **desemprego friccional:** ocorre devido à mobilidade transitória da mão de obra. Por exemplo, trabalhador que vem do interior para a capital à procura de emprego. É também chamado de taxa natural de desemprego;
- **desemprego disfarçado:** quando a produtividade marginal da mão de obra é zero. Por exemplo, em uma agricultura de subsistência, a transferência de trabalhadores do campo para as cidades praticamente não diminui a produção agrícola.

10.2.3 Curto prazo

O modelo básico analisa a teoria de determinação da renda, ou seja, analisa o papel das políticas macroeconômicas na estabilização do nível de atividade e emprego e do nível de preços a **curto prazo**. Como vimos na teoria da produção, em Economia o curto prazo é definido como o período em que pelo menos um fator de produção permanece constante. Supõe-se que o **estoque** de fatores de produção (como mão de obra, capital e tecnologia) não se altera no curto prazo: o que se modifica é apenas o **grau de utilização** desse estoque. Por exemplo, pode existir um "estoque" de 80 milhões de trabalhadores disponíveis, mas 10% não estão empregados. O objetivo fundamental da política econômica nesse modelo é a criação de empregos para esses 10% de trabalhadores desempregados, a curto prazo.

10.2.4 Oferta agregada potencial fixada a curto prazo

A **oferta agregada de bens e serviços (OA)** é o valor total da produção de bens e serviços finais colocados à disposição da coletividade em um dado período. É o próprio produto real, ou PIB. A oferta agregada varia em função da disponibilidade de fatores de produção: mão de obra (força de trabalho ou população economicamente ativa), estoque de capital e nível de tecnologia.

É interessante distinguir oferta agregada potencial e oferta agregada efetiva ou real. A **oferta agregada potencial** refere-se à produção máxima da economia, quando os fatores de produção estão plenamente empregados (toda a população economicamente ativa está empregada, não há capacidade ociosa, a tecnologia disponível está sendo plenamente utilizada).

A **oferta agregada efetiva** refere-se à produção que está sendo efetivamente colocada no mercado, o que pode ocorrer sem que os fatores de produção estejam sendo plenamente empregados. Ou seja, a produção pode atender à demanda desejada pelo mercado, mesmo apresentando capacidade ociosa, desemprego de mão de obra etc. Evidentemente, a oferta agregada efetiva será igual à potencial quando os recursos estiverem plenamente empregados.

Como a teoria keynesiana supõe curto prazo e, portanto, fatores fixos de produção, a oferta agregada potencial permanece constante no curto prazo. A oferta agregada potencial só se altera se houver alterações na quantidade física de fatores de produção ou no nível de tecnologia. Contudo, a produção efetiva (oferta agregada efetiva) pode estar abaixo do pleno emprego e pode ser alterada em função de mudanças na demanda do mercado.

10.2.5 Princípio da demanda efetiva

A demanda ou procura agregada de bens e serviços (**DA**) é a soma dos gastos planejados dos quatro agentes macroeconômicos: despesas das famílias com bens de consumo (C), gastos das empresas com investimentos (I), gastos do governo (G) e despesas líquidas do setor externo ($X - M$), isto é

$$DA = C + I + G + (X - M)$$

lembrando que X são as exportações e M, as importações.

Uma vez que a oferta agregada potencial não se altera no curto prazo, dados os estoques de fatores de produção, as **alterações do nível de equilíbrio da renda e do produto nacional devem-se exclusivamente às variações da demanda agregada de bens e serviços**, em outras palavras: as flutuações da demanda agregada são as responsáveis pelas variações do produto e da renda nacional no curto prazo. Esse é o chamado **princípio da demanda efetiva.**[2]

Assim, em uma situação de desemprego de recursos, a política econômica deve procurar elevar a demanda agregada, o que permitiria às empresas recuperar sua produção potencial e restabelecer os níveis de renda e emprego. Embora a elevação da demanda agregada possa se dar por meio de políticas que estimulem o consumo, o investimento privado e as exportações, Keynes enfatizava o papel dos gastos do governo para que a economia saísse mais rapidamente da crise de desemprego.

De fato, a demanda agregada (global) é realmente mais sensível e responde mais rapidamente aos instrumentos de política econômica. Já a resposta da oferta (produção) agregada é mais lenta, pois depende da disponibilidade de recursos, da infraestrutura, do ambiente de negócios etc.[3]

10.3 O equilíbrio macroeconômico

As observações anteriores revelam que existe uma diferença entre produto ou renda de equilíbrio e produto de pleno emprego.

Vimos que a **renda de pleno emprego** ocorre quando todos os recursos produtivos disponíveis estão empregados e a economia está produzindo com plena capacidade.

---

[2] O princípio da **demanda efetiva**, que prioriza o papel da demanda agregada na condução de políticas macroeconômicas, inverteu completamente a crença que prevalecia até então, segundo a qual "a oferta cria sua própria procura", a chamada **lei de Say**. Como veremos no Capítulo 16, segundo o francês Jean-Baptiste Say, a produção das empresas transformar-se-ia automaticamente em renda dos trabalhadores e capitalistas, que seria gasta na compra de bens e serviços. Ele tinha como suposição que as pessoas não especulavam com a moeda, por isso só lhes restava gastar a renda que recebiam. De fato, quando foi criado esse conceito, praticamente não existia o mercado de capitais, e tudo o que as pessoas recebiam, elas gastavam.

[3] O modelo keynesiano, no fundo, é um modelo que enfatiza fundamentalmente o papel da demanda agregada. A oferta agregada ficou relativamente negligenciada pela teoria macroeconômica até a ocorrência da crise do petróleo em 1973, que popularizou a expressão "choque de oferta". O aumento dos preços do petróleo, ao elevar os custos de produção, provocou uma retração nas atividades econômicas e a consequente escassez da oferta de bens e serviços em muitos países.

A **renda de equilíbrio** ou **renda efetiva** é determinada quando a oferta agregada iguala a demanda agregada de bens e serviços. Isso pode ocorrer abaixo do pleno emprego, significando que a produção agregada, apesar de abaixo de sua capacidade potencial, atende às necessidades da demanda. É uma situação tipicamente keynesiana, de equilíbrio macroeconômico com desemprego, ou equilíbrio abaixo do pleno emprego.

Desse modo, o objetivo da política econômica, no modelo keynesiano, é encontrar o equilíbrio a pleno emprego, ou seja, fazer o equilíbrio entre oferta e demanda agregadas coincidir com a renda ou produto de pleno emprego.

Como a oferta agregada é fixada no curto prazo, a política econômica deve se concentrar em elevar a demanda agregada, por meio de instrumentos que proporcionem aumento dos gastos em consumo, investimento, gastos do governo, elevação das exportações acima das importações etc.

10.3.1 Análise gráfica

A situação de equilíbrio macroeconômico pode ser ilustrada por um diagrama. Na análise microeconômica, é usual utilizar um diagrama com preço e quantidade de uma ou mais firmas nos eixos cartesianos; na teoria macroeconômica, os valores são agregados: nível geral de preços e produto real, como na Figura 10.1.

Figura 10.1 Oferta e demanda agregadas

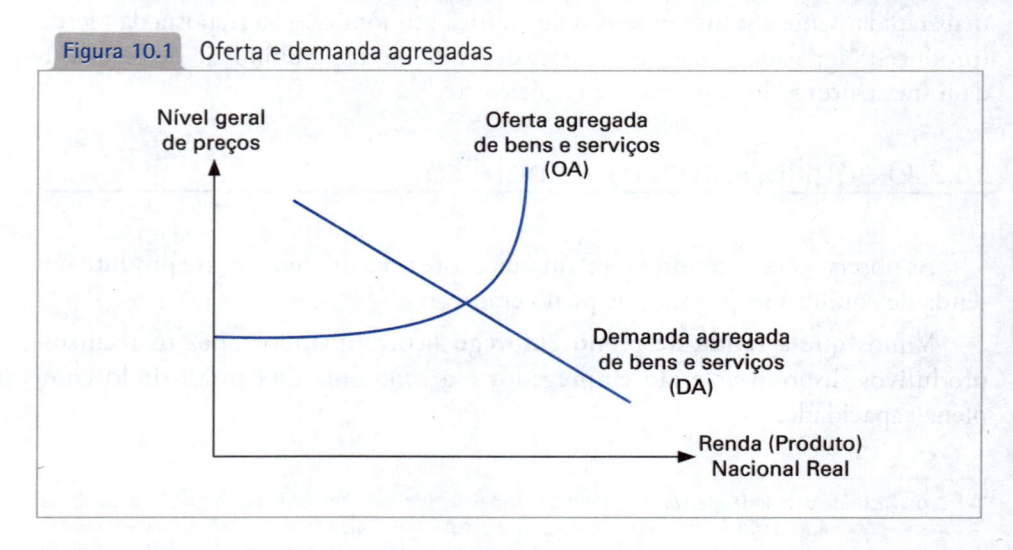

A curva de demanda agregada é negativamente inclinada (como na Microeconomia), revelando uma relação inversa entre produto (renda) real e nível geral de preços, pois como:

$$Produto\ real = \frac{Produto\ nominal\ (monetário)}{Nível\ geral\ de\ preços}$$

supondo o produto nominal dado, se o nível de preços se eleva, o produto real se reduz (inversamente: se os preços caem, o produto real se eleva).

Já o formato da curva de oferta agregada depende da hipótese sobre o nível de produto corrente da economia:

- **economia com desemprego de recursos** (trecho horizontal nas Figuras 10.1 e 10.2): situação em que as empresas estão operando com capacidade ociosa. Se houver algum estímulo de demanda (DA_0 para DA_1), as empresas preocupar-se-ão em aumentar a produção e as vendas (RN_0 para RN_1), e não seus preços (que permanecem constantes em P_0);

- **economia com pleno emprego de recursos** (trecho vertical): situação em que as empresas operam com capacidade máxima. Qualquer aumento de demanda (DA_3 para DA_4) provocará apenas aumento do nível geral de preços (P_3 para P_4). A produção não pode ser aumentada no curto prazo, pois não há recursos ou fatores de produção disponíveis, por estarem plenamente utilizados;

- **economia com alguns setores em desemprego e outros em pleno emprego** (trecho intermediário na Figura 10.2). Aumentos da demanda geram aumentos tanto no produto quanto no nível de preços.

Figura 10.2   Deslocamentos da demanda agregada

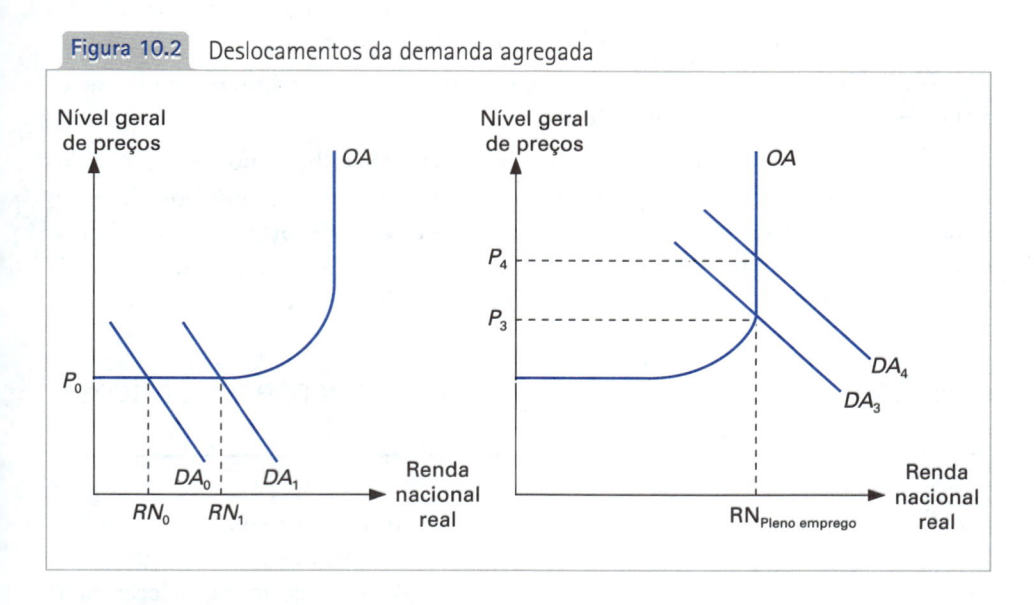

Simplificando a análise, vamos considerar apenas as duas situações extremas – economia com desemprego de recursos e com pleno emprego de recursos. De acordo com as hipóteses do modelo básico, a economia encontra-se em uma situação de equilíbrio com desemprego na posição 0 na Figura 10.3.

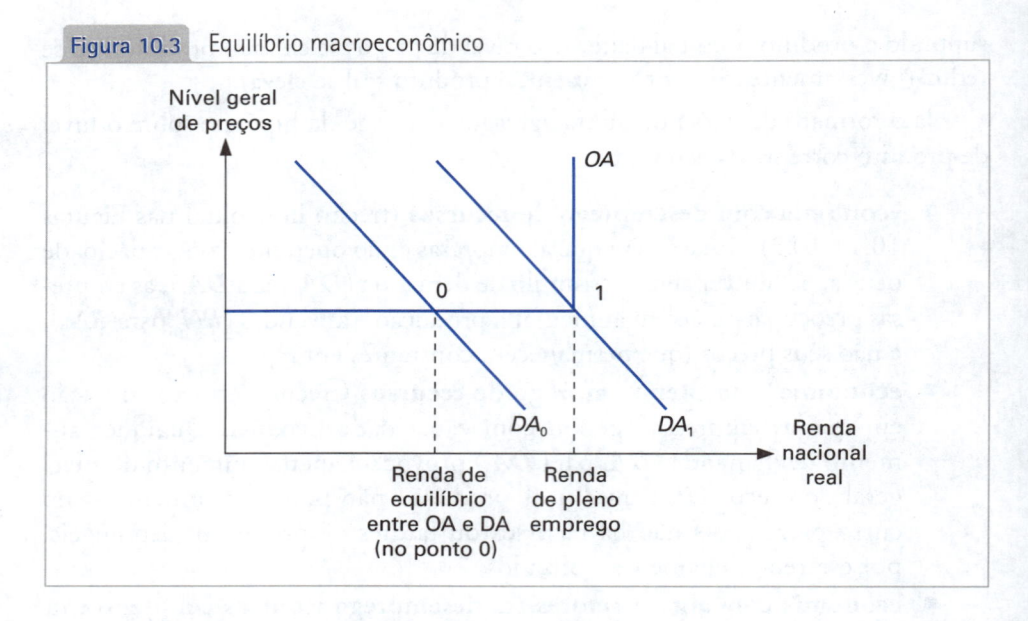

O objetivo da política econômica é elevar a demanda agregada até o ponto 1, quando a economia estará em equilíbrio de pleno emprego. Nesse ponto, a renda nacional de equilíbrio é a própria renda de pleno emprego, ou seja, a oferta agregada efetiva é a própria oferta agregada potencial de pleno emprego.

No Apêndice A deste capítulo, apresentamos a determinação da renda nacional de equilíbrio na forma algébrica.

Ainda neste capítulo, exploraremos com maior detalhamento os instrumentos de política fiscal mais adequados para levar a economia ao equilíbrio de pleno emprego. Nos capítulos seguintes, verificaremos os demais instrumentos. Contudo, antes, cabe explorar mais detidamente as variáveis componentes da demanda agregada, em especial, o consumo, a poupança e o investimento agregados.

10.4 Comportamento dos agregados macroeconômicos no mercado de bens e serviços

Para a atuação eficaz das políticas macroeconômicas, torna-se necessário tentar estabelecer relações funcionais, de causa e efeito, entre os grandes agregados, isto é, que fatores afetam seu comportamento. Ao conseguir estabelecer essas relações, as autoridades econômicas poderão ter melhor visão de como agir sobre as variáveis agregadas, por meio dos instrumentos de política econômica.

Essas relações entre variáveis macroeconômicas devem ser relativamente **estáveis e regulares**, isto é, ser válidas tanto na expansão como na recessão econômica, de forma a permitir às autoridades maior margem de previsibilidade para seu comportamento.

10.4.1 Consumo agregado

O consumo global de um país é influenciado por uma série de fatores, tais como: renda nacional, estoque de riqueza ou patrimônio, taxa de juros de mercado, disponibilidade de crédito, expectativas sobre a renda futura e rentabilidade das aplicações financeiras.

Os estudos empíricos (estatísticos) mostram, entretanto, que as decisões de consumo da coletividade são influenciadas fundamentalmente pela **renda nacional disponível**, que pode ser definida como a renda nacional deduzidos os impostos. A renda disponível é a parcela da renda que os consumidores podem gastar (ou poupar) livremente. Há uma relação diretamente proporcional entre a renda disponível e o consumo da coletividade.

É possível expressar essa relação assim:

$$C = f(RND)$$

em que:

C = consumo agregado;

RND = renda nacional disponível (RN − Total de Impostos)

Um conceito importante, criado por Keynes, é o de **propensão marginal a consumir**, que é a variação esperada no consumo decorrente de uma variação na renda disponível. Ou seja, é a propensão que a coletividade tem ao consumo, dada uma variação na renda:

$$\frac{\textit{Propensão marginal}}{\textit{a consumir}} = \frac{\textit{Variação no consumo agregado}}{\textit{Variação na renda nacional disponível}} = \frac{\Delta C}{\Delta RND}$$

Por exemplo, uma propensão marginal a consumir igual a 0,8 indica que, dado um aumento na renda nacional disponível de $ 100 milhões, o consumo aumentará em 0,8 de $ 100 milhões, isto é, $ 80 milhões.[4]

10.4.2 Poupança agregada

A poupança é a parte residual da renda nacional disponível, ou seja, a parcela da renda nacional que não é gasta em bens de consumo. Ela pode ser assim expressa:

$$S = f(RND)$$

---

[4] Existe também o conceito de **propensão média a consumir**, que é o nível (não a variação) de consumo sobre o nível de renda disponível. A propensão marginal a consumir refere-se à variação (à "margem") do consumo, dada uma variação na renda.

em que:

S = poupança agregada;

RND = renda nacional disponível.

Define-se também a **propensão marginal a poupar**, que é a relação entre a variação da poupança e a variação da renda disponível. Assim como a propensão marginal a consumir, a propensão marginal a poupar também guarda uma relação diretamente proporcional com a variação da renda nacional disponível.

No exemplo anterior, a propensão marginal a poupar é igual a 0,2, significando que, de cada acréscimo da renda, as famílias no agregado destinam 20% à poupança e 80% ao consumo.

A partir de séries estatísticas de consumo, poupança e renda nacional disponíveis, é possível calcular essas relações, que são de grande utilidade para a política e a programação econômica. Os estudos revelam que os países mais pobres apresentam propensão marginal a poupar menor (e propensão a consumir maior) que os países desenvolvidos. Ou seja, a população dos países mais pobres tende a gastar, no conjunto, a quase totalidade da renda gerada em bens de consumo, com pequena margem para poupança.

10.4.3 Investimento agregado

Investimento é o acréscimo ao estoque de capital que leva ao crescimento da capacidade produtiva (construções, instalações, máquinas, entre outros). Na teoria macroeconômica, ele pode ser interpretado por dois ângulos: no curto prazo e no longo prazo.

No curto prazo, o investimento é visto pelo lado dos gastos necessários para a ampliação da capacidade produtiva. Já a produção ou oferta agregada serão afetadas somente no longo prazo, uma vez que sempre decorre certo período de tempo entre os gastos incorridos para ampliação da capacidade produtiva e o aumento efetivo da quantidade produzida (isto é, até a maturação do investimento). Ou seja, no **curto prazo o investimento afeta apenas a demanda agregada**.

O investimento é a principal variável para explicar o crescimento da renda nacional de um país. Entretanto, apresenta grande instabilidade, pois seu comportamento é de difícil previsão, por depender de fatores não apenas econômicos, mas também das expectativas quanto ao futuro, ambiente de negócios etc.

Em linhas gerais, pode-se dizer que o investimento agregado é determinado por dois fatores básicos: a taxa de rentabilidade esperada e a taxa de juros de mercado.

A **taxa de rentabilidade esperada** ou **taxa de retorno** é calculada a partir da estimativa do retorno líquido esperado pela aquisição do bem de capital. Esses valores são calculados, em matemática financeira, pelo valor presente ou valor atual dos retornos futuros (ou seja, da renda esperada ao longo da vida útil do capital físico, descontam-se a taxa de inflação futura e os custos de manutenção e depreciação previstos). A taxa de rentabilidade esperada é também chamada, na literatura econômica, de **eficiência marginal do capital**.[5] Quanto maior a rentabilidade esperada dos projetos, maiores serão as inversões das empresas na ampliação da capacidade produtiva.[6]

O investimento tem uma relação inversamente proporcional com as **taxas de juros de mercado**. Se a empresa já dispõe de capital próprio, a taxa de juros representará quanto a empresa ganharia se, em vez de investir em suas instalações, aplicasse o dinheiro no mercado financeiro. Se a empresa precisa tomar emprestado, por exemplo, para comprar equipamentos ou ampliar suas instalações, a taxa de juros de mercado representa para ela o custo do empréstimo. Nas duas situações, **quanto maior a taxa de juros de mercado, menores os investimentos em bens de capital**.

Para a tomada de decisões sobre as despesas de investimento, o empresário compara, então, as duas taxas:

- se a taxa de retorno superar a taxa de juros de mercado, ele investirá na compra de bens de capital;
- se a taxa de retorno for inferior à taxa de juros de mercado, ele não investirá, preferindo direcionar seus recursos em aplicações financeiras.

A demanda de investimentos também pode ser afetada pela **disponibilidade de fundos de longo prazo**, o que depende, em última análise, do desenvolvimento do mercado financeiro e de capitais do país.

10.5 Vazamentos e injeções de renda nacional

Considerando que o **fluxo básico de renda** é o que se estabelece entre famílias (proprietários dos fatores de produção) e empresas (unidades produtoras), o nível de renda nacional dependerá de vazamentos e injeções nesse fluxo.

Ocorrem **vazamentos de renda** quando parcela da renda recebida pelas famílias (salários, juros, aluguel e lucros) não é gasta com as empresas nacionais. É o que acontece com a poupança agregada, os impostos pagos ao governo e as importações:

Vazamentos = Poupança Agregada + Total de Impostos + Importações

---

[5] Rigorosamente, a **eficiência marginal do capital** é a taxa de desconto que iguala o valor presente do fluxo de rendas líquidas esperadas na compra de um bem de capital a seu preço de custo (ou de aquisição).

[6] Estamos nos referindo basicamente ao **investimento em bens de capital** (máquinas, equipamentos, instalações) das empresas. Existem também os investimentos em moradias, que dependem das condições de financiamento e das taxas de juros de mercado, e os **investimentos em estoques**, que dependem também das taxas de juros e das oscilações de mercado.

Por outro lado, as **injeções de renda** são todos os recursos que são injetados no fluxo básico e que não são originados da venda de bens de consumo às famílias no período. É o caso dos novos investimentos, gastos públicos e exportações:

Injeções = Investimento Agregado + Gastos Públicos + Exportações

Portanto, quando:

Injeções > Vazamentos → a renda nacional está crescendo

Injeções < Vazamentos → a renda nacional está em queda

Injeções = Vazamentos → a renda nacional está em equilíbrio[7]

10.6 O multiplicador keynesiano de gastos

Um dos principais conceitos criados por Keynes foi o do **multiplicador de gastos ou despesas**. Ele mostra que, se uma economia estiver com recursos desempregados, um aumento na demanda agregada provocará um aumento da renda nacional mais que proporcional ao aumento da demanda. Isso ocorre porque, em uma economia em desemprego, abaixo de seu produto potencial, qualquer injeção de despesas, seja por gastos com consumo, seja por investimento ou por exportações, mas principalmente pelas despesas do governo, provoca um efeito multiplicador nos vários setores da economia. O aumento de renda de um setor significará que os assalariados e empresários desse setor gastarão sua renda em outros setores (por exemplo, com alimentação, vestuário e lazer), que, por sua vez, gastarão com outros bens e serviços, e assim continuamente.

Suponhamos que o governo resolva gastar, por exemplo, $ 100 milhões em estradas, hospitais e escolas. Ele contratará construtoras, que aumentarão a produção da construção civil nesse valor. Isso se transformará em renda dos trabalhadores e capitalistas do setor de construção civil, bem como dos setores fornecedores de insumos para a construção civil (cimento, ferro etc.). A maior parcela dessa renda será gasta em bens de consumo, originando um mecanismo de multiplicação de renda e consequente geração de emprego.

Esses gastos dependerão das propensões marginais a consumir e a poupar. Supondo a propensão a consumir igual a 0,8 e a propensão a poupar igual a 0,2, os trabalhadores e capitalistas ligados à construção civil gastarão $ 80 milhões com alimentos e vestuário, poupando $ 20 milhões. A produção de alimentos e vestuário elevar-se-á em $ 80 milhões e será transformada em renda (salários, lucros) dos trabalhadores e

---

[7] Portanto, o **equilíbrio da renda nacional** pode ser definido tanto quando a oferta agregada é igual à demanda agregada de bens e serviços, como em termos da igualdade entre vazamentos e injeções.

empresários dos setores de alimentos e vestuário. Com a propensão a consumir agregada de 0,8, esses últimos, por sua vez, gastarão $ 64 milhões (80% de $ 80 milhões) com, digamos, lazer. O setor de lazer receberá um incremento de renda de $ 64 milhões, e o processo continuará. Evidentemente, tende a se encerrar, pois a propensão a poupar limita esse mecanismo: em cada etapa, "vazam" 20% da renda adicional.

Ao final desse processo, ocorrerá um acréscimo da renda e do produto nacionais muito superior ao gasto inicial de $ 100 milhões.

Como se observa, essa multiplicação dependerá das propensões marginais a consumir e a poupar: quanto maior a propensão a consumir da coletividade, maiores os gastos com bens e serviços, em cada etapa, e maior o efeito multiplicador; maior a propensão a poupar, menor o multiplicador.

O multiplicador keynesiano (k) costuma ser expresso genericamente como:

$$k = \frac{\Delta RN}{\Delta DA} = \frac{\textit{variação da renda nacional}}{\textit{variação da demanda agregada}}$$

Os mais conhecidos são o multiplicador dos gastos de investimentos (k_I) e o de gastos de governo (k_G), iguais a:

$$k_I = \frac{\Delta RN}{\Delta I} = \frac{\textit{variação da renda nacional}}{\textit{variação dos gastos de investimentos}}$$

$$k_G = \frac{\Delta RN}{\Delta G} = \frac{\textit{variação da renda nacional}}{\textit{variação dos gastos do governo}}$$

Se, no exemplo anterior, o multiplicador fosse igual a 5, o aumento inicial de gastos do governo de $ 100 milhões levaria ao aumento da renda nacional de $ 500 milhões (5 × 100 milhões).

Entretanto, deve-se observar que:

a) **o multiplicador também tem um efeito perverso**: se os gastos caírem em $ 100 milhões, a renda cairá em um múltiplo de $ 100 milhões (no exemplo anterior, $ 500 milhões). Os multiplicadores de tributos e de importações são negativos, já que representam vazamentos do fluxo de renda;

b) supõe-se que a **economia esteja operando abaixo de seu potencial, ou seja, com desemprego**. Em todas as etapas do processo, os setores sempre responderão ao estímulo de recursos com aumentos de produção. Parece claro que, se os setores estivessem operando à plena capacidade, uma injeção adicional de recursos só levaria ao aumento de preços, não do produto, podendo detonar um processo inflacionário.

No Apêndice B deste capítulo, mostramos como o multiplicador keynesiano é determinado algebricamente.

10.7 Política fiscal, inflação e desemprego

Nesta seção, veremos como podem ser aplicados os instrumentos de política fiscal para reduzir inflação e desemprego. Trataremos de **política fiscal pura**, que é a aplicação de políticas tributárias ou de gastos públicos independente de políticas monetárias, ou seja, não nos preocuparemos com as implicações monetárias dessas políticas (o que só será feito no próximo capítulo).

Antes, definamos como **hiato do produto** a diferença entre o produto potencial da economia, em que os recursos estão plenamente empregados, e o produto efetivamente realizado.

hiato do produto = produto potencial – produto efetivo

A questão é como reduzir ao máximo esse hiato, utilizando os instrumentos de política econômica para reduzir esse hiato, ou seja, aproximar o produto efetivo do produto potencial da economia. Neste capítulo, destacaremos os instrumentos de política fiscal.

10.7.1 Economia com desemprego de recursos

Como já observamos, o modelo macroeconômico básico, ou keynesiano, preocupa-se mais com a questão do desemprego de recursos, quando a economia está operando abaixo de seu potencial, ou pleno emprego.

Essa situação também é denominada **hiato recessivo**, que é a insuficiência da demanda agregada em relação à produção de pleno emprego. Tem-se então uma situação em que o produto efetivo encontra-se aquém do produto potencial, caracterizando um hiato do produto ou de produção. A questão básica, nesse caso, é como tirar a economia do desemprego.

Lembrando que a produção agregada potencial, de pleno emprego, não se altera no curto prazo, a política econômica deve recair sobre os elementos da demanda agregada, que precisará ser elevada, para que todo o produto potencial da economia possa ser comprado. Isso pode ser feito com os seguintes instrumentos de política fiscal:

a) aumento dos gastos públicos;

b) diminuição da carga tributária, estimulando as despesas de consumo e de investimento;

c) subsídios e estímulos às exportações, que elevam a demanda do setor externo pela produção interna;

d) tarifas e barreiras às importações, que protegem a produção nacional da concorrência externa.

O governo pode, também, aumentar a demanda agregada e manter o orçamento público equilibrado. Mostra-se, pelo chamado **teorema do orçamento equilibrado**, que, em uma situação de desemprego, se os gastos públicos forem elevados no mesmo montante da arrecadação fiscal, a renda nacional aumentará nesse mesmo montante. Isso ocorre devido à diferença exercida pelos gastos públicos e pelos impostos sobre a demanda agregada. Um aumento nos gastos, por exemplo, de $ 100 milhões aumenta imediatamente a demanda agregada nesse montante, enquanto um aumento de impostos nesse mesmo valor não reduz a demanda agregada em $ 100 milhões, porque os consumidores não reduzirão seu consumo nesse valor, pois parte do imposto será pago com a sua poupança, e não pela redução do consumo.

Supondo uma propensão marginal a consumir igual a 0,8, o consumo agregado diminuirá em $ 80 milhões, e não em $ 100 milhões. Ou seja, um aumento nos gastos do governo no mesmo valor dos impostos ($ 100 milhões) ainda permitirá um aumento da demanda agregada e da renda nacional de $ 20 milhões em um primeiro momento. Se levarmos em consideração o efeito multiplicador nos momentos seguintes, prova-se[8] que o aumento da renda nacional chega aos $ 100 milhões, ou seja:

$$\textit{Aumento dos gastos públicos = Aumento da tributação =}$$
$$\textit{= Aumento da renda nacional = \$ 100 milhões}$$

10.7.2 Economia com inflação

Embora o arcabouço teórico criado por Keynes esteja baseado em uma situação de desemprego, ele pode ser aplicado, *mutatis mutandi*, para uma conjuntura inflacionária.

O **hiato inflacionário** ocorre quando a demanda agregada de bens e serviços supera a capacidade produtiva da economia. Ou seja, a procura agregada está muito aquecida, e a oferta de bens e serviços não tem condições de acompanhá-la, o que leva à elevação dos preços. Trata-se de um diagnóstico de **inflação de demanda**.

Nesse caso, os instrumentos de política fiscal seriam:

a) diminuição dos gastos públicos;
b) elevação da carga tributária sobre bens de consumo, desestimulando os gastos em consumo;
c) elevação das importações, pela redução das tarifas e barreiras, o que aumentaria o grau de abertura da economia para produtos estrangeiros, acirrando a competitividade, inibindo elevações de preços internos.

---

8   Essa prova pode ser encontrada, por exemplo, em PINHO, D.; VASCONCELLOS, M. A. S.; TONETO JR., R. *Manual de Economia* – Equipe de Professores da USP. 7. ed. São Paulo: Saraiva, 2017. Capítulo 16.

O aumento da carga tributária deve sempre preservar, na medida do possível, os investimentos e as exportações, mesmo em uma conjuntura inflacionária, sob o risco de comprometer a produção futura e de perder mercados já conquistados.

Ressalte-se que essas medidas anti-inflacionárias devem ser aplicadas dentro de um diagnóstico de inflação de demanda. Se houver **inflação de custos**, isso significa que a produção está abaixo do pleno emprego, pois, como veremos mais tarde, a inflação de custos, ou de oferta, deve-se ao aumento dos custos de produção, que retrai a produção agregada. Nesse caso, políticas de contenção da demanda agregada apenas rebaixarão ainda mais o nível de produção, aprofundando a crise de desemprego.

No Capítulo 11, discutiremos como os instrumentos de política monetária podem ser utilizados para debelar inflação e desemprego e, assim, reduzir o hiato do produto, aproximando o produto efetivo do produto potencial. E, no Capítulo 12, veremos os instrumentos de política comercial e cambial dentro desses mesmos objetivos.

Leitura complementar

Ciclos econômicos, multiplicador keynesiano e a crise econômica norte-americana

A formação da "bolha especulativa" e sua posterior explosão, que mergulhou a economia norte-americana na pior crise econômica desde a Grande Depressão dos anos 1930, são um exemplo clássico de flutuações da atividade econômica (ciclos econômicos) provocadas por variações da demanda agregada.

Assim, tal como durante grande parte dos anos 1920, durante o período 2003-2007, houve um excesso de consumo por parte das famílias, que ilusoriamente confundiram uma valorização excessiva de seus imóveis e aplicações em ações com aumento permanente em seu patrimônio. Além disso, esse crescimento exacerbado do gasto foi validado por um crescimento explosivo do crédito. Esse processo está mais detalhado ao final do Capítulo 12 (Setor Externo).

Do ponto de vista do multiplicador do gasto, o exacerbado aumento do consumo das famílias e o apreciável crescimento do gasto público norte-americano provocaram um aumento da demanda agregada ainda maior, muito além da produção potencial. Esse aumento, embora não tenha provocado inflação, pois o excesso de procura foi cada vez mais suprido por importações da China e de outros importantes sócios comerciais, gerou contas externas cada vez mais desequilibradas.

Com o estouro da "bolha", precipitado pela quebra do Lehman Brothers, um dos mais importantes e tradicionais bancos de investimento do mundo, em setembro de 2008, o mercado de crédito mundial ficou paralisado, ao assistir a quedas vertiginosas dos valores das ações e dos ativos imobiliários, agora incapazes de servir como garantia suficiente para os níveis de endividamento das famílias.

O resultado dessa significativa contração do crédito foi uma redução apreciável do consumo das famílias, fazendo o multiplicador do gasto agregado funcionar de forma "perversa", ampliando a diminuição da demanda agregada, da produção e do emprego. Com a queda da renda que se seguiu ao alarmante aumento do desemprego, o consumo das famílias caiu ainda mais, realimentando os impactos recessivos da redução do gasto agregado.

O cenário parecia estar dado para o tipo de política fiscal recomendado por Keynes no contexto de uma recessão: aumento do gasto público, que incrementaria a demanda agregada e, portanto, a renda, que, por sua vez, elevaria o consumo das famílias, realimentando a expansão da demanda agregada e da própria renda, via multiplicador.

A política fiscal norte-americana implementada em 2008 seguiu essa orientação, empenhando-se, inicialmente, em resgatar bancos e empresas em dificuldades de solvência, tentando minimizar a contração da produção e do emprego, para depois conceder cortes de impostos, com o intuito de aumentar a renda disponível e, portanto, o consumo das famílias.

Contudo, para alguns analistas, a eficácia dessa política fiscal expansionista seria bastante reduzida, justamente porque o efeito multiplicador esperado seria baixo, dada a menor propensão a consumir dos norte-americanos, em decorrência da incerteza com relação ao futuro, do desemprego e da expectativa de redução futura das aposentadorias. Ademais, como grande parte dos bens de consumo adquiridos é importada, a elevação do gasto tenderia a gerar efeitos multiplicadores positivos fora dos Estados Unidos, em países, tais como a China, que se tenham convertido em grandes abastecedores desse mercado.

Apêndice A

Determinação da renda nacional de equilíbrio: análise algébrica

O modelo macroeconômico básico, ou modelo keynesiano, pode ser formalizado matematicamente como segue.

A renda nacional de equilíbrio (RN) é determinada pelo encontro da oferta agregada (OA) com a demanda agregada de bens e serviços (DA):

$$OA = DA$$

A oferta agregada é o próprio produto ou renda nacional:

$$OA = RN$$

e a demanda agregada é dada por:

$$DA = C + I + G + (X - M)$$

em que C é a despesa com bens de consumo, I, os gastos das empresas com investimentos, G, os gastos do governo, X, as exportações e M, as importações agregadas.

A condição de equilíbrio, isto é, o valor da RN que equilibra a oferta e a demanda agregadas, é determinada a partir da igualdade:

$$RN = C + I + G + (X - M)$$

Um exemplo numérico mostra como a RN é determinada.

Suponhamos uma economia a dois setores (sem governo e setor externo) em que a estimativa da relação entre consumo e renda seja dada pela equação:

$$C = 10 + 0,8 \, RND$$

em que RND é a renda nacional disponível (renda nacional RN menos o total dos tributos T).

Note que a função de consumo **C** é uma relação crescente, com inclinação igual a 0,8 e intercepto igual a 10.

Suponhamos ainda que o investimento seja igual a 5 e, apenas para simplificar, não dependa de variações da renda nacional.

Vimos que a condição de equilíbrio é igual a:

$$OA = DA$$

ou:

$$RN = C + I + G + (X - M)$$

Substituindo

$$C = 10 + 0,8 \, RND$$

e:

$$I = 5$$

na condição de equilíbrio, e lembrando que, por simplificação, $G = 0$, $X = 0$, $M = 0$ e $T = 0$ (com o que a renda nacional disponível **RND** = **RN** − **T** torna-se igual à renda nacional **RN**), segue que:

$$RN = 10 + 0,8 \, RN + 5$$

$$RN = 15 + 0,8 \, RN$$

Isolando **RN** no primeiro termo, vem:

$$RN - 0,8 \, RN = 15$$

$$0,2 \, RN = 15$$

$$RN = \frac{15}{0,5}$$

ou:

$$RN = 75$$

Essa seria, então, a renda nacional de equilíbrio, ou seja, a renda efetiva da economia, que equilibra a oferta e a demanda agregadas de bens e serviços.

Substituindo na função consumo o valor **RN** = **75** = **RND**, tem-se o consumo **C** = 70, para a **RN** de equilíbrio 75.

O valor da poupança agregada, para $RN = 75$, também pode ser obtido:

$$S = RND - C = 75 - 70 = 5$$

Essa RN de equilíbrio não necessariamente corresponde à renda ou produção de pleno emprego. Lembremos que a característica principal do modelo básico é justamente supor a economia operando abaixo do pleno emprego, o que diferencia a renda de equilíbrio (entre a oferta e a demanda agregadas) da renda de pleno emprego.

Exercício proposto

Dados:

função consumo agregado:	$C = 30 + 0{,}7\,RND$
investimento agregado:	$I = 30$
gastos do governo:	$G = 50$
tributação:	$T = 50$
exportações agregadas:	$X = 15$
importações agregadas:	$M = 10$

Calcular os valores de equilíbrio da renda nacional, do consumo e da poupança agregadas.

Apêndice B

O multiplicador keynesiano de gastos

Para exemplificar como opera o multiplicador keynesiano, suponhamos, no exercício do Apêndice A, um aumento de 2 nos gastos de investimento ($\Delta I = 2$). Assim, o investimento inicial dado passa de um nível $I_0 = 5$ para um nível $I_1 = 7$.

Agora, determinemos o equilíbrio da renda (quando a oferta agregada for igual à demanda agregada) para uma economia a dois setores (sem governo e sem o setor externo), supondo que, para um investimento igual a 5, a **RN** seja 75, e sabendo que a estimativa da relação entre consumo e renda é dada pela equação:

$$C = 10 + 0,8 \; RND$$

em que a RND é a renda nacional disponível, isto é, renda nacional menos o total de tributos.

Então:

$$OA = DA$$

Como estamos supondo economia a dois setores, segue que

$$RN = C + I$$
$$RN = 10 + 0,8 \; RN + 7$$
$$RN = 17 + 0,8 \; RN$$
$$RN = 85$$

Observe que um acréscimo nos gastos de investimento de 2 ($\Delta I = 2$) elevou a renda nacional de 75 para 85 ($\Delta RN = 10$); ou seja, houve um efeito multiplicador igual a 5, pois:

$$k = \frac{\Delta RN}{\Delta I} = \frac{10}{2} = 5$$

Prova-se matematicamente[9] que o multiplicador keynesiano de gastos é o inverso da propensão marginal a poupar, ou

$$k_I = \frac{1}{\text{propensão marginal a poupar}}$$

ou ainda

$$k_I = \frac{1}{1 - \text{propensão marginal a poupar}}$$

No exemplo anterior, pode-se comprovar que:

$$k_I = \frac{1}{1 - 1,08} = \frac{1}{0,2} = 5$$

Por essa razão, um aumento de investimentos de apenas 2 levou a um aumento da renda nacional de 10 (2×5).

Os multiplicadores dos demais elementos da demanda agregada (I, G, X, M) têm a mesma fórmula, com a diferença de que o multiplicador das importações tem o sinal negativo, pois representa um vazamento de renda para o exterior e não para a compra da produção nacional.

Questões para revisão

1. Qual a diferença fundamental entre a abordagem da contabilidade social e a da teoria macroeconômica?

2. Defina oferta agregada e demanda agregada de bens e serviços. Quais hipóteses são feitas para esses conceitos no modelo keynesiano básico?

3. Do que depende a demanda de investimentos em bens de capital?

4. Explique, usando um exemplo, como opera o multiplicador keynesiano de gastos.

5. Defina hiato do produto. Qual o significado de um hiato do produto positivo?

6. Coloque-se na posição de uma autoridade governamental e dê exemplo de uma medida de política fiscal para cada um dos casos a seguir:

   a) desemprego de recursos produtivos;

   b) inflação de demanda;

   c) desigualdade na distribuição entre classes de renda.

---

[9] Ver PINHO; VASCONCELLOS; TONETO JR. *Manual de Economia*, 2017. Capítulo 15.

O Lado Monetário da Economia

11.1 Conceito de moeda

Moeda é um instrumento ou objeto aceito pela coletividade para intermediar as transações econômicas, para pagamento de bens e serviços. Essa aceitação é garantida por lei, ou seja, a moeda tem "curso forçado".

Antes da existência da moeda, o fluxo de trocas de bens e serviços na economia dava-se por escambo, com trocas diretas de mercadoria por mercadoria (**economia de trocas**). É fácil imaginar os transtornos trazidos por tal mecanismo. Para que alguém adquira qualquer mercadoria, deve encontrar alguém que possua aquilo que está querendo adquirir e, simultaneamente, queira comprar aquilo que está sendo oferecido, portanto, é preciso que haja **dupla coincidência de desejos**. O desenvolvimento econômico seria facilmente obstruído pelo excesso de tempo que as pessoas despenderiam na realização dessas transações. Os indivíduos gastariam mais tempo trocando do que produzindo, limitando o tamanho do produto da sociedade.

Com a evolução da sociedade, certas mercadorias passaram a ser aceitas por todos, por suas características peculiares ou pelo próprio fato de serem escassas. Por exemplo, o sal, que, por ser escasso, era aceito na Roma Antiga como moeda. Em diversas épocas e locais diferentes, outros bens assumiram idêntica função. Veja que a **moeda mercadoria** constitui a forma mais primitiva de moeda na economia.

Os metais preciosos passaram a assumir a função de moeda por diversas razões: são limitados na natureza, possuem durabilidade e resistência, são divisíveis em peso etc. Para exercer o controle sobre os metais em circulação, foi implantada a "cunhagem" da moeda pelos governantes, o que deu origem à atual **moeda metálica**.

O **papel-moeda** de hoje teve origem na moeda-papel. As pessoas de posse de ouro, por questão de segurança, guardavam-no em casas especializadas (embrião do atual sistema bancário), onde ourives – pessoas que trabalhavam o ouro e a prata – emitiam certificados de depósito dos metais. Ao adquirir bens e serviços, as pessoas podiam fazer os pagamentos com esses certificados, e por serem transferíveis, o novo detentor do título poderia retirar o montante correspondente de metal com o ourives. Como o depositário do metal merecia a confiança de todos, esses certificados foram ganhando livre circulação, passando a ter aceitação geral, porque possuíam lastro e podiam ser convertidos a qualquer instante em ouro. Ao longo do tempo, entretanto, o lastro tornou-se menor que 100%, pois o ourives, percebendo que sempre permanecia em sua firma determinado montante de metais preciosos que não eram utilizados, passou a emitir moeda-papel em proveito próprio, sem nenhum lastro.

Mais tarde, a partir do século XVII, surgiram os bancos comerciais privados. Esses bancos começaram a emitir notas ou recibos bancários que passaram a circular como moeda, dando origem ao papel-moeda. Alguns desses bancos receberam o privilégio do monopólio da emissão de notas bancárias, sendo esse monopólio a origem de muitos bancos centrais, como o Banco da Inglaterra, fundado em 1694 por um grupo de banqueiros privados para financiar os déficits da Coroa.

Posteriormente, o Estado passou a monopolizar a emissão de papel-moeda lastreado em ouro (**padrão-ouro**). O ouro, contudo, é um metal com reservas limitadas na natureza, e o padrão-ouro passou a apresentar um obstáculo à expansão das economias nacionais e do comércio internacional, ao impor um limite à oferta monetária, uma vez que a capacidade de emitir moeda estava vinculada à quantidade de ouro existente. Dessa forma, a partir de 1920, o padrão-ouro foi abandonado e a emissão de moeda passou a ser livre, ou a critério das autoridades monetárias de cada país. Assim, a moeda passou a ser aceita por força de lei, denominando-se **moeda de curso forçado** ou **moeda fiduciária** (de fidúcia, confiança), não sendo lastreada em metais preciosos.

Um último esforço da manutenção do regime de moeda lastreada foi o Acordo de Bretton Woods (1944), pelo qual o dólar norte-americano respeitava uma regra de padrão-ouro, e as demais moedas tinham suas paridades fixadas em relação ao próprio dólar. Em 1971, com a suspensão da conversibilidade do dólar em ouro, quase todas as moedas nacionais do mundo passaram a ser fiduciárias.

11.2 Funções e tipos de moeda

As funções da moeda no sistema econômico são fundamentalmente as seguintes:

- **instrumento ou meio de trocas:** por ter aceitação geral, serve para intermediar o fluxo de bens, serviços e fatores de produção da economia. A posse da moeda representa liquidez imediata para quem a possui. **Liquidez** é a qualidade da moeda de se transformar em algum ativo, sem custos, ou vice-versa, de um ativo se transformar em moeda;
- **denominador comum monetário:** possibilita que sejam expressos em unidades monetárias os valores de todos os bens e serviços produzidos pelo sistema econômico. É um padrão de medida;
- **reserva de valor:** a moeda pode ser acumulada para a aquisição de um bem ou serviço no futuro. Claro está que o requisito básico para que a moeda funcione como reserva de valor é sua estabilidade diante dos preços dos bens e serviços, já que a inflação corrói o poder de compra da moeda, e a deflação (queda de preços) a valoriza.

11.2.1 Tipos de moeda

Definem-se três tipos de moeda:

- **moedas metálicas:** emitidas pelo Banco Central, constituem pequena parcela da oferta monetária e visam facilitar as operações de pequeno valor e/ou como unidade monetária fracionada (troco);
- **papel-moeda:** também emitido pelo Banco Central, representa parcela significativa da quantidade de dinheiro em poder do público;
- **moeda escritural ou bancária:** é representada pelos depósitos à vista (depósitos em conta corrente) nos bancos comerciais (é a moeda contábil, escriturada nos bancos comerciais).

O papel-moeda e as moedas metálicas em poder do público (famílias e empresas) são denominados **moeda manual**.

11.3 Oferta de moeda

Como qualquer mercadoria, a moeda tem seu preço e quantidade determinados pela oferta e demanda. A oferta de moeda é o suprimento de moeda para atender às necessidades da coletividade. Veremos que a moeda pode ser ofertada pelas autoridades monetárias e pelos bancos comerciais.

11.3.1 Conceito de meios de pagamento

A oferta de moeda também é chamada de meios de pagamento.

Os **meios de pagamento** constituem o total de moeda à disposição do setor privado não bancário, de liquidez imediata, ou seja, que pode ser utilizada imediatamente para efetuar transações.

Os meios de pagamento em sua forma tradicional são dados pela soma da moeda em poder do público mais os depósitos à vista nos bancos comerciais. Ou seja, pela soma da moeda manual e da moeda escritural.

Meios de pagamento = moeda em poder do público +
+ depósitos à vista nos bancos comerciais

ou:

$$M = PP + D$$

Os meios de pagamento representam, portanto, quanto a coletividade tem de moeda "física" (metálica e papel) com o público ou no cofre das empresas somado a quanto ela tem em conta-corrente nos bancos. Enfim, é a moeda que não está rendendo juros, aquela que não está aplicada em contas ou ativos remunerados.

Note, também, que o **conceito econômico de moeda é representado apenas pela moeda que está com o setor privado não bancário**, ou seja, exclui-se a moeda que está com os próprios bancos comerciais e a que está com as autoridades monetárias. Nesse sentido, os depósitos à vista ou em conta corrente não são dinheiro dos bancos, mas dinheiro que pertence ao público não bancário. O dinheiro que pertence aos bancos são seus **encaixes** (**caixa dos bancos comerciais**) e suas **reservas** (quanto os bancos comerciais mantêm depositado no Banco Central).

Também não são considerados, na definição tradicional de meios de pagamento, as cadernetas de poupança e os depósitos a prazo nos bancos comerciais (captados via certificados de depósitos bancários – CDBs), por duas razões: não são de liquidez imediata e são remunerados, isto é, rendem juros.

Os meios de pagamento, conceituados como moeda de liquidez imediata, que não rendem juros, também são chamados, na literatura mais específica, de *M1*. Para alguns objetivos, os economistas incluem como moeda a chamada **quase-moeda** – ativo que tem alta liquidez (embora não tão imediata) e que rende juros, como os títulos públicos, as cadernetas de poupança, os depósitos a prazo e alguns títulos privados, como letras de câmbio e letras imobiliárias. Assim, a inclusão da quase-moeda origina outras definições de moeda, como se segue:

- *M1* = moeda em poder do público + depósitos à vista nos bancos comerciais;
- *M2* = *M1* + depósitos para investimento + depósitos de poupança + títulos privados (depósitos a prazo, letras cambiais, hipotecárias e imobiliárias);
- *M3* = *M2* + fundos de renda fixa + operações compromissadas com títulos privados;
- *M4* = *M3* + títulos públicos federais, estaduais e municipais.

A Tabela 11.1 apresenta os valores dos agregados monetários para o mês de dezembro de 2021. Pode ser observado que o valor da moeda em poder do público é de apenas 3,0% do total dos agregados monetários, ilustrando como sua importância é pequena em termos relativos, com a quase totalidade da moeda ficando no sistema bancário.

Os meios de pagamento no conceito *M1* também são chamados de **ativos ou haveres monetários**. Os demais ativos financeiros, que rendem juros, são chamados de **ativos** ou **haveres não monetários**.

Tabela 11.1 Agregados Monetários no Brasil – Dezembro de 2021

	R$ milhões
M0 = Papel-moeda em poder do público	287.294
+ Depósitos à vista	343.505
= *M1*	630.799
+ Depósito de poupança	1.037.510
+ Títulos privados	2.629.237
= *M2*	4.297.547
+ Quotas de fundos monetários	4.415.250
+ Operações compromissadas com títulos privados	79.547
= *M3*	8.792.344
+ Títulos federais (Selic)	740.269
= *M4*	9.532.614

Fonte: Banco Central do Brasil.

Monetização e Desmonetização da Economia

Em processos inflacionários intensos, normalmente ocorre a chamada **desmonetização** da economia, isto é, diminuição da quantidade de moeda sobre o total de ativos financeiros, em decorrência do fato de as pessoas procurarem defender-se da inflação com aplicações financeiras que rendem juros.

A **monetização** é o processo inverso: com inflação baixa, as pessoas mantêm mais moeda que não rende juros em relação aos demais ativos financeiros.

O grau de **monetização** ou **desmonetização** pode ser medido pela razão $\frac{M1}{M4}$ quando *M1* aumenta em relação a *M4*, há monetização; quando *M1* cai relativamente a *M4*, ocorre a desmonetização.

A Tabela 11.2, apresenta o grau de monetização nos últimos três anos.

Tabela 11.2 Grau de monetização

Anos	*M1*	*M4*	Grau de monetização
2019	447,7	7.256,4	0,062
2020	641,1	8.446,3	0,076
2021	630,8	9.532,6	0,061

Fonte: Banco Central do Brasil. Disponível em: https://www.bcb.gov.br. Acesso em: 4 jan. 2023.

Como se observa, houve um aumento do grau de monetização em 2020, ano da eclosão da pandemia do coronavírus. Para minimizar seus efeitos sobre os trabalhadores que perderam emprego, e os mais pobres em geral, e sobre as empresas que tiveram uma enorme queda em suas atividades, o Governo aumentou os gastos públicos em programas de auxílios emergenciais.

Criação e Destruição de Moeda (ou de Meios de Pagamento)

Ocorre "**criação**" de moeda quando há aumento do volume de meios de pagamento; inversamente, a "**destruição**" de moeda ocorre quando se faz uma redução dos meios de pagamento. Alguns exemplos ilustram esses fatos:

- o **aumento dos empréstimos ao setor privado** é criação de moeda, pois os bancos comerciais tiram-na de suas reservas e a emprestam ao público;
- o **resgate de um empréstimo no banco** é destruição de moeda, reduzem-se os meios de pagamento, já que saem do público e retornam ao caixa dos bancos;
- quando o **depositante retira depósito à vista e o coloca em depósito a prazo** ocorre destruição de moeda, pois os depósitos a prazo não são meios de pagamento, dado que não são de liquidez imediata, e rendem juros.

Já com o saque de um cheque no balcão do banco não há nem criação nem destruição de meios de pagamento, pois simplesmente houve uma transferência de depósitos à vista (moeda escritural) para moeda em poder do público (moeda manual).

11.3.2 Oferta de moeda pelo Banco Central

O Banco Central é o órgão responsável pela execução da política monetária e cambial do país, tendo como objetivo regular o montante de moeda, o crédito, as taxas de juros e o câmbio, de forma compatível com o nível de atividade econômica e o equilíbrio do balanço de pagamentos. Em outras palavras, o Banco

Central deve procurar manter a liquidez da economia, atendendo às necessidades de transações do sistema econômico.

No Brasil, o Conselho Monetário Nacional (CMN) e o Banco Central desempenham o papel de autoridade monetária. O CMN é presidido pelo ministro da Fazenda, e tem como componentes o ministro do Planejamento e o presidente do Banco Central. Cabe ao CMN as principais funções normativas e ao Banco Central as funções executivas de supervisão e fiscalização bancária, cabendo-lhe cumprir e fazer cumprir as decisões do CMN. Por exemplo, a fixação das metas de inflação é decidida pelo CMN, cabendo ao Banco Central, por meio do Comitê de Política Monetária (Copom), fixar a taxa de juros Selic, de acordo com aquela meta de inflação.[1]

A seguir, neste e nos próximos capítulos, quando citarmos Banco Central, estaremos nos referindo às autoridades monetárias, o que inclui o CMN.

Funções clássicas do Banco Central:

- **execução da política monetária:** a principal atribuição de um Banco Central é o controle da oferta de moeda e crédito;
- **banco emissor:** cabe à autoridade monetária de um país a função de emitir o papel-moeda e a moeda metálica;
- **banco dos bancos:** o fluxo de caixa dos bancos tanto pode apresentar insuficiência de recursos como excesso. No primeiro caso, precisam ser socorridos, e quem o faz é o Banco Central. No segundo caso, os bancos, para não deixarem seus recursos ociosos, depositam-nos no Banco Central. Além disso, há a necessidade de transferência de fundos entre os bancos comerciais, como resultado positivo ou negativo da câmara de compensação de cheques e outros papéis, o que é feito por meio de suas contas no Banco Central. No Brasil, a câmara de compensação de cheques e outros papéis foi delegada ao Banco do Brasil, sob supervisão do Banco Central;
- **banco do governo:** cabe ao Banco Central receber depósitos do governo e lhe conceder créditos. Muitos hoje questionam essa função, devido à eventual utilização abusiva do Banco Central pelo governo para o financiamento de déficits públicos;[2]
- **controle e regulamentação da oferta de moeda**, que é uma função normativa: regula a moeda e o crédito do sistema econômico;

---

[1] Serviço Especial de Liquidação e Custódia (Selic). O Copom reúne-se a cada 45 dias e, além de fixar a taxa de juros Selic, indica a tendência (viés) da taxa de juros no período que antecede a próxima reunião.

[2] Essa questão do financiamento inflacionário das necessidades do governo é uma das preocupações principais de vários defensores, no mundo, da independência do Banco Central. Esse cuidado também existe no Brasil, o que explica a vedação constitucional de o "Banco Central conceder, direta ou indiretamente, empréstimos ao Tesouro Nacional e a qualquer órgão ou entidade que não seja instituição financeira" (art. 164, §1º). Não obstante, o mesmo artigo constitucional determina que "as disponibilidades de caixa da União serão depositadas no Banco Central" (art. 164, § 3º).

- **execução da política cambial e administração do câmbio:** controle das operações com moeda estrangeira e capitais financeiros externos. Uma das mais importantes missões do Banco Central é a defesa da moeda nacional;
- **fiscalização das instituições financeiras.**

Para exercer essas funções, o Banco Central utiliza os instrumentos de política monetária.

Instrumentos de Política Monetária

As alterações de política monetária, sejam em função dos objetivos mais gerais de política econômica, sejam para correções de eventuais desvios na expansão ou contração dos meios de pagamento com relação à programação monetária, são feitas por meio dos seguintes instrumentos:

- **controle das emissões:** o Banco Central controla, por força de lei, o volume de moeda manual da economia, cabendo a ele as determinações das necessidades de novas emissões e respectivos volumes;
- **depósitos compulsórios ou reservas obrigatórias:** os bancos comerciais, além de possuírem os chamados **encaixes técnicos** (o caixa dos bancos comerciais), são obrigados a depositar no Banco Central um percentual determinado por este sobre os depósitos à vista. Basta o Banco Central aumentar ou diminuir o percentual do depósito compulsório para influir no volume ofertado de empréstimos bancários (e, portanto, na **criação de depósitos ou moeda escritural**). Além de uma conta de depósitos compulsórios, os bancos comerciais mantêm no Banco Central uma conta de **depósitos voluntários** (ou **reservas livres**), em que são lançados os cheques de compensação entre os bancos;
- **operações com mercado aberto (*open market*):** consistem na compra e venda de títulos públicos ou obrigações pelo governo. O Banco Central mantém uma carteira de títulos para realizar operações reguladoras da oferta monetária. Quando o governo coloca seus títulos para o público, o efeito é o de reduzir os meios de pagamento ("enxugar" os meios de pagamento), já que parte da moeda em poder do público retorna ao governo como pagamento desses títulos. Ao contrário, quando o governo compra os títulos, efetua pagamento em moeda a seus portadores, o que aumenta a oferta de moeda (os meios de pagamento). Essas operações afetam e são afetadas pelas remunerações oferecidas por esses títulos, que é a taxa de juros básica da economia (no Brasil, a taxa Selic): para vender os títulos públicos, o Banco Central normalmente deve elevar a taxa de juros;
- **operações de redesconto:** englobam a liberação de recursos pelo Banco Central aos bancos comerciais, que podem ser empréstimos ou redesconto de títulos. Existem os **redescontos de liquidez**, que são empréstimos para os bancos comerciais cobrirem eventual débito na compensação de cheques, e os **redescontos especiais** ou **seletivos**, que são empréstimos autorizados

pelo Banco Central visando beneficiar setores específicos. Por exemplo, para estimular a compra de máquinas agrícolas, o Banco Central abre uma linha especial de crédito, pela qual os bancos comerciais emprestam (descontam) aos produtores rurais e redescontam o título no Banco Central. A mudança na taxa cobrada pelas autoridades monetárias influi no sentido de aumentar ou diminuir o crédito concedido aos bancos comerciais.

Além desses instrumentos típicos da política econômica, o Banco Central pode afetar o fluxo de moeda pela **regulamentação da moeda e do crédito**, por exemplo, fixando a taxa de juros Selic, a taxa de juros de redesconto, a Taxa de Longo Prazo (TLP),[3] ou com **medidas macroprudenciais**, que envolvem a exigência de capital próprio dos bancos, cobertura de crédito e fixação de prazos para o crédito ao consumidor. A fixação da taxa do compulsório também é considerada um tipo de medida macroprudencial.

Vale dizer que, embora não seja incluída explicitamente como instrumento de política monetária, a taxa de juros (no Brasil, a Selic) é a principal variável de controle da política monetária. Ela é determinada muito mais em função de objetivos gerais de política econômica, como o acompanhamento do nível de emprego e da taxa de inflação do que de operações específicas do mercado financeiro.

11.3.3 Oferta de moeda pelos bancos comerciais. O multiplicador monetário

Os bancos comerciais também podem aumentar os meios de pagamento (isto é, aumentar a oferta de moeda) com a multiplicação da moeda escritural ou depósitos à vista.

Um depósito à vista ou em conta-corrente em um banco comercial representa um fundo disponível, que pode ser movimentado a qualquer instante pelo titular da conta-corrente por meio de cheque. No entanto, existe um fluxo contínuo de depósitos e saques, de tal forma que o banco não precisa manter a totalidade dos recursos captados de depósitos à vista para fazer frente aos pagamentos dos cheques emitidos pelos correntistas. Dessa forma, o banco precisa guardar em seus cofres apenas a parte dos depósitos à vista que lhe permita cobrir as reservas técnicas ou de caixa (para pagamento dos cheques) e os depósitos compulsórios e voluntários (cheques de compensação), podendo emprestar o restante a seus clientes, pois dispõe de uma **carta-patente** que lhe permite fazer isso.

O cliente que tomou o dinheiro emprestado faz um depósito à vista no mesmo ou em outro banco. Desse novo depósito, o banco retém o montante de reservas

---

[3] A TLP é a taxa utilizada nos empréstimos de longo prazo concedidos pelo Banco Nacional de Desenvolvimento Econômico e Social (BNDES). Entrou em vigor em 1º de janeiro de 2018, em substituição à Taxa de Juros de Longo Prazo (TJLP). É uma taxa subsidiada, abaixo da taxa básica de mercado Selic.

que cubra as reservas técnicas, bem como o depósito compulsório e o depósito voluntário no Banco Central, e o restante torna a emprestar para outro cliente, que, por sua vez, faz novo depósito à vista, e assim sucessivamente.

Note que apenas os bancos comerciais, entre os intermediários financeiros privados, podem efetuar empréstimos com suas obrigações, isto é, depósitos à vista. Os chamados **intermediários financeiros não bancários**, como as financeiras e os bancos de investimento, apenas transferem recursos de aplicadores para tomadores, e suas obrigações não são consideradas meios de pagamento. Assim, **apenas os bancos comerciais podem criar oferta de moeda**, por terem carta-patente que lhes permite emprestar os depósitos do público, enquanto as instituições financeiras não bancárias não são autorizadas a manter depósitos, apenas transferindo dinheiro de emprestadores para tomadores, não criando moeda (meios de pagamento) adicional com essas operações.

O efeito de criação múltipla de depósito à vista e, portanto, de meios de pagamento pode ser visualizado na Tabela 11.3. Supondo-se que:

a) a emissão primária da moeda pelo Banco Central é de $ 100.000, sendo essa quantidade de moeda entregue ao público;

b) as pessoas depositam todo o dinheiro nos bancos comerciais para movimentá-lo por meio de cheques (por simplificação, estamos supondo por enquanto que, nesse processo, o público não retém essa moeda adicional);

c) os bancos precisam manter, em reservas técnicas, compulsórias e voluntárias, 40% dos depósitos;

d) os bancos retêm apenas o necessário para cobrir as reservas e emprestarão os recursos remanescentes.

Tabela 11.3 O efeito de criação múltipla do depósito à vista

Banco	Depósito à vista	Reserva dos bancos comerciais (40% dos depósitos à vista)	Empréstimos
A	100.000	40.000	60.000
B	60.000	24.000	36.000
C	36.000	14.400	21.600
D	21.600	8.640	12.960
E	12.960	5.184	7.776
Demais bancos somados	19.440	7.776	11.664
Total	250.000	100.000	150.000

Como observado no exemplo, a oferta inicial de **moeda manual** de até $ 100.000 transformou-se em uma oferta total de **moeda escritural** (depósitos à vista) de $ 250.000.

O efeito multiplicador da **moeda escritural** é dado por uma progressão geométrica decrescente. De forma mais simples, ele é dado pelo **inverso da porcentagem da reserva bancária**, ou:

$$m = \frac{1}{r}$$

em que:

m = multiplicador monetário;

r = taxa ou percentagem de reserva dos bancos comerciais sobre os depósitos à vista.

Multiplicador da Base Monetária

O multiplicador do exemplo anterior está bastante simplificado, uma vez que não considera o efeito da retenção de moeda em poder do público no mecanismo de multiplicação. Quanto mais o público (pessoas físicas e empresas não financeiras) retém, menos deposita nos bancos, e menor a multiplicação monetária.

A fórmula do multiplicador mais conhecida é a do multiplicador da base monetária. A **base monetária** é a soma da moeda em poder do público e das reservas bancárias (técnicas, compulsórias e voluntárias). É praticamente o total da moeda emitida, excluindo apenas a moeda que permaneceu com o Banco Central. Assim, do que foi emitido, uma parte está em mãos do público e nos cofres das empresas, e a outra está em poder de bancos comerciais (ou em seu caixa, ou, então, depositado no Banco Central, à sua ordem).

Chamando:

PP = saldo da moeda em poder do público;

R = total das reservas bancárias;

D = saldo dos depósitos à vista;

M = saldo dos meios de pagamento = $PP + D$;

B = saldo da base monetária = $PP + R$;

e sabendo que os meios de pagamento são um múltiplo da base monetária (pois os depósitos à vista superam o total de reservas bancárias), tem-se:

$$M = mB$$

Dessa forma, o **multiplicador da base monetária** é igual a

$$m = \frac{M}{B}$$

Há uma relação inversa entre o multiplicador e as taxas de retenção de moeda pelo público e de reservas bancárias. A decisão do público de reter mais moeda em seu poder, não depositando nos bancos comerciais, bem como o aumento da taxa de reservas requeridas pelos bancos comerciais (um aumento no compulsório), diminui a quantidade disponível de recursos na rede bancária para os bancos emprestarem.

O multiplicador da base monetária também pode ser calculado a partir das taxas de retenção do público, taxa de depósitos bancários e da taxa de reservas bancárias. Conforme demonstrado no Apêndice B, sua fórmula é

$$m = \frac{1}{c + dr}$$

em que:

$c = \dfrac{PP}{M}$ = taxa de retenção do público, ou preferência do público por moeda;

$d = \dfrac{D}{M}$ = taxa de depósitos à vista ou preferência do público por depósitos à vista;

$r = \dfrac{R}{D}$ = taxa de reservas bancárias.[4]

A Tabela 11.4, mostra a evolução desses parâmetros e do multiplicador monetário nos últimos anos.

Capítulo 11 – O Lado Monetário da Economia

---

[4] No Brasil, a fórmula utilizada pelo Banco Central, é: $m = \dfrac{1}{C + D\,(R1 + R2)}$ em que C é a percentagem da moeda retida pelo público sobre $M1$; D é a percentagem dos depósitos à vista sobre os meios de pagamento $M1$; $R1$ é a taxa de encaixes (caixa dos bancos comerciais) sobre os depósitos à vista; e $R2$ é a taxa de reservas (voluntárias mais compulsórias) sobre os depósitos à vista.

Tabela 11.4	Multiplicador e coeficientes de comportamento monetário* — média nos dias úteis do mês[5]				
Período	Comportamento do público		Comportamento dos bancos		Multiplicador monetário
	$C = \dfrac{PP}{M1}$	$D = \dfrac{DV}{M1}$	$R_1 = \dfrac{CX}{DV}$	$R_2 = \dfrac{RB}{DV}$	$K = \dfrac{1}{C + D\,(R_1 + R_2)} = \dfrac{M1}{B}$
2019 Dez.	0,52	0,48	0,22	0,20	1,38
2020 Dez.	0,50	0,50	0,19	0,20	1,45
2021 Dez.	0,48	0,52	0,17	0,21	1,47

* Em que:

C – Preferência do público por papel-moeda.

PP – Papel-moeda em poder do público.

$M1$ – Meios de pagamento.

D – Preferência do público por depósitos à vista.

DV – Depósitos à vista.

$R1$ – Taxa de encaixe em moeda corrente.

CX – Encaixe de moeda corrente.

$R2$ – Taxa de reservas bancárias.

RB – Reservas bancárias.

K – Multiplicador monetário.

B – Base monetária.

Exercício: Multiplicador da Base Monetária

Dados, em R$ milhões:

a) Saldo moeda em poder do público (PP)   30.000
b) Saldo depósitos à vista bancos comerciais (DV)   40.000
c) Saldo caixa dos bancos comerciais ($R1$)   12.000
d) Saldo reservas voluntárias e compulsórias dos bancos comerciais ($R2$)   8.000

Calcular o multiplicador monetário.

a) Cálculo a partir da própria definição:

$$m = \frac{M1}{B} = \frac{PP + DV}{PP + (R1 + R2)} = \frac{30.000 + 40.000}{30.000 + (12.000 + 8.000)} = \frac{70.000}{50.000} = 1,4$$

---

[5] No texto, o multiplicador monetário tem a notação "m", para que não seja confundido com o multiplicador keynesiano de gastos, que tem a letra "k", visto no capítulo anterior. Mantivemos nesta tabela a notação do site do Banco Central.

b) Cálculo a partir das taxas de comportamento do público e dos bancos:

$$C = \frac{PP}{M1} = \frac{30.000}{70.000} = 0,4286$$

$$d = \frac{DV}{M1} = \frac{40.000}{70.000} = 0,571$$

$$r = \frac{R}{DV} = \frac{R1 + R2}{DV} = \frac{12.000 + 8.000}{40.000} = 0,5$$

Segue que:

$$m = \frac{1}{0,4286 + 0,571\ (0,5)} \cong \frac{1}{0,714} \cong 1,4$$

Portanto, um aumento de, por exemplo, R$ 1 bilhão da base monetária, leva a um aumento de R$ 1,4 bilhões no saldo dos meios de pagamento.

Ressaltamos que o multiplicador monetário não tem nenhuma relação com o multiplicador keynesiano de gastos visto no capítulo anterior. O multiplicador monetário se refere ao mecanismo de multiplicação de moeda (meios de pagamento), enquanto o multiplicador keynesiano diz respeito ao efeito dos gastos sobre o nível de renda (não na moeda), refletindo um efeito na produção real de bens e serviços.

11.4 Demanda de moeda

A **demanda** ou **procura de moeda** pela coletividade corresponde à quantidade de moeda que o setor privado não bancário retém, em média, seja com o público, seja no cofre das empresas, e em depósitos à vista nos bancos comerciais.

Por que pessoas e empresas retêm dinheiro que não rende juros, em vez de utilizá-lo na compra de títulos, imóveis etc.? Isto é, quais os motivos ou razões para a demanda de moeda *per se*?

São três as razões pelas quais se retém moeda:

- **demanda de moeda para transações:** as pessoas e empresas precisam de dinheiro para suas transações do dia a dia, para alimentação, transporte, aluguel etc.;
- **demanda de moeda por precaução:** o público e as empresas precisam ter certa reserva monetária para efetuar pagamentos imprevistos ou atrasos em recebimentos esperados;

- **demanda de moeda por especulação (ou por portfólio):** dentro de sua carteira de aplicações (portfólio), os investidores devem deixar uma "cesta" para a moeda, observando o comportamento da rentabilidade dos vários títulos, para fazer algum novo negócio. Ou seja, a moeda, embora não apresente rendimentos, tem a vantagem de ter liquidez imediata e pode viabilizar novas aplicações.

As duas primeiras razões (transações e precaução) dependem diretamente do nível de renda. É de esperar que, quanto maior a renda (seja das pessoas, seja a renda nacional), maior a necessidade de moeda para transações e por precaução.

Considerando que a taxa de juros para quem possui moeda representa um rendimento, isto é, quanto se ganha com aplicações financeiras, há uma relação inversa entre demanda de moeda por especulação e taxa de juros. Quanto maior o rendimento dos títulos (a taxa de juros), menor a quantidade de moeda que o aplicador retém em sua carteira, já que é melhor utilizá-la na compra de ativos rentáveis.

O motivo especulação (e, portanto, a influência da taxa de juros sobre a demanda de moeda) foi outra contribuição de Keynes para a teoria macroeconômica. Antes, na chamada teoria clássica e neoclássica, a demanda de moeda era associada apenas à renda nacional, ou seja, só eram considerados os motivos transação e precaução para reter moeda.

11.5 O papel das taxas de juros

A taxa de juros tem um papel estratégico nas decisões dos mais variados agentes econômicos.

Para as empresas, as decisões dos empresários quanto à compra de máquinas, equipamentos, aumentos ou diminuição de estoques, de matérias-primas ou de bens finais, e de montantes de capital de giro serão determinadas não só pelo nível atual, mas também pelas expectativas quanto aos níveis futuros das taxas de juros. Se as expectativas quanto à trajetória das taxas de juros se tornarem pessimistas, os empresários deverão manter níveis baixos de estoques e mesmo de capital de giro no presente, uma vez que o custo de manutenção desses ativos poderá ser extremamente oneroso no futuro. O nível da taxa de juros também vai afetar as decisões de investimento em bens de capital: se as taxas estiverem elevadas, isso inviabilizará muitos projetos de investimentos, e os empresários optarão por aplicar seus recursos no mercado financeiro.

Os consumidores, por sua vez, exercerão um maior poder de compra à medida que as taxas de juros diminuírem, e o contrário, se as taxas de juros aumentarem. Desse modo, se as autoridades governamentais optam por uma redução do nível da demanda, a taxa de juros tem um importante papel, pois a determinação de seu patamar acabará por influenciar o volume de consumo, notadamente de bens de consumo duráveis, por parte das famílias. Além de representar um aumento do custo do financiamento de bens de consumo, taxas de juros elevadas fazem que as pessoas passem a preferir poupança a consumo, e dirijam sua renda não gasta para o mercado financeiro.

A fixação da taxa de juros doméstica, por outro lado, está relacionada com a demanda de crédito nos mercados financeiros internacionais. Se, por exemplo, tudo o mais constante, a taxa de juros no Brasil se tornar relativamente mais elevada do que a taxa praticada nos Estados Unidos, haverá maior demanda de crédito externo por parte das empresas brasileiras comparativamente à situação anterior; o contrário se observará se a taxa de juros diminuir no mercado interno. O movimento de capitais financeiros internacionais está, desse modo, condicionado aos diferenciais de taxas de juros entre os diversos países.

11.5.1 Taxa de juros nominal e taxa de juros real

As diferenças entre as taxas de juros nominais e as taxas de juros reais merecem uma atenção especial, pois elas têm implicações nas decisões de investimento. As taxas de juros nominais constituem um pagamento expresso em percentagem mensal, trimestral, anual etc., que um tomador de empréstimos faz ao emprestador em troca do uso de determinada quantia de dinheiro. Se não houver inflação no período, a taxa de juros nominal será igual à taxa de juros real desse mesmo período de tempo.

Contudo, quando há inflação, torna-se importante distinguir a taxa de juros nominal da taxa de juros real. Assim, enquanto a **taxa de juros nominal** mede o preço pago ao poupador por suas decisões de poupar, ou seja, de transferir o consumo presente para o consumo futuro, a **taxa de juros real** mede o retorno de uma aplicação em termos de quantidades de bens, isto é, já descontada a taxa de inflação.

A relação entre a taxa nominal de juros, a taxa real e a inflação é dada pela **equação de Fisher:**

$$(1 + i) = (1 + r)(1 + \pi)$$

em que:

i = taxa nominal de juros;

r = taxa real de juros;

π = taxa de inflação esperada.

Tem-se, então, que:

$$(1+r) = \frac{(1+i)}{(1+\pi)}$$

e:

$$r = \frac{(1+i)}{(1+\pi)} - 1$$

Como exemplo, vamos supor que a taxa de inflação esperada para o ano seja de 4%. Supondo ainda que o Copom fixe a taxa de juros Selic (nominal) em 6,5% para o ano,[6] qual será a taxa real de juros? Aplicando-se a fórmula anterior, temos:

$$r = \frac{(1+0,065)}{(1+0,04)} - 1 = \frac{1,065}{1,04} - 1 \cong 1,024 - 1 \cong 0,024$$

ou, em termos percentuais $(0,024 \times 100)$, a taxa real de juros esperada é de 2,4% no ano.

11.6 Moeda, nível de atividade e inflação: interligação entre o lado real e o lado monetário da economia

No Capítulo 10, analisamos o mercado de bens e serviços (lado real) e destacamos o papel dos instrumentos fiscais (tributação e gastos públicos) e sua aplicação no equacionamento de questões econômicas como desemprego e inflação. Mostraremos agora como os instrumentos de política monetária podem ser utilizados na solução dessas questões. A base para essa análise é a chamada teoria quantitativa da moeda, que passamos a discutir.

11.6.1 Teoria quantitativa da moeda

Existe uma relação direta entre o volume de moeda no sistema econômico e o lado real da economia, ou seja, há uma correspondência entre o total dos meios de pagamentos em um sistema econômico e o valor global dos bens e serviços transacionados.

Para entendermos como se dá a correspondência entre moeda, nível de atividade e inflação, precisamos de um novo conceito, o de velocidade-renda da moeda.

A **velocidade-renda da moeda**, também chamada de **velocidade de circulação da moeda**, é o número de vezes que o estoque de moeda passa de mão

---

[6] A Constituição Federal de 1988 diz que "as taxas de juros reais, nelas incluídas comissões e quaisquer outras remunerações direta ou indiretamente referidas à concessão de crédito, não poderão ser superiores a doze por cento ao ano; a cobrança acima deste limite será conceituada crime de usura, punido, em todas as suas modalidades, nos termos que a lei determinar".

em mão, em certo período, gerando produção e renda. É o número de giros da moeda, criando renda. É dada pela expressão:

$$V = \frac{PIB\ nominal}{saldo\ dos\ meios\ de\ pagamento\ (M)}$$

Supondo um PIB nominal (ou PIB monetário, igual ao PIB real vezes o nível geral de preços) igual a $ 500 bilhões e um saldo de meios de pagamento de $ 100 bilhões:

$$V = \frac{\$500\ bilhões}{\$100\ bilhões} = 5$$

Isso significa que o estoque de moeda de $ 100 bilhões girou cinco vezes no período, criando $ 500 bilhões de renda e produto (PIB). Cada unidade monetária criou cinco unidades de renda.

Em tempos de inflação mais baixa, a velocidade-renda da moeda costuma se reduzir. Isso ocorreu, por exemplo, após a implantação do Plano Real, em 1994, quando a taxa de inflação caiu substancialmente. Essa queda fez que muitas pessoas e empresas passassem a reter mais moeda porque não rendia juros ($M1$). Ou seja, como a velocidade é a razão entre o PIB nominal e $M1$, $M1$ aumentou mais que proporcionalmente em relação ao PIB, o que correspondeu a um aumento do grau de monetização da economia.

Isso posto, a **teoria quantitativa da moeda**, que mostra a correspondência entre os fluxos real e monetário, é dada pela expressão:

$$MV = Py$$

em que:

M = a quantidade de moeda na economia (manual + escritural), isto é, nas mãos do público e das empresas e em depósitos em conta-corrente nos bancos comerciais;

V = velocidade-renda da moeda;

P = nível geral de preços;

y = nível de renda nacional real (que é igual ao PIB nominal, deflacionado pelo índice geral de preços, ou seja, $y = \dfrac{PIB\ nominal}{P}$

O lado esquerdo da equação (MV) é explicado a partir do fato de que a quantidade de moeda na economia depende da velocidade com que ela circula. O lado direito da equação (Py) mostra que o valor total do PIB nominal será igual à quantidade de bens e serviços finais (PIB real) produzida vezes o preço dos bens e serviços finais transacionados no período.

Evidentemente, os dois lados da equação são iguais, por definição: a quantidade de moeda multiplicada pelo número de vezes em que ela circula, criando renda, é igual ao valor da renda (PIB) criada.

Usando o exemplo anterior, o saldo monetário de $ 100 bilhões, multiplicando sua velocidade-renda (5), será igual ao próprio PIB monetário de $ 500 bilhões.

Existem várias teorias sobre os fatores que afetam a velocidade-renda da moeda. Na chamada **teoria clássica**, supõe-se que seja constante no curto prazo, já que depende de fatores que só atuam no longo prazo, tais como os **hábitos da coletividade** (uso de cartões de crédito, de cheques) e o **grau de verticalização** da economia. O grau de verticalização ocorre quando, por exemplo, as empresas produtoras de bens finais resolvem também produzir alguns componentes (por exemplo, a Ford que comprou a Philco, que produzia rádios para a Ford). Evidentemente, a Ford não precisa pagar a Philco em moeda corrente pelos rádios dos carros que produz, bastando apenas o registro contábil destes, o que dispensa o uso de numerário.

Para Keynes, a velocidade-renda da moeda é afetada no curto prazo pelas taxas de juros. Com o aumento do nível das taxas de juros, as pessoas reterão menos moeda, e sua velocidade de giro aumentará (isto é, como o saldo M diminui, a um dado PIB, V se eleva). As pessoas procuram livrar-se rapidamente da moeda que não rende juros.

Outros economistas, principalmente os chamados **monetaristas**, consideram que a velocidade-renda da moeda é afetada também pelas expectativas de inflação futura: se as pessoas julgam que a inflação deve aumentar, elas procuram se livrar da moeda, que não rende juros, e seu poder aquisitivo é corroído pela inflação. A velocidade de giro aumentaria, então. Como já observamos, a queda da velocidade-renda da moeda desde 1994 deveu-se, em larga medida, à queda gradativa das taxas de inflação no período.

11.6.2 Moeda e políticas de expansão do nível de atividade

Suponhamos que a economia esteja operando abaixo do pleno emprego de sua produção potencial.

Como vimos no capítulo anterior, a estratégia adequada, no curto prazo, é estimular a demanda ou procura de bens e serviços para que as empresas tenham compradores para sua produção. Vimos também que a política fiscal de efeito mais rápido é o aumento dos gastos públicos. O governo deve promover o estímulo ao consumo de bens e serviços e aos investimentos em bens de capital e na ampliação de empresas, reduzindo a carga tributária. Ainda dentro da política fiscal, as autoridades econômicas devem criar estímulos às exportações (como isenções fiscais, por exemplo).

Agora estamos interessados na contribuição da política monetária para elevar o nível de atividade e de emprego da economia no curto prazo. Evidentemente, trata-se de promover uma **política monetária expansionista**, o que pode ser feito utilizando-se vários instrumentos:

- reduzir a taxa de juros básica (no Brasil, a taxa de juros Selic);
- aumentar as emissões de moeda, na exata medida das necessidades dos agentes econômicos, para não gerar inflação;
- diminuir a taxa do compulsório, ou seja, diminuir o percentual dos depósitos que os bancos comerciais devem reter à ordem do Banco Central, o que permitirá elevar o crédito bancário;
- recomprar títulos públicos no mercado, ou seja, "trocar papel por moeda", o que elevará a quantidade de moeda disponível no mercado;
- diminuir a regulamentação no mercado de crédito, principalmente nos limites impostos aos prazos de empréstimos, ou no montante do crédito direto ao consumidor etc.

Tais medidas causarão impactos diretos sobre o nível de produto e renda da economia. Em termos da teoria quantitativa da moeda, e supondo que a velocidade-renda (V) e o nível de preços (P) não se alterem, se tivermos um aumento, por exemplo, de 10% na oferta monetária M, pode-se esperar um aumento de renda (e do emprego) da mesma magnitude, pois:

$$M \qquad V \qquad = \qquad P \qquad y$$

(aumenta 10%) **(constante)** **(constante)** **(aumenta 10%)**

O sentido geral de uma política monetária expansionista é esse. Evidentemente, na prática, não existem em Economia proporcionalidades tão exatas. A expansão da moeda e do crédito deve diminuir a taxa de juros de mercado. Se for válida a hipótese de Keynes de que existe uma demanda especulativa de moeda, parte da expansão monetária ficará retida em mãos dos especuladores, dependendo do nível de taxas de juros, e não será utilizada imediatamente para atividades produtivas.

Por outro lado, precisamos conhecer **a elasticidade dos investimentos em relação às taxas de juros**, isto é, a sensibilidade ou resposta dos investimentos das empresas em relação à taxa de juros de mercado, para verificar qual o impacto final sobre a demanda agregada e sobre o nível de atividade e emprego.

É oportuno salientar que a expansão monetária deve levar ao aumento do nível de renda real y, mas também pode conduzir ao aumento de preços P. Apesar de um desemprego em nível agregado, alguns setores ou ramos de atividade podem estar operando à plena capacidade. Nesses setores, o estímulo ao aumento da demanda agregada, por meio de políticas monetárias ou fiscais expansionistas, provocaria apenas aumento do nível de preços, e não da produção e emprego.

11.6.3 A relação entre a oferta monetária e o processo inflacionário

Vamos supor agora uma economia que esteja atravessando um processo inflacionário. Vejamos como os instrumentos de política monetária podem ser utilizados para debelar ou amenizar esse processo.

Definimos no capítulo anterior o **hiato inflacionário** que ocorre quando a demanda agregada de bens e serviços está bastante aquecida e supera a capacidade produtiva da economia, ou a oferta de pleno emprego. É uma típica inflação de demanda.

Em tese, como se trata de uma situação em que a oferta agregada é escassa em relação à demanda, o ideal seria elevar a oferta, e não diminuir a procura. Em termos de política monetária, a oferta pode ser elevada por maior disponibilidade de financiamento à produção e diminuição das taxas de juros, inclusive subsidiadas. Entretanto, a oferta agregada é relativamente rígida no curto prazo, pois depende de recursos para ampliar as instalações da empresa, disponibilidade de mão de obra e tecnologia, que requerem um prazo maior para aquisição e posterior maturação, quando a produção se inicia.

Assim, para obter resultados mais rápidos, a política anti-inflacionária deve centrar-se no controle da demanda agregada. Os instrumentos recomendados de política monetária seriam dirigidos no sentido de "enxugar" os meios de pagamento, tais como:

a) aumento da taxa de juros básica (Selic);
b) controle das emissões pelo Banco Central;
c) venda de títulos públicos, retirando moeda de circulação;
d) elevação da taxa sobre as reservas compulsórias, diminuindo a disponibilidade dos bancos comerciais de efetuar empréstimos ao setor privado;
e) alteração das normas e regulamentação da concessão de créditos, diminuindo os prazos ou aumentando as exigências de contrapartida do comprador no crédito direto ao consumidor.

Recorrendo novamente à teoria quantitativa da moeda, supondo a velocidade-renda e a renda real y constantes, no nível de pleno emprego tem-se:

$$M \qquad V \qquad = \qquad P \qquad y$$

M	V	=	P	y
(queda)	(constante)		(queda)	(constante)

Medidas de controle da demanda agregada, sejam fiscais ou monetárias, só são eficazes se a inflação for de demanda. No caso de um diagnóstico de **inflação de custos**, em que existe uma escassez de oferta devido aos altos custos de produção (a oferta encontra-se abaixo do pleno emprego), apertos monetários e fiscais aprofundam ainda mais o desemprego já existente. Voltaremos a esse ponto no Capítulo 13.

11.6.4 Eficácia das políticas monetária e fiscal

A eficácia das políticas monetária e fiscal pode ser avaliada a partir de sua velocidade de implementação, pelo grau de intervenção na economia e pela importância relativa das taxas de juros e do multiplicador keynesiano.

Quanto à **velocidade de implementação**, já pudemos observar que a política monetária é mais eficaz que a política fiscal, pois as decisões das autoridades monetárias normalmente são aplicadas de imediato, enquanto as decisões na área fiscal de acordo com a Constituição Federal, devem ser aprovadas pelo Poder Legislativo, e só são implementadas no exercício fiscal seguinte, devido ao princípio da anterioridade.

Quanto ao **grau de intervenção na economia**, a política fiscal é mais profunda que a política monetária. Uma alteração na alíquota de impostos, a criação de novos impostos ou a elevação dos gastos públicos, por exemplo, afetam muito mais o setor privado do que qualquer política monetária (que sempre deixa um grau de liberdade para o setor privado para tomada de decisões).

A discussão da eficácia das políticas econômicas também depende **do papel da taxa de juros** – em particular, na sensibilidade (elasticidade) dos investimentos privados e na demanda de moeda especulativa em relação à taxa de juros – e do **multiplicador keynesiano**, a saber:

a) quanto maior a **sensibilidade dos investimentos em relação à taxa de juros**, maior a eficácia da política monetária. Por exemplo, uma política monetária expansionista tende a diminuir o custo do dinheiro (e, portanto, da taxa de juros). Se os investidores forem sensíveis a essa queda dos juros, tenderão a aumentar seus investimentos, com o consequente aumento da demanda agregada e do nível de produto e renda;

b) quanto maior a **sensibilidade da demanda especulativa relativamente à taxa de juros**, menor a eficácia da política monetária. Supondo novamente uma política monetária expansionista e a consequente queda dos juros, pode ocorrer que a maior parte da moeda fique nas mãos dos especuladores, já que a rentabilidade dos títulos está baixa (juros baixos) e eles esperam que deva melhorar no futuro (por isso guardam moeda para especulação). Keynes imaginou uma situação, inclusive, em que toda moeda adicional iria para a especulação. A essa situação ele denominou **armadilha da liquidez**, quando a política monetária é totalmente ineficaz (e a única política econômica adequada seria a política fiscal);

c) quanto maior o **valor do multiplicador keynesiano de gastos**, maior a eficácia da política fiscal. Por exemplo, dada uma expansão dos gastos públicos, ou investimentos, ou redução da carga fiscal, o impacto sobre o nível de atividade e emprego seria mais poderoso quanto maior o efeito multiplicador.

A questão da eficácia das políticas monetárias e fiscais está no cerne do debate entre os keynesianos (**fiscalistas**) e os **monetaristas** ou **neoclássicos**.

Os keynesianos destacam os instrumentos de política fiscal (que é mais intervencionista que a política monetária) e também enfatizam o papel do mecanismo multiplicador keynesiano, que coloca em evidência o papel da política fiscal no aumento do nível de renda. Já os **monetaristas** consideram que a política monetária interfere menos na estrutura econômica, pois discrimina menos os setores, regiões e público do que a política fiscal (por exemplo, uma elevação das taxas de juros afeta praticamente todo mundo de maneira indistinta, enquanto um aumento na alíquota de um imposto, ou de gastos em determinada região, é mais discriminatório).

11.7 O sistema financeiro

Para avaliar o grau de desenvolvimento de determinado país, há vários indicadores econômicos. Um deles, sem dúvida alguma, é o tamanho e a diversificação de seu sistema financeiro. Um sistema financeiro forte e bem diversificado é condição necessária para atrair poupanças, sejam elas nacionais ou estrangeiras.

Com o crescimento econômico, inúmeros agentes vislumbram possibilidades de ganhos em determinados setores da produção. Pelo fato de não possuírem os recursos necessários para montar seus negócios, buscam nos intermediários financeiros os montantes requeridos para poder iniciar o processo de produção desejado.

Essa decisão, embora seja hoje bastante corriqueira, levou muitos anos para se consolidar. Isso porque ela pressupõe, de um lado, a existência de unidades econômicas que apresentem balanços com superávit, ou seja, que possuam gastos menores do que os rendimentos recebidos, e, de outro, que os agentes econômicos confiem no papel exercido pelos intermediários financeiros.

A precondição para o estabelecimento da intermediação financeira é a existência, de um lado, de **agentes econômicos superavitários (poupadores)** – dispostos a transformar suas disponibilidades monetárias em ativos financeiros, sujeitando-se aos riscos de mercado, com o fim de obter retornos reais positivos – e, de outro, de **agentes econômicos deficitários (investidores)** – com disposição para financiar seus déficits aos custos de mercado. Podemos entender o sistema financeiro como um fundo do qual as unidades deficitárias retiram recursos, enquanto as superavitárias nele depositam.

Na verdade, o fato de haver agentes superavitários implica a possibilidade de geração de poupança, que é condição necessária para o crescimento econômico, embora não suficiente; já a existência de agentes deficitários, cuja necessidade de obtenção de recursos deriva de sua vontade de incorrer em gastos com bens de capital, demarca a criação de investimentos, condição suficiente para o crescimento econômico.

Assim, sem um sistema eficiente de intermediação financeira, o objetivo do crescimento econômico e do aprimoramento das condições de vida da sociedade fica comprometido, uma vez que passa a existir uma obstrução à indispensável transformação da poupança em investimentos produtivos.

Devemos entender por eficiência do sistema financeiro sua capacidade de viabilizar a realização de financiamentos de curto, médio e longo prazos, sob condições de minimização de riscos e de atendimento aos desejos e necessidades dos agentes superavitários – que determinam a oferta de recursos – e dos agentes deficitários – que materializam a demanda de recursos.

11.7.1 Segmentos do sistema financeiro

No que diz respeito às suas finalidades e às instituições que as praticam, as operações do sistema financeiro podem ser agregadas em cinco grandes mercados:

Mercado Monetário

Nesse segmento são realizadas as operações de curtíssimo prazo com a finalidade de suprir as necessidades de caixa dos diversos agentes econômicos, entre os quais se incluem as instituições financeiras.

A oferta de liquidez nesse mercado é afetada pelas operações que sensibilizam as reservas bancárias que os bancos mantêm no Banco Central, por meio de operações de mercado aberto, para evitar flutuações muito acentuadas na liquidez bancária. Por exemplo: fundos de curto prazo, *open market*, *hot-money*, certificados de depósitos interbancários (CDIs) etc.

Mercado de Crédito

Nesse mercado são atendidas as necessidades de recursos de curto, de médio e de longo prazos, principalmente oriundas da demanda de crédito para aquisição de bens de consumo duráveis e da demanda de capital de giro das empresas. A oferta, no mercado de crédito, é determinada fundamentalmente pelas instituições bancárias. Por exemplo: crédito rápido, desconto de duplicatas, giro etc.

Em linhas gerais, os financiamentos de longo prazo (investimentos) são atendidos por instituições oficiais de crédito, principalmente, pelo Banco do Brasil e pelo Banco Nacional de Desenvolvimento Econômico e Social (BNDES).

Mercado de Capitais (Mercado de Valores Mobiliários)

Esse segmento supre as exigências de recursos de médio e de longo prazos, principalmente com vistas à realização de investimentos em capital. Nesse mercado é negociada grande variedade de títulos, desde os de endividamento de curto prazo (**commercial papers**) e de longo prazo (debêntures), passando por títulos representativos do capital das empresas (ações), e até de outros ativos ou valores (mercadorias, parcerias em gado etc.)

São típicos desse mercado os chamados **derivativos**, ou seja, títulos emitidos a partir de variações no valor de outros títulos, como opções, futuros etc. As negociações nesse mercado podem ocorrer tanto nas Bolsas de Valores, Mercadorias ou Futuros, como fora delas, também chamadas de mercado de balcão.

Mercado Cambial

No mercado cambial são realizadas a compra e a venda de moeda estrangeira, para atender a diversas finalidades, como a compra de câmbio, para a importação; a venda, por parte dos exportadores; e venda/compra, para viagens e turismo. As operações no mercado cambial são realizadas pelas instituições financeiras – bancos e casas de câmbio – autorizadas pelo Banco Central.

Mercado de Seguros, Capitalização e Previdência Privada

Nesse mercado, são coletados recursos financeiros ou poupanças destinados à cobertura de finalidades específicas, como a proteção a riscos (seguro), capitalização e obtenção de aposentadorias e pensões (previdência privada). Em razão da importância que têm na formação de poupanças no longo prazo, essas instituições também são chamadas de **investidores institucionais**.

Há, complementarmente a essa classificação, duas outras:

Mercados Primários e Secundários

Os mercados primários são aqueles em que se realiza a primeira compra/venda de um ativo recém-emitido; os mercados secundários caracterizam-se por negociar ativos financeiros já negociados anteriormente.

Mercados à Vista, Futuros e de Opções

Os mercados à vista negociam apenas ativos com preços à vista; os mercados futuros negociam os preços esperados de certos ativos e de mercadorias para certa data futura; os mercados de opções negociam opções de compra/venda de determinados ativos em data futura.

No Apêndice, analisamos um pouco mais a estrutura do Sistema Financeiro Nacional e o papel dos principais agentes do sistema no país.

Leitura complementar 1

Por que os juros são tão altos no Brasil?

Uma das características da economia brasileira que mais chama a atenção dos observadores externos é o fato de a taxa de juros real (descontada a inflação) ser uma das maiores do mundo. No contexto das décadas anteriores, de grandes taxas de inflação, juros altos eram explicados pela necessidade de embutir no rendimento dos ativos financeiros a perda do poder de compra causada pelos aumentos de preços.

Atualmente, ao contrário do que acontecia, temos uma economia que exibe maior estabilidade de preços e, de forma geral, com bons fundamentos macroeconômicos, a existência de taxas de juros tão elevadas é vista como uma anomalia. Por que essa situação ocorre?

Em primeiro lugar, apesar de termos um sistema bancário relativamente estável, como ficou demonstrado com a crise financeira internacional em 2008, deve-se destacar que o mercado de crédito brasileiro ainda apresenta uma série de imperfeições. A proporção de depósitos que os bancos devem manter como reserva obrigatória (depósitos compulsórios) é também uma das mais elevadas do mundo, o que restringe a oferta de crédito, aumentando seu preço, ou seja, a taxa de juros. Além disso, o setor financeiro é um dos mais taxados na economia, tanto em termos de impostos diretos (Imposto de Renda – IR e Contribuição Social sobre o Lucro Líquido – CSLL), como indiretos (Impostos sobre as Operações Financeiras – IOF, Contribuição para o Financiamento da Seguridade Social – Cofins e Programa de Integração Social – PIS). Essa elevada carga tributária termina por encarecer o custo do crédito, sendo um dos principais fatores de elevação das taxas de juros.

Outra importante causa dos juros elevados é a inadimplência que, embora nos últimos anos esteja em patamares reduzidos em relação aos níveis históricos, continua alta para os padrões internacionais, devido, principalmente, à proteção ineficiente dos direitos dos credores e à dificuldade de diferenciar os "bons" e "maus" pagadores. Em face do maior risco de inadimplência, os bancos e instituições financeiras aumentam os juros cobrados como forma de precaver-se de possíveis perdas.

Entretanto, embora exista uma unanimidade quanto ao fato de que os fatores microeconômicos, específicos do setor financeiro, apontados anteriormente, expliquem uma proporção importante dos altos níveis de taxa de juros existentes no Brasil, há um fator macroeconômico crucial: a taxa Selic. Essa taxa de juros, além de remunerar a maior parte dos títulos públicos e de ser o principal instrumento da política monetária, representa uma verdadeira taxa "piso", a partir da qual os bancos e instituições financeiras estabelecem as taxas cobradas nos empréstimos, cartões de crédito etc., ao setor privado.

Para um grande grupo de economistas, a elevada taxa Selic e, portanto, as demais taxas de juros praticadas no mercado, estariam mais associadas aos desequilíbrios fiscais, provocados por elevados déficits públicos, do que a fatores ligados ao próprio mercado financeiro. Políticas fiscais expansionistas, segundo as quais o consumo e as despesas públicas crescem muito acima da capacidade produtiva do país (demanda agregada superior à oferta agregada de bens e serviços), pressionam os preços para cima. Para manter a inflação estabilizada, o Banco Central vê-se obrigado a controlar a demanda por meio da elevação da taxa de juros Selic.

Particularmente em 2009 e 2010, embora justificada, em parte, como defesa diante da crise externa, no que aliás foi muito bem-sucedida, muitos analistas avaliam que tanto no Governo Lula como no Governo Dilma foi promovida uma expansão do consumo privado e dos gastos públicos muito acima do produto potencial do país, obrigando o Comitê de Política Monetária (Copom) do Banco Central a sucessivos aumentos da taxa Selic.

Leitura complementar 2

Bitcoin: moeda, ativo ou nenhum dos dois?

A história por trás do surgimento do Bitcoin, e das moedas digitais (criptomoedas) em geral, é relativamente curta e até misteriosa, pois não se conhece seu criador. Em 2008, ano em que houve a crise do mercado *subprime* que levou a impactos significativos na economia mundial, um pseudônimo (ou provavelmente um grupo) denominado "Satoshi Nakamoto" apresentou um artigo enviado para um grupo de pessoas por *e-mail*, intitulado "Bitcoin: A Peer-to-Peer Electronic Cash System" (Bitcoin: Sistema de Dinheiro Eletrônico de Pessoa para Pessoa). Nesse artigo, "Nakamoto" explica as premissas de uma moeda digital (Bitcoin), descentralizada, autônoma e segura, que seria independente de qualquer autoridade central de governo (no caso do Brasil, o Banco Central).

Apesar de o artigo ter sido publicado em 2008, foi só em 2009, com a aplicação do conceito de blockchain, que esse mercado realmente começou a decolar. O blockchain (corrente de blocos, em tradução literal) é basicamente um livro-razão compartilhado e imutável, que facilita o registro de qualquer transação e o rastreamento de um ativo na rede, seja ele tangível ou intangível, como é o caso do Bitcoin. Isso permite que qualquer ativo possa ser negociado e rastreado em uma rede blockchain, já que se alguém tentar alterar uma letra e/ou um número em um bloco de transações (parte do blockchain) todas as partes seguintes serão alteradas, e, dado que é público, essa adulteração (ou erro) pode ser rapidamente identificada, reduzindo assim os riscos e aumentando a segurança.

Com o surgimento do blockchain em janeiro de 2009, Nakamoto "minerou" seu primeiro bloco, sendo que a quantia minerada foi de 50 Bitcoins, transacionada apenas com mineradores que atuavam nesse blockchain. **Mineração de Bitcoin**, em poucas palavras, é a resolução de problemas matemáticos dentro do blockchain, que ocorre em meio a uma grande competição de vários computadores (e pessoas por trás) procurando encontrar a solução para esses problemas. Assim, quando um computador (minerador) é o primeiro a encontrar a solução, recebe a recompensa, que, no caso, é o Bitcoin. No entanto, apesar de parecer trivial, o custo computacional, de energia e investimentos para minerar, é muito alto, sendo que o total de Bitcoins a serem minerados no mercado é limitado (21 milhões de Bitcoins), o que faz seu preço subir rapidamente.

Em 2010, foi realizada a primeira transação comercial oficial, em que uma pessoa no estado da Flórida comprou uma pizza por 10 mil Bitcoins (hoje seria a pizza mais cara do mundo, com a cotação atual do Bitcoin), sendo então considerado pelos entusiastas como uma "moeda". A partir de 2011 começaram a surgir outras moedas digitais (as Altcoins), como Ethereum, Binance Coin, Dogecoin etc.

Feito esse breve histórico, cabe indagar se o Bitcoin e as Altcoins em geral podem ou não ser considerados como moeda. Como vimos neste capítulo, uma moeda deve ter três funções associadas a ela: i) meio de pagamento amplamente aceito; ii) unidade de conta; e iii) reserva de valor. Avaliando o Bitcoin por essas características, ele não se enquadra nos três quesitos.

Considerando a primeira função (meio de pagamento amplamente aceito), o Bitcoin deve atender às seguintes características: ser facilmente padronizado, simplificando assim a determinação do seu valor; ser amplamente aceito; ser divisível, facilitando em uma transação alguém dar o "troco"; ser fácil de carregar; e não se deteriorar rapidamente. Com base nesses quesitos, é possível concluir que o Bitcoin não pode ser considerado realmente como moeda.

De acordo com a segunda característica (unidade de conta), o Bitcoin também não se encaixa, pois todos os preços de uma economia deveriam estar atrelados à unidade do Bitcoin, ou seja, o Bitcoin seria a unidade de conta.

Já levando em conta a terceira característica (reserva de valor), ela até pode ser associada, mas com ressalvas, uma vez que quaisquer ativos (moeda, ações, títulos, terras, obras de arte etc.) podem ser utilizados para acumular riqueza. Além da grande instabilidade das cotações, o Bitcoin não tem a liquidez de uma moeda corrente, uma vez que ainda é difícil comprar uma pizza em Bitcoins!

Outro ponto a destacar é a estabilidade do sistema monetário e financeiro do país, no que diz respeito ao papel do Banco Central no controle da política monetária e cambial, bem como na regulação do sistema bancário. São requisitos que não existem, pelo menos por enquanto, no mundo do Bitcoin e das moedas digitais em geral. Muitos economistas argumentam que a inexistência de regulação no mercado de moedas digitais as fragiliza como investimento financeiro.

Finalizando, apesar dessas questões, as moedas digitais constituem-se em uma importante inovação e são uma realidade no mundo financeiro atual. Só o futuro vai mostrar se elas resultarão em soluções que darão mais credibilidade às transações com esse tipo de ativo.

Apêndice A

A base jurídica do
Sistema Financeiro Nacional[7]

O Sistema Financeiro Nacional possui dois subsistemas: o **normativo**, que engloba o Conselho Monetário Nacional (CMN), o Banco Central do Brasil e a Comissão de Valores Mobiliários, e o da **intermediação financeira**.

O CMN é o órgão máximo do Sistema Financeiro Nacional e tem como finalidade formular a política de moeda e crédito, objetivando o progresso econômico e social do país (art. 2º da Lei n. 4.595, de 31 de dezembro de 1964).

O Banco Central do Brasil, por meio de resoluções, circulares e instruções, decorrentes das decisões do Conselho Monetário Nacional, fiscaliza, controla e regula a atuação dos intermediários financeiros.

A Comissão de Valores Mobiliários (CVM) possui caráter normativo. Sua principal atribuição é fiscalizar as bolsas de valores e a emissão de valores mobiliários negociados nessas instituições, principalmente ações e debêntures. Compete à CVM, de acordo com a Lei n. 6.385, de 7 de dezembro de 1976, art. 8º, regulamentar, com observância da política definida pelo CMN, as matérias expressamente previstas nessa lei e na lei das sociedades por ações, e fiscalizar permanentemente as atividades e os serviços do mercado de valores mobiliários.

No subsistema da intermediação financeira, existem instituições bancárias e não bancárias. As primeiras são constituídas pelos bancos comerciais e pelo Banco do Brasil, que deixou de ser autoridade monetária. Já as não bancárias são:

- o **Sistema Financeiro da Habitação** que, com a extinção do Banco Nacional da Habitação (criado em 1964), tem na Caixa Econômica Federal (CEF) seu órgão máximo, estando, porém, atrelada às decisões do CMN;
- as **caixas econômicas** e as **sociedades de crédito imobiliário** (Lei n. 4.380, de 21 de agosto de 1964). As caixas econômicas estaduais, conforme o art. 24 da Lei n. 4.595, foram equiparadas à CEF;
- os **bancos de desenvolvimento**, sendo o BNDES a principal instituição financeira de investimentos do governo federal, nos termos das Leis n. 1.628, de 20 de junho de 1952, e n. 2.973, de 26 de novembro de

Capítulo 11 – O Lado Monetário da Economia

---

[7] Para mais informações sobre as instituições e os aspectos legais que regem o Sistema Financeiro Nacional, consultar o *site* do Banco Central: http://www.bcb.gov.br.

1956. O BNDES foi criado na década de 1950, com o Banco do Nordeste do Brasil e o Banco da Amazônia. Antes dessa década, tinha sido criado o Banco de Desenvolvimento do Extremo-Sul. Mais tarde foram criados bancos estaduais de desenvolvimento, para atuarem no fomento das atividades econômicas do país e, em particular, do estado sede;

- e os **bancos de investimento**, que tiveram sua base legal estabelecida pela Lei n. 4.278, de 1965, em seu art. 29, que estabeleceu a competência ao Banco Central para autorizar a constituição de bancos de investimento de natureza privada, cujas operações e condições de funcionamento são reguladas pelo CMN.

Essas instituições foram criadas nas décadas de 1950 e 1960 para canalizar recursos de médio e longo prazos para suprimento de capital fixo e de giro das empresas. Elas repassam recursos de instituições oficiais no país, notadamente programas especiais, tais como PIS, Finame etc., bem como repassam e avalizam empréstimos obtidos no exterior.

Já as companhias de crédito, financiamento e investimento começaram a surgir espontaneamente no pós-guerra, em função da mudança observada na estrutura de produção do país, que se tornou mais complexa, notadamente após a década de 1960.

Essa alteração na estrutura de produção teve de ser acompanhada de um sistema creditício adequado em face dos novos prazos de produção e financiamento das vendas dos bens de consumo duráveis, exigidos pelas novas condições de mercado. Ocorreu, porém, que a estrutura de crédito vigente não poderia, de forma adequada, atender a esse novo tipo de demanda de crédito no médio e longo prazos. Até meados da década de 1990, o processo inflacionário atingia níveis bastante elevados, o que ocasionava, além de outras consequências, sérias distorções na aplicação dos recursos poupados pelas unidades com superávits.

Desse modo, uma saída foi a expansão das financeiras. Muitas delas pertenciam a grupos financeiros que conseguiram se ajustar à demanda de crédito, que exigia prazos mais dilatados do que os proporcionados pelo sistema bancário de então.

Apêndice B

Dedução da fórmula do multiplicador da base monetária

Vimos no capítulo que:

M = meios de pagamento;

PP = moeda em poder do público;

D = depósitos à vista nos bancos comerciais;

e que

$$M = PP + D \qquad (1)$$

Definimos também a base monetária

$$B = PP + R \qquad (2)$$

B = base monetária;

R = total de reservas dos bancos comerciais.

O multiplicador da base monetária (m) é dado por:

$$m = \frac{M}{B} \qquad (3)$$

Também definimos as seguintes taxas:

$$c = \frac{PP}{M} = \text{taxa de retenção do público, ou preferência do público por moeda}$$

$$d = \frac{D}{M} = \text{taxa de depósitos à vista ou preferência do público por depósitos à vista}$$

$$r = \frac{R}{D} = \text{taxa de reservas bancárias}$$

Partindo dessas taxas, podemos então fazer:

$$PP = cM;\ D = dM \text{ e } R = rD \qquad (4)$$

Isto posto, vamos reescrever a base monetária (2), utilizando (4):

$$B = cM + rD = cM + rdM \tag{5}$$

Dividindo-se (5) por M, temos:

$$\frac{B}{M} = \frac{cM}{M} + \frac{rdM}{M} = c + dr \tag{6}$$

Invertendo (6), chegamos à fórmula do multiplicador da base monetária:

$$m = \frac{M}{B} = \frac{1}{c + dr} \tag{7}$$

No Brasil, o Banco Central separa a taxa de reservas r em:

- $r1$ = taxa de encaixe (caixa) em moeda corrente;
- $r2$ = taxa de reservas bancárias (soma das reservas obrigatórias e voluntárias).

Questões para revisão

1. Sobre o conceito de moeda:
   a) Defina moeda e suas funções.
   b) Defina moeda fiduciária e moeda lastreada.

2. Com relação aos meios de pagamento:
   a) Conceitue meios de pagamento.
   b) Defina $M1$, $M2$, $M3$ e $M4$.
   c) O que vêm a ser monetização e desmonetização? Qual a relação desses conceitos com a taxa de inflação?
   d) Dê dois exemplos de criação e dois exemplos de destruição de meios de pagamento.
   e) O saque de um cheque representa criação ou destruição de meios de pagamento?

3. Sobre oferta e demanda de moeda:
   a) Quais as funções do Banco Central? Quais os instrumentos de que dispõe para operar a política monetária?
   b) O que são reservas ou depósitos compulsórios? Qual o efeito de um aumento da taxa de reservas compulsórias sobre a oferta de moeda?
   c) Por que bancos de investimento, financeiras e outros intermediários financeiros não podem afetar a oferta de moeda e os bancos comerciais têm essa prerrogativa?

d) Qual é a diferença entre os conceitos de base monetária e meios de pagamento?

e) O que vem a ser o multiplicador monetário? De que parâmetros depende?

f) Quais razões levam a coletividade a demandar ou reter moeda? Quais variáveis afetam essa decisão?

4. Supondo que o Copom fixe a taxa de juros Selic em 12,75% e a meta de inflação decidida pelo Conselho Monetário Nacional (CMN) seja de 4,5% para o ano, determine a taxa real de juros para o período.

5. Sobre a teoria quantitativa da moeda:

a) Defina teoria quantitativa da moeda.

b) Defina velocidade-renda da moeda. Qual seu comportamento no curto prazo, de acordo com a teoria clássica e com a teoria keynesiana?

c) Como as expectativas de inflação futura podem afetar a velocidade--renda da moeda? d) Supondo a velocidade-renda da moeda constante e uma economia com desemprego de recursos produtivos, mostre o efeito de uma política monetária expansionista sobre o nível geral de preços e a renda real da economia.

6. Coloque-se na posição de uma autoridade monetária e apresente dois instrumentos de política monetária para cada um dos objetivos a seguir:

a) expansão do nível de atividade;

b) política anti-inflacionária.

Capítulo 12

O Setor Externo

12.1 Introdução

Atualmente, pelo menos do ponto de vista econômico, o mundo se apresenta crescentemente interligado, seja por fluxos comerciais, seja por fluxos financeiros. De modo geral, as relações econômicas internacionais têm posição fundamental para a maioria dos países, inclusive o Brasil. A partir dessa constatação, desenvolveu-se o estudo da chamada "Economia Internacional", como um ramo específico da Teoria Econômica.

Costuma-se dividir as questões teóricas da Economia Internacional em dois grandes blocos: os aspectos microeconômicos, ou a teoria do comércio internacional, que procura justificar os benefícios para cada país advindos desse comércio; e os aspectos macroeconômicos, relativos à taxa de câmbio e ao balanço de pagamentos, que trataremos nos itens seguintes.

12.2 Fundamentos do comércio internacional: a teoria das vantagens comparativas

O que leva os países a comercializar entre si? Essa é a questão básica a ser respondida. Muitas explicações podem ser levantadas, como a diversidade de condições de produção, ou a possibilidade de redução de custos (a obtenção de economias de escala) na produção de determinado bem vendido para um mercado global. Os economistas clássicos forneceram a explicação teórica básica para o comércio internacional com o chamado **princípio das vantagens comparativas**.

Esse princípio sugere que cada país deva se especializar na produção da mercadoria em que é relativamente mais eficiente (ou que tenha um custo relativamente menor). Essa será, portanto, a mercadoria a ser exportada. Por outro lado, esse mesmo país deverá importar bens cuja produção implicar um custo relativamente maior (cuja produção é relativamente menos eficiente). Desse modo, explica-se a especialização dos países na produção de bens diferentes, a partir da qual concretiza-se o processo de troca entre eles.

A teoria das vantagens comparativas foi formulada por David Ricardo em 1817. No exemplo construído por esse autor, existem dois países (Inglaterra e Portugal), dois produtos (tecidos e vinho) e apenas um fator de produção (mão de obra).

A partir da utilização do fator trabalho, obtém-se a produção dos bens mencionados, conforme Tabela 12.1.

Tabela 12.1 Quantidade de homens/hora para a produção de uma unidade de mercadoria

País \ Produto	Tecidos	Vinho
Inglaterra	100	120
Portugal	90	80

Em termos absolutos, Portugal é mais produtivo na produção de ambas as mercadorias. No entanto, em termos relativos, o custo de produção de tecidos em Portugal é maior que o da produção de vinho; e, na Inglaterra, o custo da produção de vinho é maior que o da produção de tecidos. Comparativamente, Portugal tem vantagem relativa na produção de vinho e a Inglaterra, na produção de tecidos. Segundo Ricardo, os dois países obterão benefícios ao se especializarem na produção da mercadoria em que possuem vantagem comparativa, exportando-a, e importando o outro bem. Não importa, aqui, o fato de que um país possa ter vantagem absoluta em ambas as linhas de produção, como é o caso de Portugal, nesse exemplo.

Os benefícios da especialização e do comércio podem ser observados ao se comparar a situação sem e com comércio internacional.

Sem comércio internacional, na Inglaterra são necessárias 100 horas de trabalho para a produção de 1 unidade de tecido e 120 horas para a produção de 1 unidade de vinho. Desse modo, 1 unidade de vinho deve custar 1,2 unidade de tecido (120/100). Por outro lado, em Portugal, essa unidade de vinho custará 0,89 unidade de tecido (80/90). Se houver comércio entre os países, a Inglaterra poderá importar 1 unidade de vinho por preço inferior a 1,2 unidade de tecido, e Portugal poderá comprar mais que 0,89 unidade de tecido vendendo seu vinho.

Assim, por exemplo, se a relação de troca entre o vinho e o tecido for de 1 para 1, ambos os países sairão beneficiados. A Inglaterra, produzindo autonomamente, gastará 120 horas de trabalho para obter 1 unidade de vinho; com o comércio com Portugal, poderá utilizar apenas 100 horas de trabalho, produzir 1 unidade de tecido e trocá-la por 1 unidade de vinho, poupando, portanto, 20 horas de trabalho, que poderiam ser utilizadas produzindo mais tecidos (obtendo, assim, maior nível de consumo). O mesmo raciocínio vale para Portugal: em vez de gastar 90 horas produzindo 1 unidade de tecido, poderia usar apenas 80 produzindo 1 unidade de vinho e trocá-la no mercado internacional por 1 unidade de tecido, também economizando 10 horas de trabalho.

Desse modo, a Inglaterra deverá se especializar na produção de tecidos, exportando-os e importando vinho de Portugal, que se especializou em tal produção e passou a importar tecidos. Conclui-se, portanto, que dada certa quantidade de recursos, um país poderá obter ganhos com o comércio internacional, produzindo aqueles bens que gerarem comparativamente mais vantagens relativas.

A teoria desenvolvida por Ricardo fornece uma explicação para os movimentos de mercadorias no comércio internacional, a partir da oferta ou dos custos de produção existentes nesses países. Logo, os países exportarão e se especializarão na produção dos bens cujo custo for comparativamente menor em relação àqueles existentes, para os mesmos bens, nos demais países exportadores.

Uma limitação da teoria das vantagens comparativas é que é relativamente estática, não levando em consideração a evolução das estruturas da oferta e da demanda, bem como das relações de preços entre produtos negociados no mercado internacional, à medida que as economias se desenvolvem e seu nível de renda cresce. Utilizando o exemplo anterior, à medida que crescessem o nível de renda e o volume do comércio internacional, a demanda por tecidos cresceria mais que proporcionalmente à demanda por vinho, e ocorreria uma tendência à deterioração da relação de trocas entre Portugal e Inglaterra, favorecendo este último país.

Como vimos no Capítulo 4 (nos itens 4.6.2 a 4.6.4), essa é uma crítica desenvolvida pelos economistas de visão estruturalista ou cepalina[1] Segundo essa corrente, os produtos manufaturados apresentam elasticidade-renda da demanda maior que um, e os produtos primários, menor que um, significando que o crescimento da renda mundial provocaria um aumento relativamente maior no comércio de manufaturados, acarretando uma tendência crônica ao déficit no balanço de pagamentos dos países exportadores de produtos básicos ou primários (justamente os países periféricos ou em via de desenvolvimento).

12.3 Determinação da taxa de câmbio

12.3.1 Conceito

Quando dois países mantêm relações econômicas entre si, entram necessariamente em jogo duas moedas, exigindo que se fixe a relação de troca entre ambas. A **taxa de câmbio** é a medida de conversão da moeda nacional em moeda de outros países. Pode, também, ser definida como o preço da moeda estrangeira (divisa) em termos da moeda nacional. Assim, US$ 1 pode custar R$ 3,50, £ 1 pode custar R$ 4,00.

A determinação da taxa de câmbio pode ocorrer de dois modos: institucionalmente, pela decisão das autoridades econômicas com a fixação periódica das taxas (**taxas fixas de câmbio**), ou pelo funcionamento do mercado, no qual as taxas flutuam automaticamente em decorrência das pressões de oferta e demanda de divisas estrangeiras (**taxas flutuantes** ou **flexíveis**).

---

[1] Nome devido à Comissão Econômica para a América Latina e Caribe (Cepal), organismo da Organização das Nações Unidas (ONU) sediado no Chile, berço da corrente estruturalista, liderada pelo economista argentino Raúl Prebisch (1901-1985). Embora tenha exercido maior influência entre os anos 1950 e 1960 na América Latina, ainda é representativa, particularmente no Brasil, sendo a linha predominante nas universidades públicas federais e estaduais, tendo como expoentes os economistas Maria da Conceição Tavares e Celso Furtado.

A **demanda de divisas** é constituída pelos importadores, que precisam delas para pagar suas compras no exterior, uma vez que a moeda nacional não é aceita fora do país, e também pela saída de capitais financeiros, pagamentos de juros, remessas de lucros, saída de turistas.

A **oferta de divisas** é realizada tanto pelos exportadores, que recebem moeda estrangeira em contrapartida às suas vendas, como pela entrada de capitais financeiros internacionais, turistas etc. Como a divisa não pode ser utilizada internamente, ela precisa ser convertida em moeda nacional.

Uma taxa de câmbio elevada significa que o preço da divisa estrangeira está alto, ou que a moeda nacional está desvalorizada. Assim, a expressão **desvalorização cambial** ou **depreciação cambial** indica que houve um aumento da taxa de câmbio – maior número de reais por unidade de moeda estrangeira. A moeda nacional é desvalorizada, e o dólar, por exemplo, valorizado. Por sua vez, **valorização cambial** ou **apreciação cambial** significa moeda nacional mais forte, isto é, pagam-se menos reais por dólar, por exemplo, e tem-se, em consequência, uma queda na taxa de câmbio. Nesse caso, a moeda nacional foi valorizada, e o dólar desvalorizado. Na literatura internacional, utilizam-se mais os termos apreciação e depreciação cambial, em vez de valorização e desvalorização.

A taxa de câmbio está intimamente relacionada com os preços dos produtos exportados e importados e, consequentemente, com o resultado da balança comercial do país. Se a taxa de câmbio se encontrar em patamares elevados, estimulará as exportações, pois os exportadores passarão a receber mais reais pela mesma quantidade de divisas derivadas da exportação; em consequência, haverá maior oferta de divisas.

Por exemplo, suponhamos uma taxa de câmbio de R$ 5,00 por dólar, e que o exportador vendia 1.000 unidades de seu produto a US$ 50,00 cada. Seu faturamento era de US$ 50 mil, ou R$ 250 mil. Se o câmbio for desvalorizado em 10%, a taxa de câmbio subirá para R$ 5,50 por dólar e, vendendo as mesmas 1.000 unidades, o exportador receberá os mesmos US$ 50 mil, só que valendo agora R$ 275 mil. Isso o estimulará a vender mais, aumentando a oferta de divisas.

Do lado das importações, a situação se inverte, pois se os preços dos produtos importados se elevam, em moeda nacional (os importadores pagarão mais reais pelos mesmos dólares pagos antes nas importações), haverá um desestímulo às importações e, consequentemente, a queda na demanda por divisas.

Uma taxa de câmbio sobrevalorizada (isto é, quando a moeda nacional encontra-se valorizada) surte efeito contrário tanto nas exportações como nas importações. Há um desestímulo às exportações e um estímulo às importações.

12.3.2 Taxa de câmbio e inflação

Para analisar as relações entre câmbio e inflação, inicialmente veremos como a política cambial afeta as taxas de inflação, e depois inverteremos a questão, isto é, como a taxa de inflação afeta o câmbio.

Valorização Cambial e Inflação

Com a valorização (apreciação) cambial, a moeda nacional (real) fica mais forte relativamente às moedas estrangeiras. Os brasileiros passam a importar mais e aumenta a competição do produto importado com os produtos nacionais. Os empresários brasileiros são desestimulados a elevar o preço de seus produtos e obrigados a manter os preços em níveis competitivos. Dessa forma, a valorização cambial permite "ancorar" os preços internos e reduzir a taxa de inflação (daí deriva o termo âncora cambial).

A partir de 1994, no Plano Real, a valorização cambial foi um instrumento bem-sucedido no sentido de controlar a inflação, que vinha apresentando dois dígitos mensais. Outro efeito positivo dessa política foi a elevação dos índices de produtividade, devido à modernização do parque produtivo nacional proporcionado pelas importações de bens de capital, o que levou à redução de custos de produção e, consequentemente, dos preços, beneficiando os consumidores (produtos de melhor qualidade a preços relativamente mais baixos).

Contudo, a política de valorização cambial pode apresentar (como ocorreu no Brasil) algumas desvantagens. Os setores nacionais que estiverem despreparados para a competição externa podem sofrer grande queda em suas vendas, com o consequente aumento do desemprego nesses setores. Os exportadores também são prejudicados, porque, com a moeda nacional valorizada, nossos produtos ficam relativamente mais caros para o comprador estrangeiro. Com importações tendendo a crescer mais que as exportações, pode ocorrer um déficit na balança comercial, com a consequente saída de divisas do país. Para manter suas reservas cambiais, o país se vê na contingência de buscar recursos no exterior, aumentando sua dependência ou vulnerabilidade externa.[2]

Desvalorização Cambial e Inflação

A desvalorização cambial tem efeito contrário ao descrito anteriormente: os produtos importados ficam mais caros, em termos de reais. Evidentemente, diminuirão as importações de muitos produtos, mas os produtos essenciais, como petróleo ou trigo, que o Brasil importa muito, terão seu preço aumentado (em reais, não em dólar), provocando aumento dos custos de produção, que serão repassados aos preços dos produtos finais, gerando inflação – a chamada inflação de custos.

O efeito da variação cambial sobre a taxa de inflação é denominado *pass--through* ou **repasse cambial**.

---

[2] Uma crítica frequente à política de valorização cambial é a tendência à chamada **"armadilha cambial"**. Quando o país cresce, as importações tendem a aumentar. Entretanto, o mesmo não ocorre necessariamente com as exportações, que dependem do aumento da demanda externa e não do crescimento da renda interna. Portanto, quanto mais o país cresce, maior sua vulnerabilidade em relação às economias dos outros países, o que constitui uma restrição externa ao crescimento do país, gerando uma verdadeira "armadilha".

Efeito da Elevação da Inflação Interna sobre a Taxa de Câmbio

Uma elevação da taxa de inflação pode levar a um verdadeiro círculo vicioso. O aumento da inflação interna em relação à externa, isto é, da relação entre preços internos e preços externos, encarece os produtos nacionais relativamente aos estrangeiros, piorando o saldo comercial do país com o resto do mundo. Para recuperar as exportações e inibir as importações, o governo desvaloriza o câmbio nominal. Embora desestimule, no geral, a compra de produtos importados, alguns produtos essenciais, como petróleo, não terão sua importação diminuída, mas ocorrerá a elevação de seu preço, em moeda nacional. Isso provocará elevação dos custos de produção, que serão repassados aos preços finais, e tem-se, então, caracterizada, uma inflação de custos. A relação entre preços internos e preços externos se eleva novamente, e o círculo vicioso continua.

Variação Real e Variação Nominal do Câmbio

A variação real é igual à variação nominal, menos a taxa de inflação do período. Assim, se a taxa de câmbio variar 10% no ano mas a inflação alcançar também 10%, teremos apenas uma desvalorização nominal (de 10%), mas não desvalorização real. Nesse caso, se o objetivo da política econômica é melhorar o saldo da balança comercial, aumentando a competitividade das exportações, e inibir a compra de produtos importados, o efeito seria nulo: o estímulo representado pela desvalorização nominal foi anulado pelo aumento dos preços internos. Só ocorrerá desvalorização real se a desvalorização nominal superar a taxa de inflação.

Rigorosamente, para que ocorra a desvalorização real, não basta a desvalorização nominal superar a taxa de inflação interna. É necessário também que a inflação interna seja superior à inflação internacional (externa). Por exemplo, uma desvalorização do euro (moeda adotada em quase todos os países da Comunidade Econômica Europeia), independente da política cambial brasileira, diminui a competitividade de nossos produtos *vis-à-vis* com os produtos europeus.

Portanto, para avaliar a competitividade dos produtos brasileiros no comércio exterior, o conceito relevante é o de câmbio real, não o nominal.

12.4 Políticas externas

A atuação do governo na área externa pode ocorrer por meio da política cambial ou da política comercial. A política cambial diz respeito às alterações na taxa de câmbio, enquanto a política comercial constitui-se de mecanismos que interferem no fluxo de mercadorias e serviços.

12.4.1 Política cambial

As políticas cambiais dependem do tipo de regime cambial adotado pelo país, como veremos a seguir.

Regime de Taxas Fixas de Câmbio

O Banco Central fixa antecipadamente a taxa de câmbio com a qual o mercado deve operar. Pelas regras fixadas pelo sistema financeiro internacional, se um país fixa sua taxa de câmbio, ele se obriga a disponibilizar as reservas para o mercado quando requisitadas (seja pelos exportadores, turistas ou saídas de capital financeiro).

O regime de câmbio fixo foi adotado por países com elevadas taxas de inflação (Argentina, Brasil) principalmente nos anos 1980 e 1990, uma vez que, fixado o valor da moeda estrangeira, em termos da moeda do país, o preço dos produtos importados não se eleva com as variações cambiais. Evidentemente que os produtos estrangeiros (por exemplo, o petróleo) podem se elevar no exterior (em dólares), o que certamente impactará os preços dos países importadores, mas isso não está relacionado com o regime cambial desses países.

A principal desvantagem do regime de câmbio fixo deriva do fato de que, como o país que adota esse regime é obrigado, pelas regras internacionais, a disponibilizar suas reservas cambiais, estas ficam mais vulneráveis a elevações na demanda por moeda estrangeira, que pode ser ocasionada por ataques especulativos ou pagamentos elevados de dívidas externas (públicas e privadas). Quando esses ataques ocorrem, o país – se mantiver o regime de câmbio fixo – vê-se obrigado a manter elevadas taxas de juros, para evitar a saída de reservas, atraindo capital financeiro internacional e desestimulando aplicações de residentes do país em moeda estrangeira. Assim, a política monetária fica completamente amarrada à questão cambial, em vez de ser direcionada a outros objetivos de política econômica (por exemplo, uma redução da taxa de juros para estimular o crescimento e o emprego). Isso explica por que houve a grande elevação das taxas de juros no Brasil após a crise asiática de 1997, quando a taxa de juros nominal chegou a atingir os 45% anuais, a maior taxa do mundo (e ainda hoje uma das maiores do mundo).

Dentro do regime de câmbio fixo, tem-se o **sistema de bandas cambiais**. O Banco Central fixa os limites superior e inferior (uma banda) dentro dos quais a taxa de câmbio pode flutuar. É considerado câmbio fixo, pois o limite de variação da taxa de câmbio é fixado. Nesse caso, o Banco Central é obrigado a disponibilizar suas reservas cambiais, quando requeridas.

Regime de Taxas Flutuantes ou Flexíveis de Câmbio

A taxa de câmbio é determinada pelo mercado de divisas, ou seja, pela oferta e demanda de moeda estrangeira. Diferentemente do sistema de câmbio fixo, o Banco Central não é obrigado a disponibilizar suas reservas cambiais.

A grande vantagem do regime de câmbio flutuante é justamente a defesa das reservas cambiais: o mercado fixa a taxa de câmbio que desejar, pelo movimento da oferta e da demanda de divisas, e o Banco Central não se obriga a mexer em suas reservas. Com isso, as autoridades podem direcionar os instrumentos de política monetária, principalmente a taxa de juros, para outros objetivos, como estimular o nível de atividades e do emprego. O principal problema desse sistema é que a taxa de câmbio pode tornar-se muito volátil, sujeita às alterações do mercado financeiro nacional e internacional, inclusive especulativas. Podem ocorrer rapidamente grandes desvalorizações cambiais, que elevam os preços dos produtos importados, e consequentemente impactando a taxa de inflação do país.

Na verdade, mesmo dentro do regime de câmbio flutuante, o Banco Central interfere indiretamente na determinação da taxa de câmbio, por meio da compra e venda de divisas no mercado, mantendo-a dentro de níveis que julga adequados, dependendo dos objetivos gerais de política econômica. Por exemplo, se as autoridades econômicas julgarem que a taxa de câmbio está muito elevada e pressionando as taxas de inflação, o Banco Central injeta dólares no mercado (aumenta a oferta de dólares, diminuindo sua cotação); se considerarem que a taxa está muito baixa, e o objetivo for estimular as exportações, o Banco Central compra dólares no mercado, elevando sua cotação. Esse fato é chamado de **flutuação suja**, ou ***dirty floating***, e é o regime cambial adotado pela maioria dos países.

O Quadro 12.1 sintetiza as principais diferenças entre os regimes de câmbio fixo e câmbio flutuante.

Quadro 12.1 Regimes cambiais

	Câmbio Fixo	Câmbio Flutuante (Flexível)
Características	▪ Banco Central fixa a taxa de câmbio. ▪ Banco Central é obrigado a disponibilizar as reservas cambiais.	▪ O mercado (oferta e demanda de divisas) determina a taxa de câmbio. ▪ Banco Central não é obrigado a disponibilizar as reservas cambiais.
Vantagens	▪ Maior controle da inflação (custos das importações estáveis).	▪ Política monetária mais independente do câmbio. ▪ Reservas cambiais mais protegidas de ataques especulativos.
Desvantagens	▪ Reservas cambiais vulneráveis a ataques especulativos. ▪ A política monetária (taxa de juros) fica dependente do volume de reservas cambiais.	▪ A taxa de câmbio fica muito dependente da volatilidade do mercado financeiro nacional e internacional. ▪ Maior dificuldade de controle das pressões inflacionárias, devido às desvalorizações cambiais (*pass-through*).

12.4.2 Política comercial

Entre as políticas comerciais externas, podemos destacar as seguintes:

- **alterações das tarifas sobre importações:** se a política adotada visar a proteção da produção interna, como no processo de substituição de importações adotado pela maior parte dos países em desenvolvimento até os anos 1970, isso normalmente é feito com a elevação do imposto de importação e de outros tributos e taxas sobre os produtos importados. No caso oposto, com a abertura comercial, ou liberalização das importações, as tarifas sobre produtos importados são diminuídas;

- **regulamentação do comércio exterior:** entraves burocráticos que dificultam as transações com o exterior, bem como o estabelecimento de cotas ou proibições às importações de determinados produtos, representam barreiras qualitativas às importações.

As políticas comerciais estão sujeitas às normas estabelecidas pela Organização Mundial do Comércio (OMC), órgão que substituiu o Acordo Geral sobre Tarifas e Comércio (GATT – *General Agreement on Tariffs and Trade*). A função desse órgão é tentar coibir políticas protecionistas e práticas de ***dumping***, ou seja, que um país venda a preços de mercado inferiores a seus custos de produção, que é uma forma de aumentar a participação nos mercados mundiais. [3]

12.5 Fatores determinantes do comportamento das exportações e importações

Para compreender melhor os meios de atuação da política econômica, é interessante conhecer os fatores que mais influenciam as exportações e as importações.

12.5.1 Exportações

Por simplificação consideraremos como moeda estrangeira o dólar. Isso posto, as exportações agregadas são influenciadas, *coeteris paribus*, pelas seguintes variáveis:

- **preços externos em dólares:** se os preços dos produtos brasileiros se elevarem no exterior, as exportações nacionais deverão se elevar;

- **preços internos em reais:** uma elevação dos preços internos de produtos exportáveis pode desestimular as exportações e incentivar a venda no mercado interno;

---

[3] Um conceito relativamente recente é o de *dumping* social. A prática de *dumping*, ou seja, vender abaixo dos custos de produção, é relativamente comum entre empresas dentro de um país, mas é proibida no comércio internacional. Entretanto, alguns países asiáticos (China, Vietnã, Paquistão), como apresentam custos muito baixos de mão de obra, exportam produtos a preços extremamente baixos, aniquilando a concorrência em muitos setores, particularmente nos que requerem baixo nível de tecnologia como tecidos, calçados, ferramentas caseiras, brinquedos, entre outros. Rigorosamente, não estão contrariando a OMC, dado que não estão subsidiando suas exportações, pois não estão vendendo abaixo dos custos de produção.

- **taxa de câmbio (reais por dólares):** um aumento da taxa de câmbio (isto é, uma desvalorização cambial) deve estimular as exportações, seja porque os exportadores brasileiros receberão mais reais pelos mesmos dólares anteriores, seja porque os compradores externos, com os mesmos dólares anteriores, poderão comprar mais produtos do Brasil;
- **renda mundial:** um aumento da renda mundial certamente estimulará o comércio internacional e, em consequência, as exportações brasileiras;
- **subsídios e incentivos às exportações:** subsídios e incentivos às exportações, sejam de ordem fiscal (isenções de impostos), sejam de ordem financeira (taxas de juros subsidiadas, disponibilidade de financiamentos), sempre representam um fator de estímulo às exportações.

12.5.2 Importações

Os principais fatores determinantes do comportamento das importações agregadas são os seguintes:

- **preços externos em dólares:** se os preços dos produtos importados se elevarem no exterior em dólares, haverá uma retração das importações brasileiras;
- **preços internos em reais:** um aumento dos preços dos produtos produzidos internamente incentivará a compra dos similares no mercado externo, elevando as importações;
- **taxa de câmbio (reais por dólares):** uma elevação da taxa de câmbio (desvalorização cambial) acarretará maior despesa aos importadores, pois pagarão mais reais pelos mesmos produtos antes importados, os quais, embora mantenham seus preços em dólares, exigirão mais moeda nacional (real) por dólar;
- **renda e produto nacional:** enquanto as exportações são mais afetadas pelo que ocorre com a renda mundial, as importações estão mais relacionadas à renda nacional. Um aumento da produção e da renda nacional significa que o país está crescendo e que demandará mais produtos importados, seja na forma de matérias-primas ou bens de capital, seja de bens de consumo;
- **tarifas e barreiras às importações:** a imposição de barreiras quantitativas (elevação das tarifas sobre importações) ou qualitativas (proibição da importação de certos produtos, estabelecimento de cotas ou entraves burocráticos) ocasiona uma inibição nas compras de produtos importados. Por outro lado, a redução de barreiras e isenções fiscais tem o efeito de estimular as importações.

A partir das informações disponíveis sobre essas variáveis, torna-se possível estabelecer relações estatísticas que permitem avaliar o efeito de cada uma delas sobre o comportamento das exportações e das importações, direcionando as decisões da política econômica em relação ao setor externo da economia.

12.6 A estrutura do balanço de pagamentos

O balanço de pagamentos é o registro estatístico-contábil de todas as transações econômicas realizadas entre os residentes de um país com os residentes dos demais países.

Desse modo, estão registradas no balanço de pagamentos, por exemplo, todas as exportações e importações do período considerado: os fretes, os seguros, os empréstimos obtidos no exterior. Ou seja, todas as transações com mercadorias, assim como os serviços e capitais físicos e financeiros entre o país e o resto do mundo.

A contabilidade dessas transações segue as normas gerais de contabilidade geral, utilizando-se o método das partidas dobradas. Todavia, no caso das transações externas, não existe propriamente uma conta Caixa e, para contornar tal situação, usa-se uma conta denominada Ativos de Reserva (antes denominada Variação de Reservas e, mais remotamente, Haveres e Obrigações no Exterior – HOE). O processo é o mesmo da contabilidade privada: quando há ingresso de dinheiro na empresa debita-se na conta Caixa. Na contabilização do balanço de pagamentos, quando isso acontece, debita-se na conta Ativos de Reserva. Quando há saída de dinheiro, credita-se essa conta.

Exemplos:

Exportações à vista:

C – Exportações
D – Ativos de Reservas

Fretes pagos:

C – Ativos de Reservas
D – Fretes

Antes de discutirmos as principais contas e transações do Balanço de Pagamentos, cabe salientar que, a partir de 2015, o Banco Central do Brasil passou adotar uma nova estrutura formulada pelo Fundo Monetário Internacional em 2009, conforme seu Manual de Balanço de Pagamentos e Posição Internacional de Investimentos, denominado **BPM6**, em substituição à estrutura anterior, conhecida como BPM5, que utilizamos nas edições anteriores deste livro.

Isto posto, o Balanço de Pagamentos compreende quatro grandes contas:

a) Transações Correntes.
b) Capital.
c) Financeira.
d) Erros e Omissões.

Por sua vez, essas contas apresentam uma série de subdivisões, com um grande número de transações. Na Tabela 12.2, mostramos uma versão simplificada do Balanço de Pagamentos, com seus grupos e os principais itens e transações comentados em seguida.

Tabela 12.2 Balanço de Pagamentos – versão simplificada

I. Transações correntes (ou conta-corrente)

Ia Balança comercial (*saldo Ia = Ia.1 – Ia.2*)
   Ia.1 Exportações FOB
   Ia.2 Importações FOB

Ib Serviços
   Ib.1 Transportes (fretes)
   Ib.2 Viagens internacionais
   Ib.3 Seguros
   Ib.4 Serviços financeiros
   Ib.5 Serviços de propriedade intelectual
   Ib.6 Serviços governamentais (embaixadas e consulados)
   Ib.7 Outros serviços

Ic Renda primária
   Ic.1 Juros
   Ic.2 Lucros
   Ic.3 Serviços diversos (*royalties*, assistência técnica etc.)
   Ic.4 Remunerações de trabalhadores
   Ic.5 Outras rendas

Id Renda secundária (doações, transferências unilaterias)
Saldo em conta-corrente: I = (Ia + Ib + Ic + Id)

II. Conta capital

III. Conta financeira

   III.1 Investimento direto no exterior

   III.2 Investimento direto no país

   III.3 Investimento em carteira – ativo

   III.4 Investimento em carteira – passivo

   III.5 Derivativos – ativo

   III.6 Derivativos – passivo

   III.7 Outros investimentos – ativo*

   III.8 Outros investimentos – passivo*

   III.9 Ativos de reserva

Saldo de III = (III.1 – III.2 + III.3 – III.4 + III.5 – III.6 + III.7 – III.8 + III.9)

IV. Erros e omissões

* Inclui empréstimos, créditos comerciais e demais operações que não se enquadram nas outras contas.

a) **Transações Correntes**. É a somatória dos balanços comercial, de serviços e de rendas, definidos abaixo. Essa conta é também chamada de **Saldo em Conta-Corrente do Balanço de Pagamentos**, como costuma ser apresentada na imprensa. Se o saldo do balanço de transações correntes for negativo, tem-se uma poupança externa positiva, pois indica que o país aumentou seu endividamento externo, em termos financeiros, mas absorveu bens e serviços em termos reais do exterior. Se o balanço de transações correntes for positivo, isso indica que o Brasil enviou mais bens e serviços para o exterior do que recebeu.

b) **Balança Comercial**. Essa conta compreende essencialmente o comércio de mercadorias. Inclui as exportações, no conceito *Free On Board* (**FOB**), isto é, isentas de fretes e seguros, e também as importações FOB. Se as exportações superam as importações há um superávit no balanço comercial; caso contrário, existe um déficit.

c) **Serviços**. Registram-se todos os serviços pagos e/ou recebidos pelo Brasil que envolve: fretes, despesas de transportes, viagens internacionais (turismo), seguros, serviços financeiros, serviços de propriedade intelectual, serviços culturais, serviços governamentais etc.

d) **Renda Primária**. Representa a antiga conta renda e inclui: remuneração de trabalhadores, remessas de lucros e dividendos, pagamentos (ou recebimentos) de juros e outras rendas decorrentes de diferentes tipos de investimentos etc.

e) **Renda Secundária**. Apresenta a renda gerada em outro país e distribuída internamente (exceto aquelas constantes na renda primária). As transferências pessoais constituem o item mais importante dessa conta. São exemplos dessa transferência o envio de recursos por parte de imigrantes brasileiros em outros países para residentes no Brasil. Trata-se da antiga conta de **Transferências Unilaterais Correntes.**

f) **Conta Capital**. Transferências patrimoniais e aquisição (ou alienação) de bens não financeiros, não produzidos, como cessão de marcas e patentes, passes de jogadores de futebol etc. Na versão anterior (BPM5), era incluída com a Conta Financeira.

g) **Conta Financeira**. Nesta conta aparecem as transações que produzem variações no ativo e no passivo externo do país e que modificam a sua posição devedora ou credora perante o resto do mundo. Ou seja, são transações que geram obrigações ou direitos a serem exercidos em algum momento posterior. A conta é composta de ampliação (ou diminuição) de ativos de investimento direto ou em carteira no exterior. São as aplicações (ou desaplicações) feitas no exterior por parte de residentes, por exemplo, em ações, assim como passivos de investimento direto e em carteira, que vêm a ser,

---

[4] Nas Contas Nacionais do Brasil, calculadas pelo IBGE, utilizam-se os conceitos Exportações e Importações CIF (*cost, insurance and freight*).

ao inverso, aplicações, por exemplo, em ações no mercado doméstico realizadas por não residentes. Estão inscritos nessa conta outros investimentos, como aplicações em derivativos e investimentos que incluem empréstimos, créditos comerciais e outras operações financeiras. Esta é a principal conta que representa a entrada de poupança externa no país e assim financia um possível desequilíbrio na balança de transações correntes ou, ao contrário, representa a saída de poupança doméstica para o exterior. Um item importante dessa conta são os Ativos de Reserva, que anteriormente eram chamados de Variação de Reservas e representavam o saldo do Balanço de Pagamentos, com sinal trocado, apresentado à parte no Balanço. Na nova versão (BPM6), esse saldo foi internalizado na Conta Financeira, não se definindo mais o item denominado "saldo do Balanço de Pagamentos".

h) **Erros e Omissões**. Trata-se da diferença entre a conta de transações correntes e as contas de capital e financeira, decorrente de erros de apuração, que surgem quando se tenta compatibilizar transações físicas e financeiras com as várias fontes de informação (Banco Central, Departamento de Comércio Exterior, Receita Federal). Como o Banco Central tem maior controle sobre os Ativos de Reserva, supõe-se que o seu saldo é correto, e joga-se a diferença entre esse item e a soma de transações correntes mais as contas Capital e Financeira em Erros e Omissões. A regra do Fundo Monetário Internacional (FMI) é admitir para Erros e Omissões um valor de, no máximo, 5% da soma das exportações com as importações.

Salientamos que as contas do Balanço de Pagamentos referem-se ao **fluxo em dado ano**. Assim, não indicam o saldo total de endividamento externo e de reservas internacionais do país (que são estoques). A variação (fluxo) das reservas internacionais, que são as divisas estrangeiras, o ouro e os direitos especiais de saque (DES) que estão em poder do Banco Central ou depositados no FMI, é dada pela conta Ativos de Reserva.

12.6.1 Exercício sobre balanço de pagamentos

Na nova estrutura (BPM6), adotada no Brasil a partir de 2015, a contabilização dos lançamentos no Balanço de Pagamentos no Brasil passou a apresentar algumas peculiaridades, como:

a) Alguns itens específicos, que apresentam apenas saídas de dólares, sem entradas, como as importações, não apresentam mais o sinal negativo. O sinal negativo aparece apenas nos saldos daqueles itens que apresentam tanto entradas como saídas de dólares, como lucros (remetidos por nossas empresas ao exterior ou recebidos de nossas empresas no exterior), viagens internacionais etc. Já os saldos dos grandes itens podem apresentar saldos negativos. Por exemplo, supondo exportações no valor de US$ 50 bilhões e importações no valor de US$ 100 bilhões, dois itens da Balança Comercial, são lançados assim:

Exportações: + 50 bilhões
Importações: + 100 bilhões
Saldo da Balança Comercial: – 50 bilhões

b) A Conta Capital e a Conta Financeira, que eram unificadas na versão anterior, apresentavam sinais positivos na entrada de dólares (investimentos diretos, empréstimos) e sinais negativos na saída de dólares (amortizações de empréstimos). Na nova versão, os sinais se invertem, porque a contabilização dos lançamentos é feita a partir do ângulo de quem são efetivamente os proprietários do capital. Nesse sentido, dólares que entram pertencem aos estrangeiros, e não aos nacionais, portanto, levam sinal negativo, do ponto de vista do nosso país. No caso de Amortizações, estamos quitando dívidas com o exterior, e, por isso, apresentam sinal positivo.

c) Como já observado, os Ativos de Reserva – antes denominados de Variação de Reservas e apresentados como uma conta à parte, que representava o saldo do Balanço de Pagamentos com o sinal trocado – foram incorporados como um item da Conta Financeira. Com isso, não existe mais o item denominado anteriormente de saldo do Balanço de Pagamentos.

O exercício a seguir permite fixar essa nova forma de contabilização.

Dadas as seguintes informações sobre o Balanço de Pagamentos, em milhões de dólares:

Exportações FOB 100

Importações FOB... 80

Empréstimos externos recebidos 20

Donativos recebidos em dólares.. 5

Remessa de lucros de empresas estrangeiras ao exterior................. 11

Amortizações pagas.. 10

Lucros recebidos de nossas empresas no exterior 3

Juros pagos sobre a dívida externa... 20

Investimentos diretos estrangeiros no país..................................... 30

Fretes e seguros pagos 2

BALANÇO DE PAGAMENTOS

A. BALANÇA COMERCIAL

Exportações	100	
Importações	80	+20

B. SERVIÇOS

Fretes e seguros	–2	–2

C. RENDA PRIMÁRIA

Lucros (−11 + 3)   −8

Juros   −20   −28

D. RENDA SECUNDÁRIA

Donativos   5   + 5

E. TRANSAÇÕES CORRENTES (A + B + C + D)   − 5

F. CONTA CAPITAL E FINANCEIRA[5]

Investimentos diretos   −30

Empréstimos e financiamentos   −20

Amortizações   + 10

Ativos de Reserva

(−100 + 80 + 2 + 8 + 20 − 5 + 30 + 20 −10)[6]   −35   +5

G. ERROS E OMISSÕES   0

Quando a conta Ativos de Reserva aparece no Balanço de Pagamentos com saldo credor, como no exercício, significa uma **diminuição** dos haveres monetários do país com relação ao resto do mundo, ou um aumento de suas obrigações.

12.7 O balanço de pagamentos no Brasil

Como já vimos neste capítulo, um déficit em conta-corrente (isto é, no balanço de transações correntes) significa que o país absorveu poupanças externas no valor equivalente, em princípio, a esse déficit. Esse ingresso líquido de recursos reais permite ao país investir internamente, em termos reais, mais do que lhe seria possível se não fosse esse déficit. Reciprocamente, um superávit quer dizer que o país investiu liquidamente no exterior, durante o período, quantia equivalente de recursos.

Em suma, o déficit em conta corrente é a maneira que os países em desenvolvimento têm de captar poupança externa para manter seu nível interno de crescimento.

Historicamente, com raras exceções, a economia brasileira costuma apresentar uma balança comercial superavitária (exportações maiores que importações), mas um saldo negativo nas contas de Serviços e de Rendas, principalmente, devido ao pagamento de juros da dívida externa, mas também em razão da remessa de lucros e pagamentos de fretes, seguros e *royalties*. Mesmo que na maioria dos anos a balança comercial tenha apresentado saldos positivos, esses saldos têm sido superados em quase todos os anos pelo saldo negativo das Contas de Serviço e

---

[5]   Como o saldo da Conta Capital é menos de 1%, é usual, para efeitos didáticos, juntá-lo ao saldo da Conta Financeira, como era na estrutura anterior (BPM5).

[6]   Os lançamentos da conta Ativos de Reservas são a contrapartida das demais transações, com o sinal trocado.

Rendas Primárias, o que torna negativo o balanço de transações correntes. Esse déficit em conta-corrente tem sido financiado pela entrada líquida de capitais externos, tanto na forma de investimentos diretos como na forma de capitais especulativos.

Como revela a Tabela 12.3, o comportamento acima descrito não foi uma constante desde a implantação do Plano Real. Como será discutido detalhadamente no Capítulo 13 (sobre inflação), um dos principais instrumentos do Plano Real, estabelecido em 1993/1994, foi a valorização do real, a chamada **âncora cambial**, que barateou o valor dos produtos importados e encareceu as exportações, em termos de reais. Embora muito bem-sucedido no seu objetivo principal, que era o controle da inflação, provocou um déficit na balança comercial no período 1995-2000 (lembrando, mais uma vez: "em economia não há almoço grátis").

Outra alteração no comportamento do Balanço de Pagamentos brasileiro ocorreu no período de 2003 a 2007, com saldos positivos no balanço de transações correntes (superávit em conta-corrente) em decorrência tanto do grande aumento das exportações como da entrada de capitais financeiros, derivados do aumento do comércio e da movimentação financeira mundial. A elevação das exportações deveu-se fundamentalmente às exportações de *commodities* (minérios, produtos agrícolas) para o Sudeste da Ásia, enquanto a entrada de capitais financeiros está associada à elevada taxa de juros do país, uma das maiores do mundo. Como mostra a Tabela 12.3, nesse período, que coincidiu com um vigoroso crescimento da economia mundial, os saldos positivos da Balança Comercial e Renda Secundária (antiga Transferências Unilaterais Correntes) passaram a superar o saldo negativo das Contas de Serviços e Rendas Primárias, tornando positivo o saldo em conta-corrente.

Após a eclosão da crise internacional em 2008,[7] o Brasil voltou a apresentar déficits em conta-corrente, atingindo mais de 80 bilhões de dólares em 2013. Embora contrabalançado, em grande parte, pela entrada de investimentos diretos estrangeiros, nos últimos anos esse déficit se deve principalmente à queda do saldo da Balança Comercial, provocada pelo grande aumento das importações em relação às exportações.

Nos últimos anos, destaca-se o saldo negativo da Balança Comercial em 2014. Isso foi um efeito derivado da chamada "Nova Matriz Econômica" implantada por Dilma Rousseff, que consistiu em medidas de estímulos ao consumo. Além de estímulos diretos ao consumo, como o aumento do crédito, do salário mínimo, do Bolsa Família etc., o que estimulou as importações, paralelamente, o real foi valorizado como medida de controle da inflação, o que também estimulou as importações, mas inibiu as exportações, redundando em um saldo negativo da Balança Comercial. Destaca-se também a queda tanto das exportações como das importações em 2019 e 2020 (devido à pandemia do coronavírus), mas o saldo da Balança Comercial ainda manteve-se positivo, dado que a queda das importações superou a queda nas exportações. O saldo da Balança Comercial recuperou-se em 2021, com a vacinação e consequente queda do ritmo da pandemia.

---

[7]   Ver Leitura complementar 1.

Tabela 12.3 Balanço de Pagamentos do Brasil (1995-2021, em US$ bilhões)

Discriminação	1995	2000	2001	2002	2003	2005	2008	2010	2014	2015	2016	2017	2018	2019	2020	2021
I. TRANSAÇÕES CORRENTES (*Saldo em c/c do Balanço de Pagamentos*) (*I.a + I.b + I.c + I.d*)	−18,7	−24,8	−23,7	−8,1	3,8	13,5	−30,6	−75,8	−104,2	−59,4	−23,5	−7,2	−14,5	−50,8	−12,5	−27,9
I.a. BALANÇA COMERCIAL	−4,6	−1,6	1,5	12,0	23,7	43,4	23,8	18,5	−6,6	17,7	45,0	64,0	53,6	39,4	43,2	36,4
Exportações FOB	46,4	55,3	58,2	60,4	73,1	118,3	198,4	201,3	224,1	190,1	184,5	217,2	239,0	224,4	210,9	284,0
Importações FOB	51,0	56,4	56,7	48,4	49,4	74,8	174,6	182,8	230,7	172,4	139,4	153,2	185,4	185,0	167,7	247,6
I.b. SERVIÇOS	−7,0	−7,2	−7,6	−4,8	−4,7	−7,9	−16,9	−30,2	−48,1	−36,9	−30,4	−33,9	−34,0	−35,1	−19,9	−17,1
Viagens internacionais	−2,4	−2,1	−1,5	−0,4	0,2	−0,9	−5,2	−10,7	−18,7	−20,8	−8,5	−13,2	−12,3	−11,7	−2,4	−2,3
Outros serviços (fretes, seguros etc.)	−4,6	−5,1	−6,1	−4,4	−4,9	−7,0	−11,7	−19,5	−29,4	−16,1	−21,9	−20,7	−21,7	−23,4	−17,5	−14,8
I.c. RENDA PRIMÁRIA	−10,8	−17,5	−19,3	−17,7	−18,1	−25,6	−41,8	−67,0	−52,2	−42,9	−41,1	−40,0	−36,7	−56,0	−38,2	−59,5
Lucros e Dividendos	−2,9	−3,3	−5,0	−5,2	−5,6	−12,7	−33,9	−55,6	−31,2	−20,8	−19,4	−15,8	−16,9	−31,1	−17,2	−29,9
Juros	−7,6	−14,3	−14,4	−12,6	−12,6	−13,1	−7,2	−12,0	−21,3	−21,9	−21,9	−28,3	−20,0	−20,0	−19,5	−20,7
Outras (salários, *royalties*)	−0,3	0,1	0,1	0,1	0,1	0,2	−0,7	0,6	0,3	−0,2	0,2	4,1	0,2	−4,9	−1,5	−8,9
I.d. RENDA SECUNDÁRIA (*Transferências Unilaterais Correntes*)	3,6	1,5	1,6	2,4	2,9	3,6	4,2	2,9	2,7	2,7	3,0	2,6	2,5	1,0	2,4	3,3
II/III. CONTA CAPITAL + CONTA FINANCEIRA	−29,4	−19,7	−27,5	−8,5	−5,6	8,5	−28,7	−125,4	−111,6	−57,2	−25,9	−0,1	−8,9	−52,7	−11,1	−35,6
Investimentos e Reinvestimentos Diretos	−3,3	−30,5	−24,7	−14,1	−9,9	−12,6	−24,6	−61,7	−70,9	−61,6	−71,2	−64,1	−74,3	−56,5	−16,4	−27,3
Empréstimos/Financiamentos/Títulos/Ações	−10,8	−15,0	−8,1	−6,5	−4,4	−29,5	−7,2	−85,3	−60,2	−50,9	−19,6	−15,1	−42,4	29,5	11,3	−18,7
Amortizações	9,8	13,2	32,5	16,4	38,0	54,4	20,6	30,6	30,7	56,2	52,1	48,2	51,1	48,8	49,1	44,7
ATIVOS DE RESERVA (RESULTADO BAL. PAGTOS.)	12,9	−2,3	3,3	0,3	8,5	4,3	3,0	49,1	10,8	1,6	3,5	5,1	2,9	−26,1	14,2	−14,0
Outros	−38,0	14,9	−30,5	−4,6	−37,8	−8,1	−20,5	−58,1	−22,0	−2,5	9,3	26,0	53,8	−48,4	−47,1	−20,3
IV. ERROS E OMISSÕES	2,2	2,7	−0,5	−0,1	−0,9	−0,7	1,7	−0,5	3,4	3,8	6,8	6,4	4,7	−1,9	2,0	−6
RESERVAS INTERNACIONAIS	14,1	40,1	35,8	41,3	49,5	53,8	206,8	288,6	374,0	368,7	372,2	382,0	374,7	356,9	355,6	367,8

Fonte: Banco Central do Brasil.

NOTAS METODOLÓGICAS:
(1) Como a Conta Capital não chega a 0,5% da Conta Financeira, juntamos as duas, como era feito no BPM5 até 2014.
(2) Exportações e Importações FOB (*Free on board*), ou seja, sem os custos de fretes e seguros, pois estes são lançados à parte no item I.b. Serviços. Nas Contas Nacionais (IBGE), as Exportações e Importações são consideradas em termos CIF (*Cost of insurance and freight*), ou seja, incluem seguros e fretes.
(3) As contas que são saldos (viagens, lucros) podem apresentar sinal negativo, indicando a saída de dólares. A partir de 2015 (nova metodologia BPM6), quando não forem saldos, mesmo sendo saída de dólares, apresentam sinal positivo.
(4) Também a partir de 2015, diferentemente das demais contas, na Conta Capital e Financeira, sinais negativos representam entradas de dólares e sinais positivos indicam saídas de dólares. Isso porque aqui se considera quem são efetivamente os proprietários do capital. Assim, dólares que entram, na verdade, pertencem aos estrangeiros, e não aos nacionais. Quando saem dólares, é como se estivéssemos quitando dívidas.

Ainda, é interessante observar o comportamento do item Viagens Internacionais (Turismo). Na grande maioria dos anos, a tabela revela um saldo negativo nessa conta, o que significa que há mais brasileiros viajando ao exterior do que estrangeiros entrando no país. Isso também se deveu, em parte, ao câmbio valorizado em quase todos os anos, e a partir de 2007, também associado ao aumento de renda da população. A grande queda observada em 2020 foi devida à pandemia, que paralisou o comércio e as viagens internacionais.

Finalmente, a última linha da tabela apresenta os saldos (estoque ao final do ano) das Reservas Internacionais, que não fazem parte do Balanço de Pagamentos (fluxo no ano). O Brasil, a partir do segundo mandato do Governo Lula, passou a registrar um crescimento acentuado dessas reservas, compostas de divisas estrangeiras (principalmente dólares), ouro e direitos especiais de saque (DES – uma espécie de cheque especial para os países), que estão em poder do Banco Central ou depositados no FMI. Trata-se de ótimo indicador, do ponto de vista do risco-país, pois é uma garantia de que o Brasil tem todas as condições para honrar sua dívida externa, e obter mais crédito internacional.

12.8 Organismos internacionais

Os períodos das duas Grandes Guerras Mundiais, assim como os conturbados anos da Grande Depressão, que culminaram com a crise político-financeira dos anos 1930, provocaram enormes perturbações na economia de praticamente todos os países e, por conseguinte, nas relações econômicas internacionais. Ao final da Segunda Guerra Mundial evidenciava-se a necessidade de mudanças no sistema de pagamentos internacionais.

Na Conferência de Bretton Woods, em 1944, surgiram propostas de remodelagem do Sistema Monetário Internacional e, dentre elas, destacaram-se as do economista inglês John Maynard Keynes. Dessa conferência nasceu um novo Sistema Monetário Internacional, que foi extremamente importante para o reflorescimento do comércio mundial e sobre o qual se baseou o crescimento econômico do pós-guerra.

Assim, o objetivo de criar um Sistema Monetário Internacional foi viabilizar as transações entre países, estabelecendo regras e convenções que regulassem as relações monetárias e financeiras e não gerassem entraves ao desenvolvimento mundial.

Nesse sentido, definiram-se o ativo (moeda) de reserva internacional, sua forma de controle, sua relação com as diferentes moedas nacionais (o regime cambial), os mecanismos de financiamento e ajustamento dos desequilíbrios dos balanços de pagamentos, o grau de movimentação dos capitais privados e o sistema de relações jurídicas, que vêm garantindo o funcionamento desse mecanismo internacional.

Dentro desse contexto, foram criados os três principais organismos econômicos internacionais do pós-guerra:

- o Fundo Monetário Internacional (FMI);
- o Banco Mundial; e
- a Organização Mundial do Comércio (OMC).

12.8.1 Fundo Monetário Internacional (FMI)

O Fundo Monetário Internacional, que ainda hoje administra o Sistema Monetário Internacional, foi criado com o objetivo de:

a) evitar possíveis instabilidades cambiais e garantir a estabilidade financeira, eliminando práticas discriminatórias e restritivas aos pagamentos multilaterais. Nesse sentido, a estabilidade financeira interna e o combate à inflação nos países membros estão entre suas metas;

b) socorrer os países a ele associados quando da ocorrência de desequilíbrios transitórios em seus balanços de pagamentos. Se esses desequilíbrios ocorrerem, o FMI pode financiá-lo com os chamados empréstimos compensatórios. Seus ativos eram constituídos inicialmente por reservas em ouro e em moedas nacionais dos países membros. Posteriormente, criou-se um novo ativo de reserva internacional, os direitos especiais de saque (DES).

12.8.2 Banco Mundial

O Banco Mundial, também conhecido por Banco Internacional de Reconstrução e Desenvolvimento (Bird), foi criado com o intuito de auxiliar a reconstrução dos países devastados pela guerra e, posteriormente, promover o crescimento dos países em via de desenvolvimento.

O Banco Mundial tem seu capital subscrito pelos países credores na proporção de sua importância econômica. A partir desse capital, ele concede empréstimos a taxas reduzidas de juros para os países menos desenvolvidos, com o intuito de promover projetos economicamente viáveis e relevantes para o desenvolvimento desses países (especialmente, projetos de infraestrutura). Além disso, o Bird também funciona como avalista de empréstimos efetuados por capitais particulares para esses projetos.

12.8.3 Organização Mundial do Comércio (OMC)

Alguns anos depois da Conferência de Bretton Woods foi criado o General Agreement on Tariffs and Trade (GATT) – Acordo Geral sobre Tarifas e Comércio –, cujo objetivo básico foi a busca da redução das restrições ao comércio internacional e a liberalização do comércio multilateral.

Com o GATT, procurou-se estruturar um conjunto de regras e instituições que regulassem o comércio internacional e encaminhassem a resolução de conflitos entre os países. Nesse sentido, esse organismo estabeleceu como princípios básicos: a redução das barreiras comerciais, a não discriminação comercial entre os países, a compensação aos países prejudicados por aumentos nas tarifas alfandegárias e a arbitragem dos conflitos comerciais.

Desde a sua criação, o GATT atuou especialmente por meio de sucessivas rodadas de negociações entre os países envolvidos no comércio internacional e conseguiu, no pós-guerra, reduzir as barreiras impostas a esse comércio. Com o acordo de Marrakesh, em abril de 1994, o GATT transformou-se na Organização Mundial do Comércio (OMC).

Leitura complementar 1

A crise financeira internacional de 2008

Origens

A crise internacional, que ocorreu a partir de 2008, iniciada no mercado de hipotecas imobiliárias de alto risco nos Estados Unidos, desencadeou uma redução do crédito global, levando a perdas financeiras vultosas, falência de grandes instituições financeiras, fundos de investimento e seguradoras, e crises econômicas de vários países. Obrigou uma intervenção conjunta dos principais bancos centrais dos Estados Unidos, Canadá e Europa. As consequências para a economia mundial foram uma retração do PIB e uma diminuição do consumo e dos investimentos, que perduram em muitos países, principalmente na Europa.

Essa crise apresentou muitos fatores e elementos paralelos para sua ocorrência. Resumidamente, podemos detectar três fatores básicos, os quais, agindo quase que paralelamente, levaram à crise:

a) o grande **aquecimento do mercado de hipotecas imobiliárias norte-americano**, garantido por políticas governamentais de estímulo às classes de baixa renda (chamados empréstimo ***NINJA*** – *No Income, No Job, No Assets*);

b) **desregulamentação do sistema financeiro paralelo** (bancos de investimento, fundos, corretoras), que permitiu a disseminação de uma sofisticada engenharia financeira por essas entidades, em que foram se sobrepondo títulos de alto risco (***subprime***) junto com títulos de baixo risco (***prime***)**,** respaldados por avaliações positivas das agências de regulamentação de risco;

c) **grande liquidez dos mercados financeiros norte-americano e mundial**, provocada tanto pelo grande crescimento econômico – particularmente da China e dos países produtores de petróleo, cuja poupança foi aplicada em larga medida em títulos norte-americanos –, como também pela política monetária implementada nos Estados Unidos durante o período 2001-2004.

Quanto ao **primeiro fator**, aquecimento do mercado de hipotecas imobiliárias nos Estados Unidos, pode-se dizer que sua origem remota localiza-se na recuperação da crise de 1929 nos Estados Unidos, conhecida como *New Deal*. Para sair da recessão, foram criados estímulos econômicos em vários setores, inclusive o imobiliário. Com o governo como agente garantidor das hipotecas, aumentou-se o financiamento da casa própria, inclusive de casas populares. O mercado secundário de hipotecas imobiliárias aumentou vigorosamente durante as décadas seguintes, principalmente após o fim da Segunda Guerra Mundial, com o grande aumento da renda média da população norte-americana, o que incentivou a procura por novas moradias. Com o preço do imóvel subindo, cresceu a demanda por novas hipotecas. Dado esse verdadeiro "efeito riqueza", a consequência foi o aumento do preço dos ativos, em especial imóveis e ações.

Com a euforia no mercado americano, as companhias hipotecárias começaram a financiar clientes que não tinham casa própria, de baixa renda (empréstimo NINJA ou títulos *subprime* ou, ainda, títulos "tóxicos"). Trata-se de um processo financeiro denominado **securitização de recebíveis**,[8] por meio da emissão de títulos que utilizam as hipotecas como garantia (colateral) e que, por sua vez, tinham o lastro em títulos públicos do governo federal e, portanto, virtualmente sem risco.

O crescimento da bolha imobiliária foi facilitado pela expansão, que vem desde os anos 1980, do chamado **sistema bancário paralelo,** constituído por bancos de investimento, fundos de *hedge*, seguradoras, e pela criação de novos instrumentos financeiros, derivativos[9] e inovações na gestão de riscos.

Aqui entra o **segundo fator** que levou à crise, qual seja, a desregulamentação financeira do sistema bancário paralelo. Bancos de investimento, fundos imobiliários e seguradoras não se submetiam à supervisão à qual os bancos comerciais se submetiam, na forma de controles de liquidez e alavancagem de capital, que limitava seu potencial de lucro além de outras restrições impostas principalmente por meio dos Acordos da Basileia.[10]

---

[8] Securitização: a garantia (os recebíveis) para as instituições financeiras (aplicadores, como fundos ou bancos de investimento) era o pagamento das hipotecas imobiliárias. São títulos garantidos por um fluxo de pagamentos futuro, que ainda será recebido. O emissor desses títulos antecipa os recursos, vendendo o papel para os investidores que, no caso, são as hipotecas.

[9] **Derivativos** são instrumentos financeiros cujo preço de mercado deriva de um bem ou de outro instrumento financeiro.

[10] O **Acordo da Basileia** foi firmado em 1988, na cidade de Basileia (Suíça), e teve como objetivo criar exigências mínimas de capital, que devem ser respeitadas por bancos comerciais, como precaução contra o risco de crédito, ratificado por mais de 100 países. Como não conseguiu evitar inúmeras falências de instituições financeiras na década de 1990, foram lançados o Basileia II em 2004 e o Basileia III em 2010, aperfeiçoando os pilares sobre contabilidade, supervisão e regulamentação bancária.

Saliente-se que toda essa montagem foi respaldada pela avaliação positiva das agências de classificação de risco (Standard & Poor's, Moody's, Fitch) para as garantias originais, ou seja, para as hipotecas dos imóveis em que se sustentavam os CDO. Isso atraiu muitos fundos de pensões, que normalmente só investem em instituições com avaliação "triple A" (AAA) pelas agências de classificação de risco. Investidores de Wall Street e bancos estrangeiros foram, também, atraídos para esse esquema.

Dessa forma, os bancos e as instituições financeiras, aproveitando-se dos vazios criados por uma regulação deficiente, lastreados pelas hipotecas, venderam o direito a cobrar (securitizaram) créditos imobiliários de alto risco (**ativos "tóxicos"**) para terceiros, misturando-os, muitas vezes, com ativos financeiros de baixo nível de risco (**ativos "AAA"**). Essas operações levaram a uma excessiva tomada de risco por parte de todo o sistema financeiro norte-americano e mundial. Assim, houve um forte aumento da **alavancagem financeira,** ou seja, da proporção entre o valor das operações realizadas relativamente ao capital próprio das instituições responsáveis pelos papéis, em uma posição de risco superior ao seu patrimônio.

O **terceiro fator**, paralelo aos dois anteriores, que facilitou a montagem de toda essa engenharia financeira foi o excesso de liquidez nos mercados financeiros norte-americano e internacional, principalmente a partir de 2001. Por um lado, um elevado volume de recursos externos foi aplicado em títulos norte-americanos pelos países asiáticos (principalmente China), que apresentaram grande crescimento econômico, pelos países produtores de petróleo e pelo Japão. Apesar da baixa taxa de juros, os títulos norte-americanos são considerados os investimentos mais garantidos do mundo. Por outro lado, o excesso de liquidez deveu-se ainda à política monetária implementada nos Estados Unidos durante o período 2001-2004, na gestão de Allan Greenspan, presidente do Federal Reserve Bank (FED) na época. Após a crise do mercado acionário norte-americano em 2001, também conhecida como **crise das empresas pontocom**, Greenspan reduziu a taxa de juros para retomar o crescimento da economia norte-americana.

Somando-se a redução da taxa de juros nos Estados Unidos e o volume de aplicações estrangeiras em títulos do governo, a consequência direta foi uma enxurrada de capital nos Estados Unidos e no mundo, pressionando ainda mais as taxas de juros para baixo. Com juros baixos, os fundos de investimento, que ofereciam retornos maiores, tornaram-se atraentes para pequenos e médios investidores e proporcionaram um relaxamento na administração de risco.

Enfim, esses três fatores somados: aquecimento do mercado imobiliário norte-americano, frágil regulamentação financeira e grande liquidez internacional, agindo paralelamente, estão na origem da crise financeira em 2008.

Essa estrutura começa a ruir na base com a inadimplência dos adquirentes de imóveis financiados. Esse círculo "virtuoso" só se sustentaria se o preço dos imóveis continuasse a subir, se a taxa de juros continuasse baixa e os tomadores de empréstimos continuassem em seus empregos. No entanto, em 2006, os preços dos imóveis atingiram o seu máximo valor e, a partir daí, começaram a cair rapidamente. A oferta de imóveis começou a superar a demanda, gerando uma espiral decrescente no valor dos imóveis. A inadimplência, por sua vez, aumentou por causa dos juros, pois os contratos possuíam cláusulas de reajuste das taxas, geralmente a partir do segundo ou terceiro ano.

Quando os tomadores de empréstimos de baixa qualidade (NINJA) passaram a se tornar inadimplentes, não conseguindo pagar sua dívida inicial (a base da pirâmide), iniciou-se um processo de reação em cadeia de não recebimento por parte dos compradores dos títulos. Os fundos de investimento perceberam que seus ativos valiam menos do que informado anteriormente e tentaram se livrar desses papéis. Inclusive, muitos clientes *prime*, de bom cadastro, principalmente de classe média, perderam suas residências hipotecadas.

O aumento da inadimplência fez que o mercado passasse a ter medo de emprestar, gerando uma retração do crédito e, portanto, uma crise de liquidez. Foi o que acabou ocorrendo, com os grandes bancos e os fundos sofrendo enormes prejuízos. Investidores em CDO queriam seu dinheiro de volta e compradores de CDS não conseguiam receber das seguradoras os valores devidos.

O primeiro grande abalo de repercussão mundial foi a quase quebra do Bear Stearns, que acabou sendo incorporado pelo JP Morgan em março de 2008, contando com a ajuda do Federal Reserve, que concordou em assumir a maioria das perdas futuras ligadas aos seus ativos podres (os *subprimes*). A seguradora AIG, que não honrava seus CD, foi socorrida pelo Banco Goldman and Sachs, também com o apoio do Federal Reserve.

No entanto, o colapso definitivo ocorreu em 15 de setembro do mesmo ano, com a falência do Banco Lehman Brothers, que não recebeu qualquer ajuda governamental. Para muitos analistas, foi um grande erro do governo norte-americano, que teria subavaliado a extensão da crise.

Quando isso ocorreu, ninguém mais sabia que instituições possuíam grande exposição de *subprimes*. Por essa razão, o mercado interbancário congelou, e nenhuma instituição se arriscava a emprestar a outra no mercado interbancário, cuja função é justamente dar liquidez ao sistema financeiro para rolagem da dívida.

Estabeleceu-se o pânico geral nos Estados Unidos. Como os *subprimes* estavam disseminados pelos vários países que integram o sistema financeiro internacional, a crise se espalhou rapidamente por todo o sistema financeiro mundial.

A quebra do Lehman Brothers contribuiu para que o mercado acordasse para os problemas gigantescos existentes em todo o sistema financeiro. Os governos tiveram que reagir agressivamente para conter o avanço e as consequências do colapso. Os bancos centrais dos países que compõem o G8 passaram a injetar bilhões de dólares para salvar as principais instituições financeiras da falência e evitar, com isso, um risco sistêmico de proporções globais. O prejuízo aos cofres públicos foi de mais de três trilhões de dólares.

Em linhas gerais, podemos dividir as consequências da crise financeira em três etapas.

1. **Primeira etapa (julho de 2007 a agosto de 2008):** a crise ainda é predominantemente bancária, com redução gradual do crédito e desalavancagem dos bancos. Os países desenvolvidos entram em forte desaceleração do nível de produção.

2. **Segunda etapa (entre setembro e outubro de 2008):** estabelece-se uma crise sistêmica após a concordata do banco Lehman Brothers, causando danos às finanças de grandes países e enorme rombo fiscal no Reino Unido, na Espanha e na Irlanda. Ocorre o pânico na economia mundial, afetando bolsas e preços de *commodities*.

3. **Terceira etapa (a partir de outubro de 2008):** a crise chega aos países emergentes mais em função da queda da demanda e, consequentemente, das importações dos países desenvolvidos. A crise tornou-se mais forte no início de 2009, provocando uma queda da renda mundial de 0,6%.

O Brasil, por sua vez, também sentiu os efeitos da crise. A restrição externa afetou o crescimento do PIB, que teve uma queda de −0,3% em 2009, levando o governo a anunciar diversas medidas para reverter o cenário recessivo.

Apesar de a crise ter sido forte, o Brasil apresentou uma taxa de recuperação rápida se comparado com as economias desenvolvidas. Vários fatores contribuíram para essa recuperação, como o crescimento do mercado interno, o sólido sistema financeiro e a rapidez das ações do governo, implementando políticas anticíclicas, tanto fiscais como monetárias. O Banco Central atuou de forma a prover liquidez ao sistema financeiro, por meio de iniciativas tais como a redução da taxa de juros Selic e a diminuição do nível de depósito compulsório exigido pelo Banco Central aos bancos comerciais, elevando o crédito ao setor privado. Também foram utilizados estímulos fiscais para aumentar o consumo e a produção, garantindo o estímulo necessário ao setor real da economia e, portanto, provocando um efeito menor da crise no Brasil.

Leitura complementar 2

A valorização do real, adotada nos Governos FHC e Lula, teria provocado a desindustrialização da economia brasileira?

Com exceção do ano de 2002, quando o dólar chegou a quase R$ 4,00, desde o Plano Real, o Brasil apresentou uma taxa de câmbio baixa, com o dólar valendo desde R$ 0,84 em 1994 até R$ 1,70 em 2010, o que para muitos significa que o real teria sido excessivamente valorizado. A valorização do real levou à maciça entrada de capitais financeiros do exterior, atraídos pelas altas taxas de juros do Brasil, relativamente às taxas de juros internacionais. Em parte, a valorização deveu-se também à entrada de investimentos diretos de empresas multinacionais.

Para alguns economistas, liderados por Luiz Carlos Bresser Pereira, da Fundação Getulio Vargas de São Paulo, e para as entidades ligadas ao setor industrial, a apreciação do real teria provocado uma **desnacionalização** e **desindustrialização** da economia brasileira, fenômeno conhecido como "doença holandesa". A **doença holandesa** (*dutch desease*), também conhecida como **maldição das commodities**, refere-se a um fenômeno que ocorreu na Holanda, a partir dos anos 1960, com a descoberta de imensas reservas de gás e petróleo no Mar do Norte, o que fez que esse país concentrasse suas exportações nesses produtos. Com a entrada de grande volume de dólares, o florim, moeda holandesa, valorizou-se bastante, o que elevou as compras de produtos importados. Isso causou uma redução e desnacionalização de grande parte da base industrial holandesa (ou seja, uma desindustrialização).

Na mesma linha, outros economistas, como o professor Antonio Correa de Lacerda, da Pontifícia Universidade Católica de São Paulo, defendem que, além da ocorrência da doença holandesa, provocada pela valorização do real, outros fatores conjunturais e estruturais concorreram para a desindustrialização, tais como juros elevados, crédito escasso e a concorrência dos produtos chineses, com grande redução de preços dos produtos manufaturados, entre outros.

Entretanto, muitos economistas consideram que esse fenômeno seria consequência natural do processo de globalização, com a tendência de aumento da participação do setor serviços na renda nacional e consequente queda na participação da indústria e da agricultura na maior parte dos países. O ex-ministro Delfim Netto, por exemplo, argumenta que esse fenômeno não ocorreu no Brasil, por apresentarmos uma boa diversificação de nossa pauta de exportações, não dependendo de um ou poucos produtos, situação à qual se aplicada o conceito de doença holandesa.

Na realidade, para muitos economistas, como, por exemplo, Afonso Celso Pastore, ex-presidente do Banco Central (1983/1985), a queda da participação da indústria deve-se muito mais ao protecionismo do Brasil, com tarifas de importação muito elevadas (cerca de 11% do total das importações, quando a média mundial é próxima de 5%), que não permitiu maior avanço tecnológico no setor.

1. Sobre taxas de câmbio:

    a) Defina taxa de câmbio.

    b) Defina regime de câmbio fixo, regime de câmbio flutuante e flutuação suja.

    c) Qual é a diferença entre variação nominal e variação real?

2. Qual é o efeito de uma política de valorização do real perante outras moedas:

    a) Sobre o saldo da balança comercial?

    b) Sobre a oferta e a demanda de divisas estrangeiras?

    c) Sobre os preços domésticos?

3. O que é teoria das vantagens comparativas? Qual é a crítica estruturalista a essa teoria?

4. De que variáveis dependem as exportações e as importações de um país? Indique se essas variáveis são direta ou inversamente relacionadas às exportações e importações.

5. Supondo: superávit comercial de R$ 5 bilhões, déficit nas Contas de Serviços e de Rendas de R$ 7 bilhões, transferências unilaterais correntes positivas de R$ 2 bilhões e superávit de R$ 6 bilhões na Conta Capital e Financeira, responda:

    a) Qual é o saldo em conta-corrente do Balanço de Pagamentos?

    b) Qual é o saldo da Conta Ativos de Reserva?

    c) Qual é o saldo do Balanço de Pagamentos?

Capítulo 13

Inflação

13.1 Conceito de inflação

A **inflação** é definida como um aumento contínuo e generalizado no índice de preços, ou seja, os movimentos inflacionários são aumentos contínuos de preços, e não podem ser confundidos com altas esporádicas de preços. O aumento de um bem ou serviço em particular não constitui inflação, que ocorre apenas quando há um aumento generalizado da maioria dos bens e serviços.

As fontes de inflação costumam diferir em função das condições de cada país:

a) **tipo de estrutura de mercado** (oligopolista, concorrencial etc.), que condiciona a capacidade dos vários setores de repassar aumentos de custos aos preços dos produtos;

b) **grau de abertura da economia ao comércio exterior:** quanto mais aberta a economia à competição externa, maior a concorrência e menores os preços dos produtos;

c) **estrutura das organizações trabalhistas:** quanto maior o poder de barganha dos sindicatos, maior a capacidade de obter reajustes de salários acima dos índices de produtividade e maior a pressão sobre os preços.

Em linhas gerais, as causas da inflação que serão apresentadas a seguir estão associadas a **conflitos distributivos**, ou seja, à tentativa de os agentes manterem ou aumentarem sua posição na distribuição do "bolo" econômico: empresários defendendo suas margens de lucro, trabalhadores tentando manter seus salários e o governo mantendo sua parcela por meio de impostos, preços e tarifas públicas.

A forma mais tradicional para estudar a questão inflacionária é distinguir a inflação provocada pelo excesso de demanda agregada (**inflação de demanda**) da inflação por elevação de custos (**inflação de custos**) e da inflação devida aos mecanismos de indexação de preços (**inflação inercial**).

13.2 As causas da inflação

13.2.1 Inflação de demanda

A **inflação de demanda** refere-se ao excesso de demanda agregada em relação à produção disponível de bens e serviços.

A probabilidade de ocorrer inflação de demanda aumenta quando a economia está produzindo próximo do pleno emprego de recursos. Nessa situação, aumentos da demanda agregada de bens e serviços, com a economia já em plena capacidade, conduzem a elevações de preços.

Um fenômeno associado à inflação de demanda é a chamada **curva de Phillips**, que mostra que existiria uma relação inversa entre as taxas de salários e as taxas de desemprego. A partir de dados coletados da economia do Reino Unido, de 1861 a 1957, essa curva mostrou que existe, empiricamente, um *trade-off* (ou relação inversa) entre taxas de salários nominais (que podem ser associadas às taxas de inflação) e taxas de desemprego. *Coeteris paribus*, elevações da procura agregada levam as empresas a demandar mais mão de obra, ocasionando aumento de salários monetários (nominais) e redução das taxas de desemprego. [1]

Para combater um processo de inflação de demanda, a política econômica deve basear-se em instrumentos que provoquem redução da procura agregada por bens e serviços, como redução dos gastos do governo, aumento da carga tributária, controle de crédito e elevação da taxa de juros.

13.2.2 Inflação de custos

A **inflação de custos** pode ser associada a uma inflação tipicamente de **oferta**. O nível da demanda permanece o mesmo, mas os custos de certos fatores importantes aumentam. Com isso, ocorre uma retração da produção, deslocando a curva da oferta do produto para trás, provocando um aumento dos preços de mercado.

As causas mais comuns dos aumentos dos custos de produção são:

- **aumentos do custo de matérias-primas:** por exemplo, as crises do petróleo da década de 1970, ao elevarem sensivelmente os preços dessa matéria-prima, provocaram um brutal aumento nos custos de produção, em particular, nos custos de transporte e de energia com base na gasolina e no diesel, que forçosamente foram repassados aos preços dos produtos e dos serviços. Os aumentos de preços agrícolas, não sazonais, devido a fatores como geadas e secas, também caracterizam uma inflação de custos. Os aumentos de preços de matérias-primas também são conhecidos na literatura econômica como **choques de oferta**;
- **estrutura sindical:** um aumento das taxas de salários que supere os aumentos na produtividade da mão de obra acarreta um aumento dos custos unitários de produção, que são normalmente repassados aos preços dos produtos. Isso ocorre, normalmente, em setores que têm sindicatos com grande poder de barganha;
- **estrutura de mercado:** a inflação de custos também está associada ao fato de algumas empresas, com elevado poder de monopólio ou oligopólio, terem condições de elevar seus lucros acima da elevação dos custos de

[1] Na realidade, existem várias versões da curva de Phillips, incorporando choques de oferta, expectativas etc. Uma síntese das várias versões pode ser encontrada em: CHAGAS, A. L. S. Governo, escolha pública e externalidades. In: PINHO, D.; VASCONCELLOS, M. A. S.; TONETO JR., R. (Orgs.). *Manual de Economia*: equipe de professores da USP. 7. ed. São Paulo: Saraiva, 2017.

produção. Muitos economistas acreditam que o fenômeno da **estagflação** (estagnação econômica com inflação) pode ser devido ao fato de que, mesmo em períodos de queda da atividade produtiva, as firmas com poder oligopolista têm condições de manter suas margens de lucro sobre custos (***mark-up***) ao aumentar o preço de seus produtos.

O combate a esse tipo de inflação é mais complexo porque é causada por fatores mais estruturais do que conjunturais. Uma forma de combate utilizada no Brasil, como nos Planos Cruzado, Bresser e Collor, foi por meio do **controle direto de preços e salários**, com tabelamento de preços e política salarial mais rígida.

Os choques de oferta normalmente costumam ser temporários (por exemplo, ocorrência de geadas, crises do petróleo nos anos 1970), com os preços tendendo posteriormente a voltar aos níveis normais.

13.2.3 Inflação inercial

A **inflação inercial** é o processo automático de realimentação de preços, ou seja, a inflação corrente decorre da inflação passada, perpetuando-se uma inércia ou memória inflacionária. Ela é provocada, fundamentalmente, pelos mecanismos de **indexação formal** (salários, aluguéis, contratos financeiros) e **indexação informal** (preços em geral e impostos, preços e tarifas públicas).

Dessa forma, os aumentos de preços passados são automaticamente repassados para todos os demais preços da economia, por meio dos mecanismos de correção monetária, cambial e salarial, gerando um processo autorrealimentador de inflação.

Uma forma de combater a inflação inercial consiste em eliminar a memória inflacionária, o que pode ser feito pela desindexação da economia. Como no caso do combate à inflação de custos, uma forma seria o congelamento de preços e salários por um certo período.

13.2.4 Causas da inflação segundo a corrente estruturalista

Na América Latina, a partir dos anos 1950, ganhou destaque uma corrente que pressupõe que a inflação no continente estaria associada estreitamente a tensões de custos, causados por deficiências na estrutura econômica. É a **corrente estruturalista** ou **cepalina**, originada na Comissão Econômica para a América Latina e Caribe (Cepal), organismo da ONU sediado no Chile.

De acordo com essa corrente, a inflação seria explicada principalmente por **questões estruturais** (daí o nome), como estrutura agrária, estrutura oligopólica de mercado e estrutura do comércio internacional. A oferta agrícola não responderia na mesma proporção do crescimento da demanda de alimentos, por ser dominada por latifúndios pouco preocupados com questões de produtividade (oferta de produtos agrícolas inelástica a estímulos de preços de mercado). Isso levaria ao aumento de preços dos alimentos. Por outro lado, grandes oligopólios têm condições de sempre manter suas margens de lucro, repassando todos os aumentos de custos a seus preços. Finalmente, a inflação seria provocada pelas desvalorizações cambiais que os países subdesenvolvidos são obrigados a promover para compensar o déficit crônico da balança comercial, gerado pela deterioração dos termos de troca no comércio internacional, contra países subdesenvolvidos, por exportarem produtos primários, de baixa elasticidade-renda, e importarem produtos manufaturados, de alta elasticidade-renda da demanda.

13.3 As distorções provocadas por altas taxas de inflação

O processo inflacionário, especialmente aquele caracterizado por elevadas taxas e, particularmente, por taxas que oscilam, tem sua previsibilidade dificultada por parte dos agentes econômicos e promove profundas distorções na estrutura produtiva. Diante de tais questões, os principais efeitos provocados por esse fenômeno são apontados a seguir.

13.3.1 Efeito sobre a distribuição de renda

A distorção mais séria provocada pela inflação diz respeito à redução relativa do poder aquisitivo das classes que dependem de rendimentos fixos, que possuem prazos legais de reajuste. Nesse caso, estão os assalariados que, com o passar do tempo, vão ficando com seus orçamentos cada vez mais reduzidos até a chegada de um novo reajuste. A classe trabalhadora é, sem dúvida, a que mais perde com a elevação das taxas de inflação, principalmente os trabalhadores de baixa renda, que não têm condições de se proteger, por exemplo, com aplicações financeiras, pois consomem praticamente a totalidade de sua renda. Por essa razão, costuma-se dizer que "**a inflação é um imposto sobre o pobre**".

Os proprietários que auferem renda de aluguel também sofrem perda de rendimento real ao longo do processo inflacionário, pois os aluguéis estão normalmente atrelados a contratos que fixam seu valor por determinado prazo.

Os agentes econômicos com mais liberdade de formar preços, e particularmente maior poder de mercado para definir seus preços, como empresas inseridas em mercados oligopolizados, têm condições de repassar os aumentos de custos provocados pela inflação garantindo, assim, suas margens de lucro. O governo, por meio de impostos e preços públicos também tem condições de se defender, corrigindo suas receitas pelas taxas de inflação.

13.3.2 Efeito sobre o balanço de pagamentos

Elevadas taxas de inflação, em níveis superiores ao aumento de preços internacionais, encarecem o produto nacional em relação ao produzido externamente. Assim, tendem a provocar um estímulo às importações e desestímulo às exportações, diminuindo o saldo da balança comercial (exportações menos importações). Esse fato costuma, inclusive, provocar um verdadeiro círculo vicioso se o país estiver enfrentando déficit cambial. Nessas condições, as autoridades, na tentativa de minimizar o déficit, são obrigadas a lançar mão de desvalorizações cambiais, as quais, depreciando a moeda nacional, podem estimular a colocação de nossos produtos no exterior, desestimulando as importações.

Entretanto, as importações essenciais, das quais muitos países não podem prescindir como petróleo, fertilizantes ou equipamentos sem similar nacional, tornar-se-ão inevitavelmente mais caras em reais, pressionando os custos de produção dos setores que se utilizam mais largamente de produtos importados. O círculo se fecha com uma nova elevação de preços, provocada pelo repasse do aumento de custos aos preços dos produtos.[2]

13.3.3 Efeito sobre o mercado de capitais

Tendo em vista o fato de que, em um processo inflacionário intenso, o valor da moeda deteriora-se rapidamente, ocorre um desestímulo à aplicação de recursos no mercado financeiro, especialmente nas aplicações cuja remuneração seja definida *ex ante*, ou seja, definida antecipadamente no momento da aplicação. Tradicionalmente, nos processos inflacionários mais prolongados, os papéis que ganham importância no mercado financeiro são aqueles cuja remuneração seja definida *ex post*, ou seja, no final do prazo de aplicação.

Em tal situação, normalmente, não é possível prever de maneira adequada as taxas de inflação. Nesse caso, mesmo nas aplicações *ex post*, a rentabilidade acaba dependendo de índices de preços utilizados para corrigir o valor aplicado e, consequentemente, sua rentabilidade fica atrelada às características dos índices de preço utilizados para corrigir as aplicações. Isso gera muita incerteza no mercado financeiro e faz os poupadores procurarem outras opções para aplicar seus recursos, por exemplo, em ativos fixos como terras e imóveis.

No Brasil, essa distorção foi bastante minimizada pela instituição, durante um largo período, do mecanismo da **correção monetária** por meio do qual alguns papéis, como os títulos públicos, cadernetas de poupança e títulos privados, passaram a ser reajustados (ou indexados) por índices que refletem aproximadamente o crescimento da inflação.

---

[2]   A respeito das relações entre taxas de câmbio, inflação e balança de pagamentos, consulte o Capítulo 12.

13.3.4 Efeito sobre as expectativas empresariais

Elevadas taxas de inflação também afetam a formação das expectativas sobre o comportamento da economia no futuro. O setor empresarial é bastante sensível a esse tipo de situação, dada a relativa instabilidade e imprevisibilidade de seus lucros. O empresário fica em um compasso de espera, enquanto a conjuntura inflacionária perdurar, e dificilmente tomará iniciativas no sentido de aumentar seus investimentos na expansão da capacidade produtiva. Assim, a própria capacidade de produção futura e, consequentemente, o crescimento econômico e o próprio nível de emprego podem ser afetados pelo processo inflacionário.

13.3.5 Outros efeitos

Nas etapas iniciais do processo inflacionário, todos os que contraíram dívidas líquidas ganham com a inflação, justamente porque não incorporam nenhuma expectativa inflacionária. Nesse caso, o credor é quem perde, recebendo a quantia emprestada reduzida pela inflação e, por isso mesmo, perde a renda que teria se houvesse aplicado seu dinheiro em alternativas mais rentáveis de investimento.

Ainda que alguns possam ganhar com a inflação a curto prazo, pode-se dizer que, a longo prazo, poucos ou quase ninguém ganha com ela, porque seu processo funciona como um rolo compressor e desarticula todo o sistema econômico. Embora os trabalhadores sejam os mais prejudicados, as perdas salariais farão que os empresários também percam, porque venderão menos; o governo é igualmente afetado, uma vez que a arrecadação de impostos é reduzida com a diminuição da produção e do poder aquisitivo dos trabalhadores.

Por todas as razões expostas, a estabilização de preços é **condição necessária** para um crescimento econômico contínuo e estável ao longo do tempo.

13.4 Inflação no Brasil

Pode-se afirmar, sem muita margem de erro, que a maior parte das fontes de inflação discutidas nos itens anteriores está ou esteve presente em alguma época no Brasil. Efetivamente, a inflação foi, durante muito tempo, um problema bastante característico da economia brasileira, em particular a partir da década de 1950, e que só passou a ser mais controlada a partir da implantação do Plano Real, em 1994.

Na década de 1950 e início dos anos 1960, apontava-se como principal fonte de inflação o déficit do Tesouro. Basicamente, o fator principal era o elevado déficit público, provocado pela necessidade de o governo suprir a infraestrutura adequada de transportes, energia, saneamento, entre outros, para promover o desenvolvimento econômico do país. Tendo em conta o baixo nível de renda *per capita*, constatava-se a impossibilidade de o governo aumentar a carga tributária, e optou pelas emissões de dinheiro. Essa foi uma típica inflação de demanda: quanto mais dinheiro corria na economia, maiores eram as compras e os investimentos, em um momento em que a economia ainda não estava preparada para produzir um volume correspondente ao do aumento de demanda.

Entre 1964 e 1973, a política de combate caracterizou-se, em uma primeira fase (1964-1966), por um tratamento que pode ser classificado como **tratamento de choque**, por meio de uma rígida política monetária, fiscal e salarial, enquanto, de 1967 a 1973, foi batizada de **política gradualista**, que correspondeu ao combate por etapas planejadas. A decisão por um tratamento gradual deveu-se à evidência de que países em desenvolvimento, como o Brasil, dificilmente podem suportar o custo social advindo de uma redução de crescimento e aumento de desemprego, que costumam resultar de uma política de tratamento de choque (o que, aliás, ocorreu na primeira fase de combate anti-inflacionário).

As crises do petróleo, em 1973/1974 e 1979, trouxeram repercussões profundas sobre a economia brasileira e mundial. Desde aquela ocasião, até 1994, o Brasil apresentou, com raras exceções, taxas crescentes de inflação. Outro fator responsável pela aceleração do processo inflacionário foram, novamente, os elevados gastos públicos com programas de substituição de importações na área de energia, aço, bens de capital e minerais não ferrosos, ocorridos na gestão Geisel.

A corrente inercialista defendia a tese de que a inflação brasileira seria basicamente inercial, razão pela qual as políticas de controle monetário encetadas até 1985 não provocavam reduções da taxa de inflação. Consideravam que, desde que equacionada a questão do desequilíbrio do setor público, o processo inflacionário brasileiro só seria contido pela eliminação do mecanismo de indexação. Essa era a proposta que estava por detrás do **Plano Cruzado,** implantado em fevereiro de 1986. Esse plano, concebido à luz de um diagnóstico inercialista, apresentava como característica principal o congelamento de preços e salários.

Outros planos, como o **Plano Bresser** e o **Plano Verão**, ainda durante o Governo Sarney, e mais tarde o **Plano Collor**, também utilizaram o congelamento de preços e salários para tentar conter o processo inflacionário brasileiro. No entanto, todos esses planos, mesmo partindo de uma avaliação relativamente correta do processo inflacionário brasileiro, falharam ao relegar políticas ortodoxas de controle de demanda, em especial na questão do controle do déficit público.

O Plano Real

Em 1994, no Governo Itamar Franco, tendo como ministro da Fazenda Fernando Henrique Cardoso, implementou-se o **Plano Real**. Este, por sua vez, reconhecendo que as principais causas da inflação brasileira estavam no desequilíbrio do setor público e nos mecanismos de indexação, representou um avanço em relação aos planos anteriores em sua operacionalização.

Na primeira etapa, procurou-se equilibrar o orçamento público, de um lado, por meio do Fundo Social de Emergência, posteriormente substituído pelo Fundo de Estabilização Fiscal, e hoje pela Desvinculação de Receitas da União (DRU), que desvinculou as receitas federais das destinações para gastos específicos. Por outro lado, pela criação do Imposto Provisório sobre Movimentação Financeira (IPMF), que incidia sobre as transações bancárias.

Em uma segunda etapa, processou-se à quase total desindexação da economia, pela mudança da moeda: passagem do cruzeiro real para a Unidade Real de Valor (URV) e, desta, para a nova unidade monetária, o real. Foi mantido o imposto sobre movimentação financeira que passou a se denominar Contribuição Provisória sobre Movimentação Financeira (CPMF).

Não restam dúvidas sobre o sucesso do Plano Real no controle da inflação, pois a taxa de inflação, que girava anteriormente em quatro dígitos anuais e dois mensais, passou para um dígito anual.

Após a reforma monetária inicial, a política anti-inflacionária concentrou-se nas chamadas âncoras monetária e cambial. A **âncora monetária** consistiu no estabelecimento da taxa de juros e da taxa do compulsório sobre depósitos à vista relativamente elevadas, para controlar a demanda agregada. A **âncora cambial** consistiu na valorização do real associada ao regime de câmbio fixo, estabelecendo-se as chamadas **bandas cambiais** (fixando limites máximo e mínimo para a variação da taxa de câmbio). Ao tornar o real relativamente valorizado em relação às moedas estrangeiras, em particular ao dólar, as importações tornaram-se mais baratas, aumentando a concorrência com produtos brasileiros e ancorando os preços internos. Nesse aspecto, deve-se considerar que contribuiu para esse resultado a abertura comercial iniciada timidamente no Governo Sarney e incrementada no Governo Collor de Mello, por meio de redução das tarifas de importação e de barreiras alfandegárias.

Essas âncoras permaneceram até janeiro de 1999, quando se estabeleceu um novo regime cambial, de câmbio flutuante, dentro da política de controle da inflação, e a adoção de metas, estabelecendo limites superior e inferior da inflação para os próximos dois anos, em que o governo se comprometeu a cumpri-las pelo controle da taxa de juros, por meio do Comitê de Política Monetária do Banco Central (Copom).

Além do sucesso no combate à inflação, o Plano Real proporcionou uma melhoria do padrão de vida dos trabalhadores de baixa renda, que eram os maiores prejudicados com a inflação elevada, como já apontamos. Outro fator positivo é o avanço nos níveis de produtividade da economia brasileira, pelo estímulo às importações gerado pela valorização do real.

Embora a estratégia adotada fosse adequada, sabemos que tudo em economia tem um custo. O Plano Real, em particular a apreciação cambial, ao mesmo tempo em que estimulou as importações, representou um entrave às nossas exportações, ocasionando déficits persistentes na balança comercial entre 1995 e 2000 (ver Tabela 12.3 do Capítulo 12), o que aumentou a dependência de obtenção de recursos financeiros externos. Com as sucessivas crises financeiras no México em 1995, no Sudeste da Ásia em 1997, e na Rússia em 1998, a vulnerabilidade externa aumentou, obrigando a uma elevação das taxas de juros internas, para defender-se dos ataques especulativos gerados por essas crises, e levando o Brasil a recorrer ao Fundo Monetário Internacional em 1998.

Apesar desses problemas, a política de estabilização continuou sendo aprimorada, principalmente a partir do segundo mandato do Governo Fernando Henrique Cardoso. Além da adoção do câmbio flutuante e do sistema de metas de inflação houve um grande avanço na política fiscal primeiro com obtenção de **superávits primários** (o **tripé metas de inflação / câmbio flutuante / superávit primário**) e, posteriormente, com a criação da **Lei de Responsabilidade Fiscal** em 2000, que estabeleceu limites quantitativos para as despesas e o endividamento da União, estados e municípios.

Desde a criação do Plano Real, a inflação saiu do controle apenas em 2002, em função das eleições presidenciais. O favoritismo do candidato do Partido dos Trabalhadores, Luís Inácio Lula da Silva, provocou uma grande saída de recursos financeiros do país ("corrida ao dólar"), levando à forte desvalorização do real (o dólar passou de cerca de R$ 1,20 para quase R$ 4,00). A consequência foi o aumento dos custos (em reais) dos produtos importados, que foram repassados para preços – o chamado *pass through*, ou **repasse cambial**. A taxa de inflação, medida pelo IGP-DI, voltou a alcançar dois dígitos (26,41%). Temia-se que o novo governo implementasse as medidas radicais que sempre eram propostas pelo PT, como moratória das dívidas interna e externa, reestatização de empresas públicas privatizadas no governo anterior (Telebras, Embraer, Vale do Rio Doce etc.), o que poderia levar o país a grande instabilidade econômica e provável volta da inflação. Mas isso acabou não ocorrendo, pois o novo governo não alterou a política monetária e cambial do governo anterior, mantendo o tripé metas de inflação / câmbio flutuante / superávit primário, bem como a Lei de Responsabilidade Fiscal.

Dessa forma, com a manutenção dos principais fundamentos de política econômica a partir do Plano Real, mantidos no Governo Lula, e com os benefícios proporcionados pelo espetacular crescimento da economia mundial desde 2003, impulsionado principalmente pela China, Índia e outros países, o Brasil conseguiu cumprir, nos Governos Fernando Henrique e Lula, os objetivos principais de política econômica: estabilização econômica, crescimento da renda e do emprego e melhoria do padrão de vida da população.

Porém, isso mudou no Governo Dilma Rousseff, eleita em 2010. A partir de 2012, Dilma tentou a adoção de uma política "heterodoxa" (denominada **Nova Matriz Macroeconômica**, também chamada de **Nova Matriz Econômica**), que

---

[3] A inflação oficial, medida pelo IPCA, atingiu mais de um dígito (12,14%) pela primeira e única vez desde 1996.

consistiu em uma série de medidas de estímulos ao consumo[4] Entretanto, não resultaram em aumento significativo da produção nacional, o que redundou no excesso de demanda agregada sobre a capacidade produtiva. Isso deu origem a uma profunda crise fiscal e à queda do crescimento econômico em 2015 e 2016, com consequente elevação das taxas de desemprego e de inflação.

Após o *impeachment* de Dilma Rousseff, em 2016, e sob a presidência de Michel Temer, as taxas de inflação voltaram a ceder, além de uma lenta recuperação do emprego e da atividade econômica.

Leitura complementar 1

Políticas monetárias – metas de inflação e núcleo de inflação

A estratégia de estabelecer metas de inflação foi criada na Nova Zelândia e empregada na Inglaterra, no Chile, e em outros países. Consiste em estabelecer uma "âncora" nominal para orientar expectativas de mercado no que se refere à taxa de inflação. São "bandas" fixadas para a inflação futura, controlada por meio da política monetária, principalmente, pela taxa de juros.

No Brasil, esse sistema passou a ser adotado a partir de 1999. O Conselho Monetário Nacional, que é o principal órgão normativo do setor monetário e financeiro do país, fixa os limites de variação (margem de 2% para cima e 2% para baixo do centro da meta) para os dois anos seguintes, com base no Índice de Preços ao Consumidor Amplo (IPCA), do Instituto Brasileiro de Geografia e Estatística (IBGE). Fixada a meta, o Banco Central, por meio do Comitê de Política Monetária (Copom), em reuniões a cada 45 dias, controla a taxa de juros básica (Selic), de acordo com as expectativas de mercado, e anuncia a tendência ("viés") da taxa de juros até a próxima reunião, que pode ser de alta (**"viés de alta"**), de baixa (**"viés de baixa"**) ou sem viés (**"viés neutro"**), significando que o Banco Central pode alterar a taxa de juros a qualquer momento, antes da realização da próxima reunião.

Nos Estados Unidos, a estratégia adotada de política monetária não está baseada no sistema de metas para a taxa de inflação. O controle da taxa de juros baseia-se fundamentalmente nas variações do chamado **núcleo da inflação,** em que são expurgadas do índice de preços ao consumidor as variações consideradas transitórias, sazonais ou acidentais, que não provocam pressões persistentes sobre

---

4   A **Nova Matriz Econômica** é um modelo defendido por economistas conhecidos como **desenvolvimentistas** ou **novos desenvolvimentistas**, que defendem que estímulos de demanda agregada seriam acompanhados por elevações da oferta agregada e, portanto, do crescimento econômico. Trata-se de uma receita keynesiana que, como vimos anteriormente, só teria sucesso em uma situação de desemprego e capacidade ociosa. Uma das razões do seu fracasso foi que o Brasil atingiu praticamente o seu produto potencial em 2010, quando cresceu 7,5%, o que fez que o setor produtivo não acompanhasse o crescimento da demanda. O resultado foi que ao final do Governo Dilma havia aumento da inflação, queda no nível de emprego e uma profunda crise fiscal.

os preços. As variações transitórias ou sazonais estão normalmente associadas aos choques de oferta, tais como escassez de energia, elevação de preços do petróleo, geadas, aumento de tarifas públicas etc., que, como vimos, redundam em aumentos de custos de produção (inflação de custos). Após determinado período, cessam as variações transitórias, com o que a produção e os preços tendem a voltar aos seus níveis normais.

O Banco Central deve atuar apenas se o núcleo se alterar, (por exemplo, elevar a taxa de juros) o que só ocorrerá se ocorrer um excesso persistente de demanda agregada em relação à capacidade produtiva; ou seja, no caso de uma inflação de demanda. Embora esse sistema não seja adotado no Brasil, o núcleo de inflação é calculado tanto pelo Banco Central, como por instituições de pesquisa e bancos, para melhor acompanhamento da taxa de inflação.

Leitura complementar 2

Efeitos da pandemia de covid-19 sobre a atividade econômica

A Organização Mundial da Saúde (OMS), em 31 de dezembro de 2019, foi informada pelas autoridades da República Popular da China de que vários casos de pneumonia haviam sido detectados na cidade de Wuhan, província de Hubei, e que esses casos evidenciavam a existência de uma nova cepa de coronavírus, o SARS-CoV-2, que deu origem à pandemia de covid-19.

Essa pandemia causou uma série de impactos, não apenas na saúde das pessoas, mas também na vida econômica, política e cultural em todo o mundo, de maneira jamais vista na história recente das epidemias.

Do ponto de vista estritamente econômico, essa pandemia provocou, ao mesmo tempo, um choque de oferta e um choque de demanda, impactando preços, renda e emprego em todo o mundo:

a) **Choque de oferta**: o isolamento social, e a consequente escassez de mão de obra, levou à suspensão da atividade econômica de uma série de setores produtivos, provocando grande queda no fornecimento de matérias-primas, desarticulação das cadeias produtivas e paralisação quase completa do comércio nacional e internacional.

b) **Choque de demanda**: com os trabalhadores isolados em suas residências, houve uma grande queda dos gastos de consumo das famílias, atingindo com mais intensidade o setor comercial, principalmente lojas, supermercados, *shopping centers*, restaurantes, cinemas, teatros, turismo etc.

Assim, com a diminuição do fornecimento de matérias-primas, paralisação da força de trabalho e consequente redução do consumo, a economia mundial teve a maior queda da produção em um século. Os países foram obrigados a cumprir o isolamento social (*lockdown*), com a paralisação da atividade econômica. A pandemia trouxe consequências para a política macroeconômica, que teve de ser utilizada pelos países pós-eclosão da crise, na tentativa de minimizar seus impactos. Praticamente todos os países foram obrigados a adotar políticas econômicas expansionistas, para mitigar os efeitos da pandemia e tentar retomar a atividade econômica.

Especificamente com relação à incidência da pandemia no Brasil, segundo estatísticas detalhadas pela OMS e pela Organização Mundial do Trabalho, o Brasil tinha, no fim de 2021, considerando 222 países, o terceiro maior número de casos do mundo. Com 2,9% da população mundial, o país tinha 9,2% dos casos de coronavírus do mundo. Em termos relativos ao número de habitantes e ao número de óbitos por 1 milhão de habitantes, o Brasil se situava como o 84º pior do mundo.

O Produto Interno Bruto (PIB) do Brasil recuou 4,1% em 2020, a maior contração desde o início da série histórica atual do IBGE, iniciada em 1996. Contudo, com a vacinação em massa e os estímulos fiscais e monetários do governo, a economia brasileira se recuperou e, em 2021, o PIB cresceu 4,6%, superando as perdas ocorridas em 2020.

Com o isolamento social, a covid-19 se instalou num mercado de trabalho que ainda não tinha se recuperado totalmente da crise econômica dos anos 2014/2017 (final do Governo Dilma Rousseff), que atingiu taxas de desemprego de dois dígitos. Após uma lenta recuperação no Governo Temer (abril de 2016 a dezembro de 2018) e no primeiro ano do Governo Bolsonaro, a pandemia provocou um aumento dos desempregados de cerca de 12 milhões no fim de 2019 para cerca de 15 milhões de desempregados em 2020. No fim de 2021, o número de desempregados caiu para cerca de 11 milhões. Quanto ao impacto da pandemia sobre as taxas de inflação, em 2020, com a retração econômica, o IPCA ainda manteve-se em 4,5%, mas, com a recuperação econômica em 2021, atingiu 10,2%. O efeito maior recaiu sobre o preço dos alimentos, que aumentou cerca de 20% em relação a 2020, o dobro da inflação oficial. Dessa forma, atingiu com mais intensidade a população de baixa renda, brasileiros que ganham entre um e cinco salários mínimos, cujos gastos com alimentação representam 24% de suas rendas, segundo o IBGE.

No fim de 2021, observava-se um gradativo avanço na produção industrial e no nível de emprego com ampliação da vacinação e retorno dos trabalhadores às empresas, principalmente no setor de serviços (lojas, bares, restaurantes, teatros etc.), bem como um aumento nas viagens de turismo. As taxas de inflação permaneciam elevadas, em parte como função das políticas expansionistas que tiveram de ser adotadas por todos os países, inclusive o Brasil, e em parte devido à recuperação das margens de lucro pelos empresários, fortemente prejudicados na pandemia.

As cadeias produtivas vêm se restabelecendo aos poucos, e espera-se que os preços das matérias-primas e dos insumos tendam a se normalizar, restabelecendo gradativamente o comércio e a atividade econômica mundial.

Questões para revisão

1. Conceitue inflação, inflação de demanda e inflação de custos, relacionando os respectivos fatores que as provocam.

2. Explique resumidamente as distorções provocadas por altas taxas de inflação.

3. Aponte as causas da inflação brasileira, de acordo com as seguintes correntes:
   a) neoliberal;
   b) inercialista;
   c) estruturalista.

4. Explique qual o efeito provável de uma política de estabilização de preços sobre o grau de distribuição pessoal de renda.

5. Supondo uma economia com déficit público relativamente elevado, o que deve ocorrer com as taxas de inflação se o governo emitir moeda para cobri-lo?

6. Quais as diferenças entre política monetária baseada no sistema de metas de inflação, com a política baseada no sistema de núcleos de inflação?

Capítulo 14

O Setor Público

14.1 Introdução

Em vários capítulos anteriores, tivemos a oportunidade de discutir os aspectos da atuação do setor público sobre a atividade econômica. Especificamente foi enfatizado, nos capítulos referentes à Macroeconomia (Capítulos 8 a 13), o papel dos instrumentos de política fiscal, monetária, cambial, comercial e de rendas, no sentido de minimizar as flutuações econômicas relativas ao nível de atividade, de emprego e de preços. No Capítulo 4, na parte de Microeconomia, discutiu-se como o governo pode interferir no equilíbrio de mercados específicos por meio do estabelecimento de impostos, preços mínimos na agricultura e tabelamento de preços.

Neste capítulo, discutiremos mais detidamente o papel e as atividades do Estado, destacando alguns aspectos da expansão da intervenção estatal.

14.2 O crescimento da participação do setor público na atividade econômica

Ao final do século XIX e início do XX, verificou-se um intenso processo de formação de grandes monopólios, que passaram a limitar a oferta e a aumentar os preços. Em 1890, nos Estados Unidos, votou-se a Lei Sherman contra os trustes, declarando-se ilegal o monopólio da indústria e do comércio, bem como o conluio para a fixação de preços. Assim, já no início do século XX, passou-se a regular a atividade econômica, colocando-se em dúvida o papel da "mão invisível", de Adam Smith, para conduzir os mercados a responder satisfatoriamente aos problemas fundamentais da economia: o que produzir, como e para quem. Isso ficou claramente demonstrado com o *crack* da Bolsa de Nova York, em 1929, e a posterior Grande Depressão dos anos 1930.

Desse modo, a partir dos anos 1920, devido particularmente aos elevados níveis de desemprego observados nos países capitalistas, o Estado acrescentou às funções tradicionais de justiça e segurança a de ofertante de bens públicos – eletricidade, saneamento, rodovias, ferrovias, portos, entre outros. Essas novas funções econômicas do Estado ampliaram-se, sem dúvida alguma, a partir da publicação da *Teoria geral do emprego, do juro e da moeda,* de John Maynard Keynes, em 1936. Em praticamente todos os países capitalistas, observou-se expressivo aumento nos gastos públicos, crescente participação do Estado na produção nacional e ampla gama de leis que buscavam a regulamentação da atividade econômica.

Assim, ao longo da história recente, a participação do Estado na economia vem crescendo, entre outras, pelas seguintes razões:

- **desemprego:** os elevados níveis de desemprego (milhões de pessoas desempregadas) no início dos anos 1930 conduziram o governo à realização de obras de infraestrutura que absorvessem contingentes elevados de mão de obra;

- **crescimento da renda *per capita*:** o aumento da renda *per capita* gera aumento da demanda de bens e serviços públicos (lazer, educação, saúde etc.);
- **mudanças tecnológicas:** a invenção do motor de combustão significou maior demanda por rodovias e infraestrutura, que passou a ser ofertada pelo Estado, porque, de um lado, a iniciativa privada, via de regra, não dispunha de capitais suficientes e, de outro, era uma forma de proteger e encorajar o crescimento de diversos setores econômicos;
- **mudanças populacionais:** alterações na taxa de crescimento populacional conduzem a aumentos nos gastos do Estado, em virtude do crescimento de suas despesas com educação, saúde etc.;
- **efeitos da guerra:** durante períodos de guerra, a participação do Estado na economia aumenta (portanto, aumenta o gasto público);
- **fatores políticos e sociais:** novos grupos sociais passaram a ter maior presença política, demandando, assim, por novos empreendimentos públicos (por exemplo, escolas, creches etc.);
- **mudanças da Previdência Social:** inicialmente a Previdência Social foi concebida como um meio de o indivíduo autofinanciar sua aposentadoria. Posteriormente, essa instituição constituiu-se em um instrumento de distribuição de renda. Isso levou a uma maior participação do Estado (aumentando o gasto público) no mecanismo previdenciário.

Aliada a esses fatores, a própria evolução da economia mundial no século XX acarretou o desenvolvimento dos mercados financeiros e do comércio internacional, que tornaram mais complexas as relações econômicas, adicionando elementos de incerteza e de especulação, praticamente inexistentes anteriormente, o que motivou o alargamento das funções econômicas do Estado.

14.3 As funções econômicas do setor público

A necessidade da atuação econômica do setor público prende-se à constatação de que o sistema de preços não consegue cumprir adequadamente algumas tarefas ou funções.

Existem alguns bens que o mercado não consegue fornecer (**bens públicos**); logo, a presença do Estado é necessária (é a **função alocativa**). O sistema de preços, via de regra, não leva a uma justa distribuição de renda, daí a intervenção do Estado (**função distributiva**). Finalmente, o sistema de preços não consegue se autorregular, e, por isso, o Estado deve atuar visando estabilizar tanto a produção como o crescimento dos preços (**função estabilizadora**).

14.3.1 Função alocativa

A função alocativa do governo está associada ao fornecimento de bens e serviços não oferecidos adequadamente pelo sistema de mercado.

Esses bens, denominados **bens públicos**, têm por principal característica a impossibilidade de excluir determinados indivíduos de seu consumo, uma vez delimitado o volume de produção.[1]

O **princípio da exclusão** diz que quando o consumo de determinado bem do indivíduo *A* implica que ele tenha pago o preço do bem, o indivíduo *B*, que não pagou por esse bem, será excluído de seu consumo.

Nesse sentido, diz-se que o consumo de um bem é **rival** (ou de consumo excludente) quando o consumo realizado por um agente exclui automaticamente o consumo por outros indivíduos (o consumo de um cafezinho é um exemplo).

O consumo de um bem é **não rival** (ou não satisfaz o princípio da exclusão) quando o consumo por um indivíduo não diminui a quantidade a ser consumida pelos demais indivíduos. O serviço meteorológico é um exemplo de bem de consumo não rival.

No caso de bens rivais, o mecanismo de exclusão é representado pelo sistema de preços, que seleciona os agentes que não consumirão o bem. Se são produzidos anualmente 200 mil fogões e existem 300 mil indivíduos em condições de adquirir esse produto, 100 mil pessoas serão excluídas do consumo pelo sistema de preços.

Entretanto, no caso de bens públicos, o fato de um agente utilizar o serviço que é oferecido não significa reduzir fisicamente a oferta para os demais agentes. Por exemplo, em um país de 100 milhões de habitantes, se o orçamento para a educação é de 5 bilhões de unidades monetárias e o orçamento ideal para o atendimento de toda a população é de 8 bilhões, não seria possível concluir que parte da população ficaria excluída do consumo, pois, mesmo em um nível inferior, toda ela teria acesso ao sistema educacional.

É interessante notar que nos **bens de consumo coletivo** o fato de o bem ou serviço ser de consumo não excludente só funciona quando a utilização do bem não está saturada. Por exemplo, nas praias, a utilização por um indivíduo não é independente do grau de utilização da mesma praia por outras pessoas. A praia é um bem público, mas a partir do momento em que está lotada (saturada), ela deixa de funcionar como bem público, porque o fato de um indivíduo sair dela beneficia os demais. Nesse caso, não podemos considerar a praia como um **bem**

---

[1] Em Direito, o conceito de bens públicos obedece à uma ótica patrimonial, incluindo: 1) bens de uso comum do povo, tais como os mares, os rios, as estradas, as ruas e as praças; 2) bens de uso especial, como os edifícios ou terrenos aplicados a serviço ou estabelecimento federal, estadual ou municipal; 3) bens dominiais, isto é, os que constituem o patrimônio da União, dos estados ou dos municípios, como objeto de direito pessoal ou real de cada uma dessas entidades (art. 99 da Lei n. 10.406, de 10 de janeiro de 2002 – novo Código Civil). Em Economia, esse conceito é visto sob a ótica de fornecimento de serviços públicos, tais como saúde, saneamento, nutrição, despoluição, defesa nacional etc.

público "puro". Exemplos de bens públicos "puros" seriam o serviço de meteorologia, defesa nacional e serviços de despoluição.

Um caso particular são os **bens semipúblicos** ou **meritórios**. Esses bens satisfazem o princípio da exclusão, mas são produzidos pelo Estado. Como exemplo tem-se os serviços de saúde, saneamento e nutrição.

14.3.2 Função distributiva

A renda de uma família consiste na soma das rendas do trabalho e da propriedade, sendo que a parte mais representativa da renda é, geralmente, a proveniente do trabalho. A distribuição das rendas do trabalho depende da produtividade da mão de obra e da utilização dos demais fatores de produção do mercado. Assim, se for permitido ao mercado funcionar livremente, tem-se uma distribuição de renda que dependerá da produtividade de cada indivíduo no mercado de fatores, mas que sofrerá a influência das diferentes dotações iniciais de patrimônio.

O governo funciona como um agente redistribuidor de renda na medida em que, pela tributação, retira recursos dos segmentos mais ricos da sociedade (pessoas, setores ou regiões) e os transfere para os segmentos menos favorecidos.

A **distribuição pessoal de renda** pode ser implementada por meio de uma estrutura tarifária progressiva, em que os indivíduos mais ricos pagam uma alíquota maior de imposto. A redistribuição pode ser feita também combinando impostos sobre produtos adquiridos por pessoas ricas com subsídios para produtos comprados por consumidores de baixa renda.

Quanto à **distribuição setorial ou regional**, o instrumento governamental mais adequado seria uma política de gastos públicos e subsídios direcionados para os setores e as áreas mais pobres.

14.3.3 Função estabilizadora

A função estabilizadora do governo está relacionada com a intervenção do Estado na economia para alterar o comportamento dos níveis de preços e emprego, pois o pleno emprego e a estabilidade de preços não ocorrem de maneira automática. Essa intervenção é feita por meio de instrumentos de política fiscal, monetária, cambial, comercial e de rendas, amplamente discutidos em capítulos anteriores.

Algumas publicações da área de finanças públicas destacam uma quarta função do setor público: a **função de crescimento econômico**, que diz respeito às políticas que permitem aumentos na formação de capital. Ou seja, a atuação do Estado, tanto no tocante aos investimentos públicos (fornecimento de bens públicos e infraestrutura básica) como aos incentivos e financiamentos para estimular os investimentos do setor privado, está voltada para o crescimento econômico de longo prazo. Em certo sentido, a função de crescimento não seria diferente da função alocativa do setor público.

14.4 Estrutura tributária

14.4.1 Princípios tributários

Para que o Estado cumpra suas funções com a sociedade obtém recursos por meio da arrecadação tributária que compõem sua receita fiscal. Há uma série de princípios que regem a tributação, discutidos a seguir.

Princípio da Neutralidade

É sabido que as decisões sobre alocação de recursos se baseiam nos preços relativos determinados pelo mercado. A neutralidade dos tributos é obtida quando eles não alteram os preços relativos, minimizando sua interferência nas decisões econômicas dos agentes de mercado. Sendo adequados, os tributos podem ser utilizados na correção de ineficiências observadas no setor privado.

Princípio da Equidade

Pelo **princípio da equidade**, um imposto, além de ser neutro, deve ser equânime, no sentido de distribuir seu ônus de maneira justa entre os indivíduos. A equidade pode ser avaliada sob outros dois princípios: o **princípio do benefício** e o **princípio da capacidade de pagamento**.

Princípio do Benefício

De acordo com o **princípio do benefício**, um tributo é justo quando cada contribuinte paga ao Estado um montante diretamente relacionado com os benefícios que dele recebe. Ou seja, o indivíduo paga o tributo de maneira a igualar o preço do serviço recebido ao benefício marginal que ele aufere com sua utilização.

Esse princípio determina simultaneamente o total da contribuição tributária e sua vinculação ao gasto (isto é, como a tributação foi distribuída).

O princípio do benefício possui alguns problemas de implementação. O principal reside na dificuldade em se identificar os benefícios que cada indivíduo atribui a diferentes quantidades do bem ou serviço público. Além disso, como o consumo do bem público é coletivo, não haveria motivo para as pessoas revelarem suas preferências, pois isso poderia acarretar aumentos em sua contribuição.

Como aplicação desse princípio, temos os serviços públicos que utilizam taxas específicas para seu financiamento (transportes, energia).

Princípio da Capacidade de Pagamento

Segundo o princípio da capacidade de pagamento, os agentes (famílias e firmas) deveriam contribuir com impostos de acordo com sua capacidade de pagamento. O imposto de renda seria um típico exemplo. As medidas utilizadas para auferir a capacidade de pagamento são: renda, consumo e patrimônio. Sobre essas medidas de capacidade de pagamento existem algumas controvérsias.

Os que utilizam a renda como capacidade de pagamento baseiam-se na abrangência dessa medida. Utilizando-se a renda, inclui-se consumo e poupança, e uma pessoa com renda de R$ 5 mil e consumo de R$ 2 mil seria tributada da mesma forma que uma pessoa que tivesse os mesmos R$ 5 mil de renda e os gastasse integralmente. Argumentam que o acúmulo de poupança é realizado com base em uma dada taxa de juros (atraente para o poupador) e, mais, que o estoque de riqueza traz aos indivíduos *status* e poder econômico. Além disso, mesmo sendo a poupança uma renúncia ao consumo presente, se o indivíduo optasse por acumular indefinidamente, ela jamais seria tributada.

Por sua vez, os que defendem a utilização do consumo como base tributária argumentam que a capacidade de pagamento deve ser definida em função do que o indivíduo consome ("retira do colchão") e não em termos do que ele poupa ("põe no colchão"). O argumento que existe por trás dessa ideia é o de que os atos de poupar e de investir beneficiam outros indivíduos, enquanto o de consumo, por ser individualista, seria antissocial. Assim, embora a poupança seja vista como uma renúncia ao consumo presente, ela somente seria tributada quando fosse utilizada para consumo. Contudo, se a renda fosse utilizada como indicador de capacidade de pagamento, a poupança seria tributada inicialmente quando o agente a recebesse e, no futuro, quando fosse convertida em consumo.

Na prática, o que ocorre é que os impostos sobre a renda são aplicados de maneira diferenciada para cada agente (são utilizadas alíquotas diferenciadas e isenções), enquanto o imposto sobre consumo tem uma abrangência global (alíquotas constantes). Logo, os defensores de um sistema progressivo de tributação preferem os impostos sobre a renda.

O patrimônio (a riqueza) é constituído por fluxos de poupança acumulados no passado, ou seja, pela parte da renda que não foi dirigida ao consumo. Muitas vezes, questiona-se até que ponto esses fluxos de renda já não foram tributados e, caso tal tributação já tenha ocorrido, como deveriam ser levados em conta.

14.4.2   Os tributos e sua classificação

Os tributos são constituídos por taxas, contribuição de melhoria e impostos. As taxas são cobradas em razão do exercício do poder de polícia ou pela utilização, efetiva ou potencial, de serviços públicos específicos e divisíveis, prestados ao contribuinte ou postos à sua disposição. A contribuição de melhoria é cobrada quando determinada obra pública aumenta o valor patrimonial dos bens imóveis localizados em sua vizinhança.

Quanto aos impostos, há várias formas de classificação. Uma primeira forma de classificação dos impostos considera duas categorias: imposto direto e imposto indireto.

Imposto Direto

Imposto direto é o que incide sobre a renda e a riqueza (patrimônio). Nesse tipo de tributo, a pessoa que recolhe o imposto também arca com seu ônus. Por exemplo: Imposto de Renda.

Dentre os impostos diretos, destacam-se:

- **imposto sobre a riqueza (patrimônio):** nesse tipo de imposto, a base tributária constitui o estoque acumulado de riqueza do indivíduo, seu patrimônio;
- **imposto sobre a renda:** nesse tipo de tributo, a incidência se dá sobre os fluxos mensais, ocorrendo um ajuste sobre os valores anuais de rendimento.

Imposto Indireto

Imposto indireto é o que incide sobre transações de mercadorias e serviços. Nesse tipo de imposto, a base tributária é o valor da compra e venda de mercadorias e serviços. O que é importante nessa categoria é o momento em que o imposto é cobrado (produtor ou consumidor) e o método de cálculo (transação total ou valor adicionado).

Um fato importante já destacado no Capítulo 4, é que nem sempre a variável sobre a qual o tributo é calculado identifica em que ponto se localiza o ônus desse imposto. Ou seja, nem sempre quem recolhe esse tributo é a pessoa (física ou jurídica) que arca com o ônus do imposto, porque pode transferi-lo para terceiros, incorporando-o no valor da mercadoria ou serviço.

Como também observado no Capítulo 4, os impostos indiretos também podem ser classificados em **imposto *ad valorem***, que têm alíquota (percentual) fixada, com valor (em real) variando de acordo com o preço da mercadoria, e **imposto específico**, com valor (em real) fixado, independente do preço da mercadoria.

Outra classificação divide os impostos em **impostos regressivos**, **progressivos** e **proporcionais** (ou neutros).

Impostos Regressivos

Impostos regressivos são aqueles em que o aumento na contribuição é proporcionalmente menor que o incremento ocorrido na renda, ou seja, quando a relação entre carga tributária e renda decresce com o aumento do nível de renda. Com isso, os segmentos sociais de menor poder aquisitivo são os mais onerados. É o que ocorre, por exemplo, com os impostos indiretos, tais como ICMS e IPI – não incidem sobre a renda, mas sobre o preço das mercadorias –, e utilizam a mesma alíquota para todos os contribuintes. Assim, se o ICMS incidente sobre o arroz for de 10%, e se o quilo desse alimento custar $ 20,00, o indivíduo mais pobre e o mais rico da população pagarão igualmente $ 2,00 de imposto ao adquirir um quilo desse produto. Dessa forma, com impostos regressivos, a relação entre carga tributária e renda é decrescente, ou seja, recai em termos relativos mais fortemente sobre os indivíduos com rendas mais baixas.

Impostos Proporcionais ou Neutros

Impostos proporcionais ou neutros são aqueles em que o aumento na contribuição é proporcionalmente igual ao ocorrido na renda. A relação entre carga tributária e renda permanece constante, com o aumento do nível de renda, onerando igualmente todos os segmentos sociais. Não há exemplos no Brasil desse tipo de imposto.

Impostos Progressivos

Os **impostos progressivos** ocorrem quando o aumento na contribuição é proporcionalmente maior que o aumento ocorrido na renda. A relação entre carga tributária e renda cresce com o aumento do nível de renda, ou seja, a estrutura tributária, com base em impostos progressivos, onera proporcionalmente mais os segmentos sociais de maior poder aquisitivo. Por exemplo: imposto de renda da pessoa física e da pessoa jurídica.

Os impostos também podem ser diferenciados em **impostos sobre usos** e **impostos sobre fontes**. Os impostos sobre usos tributam destinos específicos, como os impostos sobre consumo, enquanto os impostos sobre fontes tributam a fonte de renda, como os impostos de renda de pessoas físicas e jurídicas.

14.4.3 Efeitos sobre a atividade econômica

A estrutura de alíquotas constitui um dos fatores que determinam o impacto dos tributos sobre os preços e o nível da atividade econômica. Um imposto proporcional sobre a renda seria neutro do ponto de vista do controle da demanda agregada, pois a renda total, a renda disponível (renda total menos impostos) e os gastos em consumo cresceriam às mesmas taxas.

Um imposto progressivo exerce controle quase que automático sobre a demanda, sendo que, em um cenário inflacionário, a receita fiscal cresceria de maneira mais rápida que a renda nominal freando, assim, os gastos de consumo.

Por outro lado, na recessão, o contribuinte que tivesse sua renda diminuída cairia de alíquota e seria beneficiado por uma redução da carga tributária. Ou seja, o tributo progressivo tem um efeito anticíclico sobre a renda disponível. Esse efeito é também chamado de **estabilizador automático** (***built in***).

Ainda que os impostos sejam cobrados com o importante objetivo de viabilizar o funcionamento do governo, naturalmente existem limites. Afinal, ao cobrar impostos, o governo de alguma forma recebe recursos do setor privado. Nesse sentido, impostos muito altos podem inviabilizar o funcionamento de algumas empresas caso impliquem uma queda muito grande de sua lucratividade, levando algumas empresas a optar por migrarem para o setor informal ou até mesmo encerrar suas atividades. Eventualmente, impostos muito altos também podem levar à sonegação fiscal.

Essas questões levam à chamada **curva de Laffer**, que é uma relação entre o total da arrecadação tributária e a taxa (alíquota) de impostos. Ela revela que o aumento das alíquotas tributárias pode elevar a arrecadação de impostos somente até certo ponto. A partir desse ponto, a arrecadação pode deixar de se elevar e inclusive cair caso o governo continue elevando a arrecadação tributária, em função dos motivos mencionados. A Figura 14.1 ilustra esse efeito.

Figura 14.1 A curva de Laffer

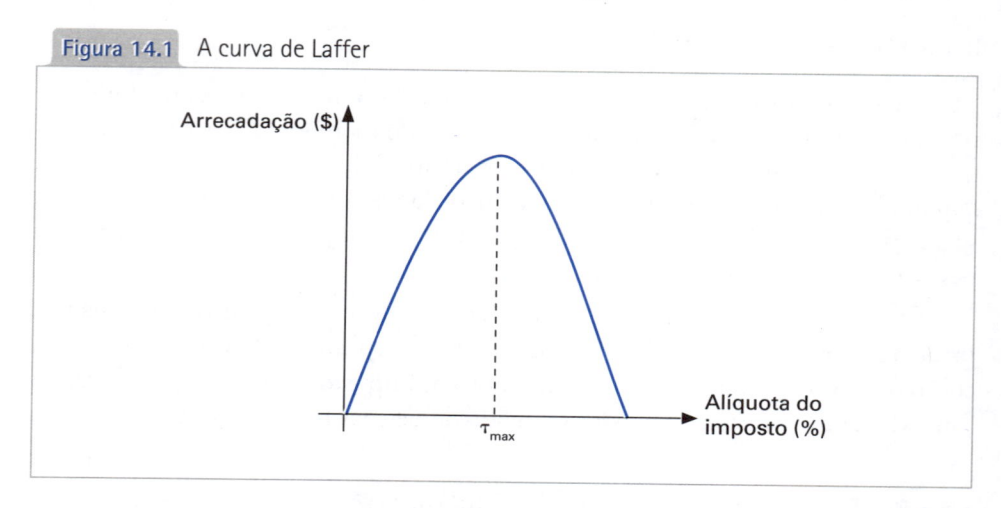

Por fim, outro ponto relevante diz respeito ao chamado **efeito Oliveira-Tanzi**, que se refere à perda de poder de compra da arrecadação tributária em períodos de alta inflação. Como há uma defasagem entre o fato gerador do imposto e o momento de seu recolhimento, a inflação tende a corroer o valor, em termos reais, da arrecadação fiscal do governo. Assim, da mesma forma que a inflação corrói o poder de compra da renda dos indivíduos, também corrói o poder de compra da arrecadação de impostos realizada pelo governo.

14.5 Dívida e déficit público: conceitos e formas de financiamento

Quando o governo gasta menos do que arrecada em **um determinado período** (um mês, um semestre ou um ano, por exemplo), dizemos que houve um **superávit público**. Por sua vez, quando o governo gasta mais do que arrecada **em um determinado período**, dizemos que houve um **déficit público**. Como se observa, o conceito de superávit ou déficit público é um fluxo, ou seja, é um valor registrado ao longo de um determinado período.

A **dívida pública**, por sua vez, é o saldo acumulado até um dado instante do tempo, ou seja, a dívida pública é um estoque.[2] Assim, ainda que um país tenha tido um superávit público em um determinado ano, é perfeitamente possível que ele, ao longo de diversos anos, também tenha acumulado uma dívida pública.

Existem diferentes conceitos de superávit ou déficit do governo. Quando, nos gastos do governo, são incluídos os valores dos pagamentos dos juros que incidem sobre a dívida, tem-se o conceito de **superávit** ou **déficit nominal**. Alternativamente, se excluirmos dos gastos do governo os valores dos pagamentos de juros, temos o conceito de **superávit** ou **déficit primário**. Trata-se de um conceito criado pelo Brasil, mas aceito no mercado financeiro em geral (para o FMI, por exemplo).

O superávit primário representa uma reserva ou um esforço da arrecadação fiscal para garantir o pagamento dos juros que incidem sobre a dívida pública. Assim, mesmo que tenha déficit nominal, ou seja, com dívida crescendo, um país que apresente superávit primário está separando parte de sua arrecadação para honrar seus compromissos. Ou seja, significa que, no período, a arrecadação foi suficiente para pagar as despesas com a máquina pública, mas insuficiente para pagar todos os juros da dívida pública, o que implica um aumento da dívida pública. Entretanto, mesmo com a dívida aumentando, no mercado internacional considera-se que quanto maior o superávit primário, menor é o risco Brasil e maior é a garantia para os credores, que são os recebedores dos pagamentos dos juros.

A manutenção de superávits primários foi uma das três metas do chamado **tripé macroeconômico**, estabelecido em 1999 por Armínio Fraga, então presidente do Banco Central do Brasil (Governo Fernando Henrique Cardoso), ao lado do estabelecimento de metas de inflação e da adoção do regime de câmbio flutuante. Conforme revela a Tabela 14.1, o Brasil manteve superávits até 2013, em todo o Governo Lula e no início do Governo Dilma Rousseff.

---

[2] No relatório do Banco Central do Brasil, **déficit público** é chamado de Necessidade de Financiamento do Setor Público (NFSP).

Até então, apesar do aumento da dívida, a economia experimentou um período de crescimento econômico, fazendo com que a relação dívida/PIB caísse de 76,1% em 2002 para 62,5% em 2013. Inclusive, em 2007, o Brasil atingiu o *Investment Grade* (Grau de Investimento) nas três principais agências de risco (Standard & Poor's, Fitch e Moody's). Com isso, aumentou-se a demanda por títulos do governo brasileiro, reduzindo a taxa de juros para refinanciamento e para alongamento dos prazos de pagamento da dívida.

Contudo, de 2014 a 2020, registrou-se superávit primário negativo, ou seja, déficit primário, o que gerou o aumento da relação dívida/PIB e o aumento do risco Brasil, com consequente queda do Grau de Investimento naquelas três agências. Significa que, nesse período, a arrecadação de impostos deixou de ser suficiente para custear os elevados gastos do governo, mesmo excluindo os gastos referentes ao pagamento de juros sobre a dívida pública. Conforme comentado na leitura complementar deste capítulo, isso foi um resultado derivado da política desenvolvimentista, denominada Nova Matriz Econômica, implementada a partir do segundo mandato de Dilma Rousseff.

Tabela 14.1 Déficit público como porcentagem do PIB-Brasil — anos selecionados

Ano	2002	2010	2013	2014	2015	2016	2017	2018	2019	2020	2021
Déficit Nominal (ou total)	−4,3	−2,5	−3,3	−6,0	−10,2	−9,0	−7,8	−7,0	−5,8	−13,7	−4,4
Juros da Dívida Pública	−7,1	−5,3	−5,2	−5,4	−8,3	−6,5	−6,1	−5,4	−5,0	−4,2	−5,2
Superávit/Déficit Primário	2,8	2,8	1,9	−0,6	−1,9	−2,5	−1,7	−1,6	−0,8	−9,5	0,8

Fonte: adaptada de Banco Central do Brasil.

Financiamento do Déficit

Quando o governo se defronta com uma situação de déficit, além das medidas tradicionais de política fiscal (aumento de impostos ou corte de gastos), surge o problema de como ele deverá financiar o déficit.

O financiamento poderá ser feito por meio de recursos extrafiscais, e, nesse caso, duas são as principais fontes de recursos:

a) emitir moeda: o Tesouro Nacional (União) pede emprestado ao Banco Central (Bacen);

b) vender títulos da dívida pública ao setor privado (interno e externo).

Na primeira possibilidade, tem-se uma forma eminentemente inflacionária (gera-se o imposto inflacionário), mas que não aumenta o endividamento público com o setor privado. Isso também é conhecido como **monetização da dívida**, significando que o Banco Central cria moeda (base monetária) para financiar a dívida do Tesouro.

Na segunda, o governo troca títulos (ativo financeiro não monetário) por moeda que já está em circulação, o que, a princípio, não traria qualquer pressão inflacionária. Contudo, esse tipo de financiamento provoca elevação da dívida pública, e o governo, para conseguir colocar esses títulos para o público, necessitará oferecer taxas de juros mais atraentes, acarretando elevação adicional no endividamento.[3]

14.6 Aspectos institucionais do orçamento público. Princípios orçamentários

14.6.1 Orçamento público

O **orçamento público** possui uma variedade de aspectos: político, jurídico, contábil, econômico, financeiro e administrativo. Para fins didáticos, costuma-se dividir essa análise em duas partes: orçamento tradicional e orçamento moderno.

Orçamento Tradicional

O orçamento público surge de maneira consolidada na Inglaterra, por volta de 1822, em uma época em que o liberalismo econômico era o pensamento predominante. Havia, portanto, fortes resistências ao crescimento das despesas públicas e à participação do Estado na economia.

A principal função do **orçamento tradicional** era disciplinar as finanças públicas e possibilitar aos órgãos de representação o controle político sobre o Executivo. O orçamento estava a serviço da concepção do Estado liberal, que tinha por finalidade manter o equilíbrio nas contas públicas.

Nesse tipo de orçamento, o aspecto econômico não estava em primeiro plano. As contas públicas caracterizavam-se por sua neutralidade, e o gasto público não possuía importância significativa em termos econômicos.

---

[3] Na economia brasileira, os limites globais e condições sobre as operações de crédito externo, interno e sobre o montante da dívida mobiliária dos estados, do Distrito Federal e dos municípios são da competência exclusiva do Senado, segundo o art. 52, incisos V a IX da Constituição Federal de 1988. Também, pelo art. 164, § 3º da Constituição Federal temos que "as disponibilidades de caixa da União serão depositadas no Banco Central (...)". Com isso, a Constituição determina que a Conta Única do Tesouro esteja no Bacen, constituindo-se uma conta do passivo não monetário do Banco Central.

Orçamento Moderno

A partir do início do século XX, mais especificamente a partir da década de 1930, o Estado começou a abandonar a neutralidade econômica que caracterizava o pensamento liberal. O Estado passa, então, a intervir para corrigir distorções do sistema econômico e estimular programas de desenvolvimento.

Levando em conta o pensamento keynesiano, passou-se a atribuir ao governo a condição de responsável pela manutenção da atividade econômica, e as alterações orçamentárias começaram a ter grande importância.

Ainda sobre o orçamento moderno, cabe destacar a função de instrumento de administração que, apesar de já existir no orçamento tradicional, foi aperfeiçoada. O orçamento passa a auxiliar o Executivo na programação, na execução e no controle do processo administrativo.

Nas economias centralizadas, esse tipo de orçamento constituiu peça fundamental para a condução da atividade econômica. Como os meios de produção (insumos, imóveis) eram de propriedade do Estado, este fixava, inclusive, os preços e cotas físicas da maioria dos bens e serviços produzidos, bem como dos fatores de produção.

14.6.2 Princípios orçamentários

Os **princípios orçamentários** são uma coleção de regras que têm por finalidade aumentar a coerência e a efetividade do orçamento público. Cabe ressaltar que esses princípios não possuem caráter absoluto ou dogmático.

Princípio da Unidade

O **princípio da unidade** diz que cada entidade pública financeiramente autossuficiente deve possuir apenas um orçamento. Estas unidades são as que não têm suas receitas e despesas agregadas ao orçamento central. Isto é, são os organismos que não dependem de recursos do Tesouro para sua manutenção. As sociedades de economia mista (Petrobras) e as autarquias previdenciárias são exemplos de entidades autossuficientes financeiramente. As fundações universitárias são exemplos de entidades não autossuficientes.

Princípio da Universalidade

De acordo com o **princípio da universalidade**, o orçamento precisa conter todas as despesas e receitas do Estado.

Princípio do Orçamento Bruto

Segundo o **princípio do orçamento bruto**, o orçamento deve conter todas as parcelas da receita e da despesa em valores brutos, sem nenhuma dedução. Essa regra impede a inclusão de importâncias líquidas (saldos positivos ou negativos).

Princípio da Anualidade

Conforme o **princípio da anualidade**, o orçamento deve ser elaborado para determinado período de tempo, normalmente um ano. Na maioria das vezes, o ano orçamentário é determinado pelo período de funcionamento do Legislativo.

Em alguns países, o orçamento anual convive com o orçamento plurianual. O primeiro é responsável pela execução, controle e programação financeira, e o segundo busca dar as diretrizes de longo prazo para a futura implementação dos programas governamentais.

Princípio da Não Vinculação das Receitas

O **princípio da não vinculação das receitas** impede a vinculação de receitas, ou seja, nenhuma parte da receita poderá estar vinculada a determinados gastos.

Princípio da Discriminação ou Especialização

Segundo o **princípio da discriminação** ou **especialização**, as receitas e despesas devem aparecer no orçamento de maneira discriminada, de forma que fiquem claras a origem e a destinação dos recursos.

Princípio da Exclusividade

Pelo **princípio da exclusividade**, o orçamento deve conter exclusivamente matérias de natureza orçamentária. Esse princípio visa impedir que o orçamento seja utilizado como meio de aprovação de outras matérias que não dizem respeito às questões financeiras.

Princípio do Equilíbrio

No **princípio do equilíbrio**, reside a diferença, já discutida, entre o orçamento tradicional e o moderno. Para os economistas clássicos, o equilíbrio orçamentário era fundamental, pois o déficit público, caso ocorresse, deveria ser coberto por recursos da atividade produtiva. A partir da década de 1930, com o advento da teoria keynesiana, a política fiscal adquire a função de estabilizador da economia.

14.6.3 Orçamento público no Brasil

No Brasil, a elaboração do orçamento segue os passos determinados pela Constituição Federal de 1988. O Executivo, por meio de lei, estabelece: 1) o plano plurianual; 2) as diretrizes orçamentárias; e 3) os orçamentos anuais. A lei que institui o plano plurianual estabelece, de forma regionalizada, as diretrizes, objetivos e multas da administração pública federal para as despesas de capital e outras delas decorrentes, e para as relativas aos programas de duração continuada.

A **Lei de Diretrizes Orçamentárias** (**LDO**) compreende as metas e as prioridades da administração pública federal, incluindo as despesas de capital para o exercício financeiro subsequente, orienta a elaboração da lei orçamentária anual, dispõe sobre as alterações na legislação tributária e estabelece a política de aplicação das agências oficiais de fomento.

A lei orçamentária anual compreende: 1) o orçamento fiscal referente aos Poderes da União, seus fundos, órgãos e entidades da administração direta e indireta, inclusive fundações instituídas e mantidas pelo poder público; 2) o orçamento de investimento das empresas em que a União, direta ou indiretamente, detenha a maioria do capital social com direito a voto; e 3) o orçamento da seguridade social, abrangendo todas as entidades e órgãos a ela vinculados, da administração direta ou indireta, bem como os fundos e fundações instituídos e mantidos pelo poder público.

O projeto de lei orçamentária é acompanhado de demonstrativo regionalizado do efeito sobre as receitas e despesas decorrentes de isenções, anistias, remissões, subsídios e benefícios de natureza financeira, tributária e creditícia (as chamadas "renúncias fiscais").[4]

O **Orçamento Geral da União** é formado pela soma do orçamento fiscal, orçamento das estatais, orçamento da seguridade social e pelas "renúncias fiscais".

O projeto de Lei de Diretrizes Orçamentárias é encaminhado ao Congresso Nacional até oito meses e meio antes do encerramento do exercício financeiro e devolvido para sanção até o encerramento da sessão legislativa. Já o projeto de lei orçamentária da União é encaminhado ao Congresso Nacional até quatro meses antes do encerramento do exercício financeiro e devolvido para sanção até o encerramento da sessão legislativa.

Os projetos de lei relativos ao plano plurianual, às diretrizes orçamentárias, ao orçamento anual e aos créditos adicionais são apreciados pelas duas casas do Congresso Nacional na forma do regimento comum, que os devolverão ao Executivo para sanção ou veto.

---

[4] Não se deve confundir "renúncias fiscais" com "brechas fiscais". As primeiras são decorrentes de isenções, anistias, remissões, subsídios e benefícios de natureza financeira, tributária e creditícia. As segundas referem-se a lacunas da lei, que possibilitam a discussão do não recolhimento do imposto por parte do contribuinte.

14.6.4 A Lei de Responsabilidade Fiscal

A **Lei de Responsabilidade Fiscal** (**LRF**) é um importante instrumento de política fiscal implementado a partir de 1998, cujo objetivo é proporcionar o equilíbrio orçamentário do setor público. Ela estabeleceu o seguinte:

- limite para as despesas com funcionalismo público:
  - a) de 50%, para a União;
  - b) de 60% para estados e municípios;
- proibição de socorros financeiros entre União, estados e municípios;
- limite de despesas feitas pelos administradores em final de mandato;
- limites de endividamento para União, estados e municípios, por meio do Senado.

As administrações que não cumprirem a lei perdem o direito de repasse voluntário de verba da União (por exemplo, o repasse de parte do IPI e IR arrecadado pela União aos estados e municípios). Além disso, os responsáveis podem sofrer sanções por crime de responsabilidade fiscal.

Com a Lei de Responsabilidade Fiscal, ganhou-se maior eficiência na ação governamental, obrigando estados e municípios a explorarem mais as receitas próprias, contribuindo decisivamente para o ajuste fiscal.

Leitura complementar

Razão dívida pública bruta/PIB e sustentabilidade da política fiscal

Como indicador da sustentabilidade da política fiscal de um país, ou seja, da solvência da dívida pública, mais importante que o estoque ou valor absoluto da dívida, são a trajetória e a evolução da relação dívida pública bruta/PIB. A ideia por trás desse indicador é comparar o endividamento público, incluindo os juros pagos pelo governo, com a capacidade de pagamento desses débitos, medida pela evolução da atividade econômica, fonte de geração da arrecadação tributária.

Assim, se essa razão é crescente, significa que a expansão da dívida pública é superior ao aumento da atividade econômica e, portanto, dos tributos que seriam gerados e utilizados no pagamento dessa dívida, aumentando seu risco de cumprimento ou repúdio (*default*), e vice-versa.

A Tabela 14.2 mostra a evolução da relação dívida pública bruta/PIB para o Brasil em anos selecionados. Observa-se uma grande queda dessa relação no Governo Lula e no primeiro mandato de Dilma Rousseff, mas apresenta uma aceleração significativa nos últimos anos. Inclusive, como mostramos na Tabela 14.1, o Brasil passou ainda a apresentar déficits primários, além dos déficits nominais. Esse também é um resultado da adoção da chamada "Nova Matriz Macroeconômica", que vimos em capítulos anteriores, quando houve um expressivo aumento das despesas públicas, acompanhado de profunda queda do PIB em 2015 e 2016. Finalmente, observa-se um aumento expressivo da relação dívida pública bruta/PIB em 2020 (principalmente) e 2021, em função do aumento dos gastos públicos necessários para amparar a população em razão da pandemia.

Tabela 14.2 Relação dívida pública bruta/PIB

Ano	Relação dívida pública bruta/PIB (%)
2002	76%
2003	72%
2006	65%
2010	62%
2014	63%
2015	66%
2016	70%
2017	74%
2018	75%
2019	74%
2020	89%
2021	80%

Apêndice

Dispêndio e receita pública: classificação segundo categorias

Classificação da despesa (dispêndio)

Existem várias maneiras de classificar as despesas públicas, dependendo do objetivo a ser atingido. Se o escopo for evidenciar as unidades responsáveis pela execução da despesa, a classificação adotada será a institucional; quando se procura mostrar as realizações do gasto público, a classificação adotada é a funcional-programática; e se o intuito for evidenciar o impacto do gasto público sobre a economia, a classificação adotada será a econômica.

Classificação Institucional

A finalidade principal é salientar quais são as unidades administrativas responsáveis pela execução da despesa, ou seja, quais os órgãos que gastam os recursos.

Nesse tipo de classificação, a primeira divisão que ocorre é entre os Poderes Legislativo, Judiciário e Executivo. O Poder Executivo, por exemplo, é dividido em ministérios, e estes, em unidades orçamentárias (as secretarias).

Classificação Funcional-programática

Tem por finalidade mostrar as realizações do gasto público, o resultado final de seu trabalho em favor da sociedade. Por essa classificação, as funções são:

- governo e administração geral;
- administração financeira;
- defesa e segurança;
- recursos naturais e agropecuários;
- indústria e comércio;
- educação e cultura;
- saúde;
- bem-estar social;
- serviços urbanos;
- viação, transportes e comunicações.

Classificação Econômica

Por essa classificação, procura-se mostrar os impactos que o gasto público tem sobre a economia. Essa classificação tem duas categorias: despesas correntes e despesas de capital. As despesas correntes se dividem em despesas de custeio e transferências correntes, enquanto as despesas de capital compreendem os investimentos, as inversões financeiras e as transferências de capital.

Despesas correntes

a) Despesas de custeio:
- pessoal civil;
- pessoal militar;
- material de consumo;
- serviços de terceiros;
- encargos diversos.

b) Transferências correntes:
- subvenções sociais;
- subvenções econômicas;
- inativos;
- pensionistas;
- salário-família e abono;
- juros da dívida pública;
- contribuição de Previdência Social;
- transferências correntes diversas.

Despesas de capital

a) Investimentos:
- obras públicas;
- equipamentos e instalações;
- participação no capital de empresas industriais e agrícolas;
- material permanente.

b) Inversões financeiras:
- aquisição de imóveis;
- participação no capital de empresas comerciais e financeiras;
- concessão de empréstimos;
- constituição de fundos rotativos.

c) Transferências de capital:
- amortização da dívida pública;
- auxílios para obras públicas;
- auxílios para equipamentos e instalações;
- auxílios para inversões financeiras;
- outras contribuições.

Embora tanto os investimentos como as inversões financeiras gerem mudança patrimonial, os investimentos têm maior efeito multiplicador, já que a construção de uma escola (investimento) representa criação de renda, enquanto a compra de um imóvel acabado (inversão financeira) representa apenas a transferência de propriedade do bem.

Classificação da Receita

No caso da receita, a classificação pode ser: por categorias econômicas, fontes, origem e existência ou não de vinculação.

Classificação por Categorias Econômicas

Nesse tipo de classificação, as receitas são divididas em **receitas correntes** e **receitas de capital**.

Classificação por Fontes

Essa classificação já parte da subdivisão anterior (receitas correntes e receitas de capital).

Receitas correntes

a) Receita tributária:
- impostos;
- taxas e contribuição de melhoria.[5]

b) Receita de contribuição:
- contribuição previdenciária;
- salário-educação.

---

[5] A contribuição de melhoria está incluída no imposto predial e é devida a benefícios de obras públicas: novas avenidas, praças, metrô etc.

c) Receita patrimonial:
  - receita imobiliária;
  - receita de valores mobiliários;
  - participação e dividendos;
  - outras receitas patrimoniais.

d) Receita agropecuária.

e) Receita industrial (energia elétrica, água e esgotos etc.):
  - receita de serviços industriais;
  - outras receitas industriais.

f) Receita de serviços (armazéns portuários, hospitais públicos, comunicações etc.).

g) Transferências correntes (receitas diversas):
  - multas;
  - cobrança de dívida ativa;
  - outras receitas diversas.

Receitas de capital

a) Operações de crédito.
b) Alienação de bens móveis e imóveis.
c) Amortização de empréstimos concedidos.
d) Transferências de capital.
e) Outras receitas de capital.

Classificação pela Origem

Nesse tipo de classificação, identifica-se a origem dos recursos que compõem as receitas do Estado. A finalidade é identificar a parcela de recursos próprios e a de recursos transferidos necessários para cobrir o programa de realização de cada órgão.

Classificação segundo a Existência ou não de Vinculação

Essa classificação procura identificar o montante dos recursos que já estão vinculados ao cumprimento de determinados programas e aqueles que podem ser alocados livremente.

Questões para revisão

1. Descreva as funções alocativa, distributiva e estabilizadora do setor público.
2. Quanto aos bens públicos:
   a) Defina bem público.
   b) Defina bem de consumo coletivo, bem público "puro" e bens semipúblicos ou meritórios.
3. Em relação à tributação:
   a) O que preconiza o princípio do benefício?
   b) O que preconiza o princípio da capacidade de pagamento?
4. Defina os seguintes termos:
   a) impostos diretos e impostos indiretos;
   b) estrutura tributária progressiva, regressiva e neutra;
   c) déficit primário, déficit operacional e déficit nominal do setor público.
5. Sobre o orçamento público:
   a) O que objetiva o orçamento moderno?
   b) Descreva as etapas que são seguidas até a aprovação final do orçamento anual da União.

Capítulo 15

Crescimento e Desenvolvimento Econômico

15.1 Crescimento e desenvolvimento

Na quase totalidade dos livros introdutórios de Economia, o estudo da Macroeconomia dá ênfase a questões de curto prazo ou conjunturais, relacionadas com o nível de atividade, o emprego e os preços (as chamadas políticas de estabilização).

Nos capítulos anteriores observou-se que, fundamentalmente, as políticas adotadas centralizam-se no comportamento da demanda agregada de bens e serviços, no curto prazo.

A teoria do crescimento e do desenvolvimento econômico, entretanto, discute estratégias de longo prazo, isto é, quais medidas devem ser adotadas para um crescimento econômico equilibrado e autossustentado. Nessa teoria, a oferta ou produção agregada desempenha um papel importante na trajetória de crescimento de longo prazo, o que não se observara na análise de curto prazo, pois ela era supostamente fixa.

O foco agora é analisar o comportamento do produto potencial, ou de pleno emprego, da economia, a longo prazo.

Crescimento e desenvolvimento econômico são dois conceitos diferentes. **Crescimento econômico** é o crescimento contínuo da renda *per capita* ao longo do tempo. O **desenvolvimento econômico** é um conceito qualitativo, incluindo as alterações da composição do produto e a alocação dos recursos pelos diferentes setores da economia, de forma a melhorar os indicadores de bem-estar econômico e social (pobreza, desemprego, desigualdade, condições de saúde, alimentação, educação e moradia).

15.2 Fontes de crescimento

Os dados internacionais, que vimos no Capítulo 9 (Tabela 9.11) indicam as amplas diferenças de renda absoluta e *per capita* entre os países em desenvolvimento. Os níveis de renda médios em muitos desses países, especificamente na América Latina, são semelhantes aos níveis de renda norte-americanos do século passado. Contudo, em outros países em desenvolvimento, na Ásia e na África, as rendas *per capita* são ainda menores. Além disso, existem grandes disparidades na distribuição de renda de cada país, com uma pequena parcela da população vivendo realmente muito bem e a maioria com rendas bem abaixo do nível de renda médio.

Que respostas seriam dadas para essas diferenças de desempenho econômico? Quais são as fontes de crescimento econômico? É o que discutiremos a seguir.

Um caminho para analisar as diferenças de desenvolvimento entre os países é partir dos elementos que constituem a chamada **função de produção**

agregada do país. O crescimento da produção e da renda decorre de variações na quantidade e na qualidade de dois insumos básicos: capital e mão de obra. Nesse sentido, as fontes de crescimento são:

a) **aumento na força de trabalho** (quantidade de mão de obra), derivado do crescimento demográfico e da imigração;

b) **aumento do estoque de capital**, ou da capacidade produtiva;

c) **melhoria na qualidade da mão de obra**, com programas de educação, treinamento e especialização;

d) **melhoria tecnológica**, que aumenta a eficiência na utilização do estoque de capital;

e) **eficiência organizacional**, ou seja, eficiência na forma como os insumos interagem.

Evidentemente, o desenvolvimento é um fenômeno global que atinge toda a estrutura social, política e econômica. Para efeito de análise, ressaltaremos apenas os fatores econômicos estratégicos para o desenvolvimento.

15.2.1 Capital humano

No estudo das fontes do crescimento, muita ênfase é dada ao capital físico, mas o **capital humano** é muito importante. Ele é o valor do ganho de renda potencial incorporado nos indivíduos e inclui a habilidade inerente à pessoa, o talento, assim como a educação e as habilidades adquiridas.

O trabalhador médio em países industrializados é muito mais produtivo do que o trabalhador médio nos países em desenvolvimento porque ele trabalha com mais capital físico e é mais qualificado.

O capital humano é adquirido por meio da educação formal, do treinamento informal e também pela experiência. O problema para os países em desenvolvimento é que se torna extremamente difícil acumular fatores de produção e capital humano ou físico com baixos níveis de renda. O mínimo que sobra do salário, após a provisão da subsistência, não permite investir muito em educação ou em capital físico. Decidir se a criança deve começar a trabalhar ou ir para a escola é crítico para as famílias com níveis de renda muito baixos. Da mesma forma, é difícil para o governo decidir como usar os recursos muito limitados que ele tem sob seu comando. E mesmo que os recursos financeiros estejam disponíveis, ainda leva anos para que se eleve o nível de educação e de treinamento.

Portanto, o crescimento está limitado ao tempo que os fatores de produção levam para ser acumulados; a educação é fator de crescimento mais lento, mas também é um dos mais poderosos.

15.2.2 Capital físico

O **capital físico** tem sido sempre o centro das explicações para o progresso econômico, simplesmente por causa da presença notável de maquinário e de equipamentos sofisticados e abundantes em países ricos e de sua escassez em países mais pobres.

Um conceito muito utilizado para realçar o papel do capital físico no processo de desenvolvimento econômico é o da **relação produto-capital**, que é a razão entre a variação do produto nacional, Δy, e a variação da capacidade produtiva (ou estoque de capital), Δk. Assim:

$$v = \frac{\Delta y}{\Delta k}$$

sendo v a relação **produto-capital** (ou **relação marginal** ou **incremental produto-capital**, porque se refere a variações ou acréscimos). Ou seja, é a produtividade do capital físico (quanto ele aumenta o produto).

Por exemplo, uma relação **produto-capital** igual a 0,33 (aproximadamente a brasileira) indica que, para aumentar o produto em R$ 33 bilhões, é preciso aumentar os investimentos em R$ 100 bilhões.

Esse conceito revela que é possível aumentar a taxa de crescimento econômico quando ocorre um aumento da taxa de investimento e/ou deslocamento dos investimentos para os setores em que a relação produto-capital é mais elevada.

Deve ser observado que a relação produto-capital refere-se ao impacto do aumento do estoque de capital sobre a produção agregada de pleno emprego. É bastante diferente do efeito do multiplicador keynesiano, analisado sobretudo no Capítulo 10.

O multiplicador keynesiano de gastos considera uma economia com capacidade ociosa e desemprego, e preocupa-se em como elevar a demanda agregada para atingir o pleno emprego. O conceito de relação produto-capital, na teoria do desenvolvimento, supõe pleno emprego e preocupa-se com o efeito dos investimentos, após sua maturação, sobre a oferta agregada.

A relação **produto-capital** também é chamada de **produtividade marginal do capital**. Algumas vezes, essa relação aparece invertida como capital-produto, e não como produto-capital. Uma relação produto-capital de 0,33 corresponde a uma relação capital-produto de 3: três unidades de capital produzem uma unidade do produto.

15.3 Estágios de desenvolvimento

O economista norte-americano Walt Whitman Rostow, analisando a evolução histórica dos países desenvolvidos, detectou cinco estágios de desenvolvimento:

a) sociedade tradicional;
b) pré-requisitos para a arrancada;
c) arrancada (**take-off**);
d) crescimento autossustentável (maturidade);
e) idade do consumo de massa.

A sociedade tradicional, de modo geral, é predominantemente agrária, com pouca tecnologia e baixa renda *per capita*.

Na segunda etapa, pré-requisitos para a arrancada, são criadas as condições prévias para a arrancada a partir de importantes mudanças econômicas e não econômicas. Há um aumento da taxa de acumulação de capital, em relação à taxa de crescimento demográfico, e melhoria no grau de qualificação da mão de obra habilitada para a produção especializada em grande escala. Ocorre aumento da produtividade agrícola, o que permite criar um excedente de recursos que vai financiar a expansão industrial (começando com a produção de bens de consumo básicos, como alimentação, têxtil etc.). Paralelamente, durante esse período são feitos grandes investimentos em infraestrutura básica (transportes, comunicações, energia, saneamento).

O período crucial é a **arrancada** (*take-off*), terceira etapa do processo. Nessa fase, o processo de crescimento contínuo se institucionaliza na sociedade. Isso porque, na segunda etapa, ainda há certa resistência, já que a sociedade se caracteriza por atitudes e técnicas produtivas tradicionais. Mais especificamente, Rostow define a etapa da arrancada a partir das seguintes mudanças:

a) a taxa de investimento líquida se eleva de 5% para mais de 10% da renda nacional;
b) surgem novos segmentos industriais, de rápido crescimento, associados, principalmente, a bens de consumo duráveis (televisores, geladeiras etc.);
c) emerge uma estrutura política social e institucional, que é bastante favorável ao crescimento sustentado.

A partir da experiência histórica da Grã-Bretanha, Japão, Estados Unidos e Rússia, Rostow conclui que só esse período dura cerca de 20 anos.

A quarta etapa, a da **marcha para o amadurecimento**, leva cerca de 40 anos. Em seu transcurso, a moderna tecnologia se estende dos setores líderes, que impulsionaram a arrancada, para outros setores. A economia demonstra que tem a habilidade tecnológica e empresarial para produzir qualquer coisa que decida ofertar.

Finalmente, a economia atinge a quinta etapa, a **era do alto consumo de massa**, quando os setores líderes se voltam para a produção de bens de consumo duráveis de alta tecnologia e serviços. Nessa fase, a renda ascendeu a níveis em que os principais objetivos de consumo dos trabalhadores não são mais a alimentação básica e a moradia, mas sim automóveis, microcomputadores etc. Além disso, a economia, com seu processo político, expressa um desejo de destinar recursos ao bem-estar e à seguridade social. Segundo Rostow, os Estados Unidos, o Japão e a maior parte das nações da Europa Ocidental já alcançaram a última etapa.

Existem algumas críticas à teoria formulada por Rostow. Tratar-se-ia mais de uma análise empírica, ***ad hoc***, a partir da observação do que ocorreu com os países desenvolvidos, do que uma análise científica. Muitos historiadores não veem uma clara distinção entre a segunda e a terceira etapas (período de condições prévias e *take-off*), e afirmam que Rostow parece dar a entender que a evolução industrial só aconteceria depois da melhora da produtividade agrícola, e não simultaneamente a ela.

De qualquer modo, a essência da chamada **teoria de etapas** de Rostow ilustra o fato de que o desenvolvimento econômico é um processo que deve avançar em determinada sequência de passos claramente definidos.

15.4 Financiamento do desenvolvimento econômico

Para investir, um país pode tanto utilizar sua poupança interna como ainda ter acesso à poupança estrangeira por meio de empréstimos ou ajuda financeira. Se a poupança doméstica é o pré-requisito para a acumulação de capital, então a atenção deve ficar voltada para as políticas que incentivem as pessoas a se abster de parte do consumo presente. Um mercado financeiro e de capitais razoavelmente desenvolvido é fator importante na mobilização de recursos para a formação de capital e na canalização desses recursos das famílias, via intermediários financeiros, para o investimento das empresas.

Em economias socialistas, como a China ou a ex-União Soviética, o estímulo à poupança é uma maneira poderosa de limitar o consumo e aumentar o nível de reservas. Uma taxa de poupança extremamente alta é a demonstração desse processo e está na base do crescimento bem-sucedido dos últimos 20 anos na China.

Em economias de mercado ou economias capitalistas, uma política equivalente pode ser alcançada via orçamento: se o governo coletar mais em impostos do que gasta em bens e serviços correntes, os recursos excedentes poderão ser investidos pelo governo na infraestrutura e canalizados para empresas, via bancos de desenvolvimento ou de fomento.

Um país em desenvolvimento pode atrair poupança estrangeira de duas maneiras principais. Uma possibilidade é a de que empresas estrangeiras invistam diretamente no país. Por exemplo, no século XIX, companhias europeias construíram estradas de ferro na América Latina; hoje, empresas japonesas constroem fábricas na Indonésia, a China constrói estradas na África.

A segunda maneira de um país atrair recursos estrangeiros é tomar emprestado nos mercados mundiais de capitais ou de instituições como o Banco Mundial.

Quanto menor for a renda *per capita* de um país e quanto mais a sua renda doméstica estiver absorvida pelo suprimento das necessidades básicas da população, mais importante se torna a poupança externa.

15.5 Medições do grau de desenvolvimento econômico e social

O conceito de desenvolvimento econômico é bastante amplo e relativamente abstrato, não existindo uma medida precisa para mensurar o bem-estar da população.

A renda ou produto *per capita,* que apresentamos no Capítulo 8, é uma das medidas mais utilizadas para definir o grau de crescimento de uma nação. Entretanto, a *renda per capita* não mede adequadamente o bem-estar da coletividade, isto é, não reflete as condições econômicas e sociais de um país, pois:

- não registra a economia informal;
- não considera os custos sociais derivados do crescimento econômico, tais como poluição, congestionamentos, piora do meio ambiente etc.;
- não considera diferenças na distribuição de renda entre os vários grupos da sociedade.

Dessa forma, a renda **per capita** é um indicador estritamente econômico, daí a necessidade de criar outros indicadores que permitam uma visão mais adequada do padrão de vida e de bem-estar de um país.

15.5.1 O Índice de Desenvolvimento Humano (IDH)

O indicador mais utilizado para captar aproximadamente o grau de desenvolvimento econômico e social e, portanto, do bem-estar da coletividade, é o **Índice de Desenvolvimento Humano (IDH)**, criado pelo Prêmio Nobel de Economia de 1998, Amartya Sen.

O IDH é um índice calculado periodicamente pelas Nações Unidas, composto por dois indicadores sociais – o **índice de expectativa de vida ao nascer** e o **índice de educação** –, e um **índice de atividade econômica**. É uma média aritmética desses três indicadores, e varia de 0 a 1: quanto mais próximo de 1, maior o padrão de desenvolvimento humano do país.

O índice de expectativa de vida (anos de esperança de vida ao nascer) indica indiretamente as condições de saúde e saneamento do país. O índice de educação é uma média composta pela média de anos de estudo da população adulta (25 anos ou mais) e anos de escolaridade esperada (expectativa de vida escolar, ou tempo em que uma criança ficará matriculada, se os padrões atuais se mantiverem ao longo de sua vida escolar). O índice econômico é medido pela Renda Nacional Bruta (RNB) *per capita*, pelo critério de paridade de poder de compra.

Os países são divididos em quatro grupos, de acordo com sua posição no *ranking* da Classificação IDH. Considerando o total de países como 100%, divide-se esse total em quatro faixas de desenvolvimento: muito elevado (25% melhores), elevado (25% seguintes), médio (25% seguintes) e baixo (últimos 25%). A Tabela 15.1 apresenta uma amostra de 2019.

Tabela 15.1 IDH – exemplos de países – 2019

Total de 189 países			
País	IDH	Classificação IDH	Classificação RNB_{PPP} *per capita*
Noruega	0,957	1	8
Estados Unidos	0,926	17	10
China	0,761	85	74
Índia	0,645	131	126
Federação Russa	0,824	52	54
Polônia	0,880	35	43
República Tcheca	0,900	27	36
Ucrânia	0,779	74	93
Geórgia	0,812	61	83
Cuba	0,783	70	115
Portugal	0,864	38	40
Grécia	0,888	32	46
Turquia	0,820	54	50
Arábia Saudita	0,854	40	24

País	IDH	Classificação IDH	Classificação RNB$_{PPP}$ per capita
Irã	0,783	70	96
Emirados Árabes Unidos	0,890	31	7
Catar	0,848	45	2
Omã	0,813	60	55
Kuwait	0,806	64	13
México	0,779	74	66
Argentina	0,845	46	62
Uruguai	0,817	55	64
Chile	0,851	43	59
Colômbia	0,767	83	86
BRASIL	**0,765**	**84**	**85**

Fonte: adaptada de Human Development Reports 2019.

Há nações com diferenças notáveis entre o indicador socioeconômico (IDH) e o puramente econômico (PIB), principalmente os países produtores de petróleo, como Arábia Saudita, Omã, Catar, Emirados Árabes, que apresentam alta renda *per capita*, mas padrão social relativamente baixo quando olhamos pelo IDH. Notamos também que, com exceção da China, os países comunistas (como Cuba) ou ex-comunistas (como Rússia, Polônia, Ucrânia, Geórgia) têm uma posição melhor no IDH do que no PIB *per capita*, ou seja, a classificação pelo indicador social é melhor do que a do indicador econômico. Contudo, com essas exceções, no geral, há uma razoável correlação do PIB *per capita* com o grau de desenvolvimento social de um país.

Como se observa, o país com maior grau de desenvolvimento, em termos de IDH, é a Noruega, com índice 0,957, que mantém essa posição há muitos anos.

Nas Tabelas 15.2 e 15.3 apresentam-se dados mais detalhados para o Brasil.

Tabela 15.2 Composição do IDH-Brasil em 2019

Índice de Desenvolvimento Humano (IDH)	0,765
Esperança de vida ao nascer	75,9 anos
Média de anos de escolaridade adulta	8 anos
Anos de escolaridade esperada	15,9 anos
RNB *per capita* (PPP)	US$ 14.263

Classificação pelo IDH: 84º (entre 189 países)
(Desenvolvimento Humano Elevado)
Classificação pela RNB *per capita*: 84º (entre 189 países)

Fonte: adaptada de PNUD. Relatório de Desenvolvimento Humano 2020.

Tabela 15.3 IDH – de 1980 a 2019

Ano	IDH Brasil
1980	0,545
1990	0,611
2000	0,684
2010	0,727
2011	0,730
2012	0,736
2013	0,747
2014	0,752
2015	0,757
2016	0,758
2017	0,759
2018	0,762
2019	0,765

Fonte: adaptada de PNUD. Relatório de Desenvolvimento Humano 2019.

O IDH do Brasil em 2019 é igual a 0,765, sendo o 84º entre os 189 países, o que situa o país entre os de desenvolvimento humano elevado. Entretanto, como ocorre em termos de PIB_{PPP} e de PIB corrente (Tabela 9.11), apresentados no Capítulo 9, também em termos de IDH temos uma classificação inferior quando comparamos o Brasil com os principais países da América Latina e os países menos desenvolvidos da Europa.

Apesar de algumas limitações, a medida do IDH é um indicador útil tanto para comparações internacionais como para medir o crescimento do país ao longo dos anos, captando razoavelmente o grau de desenvolvimento social e econômico. Entretanto, é sempre oportuno considerar também outros indicadores, como grau de distribuição de renda, analfabetismo, mortalidade infantil, expectativa de vida, leitos hospitalares *per capita*, consumo de calorias e proteínas *per capita*, para que se tenha uma avaliação mais completa do padrão de vida e bem-estar de um país.

15.5.2 O Índice ou Coeficiente de Gini

Outro indicador importante de desenvolvimento econômico é a **dispersão da distribuição da renda**. Mesmo que um país exiba um PIB *per capita* elevado, quanto pior a distribuição da renda, quer dizer, quanto mais a renda se concentrar nas mãos de poucas pessoas, menos desenvolvido tende a ser o país, pois a maioria da população terá condições inferiores de renda e menos acesso a produtos e serviços. Do mesmo modo que o produto agregado, o índice pode não ser uma medida adequada de desenvolvimento econômico e social; o mesmo vale para a renda *per capita*, pois é necessário investigar a distribuição em torno dessa média.

O índice mais comumente utilizado para medir a distribuição de renda é o chamado **Índice ou Coeficiente de Gini**, uma medida de desigualdade originalmente desenvolvida pelo estatístico italiano Conrado Gini, em 1912. Ele consiste em um número entre 0 e 1, em que o valor 0 corresponde a uma situação de completa igualdade de renda entre os indivíduos, ou seja, uma situação em que todos têm exatamente a mesma renda (desigualdade nula, portanto), e o valor 1 corresponde à situação de completa desigualdade, ou seja, quando um indivíduo tem toda a renda e os demais nada têm. O índice de Gini também pode ser (e comumente é) expresso em pontos percentuais, quer dizer, o coeficiente é multiplicado por 100.

Assim, quanto mais o índice de uma sociedade se aproximar de 1, mais podemos dizer que ela tende a ser desigual, com mais indivíduos recebendo uma pequena parcela da renda e menos indivíduos recebendo uma grande parcela.

A Figura 15.1 mostra o comportamento do Índice de Gini no Brasil e revela que a distribuição de renda, apesar de ainda ser a segunda pior entre os países emergentes e desenvolvidos (perde apenas para a África do Sul)[1], melhorou a partir do Governo FHC (Plano Real), com a estabilização da taxa de inflação

---

[1] Segundo o Relatório de Desenvolvimento Humano da ONU (2020), na média entre 2010/2018, o Brasil apresentou a 8ª pior desigualdade de renda entre 152 países. Na escala de 0 a 100, como a ONU apresenta o Índice de Gini, o Brasil teve índice de 53,9; África do Sul de 63,0; Namíbia de 59,1; Zâmbia de 57,1; São Tomé e Príncipe de 56,3; República Centro-Africana de 56,2; Suazilândia de 54,6; e Moçambique de 54,0.

(o que melhorou o poder aquisitivo dos trabalhadores), ao lado de programas sociais (Bolsa Escola, Bolsa Alimentação, Vale Gás), e elevações do salário mínimo em termos reais. Essa política foi mantida e ampliada nos Governos Lula e Dilma, com outro nome (Bolsa Família), que triplicou o número de beneficiários (de cerca de 4 milhões de famílias em 2002 para mais de 14 milhões, atualmente). Como revela o gráfico a seguir, a distribuição de renda voltou a piorar a partir de 2016, após a crise econômica do Governo Dilma, e teve uma pequena recuperação no fim do Governo Temer (2019).

Figura 15.1 Índice de Gini no Brasil – 1993-2019

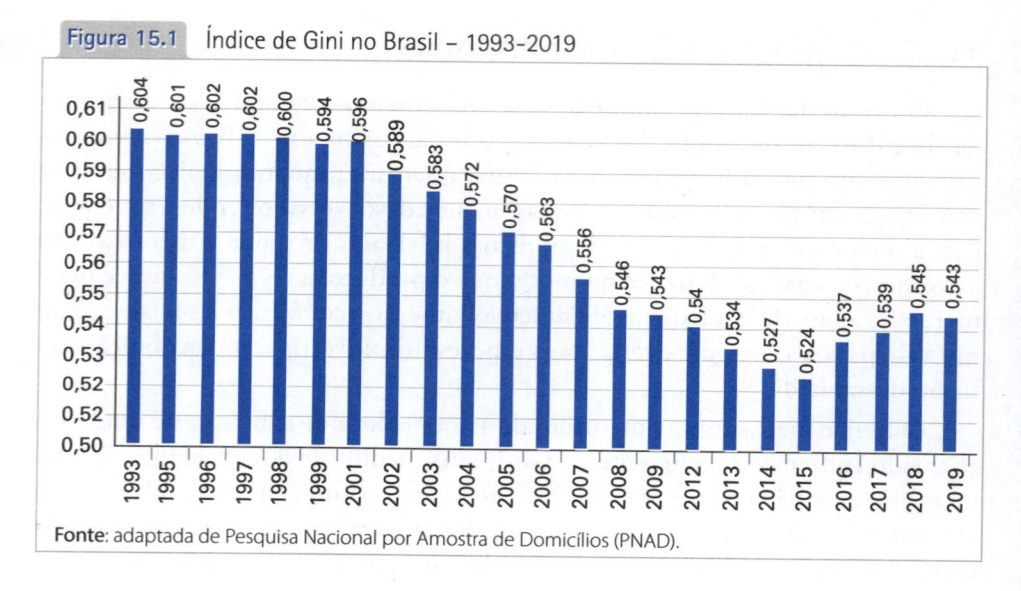

Fonte: adaptada de Pesquisa Nacional por Amostra de Domicílios (PNAD).

15.5.3 Nível de pobreza

Outro índice de desenvolvimento econômico e social bastante importante é a proporção de pessoas que vivem em condições de pobreza. Existem duas medidas bastante tradicionais e amplamente conhecidas de pobreza: **pobreza absoluta** e **pobreza relativa**.

A **pobreza absoluta** é definida como a situação em que os indivíduos de um país ou região não atingem níveis considerados mínimos de condições de vida. Em geral, definem-se como pobres absolutos os indivíduos que não conseguem consumir uma quantidade de calorias (consumo de alimentos) minimamente adequada para sua subsistência, ou seja, sofrem o problema da subnutrição. A ideia é que se esse indivíduo sequer consegue se alimentar de maneira adequada, ele também deve sofrer de outros problemas sérios que prejudicam a sua sobrevivência.

A **pobreza relativa** ocorre quando o indivíduo tem o mínimo necessário para subsistir, mas não possui os meios necessários para viver de acordo com a área onde está inserido ou como as pessoas de *status* social comparável. Como pode ser notado, a pobreza absoluta é uma condição mais severa e indesejável, pois inclui aqueles que têm efetivamente dificuldades para sobreviver. No caso da pobreza absoluta, é necessário estabelecer uma renda mínima que a pessoa deveria ter para que pudesse consumir uma quantidade mínima de calorias para sobreviver. Em geral, o indicador mais utilizado para definir quem faz parte do grupo dos considerados pobres (e, por exclusão, quem não faz) é a chamada **linha de pobreza**: são considerados pobres todos aqueles que têm renda inferior à definida pela linha.

A Fundação Getulio Vargas do Rio de Janeiro (FGV-RJ) elabora pesquisas relacionadas a índices socioeconômicos a partir dos microdados da Pesquisa Nacional por Domicílios do IBGE (PNAD-IBGE). Em 2021, no segundo ano da pandemia do coronavírus, o contingente de pessoas vivendo na pobreza era de 10,8% da população, ou cerca de 23 milhões de pessoas, o maior patamar da série histórica desde 2016. O cálculo adota como linha de pobreza o limite de renda de R$ 210 por pessoa da família por mês (cerca de R$ 7,00/dia) para recebimento do Auxílio Brasil, a preços constantes de dezembro de 2021.

Com base nos indicadores que discutimos até aqui, note que existe uma distinção entre a distribuição de renda e a pobreza. No mundo real, é perfeitamente possível que um país tenha a renda bastante concentrada e mesmo assim não haja pobreza absoluta: para tanto, basta que a renda do indivíduo considerado mais pobre dessa sociedade seja superior à linha de pobreza. Por outro lado, também é possível que um país tenha uma distribuição igualitária (ou seja, todos os habitantes têm a mesma renda) e, ainda assim, haja elevado grau de pobreza absoluta; isso ocorre caso a renda dos indivíduos seja inferior à linha de pobreza. É muito provável, por exemplo, que mesmo o indivíduo mais pobre da Suíça tenha melhores condições de vida do que a maior parte dos habitantes da Somália ou de Níger, por exemplo.

Também é interessante notar que, quando ocorre um crescimento concentrado do PIB, mesmo com uma piora nos indicadores de distribuição de renda é possível que todos os indivíduos estejam em posição melhor pelo aumento da renda, diminuindo a pobreza absoluta. Se os mais ricos têm um aumento de renda relativamente maior do que os mais pobres, apesar de todos estarem mais ricos, a concentração de renda piora. Por outro lado, podemos dizer que essa sociedade está melhor, pois há menos pobreza absoluta.

Ocorreu algo parecido no Brasil, no período do chamado Milagre Econômico (1967-1973). Segundo estudo do *"brazilianist"* Albert Fischlow, da Universidade de Berkeley (Estados Unidos), naquele período todas as classes de renda tiveram aumento da renda *per capita*, mas as classes de renda mais altas tiveram aumentos relativamente maiores do que aqueles das classes mais baixas. Os críticos chamaram isso de **Teoria do Bolo (crescer para depois distribuir)**.

A justificativa dada pelo governo foi de que a piora da distribuição de renda deveu-se à escassez de mão de obra qualificada e maior número de trabalhadores de baixa qualificação, o que teria feito que, com o crescimento econômico acelerado e consequente aumento da demanda por mão de obra, os mais qualificados (universitários, por exemplo) e os mais ricos obtivessem aumentos de rendimento relativamente maiores do que os demais. Ou seja, *todos tiveram aumento de renda e, portanto, melhoraram seu padrão de vida*, mas os "ricos ficaram mais ricos, e os pobres menos pobres".

15.6 Um modelo básico de crescimento econômico

O modelo pioneiro de crescimento econômico é o **modelo de Harrod-Domar**, que destaca a importância de três variáveis básicas para o crescimento: taxa de investimento, taxa de poupança e relação produto-capital. Trata-se de uma visão mecânica e simplificada, mas ajuda a identificar a atuação das variáveis econômicas estratégicas para promover o crescimento econômico.

Em síntese, no modelo de Harrod-Domar, a taxa de crescimento do produto y (y') é determinada por:

$$y' = s \times v$$

em que:

s = taxa de poupança = $\dfrac{S}{y}$ (propensão a poupar);

v = relação marginal produto-capital = $\dfrac{\Delta y}{\Delta k} = \dfrac{\Delta y}{I}$

A poupança agregada é S; y, a renda nacional; ΔK, o aumento do estoque de capital, que é a própria taxa de investimento agregado; I, todas as variáveis definidas em um mesmo período de tempo.

A taxa de poupança é a parcela da renda nacional y não consumida (também chamada **propensão média a poupar**). Representa a fonte de financiamento do investimento.

A relação produto-capital representa quantas unidades do produto podem ser produzidas por uma unidade de capital. Se tivermos, por exemplo, uma taxa de poupança de 20% e relação produto-capital de 0,3, a taxa de crescimento será:

$$y' = 0,2 \times 0,3 = 0,06$$

Isso significa que é possível um crescimento potencial de 6% se o país apresentar uma taxa de poupança de 20% da renda e uma relação produto-capital de 0,3 (ou, inversamente, de uma relação capital-produto de 3).

Por trás da taxa de poupança e da relação produto-capital agregada, existem outros fatores que precisam ser considerados. Não é tão simples a relação entre poupança, investimento e taxa de crescimento do produto. A razão é que a **eficiência** ou **produtividade** do investimento pode variar amplamente. Os governos podem investir em ativos relativamente improdutivos ou impor políticas que acabem incentivando investimentos privados improdutivos. Ademais, alguns investimentos têm impacto mais demorado sobre o produto, como os investimentos em educação e saúde. Nesse sentido, países mais pobres têm de direcionar muitos recursos para a área social, o que requer investimentos elevados. O nível de conhecimento tecnológico e o grau de qualificação da mão de obra também condicionam a produtividade do investimento.

O modelo foi apresentado em termos da taxa de crescimento do produto em valores absolutos. Para obter a taxa de crescimento do produto ou renda *per capita*, é preciso deduzir a taxa de crescimento da população. No exemplo anterior, se a população crescer 2% ao ano, a taxa de crescimento do produto *per capita* será de 4% ao ano. Nesse aspecto reside uma das maiores restrições para o crescimento de países em desenvolvimento, que normalmente apresentam elevada taxa de crescimento populacional, acima de 2% ao ano.

15.7 A internacionalização da economia: o processo de globalização

A industrialização é a chave para o desenvolvimento. Entretanto, o processo de desenvolvimento dos países industrializados foi iniciado com grande aumento da produtividade agrícola, o que permitiu liberar mão de obra e recursos para as áreas urbanas e construir o parque industrial.

Na década de 1950 e no início dos anos 1960, acreditava-se amplamente que a industrialização nos países em desenvolvimento ocorreria se ao setor industrial fossem assegurados mercados domésticos seguros, o que permitiria que eles se desenvolvessem. A tão famosa **estratégia de substituição de importações** consistia em proteger os produtores domésticos da competição estrangeira com cotas e tarifas, de modo que eles pudessem expandir sua produção para substituir bens que costumavam ser importados.

Por volta da década de 1980, ficou claro que a estratégia de substituição de importações havia se esgotado na maior parte dos países em desenvolvimento. Os produtores domésticos, protegidos da competição estrangeira, produziam um volume pequeno com custo alto e pouca inovação.

Nas últimas décadas, uma característica marcante da economia mundial tem sido a crescente integração econômica entre os países sob diversos aspectos: comercial, produtivo e financeiro. Esse processo é conhecido como **globalização** (ou **mundialização**, para os franceses).

Rigorosamente, pode-se dizer que se trata de um processo que vem ocorrendo com o grande desenvolvimento tecnológico a partir do final do século XIX, mas que se acelerou a partir das últimas décadas, com o desenvolvimento da informática e dos mecanismos financeiros internacionais. Nesse sentido, é interessante separar a chamada globalização produtiva da globalização financeira.

Entende-se por **globalização produtiva** a produção e distribuição de bens e serviços dentro de redes em escala mundial. A redução de barreiras no comércio internacional, o crescimento notável das tecnologias da informação (telecomunicações e microeletrônica) e a difusão de novas tecnologias criaram novos produtos e novas oportunidades de negócios. Desde 1980, quando esse processo se acelerou, a taxa de crescimento mundial elevou-se de uma média de 3,5% a 4% ao ano, para uma média de 5% no início deste século, contribuindo para a melhoria do padrão de vida em escala mundial.

Particularmente, os chamados Tigres Asiáticos (Coreia do Sul, Tailândia, Malásia, Cingapura, Formosa, Hong Kong e China) beneficiaram-se desse processo, passando de países essencialmente agrícolas para exportadores de bens manufaturados de alta tecnologia (automóveis, computadores, eletrônicos em geral).

Entretanto, a globalização pode ter alguns aspectos perversos, como o aumento do **desemprego estrutural** em muitos países, pois o novo paradigma tecnológico requer mão de obra mais qualificada, marginalizando parcela significativa de trabalhadores. Observa-se também a tendência de concentração da produção em grandes empresas multinacionais, o que tem levado à **desnacionalização** de grande parte do setor produtivo, principalmente nos países menos desenvolvidos ou emergentes.

Embora esse processo leve a uma menor presença do Estado como produtor de bens e serviços, com maior liberdade de mercado (o chamado **neoliberalismo**), ele, na realidade, traz a necessidade de maior atuação do Estado na regulamentação e fiscalização da economia de mercado, no sentido de proteger os interesses dos consumidores e garantir o direito de concorrência para empresas com menor poder de barganha.

Também a partir das duas últimas décadas do século XX, ao lado da globalização produtiva, iniciou-se um processo de crescimento do fluxo financeiro internacional, com base no mercado internacional de capitais, denominado **globalização financeira**. Este processo se caracteriza por inovações financeiras, como a proteção contra riscos (*hedge*), securitização de títulos e o desenvolvimento do mercado de **derivativos** (mercados futuros, opções e *swaps*).

Associados ao elevado grau de informatização atual, esses capitais são transferidos com grande rapidez. Embora a relativa abundância desses capitais financeiros internacionais possa representar, principalmente para os países emergentes, um recurso importante para complementar sua poupança interna e promover o crescimento econômico, há a necessidade de maior regulamentação desse mercado, sob risco da ocorrência de novas crises financeiras como ocorreu recentemente.

O Modelo de Solow e a "receita" para o crescimento sustentado brasileiro

Para se tornar um país desenvolvido nas próximas décadas, o Brasil precisaria crescer de forma sustentada, rompendo com a tradição de ciclos de crescimento elevado, seguidos por períodos de reduzida expansão da atividade econômica (*stop and go*). Quais seriam, então, os fatores que propiciariam crescimento de longo prazo (estado estacionário) do PIB brasileiro?

Um conhecido modelo, mais avançado que o modelo Harrod-Domar, que permite identificar de forma simples esses fatores de crescimento é o chamado **modelo de Solow** (1957), que utiliza o conceito microeconômico de função de produção para explicar o crescimento do PIB *per capita* (ou por trabalhador) de um país:

$$PIB_{pc} = f(K, T)$$

A intuição do modelo é simples: o aumento do PIB *per capita* (PIB_{pc}) de um determinado país no longo prazo depende da expansão da quantidade de capital (K) e da ocorrência de progresso tecnológico (T).

Com relação a esse primeiro determinante, a história recente do desenvolvimento econômico de países como Japão, Alemanha, Coreia do Sul e China mostrou que não somente a acumulação de capital físico (máquinas e equipamentos), realizada a partir do investimento produtivo, seria um fator chave para chegar ao crescimento sustentado, mas também o investimento em capital humano, materializado nos gastos em educação e capacitação da mão de obra.

Por sua vez, a experiência tem demonstrado cada vez mais a importância do progresso tecnológico, entendido como a expansão da **produtividade total dos fatores (PTF)**, como determinante crucial da capacidade de expansão de longo prazo do produto. O grande problema, entretanto, é que o modelo de Solow, apesar de mostrar sua importância, não é capaz de explicar o que causaria essa expansão, estimando a contribuição da PTF a partir da parcela residual de crescimento do PIB que não seria explicada por aumentos da quantidade de mão de obra e de capital físico e humano (**resíduo de Solow**).

De qualquer forma, o modelo anterior permite prescrever algumas ações de política econômica que tenderiam a incrementar a taxa de crescimento da economia brasileira de forma sustentada. Em primeiro lugar, elevar a taxa de poupança nacional (pública e privada), para, assim, dispor de fundos necessários para um nível de investimento muito maior que o atual. Iniciativas que tendam a desenvolver o mercado de crédito e criar as condições para garantir o acesso às aplicações na Bolsa, ampliando as fontes de financiamento das empresas, também seriam bem-vindas.

No caso da acumulação de capital humano, contudo, não bastaria aumentar o montante de recursos públicos gastos em educação e capacitação, também sendo necessário atentar para a qualidade e a focalização desse esforço, no contexto de uma verdadeira reforma educacional, principalmente nos níveis básicos de ensino.

Finalmente, com relação ao avanço da tecnologia, seria necessário aumentar a qualidade institucional, ou seja, ter "regras do jogo" mais claras e estáveis, para criar um ambiente propício às inovações tecnológicas, tal como mostram alguns estudos mais recentes. Além disso, é premente aumentar de forma importante o investimento em infraestrutura urbana e social para não comprometer a expansão da PTF e a competitividade no longo prazo de importantes setores da economia brasileira.

Questões para revisão

1. Diferencie crescimento econômico de desenvolvimento econômico.
2. De acordo com Rostow, quais são os estágios de desenvolvimento de uma economia?
3. Quais são as fontes de crescimento econômico?
4. Dada a relação produto-capital da economia, mostre qual seria o efeito de um aumento da taxa de poupança (ou propensão a poupar) sobre a taxa de crescimento do produto real.
5. Conceitue globalização produtiva e globalização financeira.

Capítulo 16

Evolução do Pensamento Econômico: Breve Retrospecto

16.1 Introdução

Existe razoável consenso de que a teoria econômica, de forma sistematizada, teve seu início com o trabalho dos fisiocratas na França, mas principalmente, quando foi publicada a obra do escocês Adam Smith *A riqueza das nações*, em 1776.[1]

Em períodos anteriores, a atividade econômica do homem era tratada e estudada como parte integrante da Filosofia Social, da Moral e da Ética. Nesse sentido, a atividade econômica deveria orientar-se de acordo com alguns **princípios gerais de ética, justiça** e **igualdade**. Os conceitos de **troca**, em Aristóteles, e **preço justo**, em São Tomás de Aquino, a **condenação dos juros** ou da **usura** encontravam sua justificativa em termos morais, não existindo um estudo sistemático das relações econômicas.

Durante o século XIX, a Ciência Econômica era conhecida como **Economia Política**, designação que tendeu a desaparecer a partir do início do século XX, com a influência da teoria marginalista, que aspirou ser uma ciência pura como a Física e a Matemática, daí a denominação simplesmente de Economia para a Ciência Econômica.

16.2 Precursores da teoria econômica

16.2.1 Antiguidade

Na Grécia Antiga, as primeiras referências conhecidas à Economia aparecem no trabalho de **Aristóteles** (384-322 a.C.), em seus estudos sobre aspectos de administração privada e sobre finanças públicas. Também encontramos algumas considerações de ordem econômica nos escritos de **Platão** (427-347 a.C.) e de **Xenofonte** (440-335 a.C.), sendo que este último aparentemente cunhou o termo economia (oikonomia), no sentido de gestão de bens privados.

Roma não deixou nenhum escrito notável na área de Economia. Nos séculos seguintes, até a época dos descobrimentos, encontramos poucos trabalhos de destaque, mas que não apresentam um padrão homogêneo e estão permeados de questões referentes a justiça e moral. A já citada lei da usura, a moralidade em relação a juros altos e o que deveria ser um lucro justo são os exemplos mais conhecidos.

16.2.2 Mercantilismo

A partir do século XVI, observa-se o nascimento da primeira escola econômica: o **mercantilismo**. Apesar de não representar um conjunto técnico homogêneo,

---

[1] O título completo da obra é *Uma investigação sobre a natureza e as causas da riqueza das nações.*

o mercantilismo tinha algumas preocupações explícitas sobre a **acumulação de riquezas de uma nação**. Continha alguns princípios de como fomentar o comércio exterior e entesourar riquezas. O acúmulo de metais adquire grande importância, e aparecem relatos mais elaborados sobre a moeda. Considerava-se que o governo de um país seria mais forte e poderoso quanto maior fosse seu estoque de metais preciosos. Com isso, a política mercantilista acabou estimulando guerras, exacerbou o nacionalismo e manteve a poderosa e constante presença do Estado em assuntos econômicos.

16.2.3 Fisiocracia

No século XVIII, uma escola de pensamento francesa, a **fisiocracia**, elaborou alguns trabalhos importantes. Os fisiocratas sustentavam que a terra era a única fonte de riqueza e que havia uma ordem natural que fazia que o universo fosse regido por leis naturais, absolutas, imutáveis e universais, desejadas pela Providência Divina para a felicidade dos homens. O trabalho de maior destaque foi o do dr. **François Quesnay**, autor da obra *Tableau Économique*, o primeiro a dividir a economia em setores, mostrando a relação entre eles. Apesar de os trabalhos dos fisiocratas estarem permeados de considerações éticas, foi grande sua contribuição à análise econômica. Pode-se dizer que o *Tableau Économique* de Quesnay está na origem do **sistema de circulação monetária *input-output*** criado no século XX (anos 1940) pelo economista russo, naturalizado norte-americano, Wassily Leontief, da Universidade de Harvard.

Na verdade, a fisiocracia surgiu como reação ao mercantilismo. Essa escola de pensamento sugeria que era desnecessária a regulamentação governamental pois a lei da natureza era suprema e tudo o que fosse contra ela seria derrotado. A função do soberano era servir de intermediário para que as leis da natureza fossem cumpridas.

Para os fisiocratas, a riqueza consistia em bens produzidos com a ajuda da natureza (fisiocracia significa "regras da natureza") em atividades econômicas como a lavoura, a pesca e a mineração. Portanto, encorajava-se a agricultura e exigia-se que as pessoas empenhadas no comércio e nas finanças fossem reduzidas ao menor número possível. Em um mundo constantemente ameaçado pela falta de alimentos, com excesso de regulamentação e intervenção governamental, uma economia com significativo desenvolvimento comercial e financeiro não se ajustava às necessidades da expansão econômica. Só a terra tinha capacidade de multiplicar a riqueza.

Como observamos no primeiro capítulo, os **organicistas** (fisiocratas) associaram conceitos da Medicina à Economia (aliás, Quesnay era médico): circulação, órgãos e funções.

16.2.4 Os clássicos

Adam Smith (1723-1790)

Considerado o precursor da moderna teoria econômica, colocada como um conjunto científico sistematizado, com um corpo teórico próprio, Smith já era um renomado professor quando publicou sua obra *A riqueza das nações*, em 1776. O livro é um tratado muito abrangente sobre questões econômicas que vão desde as leis do mercado e aspectos monetários até a distribuição do rendimento da terra, concluindo com um conjunto de recomendações políticas.

Em sua visão harmônica do mundo real, Smith entendia que a atuação da livre concorrência, sem qualquer interferência, levaria a sociedade ao crescimento econômico como que guiada por uma "**mão invisível**". Adam Smith advogava a ideia de que todos os agentes, em sua busca de lucrar o máximo, acabam promovendo o bem-estar de toda a comunidade. É como se uma mão invisível orientasse todas as decisões da economia, sem necessidade da atuação do Estado. A defesa do mercado como regulador das decisões econômicas de uma nação traria muitos benefícios para a coletividade, independentemente da ação do Estado. É o princípio do **liberalismo**.

Seus argumentos baseavam-se na livre iniciativa, no *laissez-faire*. Considerava-se que a causa da riqueza das nações é o trabalho humano (a chamada **teoria do valor-trabalho**) e que um dos fatores decisivos para aumentar a produção é a divisão de trabalho, isto é, os trabalhadores deveriam especializar-se em algumas tarefas. A aplicação desse princípio promoveu um aumento da destreza pessoal, economia de tempo e condições favoráveis para o aperfeiçoamento e invento de novas máquinas e técnicas.

A ideia de Smith era clara. A **produtividade** decorre da divisão de trabalho, e esta, por sua vez, decorre da tendência inata da troca que, finalmente, é estimulada pela ampliação dos mercados. Assim, é necessário ampliar os mercados e as iniciativas privadas para que a produtividade e a riqueza sejam incrementadas.

Para Adam Smith, o **papel do Estado na economia** deveria corresponder apenas à proteção da sociedade contra eventuais ataques e à criação e à manutenção de obras e instituições necessárias, mas não à intervenção nas leis de mercado e, consequentemente, na prática econômica.

David Ricardo (1772-1823)

David Ricardo é outro expoente do período clássico. Partindo das ideias de Smith, desenvolveu alguns **modelos econômicos** com grande potencial analítico. Ele aprimorou a tese de que todos os custos se reduzem a custos do trabalho e mostrou como a acumulação do capital, acompanhada de aumentos populacionais, provoca uma elevação da renda da terra. Sua análise de distribuição do rendimento da terra foi um trabalho seminal de muitas das ideias do chamado período neoclássico.

Ricardo também desenvolveu estudos sobre o comércio internacional e analisou por que as nações negociam entre si, se é melhor para elas comerciarem e quais produtos devem ser comercializados. A resposta dada por Ricardo a essas questões constitui importante contribuição à teoria do comércio internacional, chamada de **teoria das vantagens comparativas**. O comércio entre países dependeria das dotações relativas de fatores de produção. Ricardo, a partir de algumas generalizações e usando poucas variáveis estratégicas, produziu vários dos mais expressivos modelos de toda a história da Ciência Econômica, desses derivando importantes implicações políticas.

A maioria dos estudiosos considera que os estudos de Ricardo deram origem a duas correntes antagônicas: a **corrente neoclássica**, por suas abstrações simplificadoras, e a **corrente marxista**, pela ênfase dada à questão distributiva e aos aspectos sociais na repartição da renda da terra.

John Stuart Mill (1806-1873)

John Stuart Mill foi o **sintetizador do pensamento clássico**. Seu trabalho foi o principal texto utilizado para o ensino de Economia no fim do período clássico e no início do período neoclássico. Sua obra consolida o exposto por seus antecessores e avança ao incorporar mais elementos institucionais e definir melhor as restrições, vantagens e funcionamento de uma economia de mercado.

Jean-Baptiste Say (1768-1832)

O economista francês Jean-Baptiste Say retomou a obra de Adam Smith, ampliando-a. Subordinou o problema das trocas de mercadorias à sua produção e popularizou a chamada **lei de Say**: "**a oferta cria sua própria procura**", ou seja, o aumento da produção transformar-se-ia em renda dos trabalhadores e empresários, que seria gasta na compra de outras mercadorias e serviços. A lei de Say é um dos pilares da macroeconomia clássica, e só foi contestada em meados do século XX.

Thomas Malthus (1766-1834)

Malthus foi o primeiro economista a sistematizar uma teoria geral sobre a população. Ao assinalar que o crescimento da população dependia rigidamente da oferta de alimentos, Malthus deu apoio à **teoria dos salários de subsistência**.

Para Malthus, a causa de todos os males da sociedade residia no **excesso populacional**: enquanto a população crescia em progressão geométrica, a produção de alimentos seguia em progressão aritmética. Assim, o potencial de crescimento da população excederia em muito o potencial da terra na produção de alimentos.

A capacidade de crescimento da população é dada pelo instinto de reprodução, mas encontra um conjunto de obstáculos que a limitam: a miséria, o vício e a contenção moral, que atuam sobre a mortalidade e a natalidade. Em função disso, Malthus advogou o adiamento de casamentos, a limitação voluntária de nascimentos nas famílias pobres, e aceitava as guerras como uma solução para interromper o crescimento populacional.

Malthus não previu o ritmo e o impacto do progresso tecnológico na agricultura, nem as técnicas de controle da natalidade que se seguiriam.

A partir da contribuição dos economistas clássicos, a Economia passou a ter um corpo teórico próprio e a desenvolver um instrumental de análise específico para as questões econômicas.

Apesar de ainda existirem muitas aplicações normativas no pensamento clássico, seu tema central pertence à ciência positiva, situando-se o interesse primordial na análise abstrata das relações econômicas, com a finalidade de descobrir leis gerais e regularidades do comportamento econômico. Os pressupostos morais e as consequências sociais dessas atividades já não eram mais realçados como no período anterior.

16.3 A teoria neoclássica

O período neoclássico teve início na década de 1870 e desenvolveu-se até as primeiras décadas do século XX. Nesse período, privilegiam-se os aspectos microeconômicos da teoria, pois a crença na economia de mercado e em sua capacidade autorreguladora fez que os teóricos econômicos não se preocupassem tanto com a política e o planejamento macroeconômico.

Os neoclássicos sedimentaram o raciocínio matemático explícito inaugurado por Ricardo, procurando isolar os fatos econômicos de outros aspectos da realidade social.

Alfred Marshall (1842-1924)

Um grande destaque dessa corrente foi Alfred Marshall. Seu livro, ***Princípios de economia***, publicado em 1890, serviu como obra básica até a metade do século XX. Outros teóricos importantes foram: William Jevons, Léon Walras, Eugene Böhm-Bawerk, Joseph Alois Schumpeter, Vilfredo Pareto, Arthur Pigou e Francis Edgeworth.

Nesse período, a formalização da análise econômica (principalmente a Microeconomia) evoluiu muito. O **comportamento do consumidor** é analisado em profundidade. O desejo do consumidor de maximizar sua utilidade (satisfação no consumo) e o do produtor de maximizar seu lucro é a base para a elaboração de um sofisticado aparato teórico. Com o estudo de funções ou curvas de utilidade (que pretendem medir o grau de satisfação do consumidor) e de produção, considerando restrições de fatores e restrições orçamentárias, é possível deduzir o equilíbrio de mercado. Como sua análise fundamenta-se em conceitos marginais, como receitas e custos marginais, que foram discutidos no Capítulo 5, essa corrente teórica é também chamada de **teoria marginalista**.

A análise marginalista é muito rica e variada. Alguns economistas privilegiaram determinados aspectos, como a interação de muitos mercados simultaneamente – o equilíbrio geral de Walras é um caso –, enquanto outros privilegiaram aspectos de equilíbrio parcial, usando um instrumental gráfico – a caixa de Edgeworth, por exemplo.

Apesar de as questões microeconômicas ocuparem o centro dos estudos econômicos, houve uma produção rica em outros aspectos da teoria econômica, como a teoria do desenvolvimento econômico de Schumpeter e a teoria do capital e dos juros de Böhm-Bawerk. Deve-se destacar também a análise monetária, com a criação da **teoria quantitativa da moeda**, que relaciona a quantidade de dinheiro com os níveis gerais de atividade econômica e de preços.

16.4 A teoria keynesiana

A era keynesiana iniciou com a publicação da *Teoria geral do emprego, do juro e da moeda*, de John Maynard Keynes (1883-1946), em 1936. Muitos autores descrevem a contribuição de Keynes como a **revolução keynesiana**, tamanho o impacto de sua obra.

Keynes ocupou a cátedra que havia sido de Alfred Marshall na Universidade de Cambridge. Acadêmico respeitado, Keynes tinha também preocupações com as implicações práticas da teoria econômica.

Para entender o impacto da obra de Keynes, é necessário considerar sua época. Na década de 1930, a economia mundial atravessava uma crise que ficou conhecida como a **Grande Depressão**. A realidade econômica dos principais países capitalistas era crítica naquele momento. O desemprego na Inglaterra e em outros países da Europa era muito grande. Nos Estados Unidos, após a quebra da Bolsa de Valores de Nova York em 1929, o número de desempregados assumiu proporções elevadíssimas.

A teoria econômica vigente acreditava que se tratava de um problema temporário, apesar de a crise estar durando alguns anos. A **teoria geral de Keynes** consegue mostrar que a combinação das políticas econômicas adotadas até então não funcionava adequadamente naquele novo contexto econômico, e aponta para soluções que poderiam tirar o mundo da recessão.

Segundo o pensamento keynesiano, um dos principais fatores responsáveis pelo volume de emprego é o **nível de produção nacional** de uma economia, determinado, por sua vez, pela **demanda agregada** ou **efetiva**. Ou seja, sua teoria inverte o sentido da lei de Say (a oferta cria sua própria procura) ao destacar o papel da demanda agregada de bens e serviços sobre o nível de emprego.

Para Keynes, em uma economia em recessão, não existem forças de autoajustamento, por isso se torna necessária a intervenção do Estado por meio de uma política de gastos públicos. Tal posicionamento teórico significa o fim da crença no *laissez-faire* como regulador dos fluxos real e monetário da economia, e é chamado **princípio da demanda efetiva**.

Os argumentos de Keynes influenciaram muito a política econômica dos países capitalistas. De modo geral, essas políticas apresentaram resultados positivos nos anos que se seguiram à Segunda Guerra Mundial.

Nesse período, houve desenvolvimento expressivo da teoria econômica. Por um lado, incorporaram-se os modelos por meio do instrumental estatístico e matemático, que ajudou a formalizar ainda mais a Ciência Econômica. Por outro, alguns economistas trabalharam na esteira de pesquisa aberta pela obra de Keynes. Debates teóricos sobre aspectos de seu trabalho duram até hoje, destacando-se três grupos: os monetaristas, os fiscalistas e os pós-keynesianos. Apesar de nenhum deles ter um pensamento homogêneo e todos terem pequenas divergências internas, é possível fazer algumas generalizações.

Os **monetaristas** estão associados à Universidade de Chicago e têm como economista de maior destaque Milton Friedman. De maneira geral, privilegiam o controle da moeda e um baixo grau de intervenção do Estado.

Os **fiscalistas** ou **keynesianos** têm expoentes como James Tobin (1918--2002), da Universidade de Yale, e Paul Anthony Samuelson, de Harvard e Instituto de Tecnologia de Massachussetts. Em geral, recomendam o uso de políticas fiscais ativas e acentuado grau de intervenção do Estado.

Os **pós-keynesianos** têm explorado outras implicações da obra de Keynes, e pode-se associar a esse grupo a economista Joan Robinson (1903-1983), cujas ideias eram, em linhas gerais, afinadas com as de Keynes. Os pós-keynesianos realizaram uma releitura da obra de Keynes, procurando mostrar que ele não negligenciou o papel da moeda e da política monetária. Enfatizam o papel da especulação financeira e, como Keynes, defendem um papel ativo do Estado na condução da atividade econômica. Além de Joan Robinson, outros economistas dessa corrente são Hyman Minsky (1919-1996), Paul Davison e Alessandro Vercelli.

Cabe destacar que, apesar das diferenças entre as várias correntes, há consenso quanto aos pontos fundamentais da teoria, uma vez que todas são baseadas no trabalho de Keynes.

16.5 O período recente

A teoria econômica vem apresentando algumas transformações, principalmente, a partir dos anos 1970, após as duas crises do petróleo. Três características marcam esse período. Primeiro, existe uma consciência maior das limitações e possibilidades de aplicações da teoria. O segundo ponto diz respeito ao avanço no conteúdo empírico da economia. Finalmente, observamos uma consolidação das contribuições dos períodos anteriores.

O desenvolvimento da informática permitiu um processamento de informações em volume e precisão sem precedentes. A teoria econômica passou a ter um conteúdo empírico que lhe conferiu maior aplicação prática. Por um lado, isso permite o aprimoramento constante da teoria existente; por outro, abre novas frentes teóricas importantes.

Atualmente, a análise econômica engloba quase todos os aspectos da vida humana, sendo considerável o impacto desses estudos na melhoria do padrão de vida e do bem-estar da sociedade. O controle e o planejamento macroeconômico permitem antecipar muitos problemas e evitar algumas flutuações desnecessárias na economia.

A teoria econômica caminha em muitas direções. Um exemplo é a área de finanças empresariais. Até alguns anos atrás, a teoria de finanças era basicamente descritiva, com baixo conteúdo empírico. A incorporação de algumas técnicas econométricas, conceitos de equilíbrio de mercados e hipóteses sobre o comportamento dos agentes econômicos acabou por revolucioná-la. Essa revolução se fez sentir também nos mercados financeiros, com o desenvolvimento dos chamados **mercados futuros e de derivativos**.[2]

16.6 Abordagens alternativas

A teoria econômica tem recebido muitas críticas e abordagens alternativas. Muitas das críticas foram e são absorvidas, e algumas abordagens alternativas foram e são incorporadas. O espectro de críticos é muito amplo e disperso e, evidentemente, heterogêneo. Destacamos os **marxistas** e os **institucionalistas**. Em ambas as escolas, critica-se a abordagem pragmática da Ciência Econômica e propõe-se um enfoque analítico, em que a Economia interage com os fatos históricos e sociais. A análise das questões econômicas sem a observação dos fatores históricos e sociais leva, segundo essas escolas, a uma visão distorcida da realidade.

---

[2] Os mercados foram analisados no Capítulo 11, item 11.7.1.

Os **marxistas** têm como pilar de seu trabalho a obra *O capital*, de Karl Marx (1818-1883), economista alemão que desenvolveu quase todo o seu trabalho com Friedrich Engels (1820-1895) na Inglaterra, na segunda metade do século XIX. O marxismo desenvolve a **teoria do valor-trabalho** e consegue analisar muitos aspectos da economia com seu referencial teórico. A apropriação do excedente produtivo (a mais-valia) pode explicar o processo de acumulação e a evolução das relações entre classes sociais.

Para Marx, o capital aparece com a **burguesia**, considerada uma classe social que se desenvolve após o desaparecimento do sistema feudal e que se apropria dos meios de produção. A outra classe social, o **proletariado**, é obrigada a vender sua força de trabalho, dada a impossibilidade de produzir o necessário para sobreviver.

O conceito da **mais-valia** utilizado por Marx refere-se à diferença entre o valor das mercadorias que os trabalhadores produzem em dado período de tempo e o valor da força de trabalho vendida aos empregadores capitalistas, que a contratam. Os lucros, juros e aluguéis (rendimentos de propriedades) representam a expressão da mais-valia. Assim sendo, o valor que excede o valor da força de trabalho e que vai para as mãos do capitalista é definido por Marx como mais-valia. Ela pode ser considerada o valor extra que o trabalhador cria, além do valor pago por sua força de trabalho.

Marx foi influenciado pelos movimentos socialistas utópicos, por Hegel e pela teoria do valor-trabalho de Ricardo. Ele acreditava no trabalho como determinante do valor, tal como Adam Smith e David Ricardo, mas era hostil ao capitalismo competitivo e à livre concorrência, pois afirmava que a classe trabalhadora era explorada pelos capitalistas.

Marx enfatizou o aspecto político de seu trabalho, que teve impacto ímpar não só na Ciência Econômica como em outras áreas do conhecimento.

As contribuições dos economistas da linha marxista para a teoria econômica foram muitas e variadas. Entretanto, a maioria ocorreu à margem dos grandes centros de estudos ocidentais, por razões políticas. Consequentemente, a produção teórica foi pouco divulgada. Um exemplo é o trabalho de M. Kalecki (1899-1970), economista polonês que teria antecipado uma análise parecida com a da teoria geral de Keynes. Contudo, o reconhecimento de seu trabalho inovador só ocorreu muito tempo depois de 1933, quando publicou pela primeira vez seu *Esboço de uma teoria do ciclo econômico*.

Os **institucionalistas**, que têm como grandes expoentes os norte-americanos Thornstein Veblen (1857-1929) e John Kenneth Galbraith (1917-2007), dirigem suas críticas ao alto grau de abstração da teoria econômica e ao fato de ela não incorporar em sua análise as instituições sociais – daí o nome de institucionalistas.

Rejeitam o pressuposto neoclássico de que o comportamento humano, na esfera econômica, seja racionalmente dirigido e resulte do cálculo de ganhos e perdas marginais. Consideram que as decisões econômicas das pessoas refletem muito mais as influências das instituições dominantes e do desenvolvimento tecnológico.

A partir de 1969 foi instituído o **Prêmio Nobel de Economia** e consolidou-se a importância da teoria econômica como corpo científico próprio. Os primeiros ganhadores foram Ragnar Frisch (1895-1973) e Jan Tinbergen (1903-1994). Aliás, os economistas que trouxeram contribuição empírica ao conhecimento econômico têm constituído a grande maioria dos agraciados com o Nobel de Economia.

Leitura complementar

Escolas de pensamento econômico no mundo atual

Os efeitos da recente crise financeira mundial permitem mostrar a vigência das escolas de pensamento econômico no mundo atual. Assim, após o estouro da "bolha financeira" com a quebra do Lehman Brothers em setembro de 2008, os governos dos Estados Unidos e dos países desenvolvidos aumentaram o gasto público socorrendo bancos, empresas e mutuários de créditos hipotecários, o que minimizou, em parte, a grande queda da atividade econômica.[3] Esse tipo de política compensatória lembra em muito a recomendação da escola keynesiana de utilizar o gasto público como estabilizador da economia.

Por outro lado, esses mesmos países, por meio de seus bancos centrais, injetaram grandes quantidades de dinheiro para aumentar o crédito e reativar suas combalidas economias, em operações denominadas "afrouxamento quantitativo". Esse tipo de política monetária expansionista está inspirado nos preceitos da escola monetarista, que relaciona a atividade econômica à quantidade de moeda (ou crédito) existente.

No Brasil, o impacto da crise foi relativamente menor, mas ainda assim significou uma redução da atividade econômica, minimizada pela diminuição temporária do Imposto sobre Produtos Industrializados (IPI) aplicado aos veículos e eletrodomésticos, o que permitiu reduzir seu preço de mercado e compensar a queda nas vendas. Esse tipo de desoneração tributária programada pode ser visto como uma forma de estimular a atividade econômica pelo lado da demanda agregada, similar ao aumento do gasto público recomendado pela escola keynesiana.

Por outro lado, o Banco Central do Brasil também aumentou a quantidade de crédito no mercado brasileiro, a partir da redução dos juros básicos (taxa Selic)

---

[3] A recente crise financeira internacional está mais detalhada no Apêndice do Capítulo 12.

e do mínimo legal de reservas bancárias (reservas compulsórias), aplicando, também, dessa forma, a receita monetarista de saída da crise.

Como pode ser visto, no mundo atual, tanto no Brasil como no resto do mundo, o pensamento de antigas escolas econômicas continua vivo, coexistindo com a implementação das políticas econômicas. Afinal, como o próprio John Maynard Keynes afirmou, "Homens práticos, que se julgam imunes a quaisquer influências intelectuais, geralmente são escravos de algum economista já falecido" (*Teoria geral do emprego, do juro e da moeda*, 1936).[4]

Questões para revisão

1. Em que consistia a riqueza para os mercantilistas e para os fisiocratas?
2. Quem foi o mais destacado dos economistas clássicos? Quais suas principais ideias?
3. O que diz a teoria das vantagens comparativas? Quem foi seu autor?
4. Qual a principal diferença entre a lei de Say e o princípio keynesiano da demanda efetiva?
5. Explique sucintamente as principais diferenças entre monetaristas, fiscalistas, pós-keynesianos, marxistas e institucionalistas.

[4] KEYNES, J. M. *The general theory of employment, interest and money.* London: Macmillan, 1936.

Glossário

Abertura comercial. Redução das barreiras comerciais sobre cotas, tarifas e entraves burocráticos.

Acordo da Basileia. O acordo firmado em 1988, na cidade de Basileia (Suíça), teve como objetivo criar exigências mínimas de capital, que devem ser respeitadas por bancos comerciais, como precaução contra o risco de crédito, ratificado por mais de 100 países. Como não conseguiu evitar inúmeras falências de instituições financeiras na década de 1990, foi lançado em 2004 o Basileia II, e em 2010, o Basileia III.

Âncora cambial. Regime cambial adotado no Plano Real até janeiro de 1999. Valorização da moeda nacional, com câmbio fixo (limites dados por uma banda cambial).

Âncora monetária. Política anti-inflacionária adotada no Brasil. Até janeiro de 1999, o controle monetário era estabelecido por uma política de taxa de juros e taxas de reservas compulsórias dos bancos comerciais relativamente elevadas. Após essa data, passou-se a adotar como âncora monetária um sistema de metas inflacionárias (*inflation target*).

Argumentos normativos. Contém, explícita ou implicitamente, um juízo de valor sobre alguma medida econômica. É uma análise do que deveria ser.

Argumentos positivos. Estão contidos em análise que não envolve juízo de valor, estando essa estritamente limitada a argumentos descritivos, ou medições científicas. É uma análise do que é a realidade econômica.

Armadilha cambial. É uma restrição externa ao crescimento. Em países com economias vulneráveis, que necessitam de recursos externos, o crescimento econômico leva a um aumento maior das importações do que das exportações (pois estas dependem da demanda externa, não do crescimento interno) e tende a elevar o déficit em conta corrente, aumentando a dependência.

Arrancada. Etapa do processo de desenvolvimento em que ele se institucionaliza, com o surgimento de novos segmentos industriais, associados a bens de consumo duráveis.

Assimetria de informações (ou informação assimétrica). Trabalha com a probabilidade de que, em uma transação, alguns agentes detêm mais informações do que outros, conferindo-lhes uma posição diferenciada no mercado, o que pode fazer que não seja possível encontrar uma situação de equilíbrio (ou de ótimo), como na teoria tradicional.

Ativos de Reserva. Item da Conta Financeira do Balanço de Pagamentos. Nova denominação do item Variação de Reservas, na versão antiga do Balanço de Pagamentos.

Balança comercial. Item do balanço de pagamentos em que são lançadas as exportações e as importações de mercadorias, em termos FOB (*free on board*, isto é, isentas de fretes e seguros).

Balanço de pagamentos. Registro contábil de todas as transações de um país com o resto do mundo. Envolve transações com mercadorias, serviços e com capitais (monetários e físicos).

Balanço de serviços. Item do balanço de pagamentos em que são lançadas as transações com serviços, como fretes, seguros, viagens internacionais, juros, lucros, *royalties*, assistência técnica etc.

Balanço de transações correntes. Parte do balanço de pagamentos relativa à soma da balança comercial, do balanço de serviços e de transferências unilaterais. Também chamado de saldo em conta corrente do balanço de pagamentos.

Base monetária. Total de moeda em poder do setor privado, inclusive as reservas dos bancos comerciais. Também chamada de moeda de alta potência (*high power money*) ou passivo monetário das autoridades monetárias.

Bem de consumo saciado. Dada uma variação na renda do consumidor, a quantidade demandada não se altera, *coeteris paribus*. Nesse caso, a elasticidade-renda da demanda é nula, por exemplo, em alimentos como arroz e sal.

Bem de Giffen. Única exceção à lei geral da demanda. A quantidade demandada de um bem varia diretamente com o preço do bem, *coeteris paribus* (curva de procura positivamente inclinada). É um tipo de bem inferior.

Bem inferior. Tipo de bem em que a quantidade demandada varia inversamente a variações na renda do consumidor, *coeteris paribus*. Assim, se a renda aumenta, a quantidade procurada desse bem diminui; se a renda cai, a quantidade procurada aumenta. A elasticidade-renda da demanda é negativa.

Bem normal. Tipo de bem em que a quantidade demandada varia diretamente com variações na renda do consumidor, *coeteris paribus*. Assim, se a renda aumenta, a quantidade procurada do bem aumenta; se a renda cai, a quantidade demandada também cai. A elasticidade-renda da demanda é positiva e menor que um.

Bem público. Refere-se ao conjunto de bens gerais fornecidos pelo setor público: educação, justiça, segurança, transportes etc.

Bem superior ou de luxo. A quantidade demandada varia mais que proporcionalmente a variações na renda do consumidor, *coeteris paribus*. A elasticidade-renda da procura é maior que um.

Bens complementares. Bens consumidos conjuntamente.

Bens de capital. Bens utilizados na fabricação de outros bens, mas que não se desgastam totalmente no processo produtivo. É o caso de máquinas, equipamentos e instalações.

Bens de consumo. Bens destinados diretamente ao atendimento das necessidades humanas. Podem ser classificados em **duráveis** (fogões, automóveis) ou **não duráveis** (alimentos, produtos de higiene e limpeza).

Bens finais. Bens que são vendidos para consumo ou utilização final.

Bens intermediários. Bens que são transformados ou agregados na produção de outros bens, e que são consumidos no processo produtivo.

Bens substitutos (ou concorrentes). O consumo de um bem substitui o consumo de outro.

Blockchain. Moeda digital. Ver criptomoedas.

Brechas fiscais. Referem-se a lacunas na lei que possibilitam a discussão do não recolhimento do tributo por parte do contribuinte (ver nota 5 do Capítulo 14).

Cartel. Acordos explícitos ou tácitos entre concorrentes dentro de um mesmo mercado, determinando políticas em torno de itens como preços, cotas de produção e distribuição, e divisão territorial, para todas as empresas do setor.

Clássicos. Predominaram entre o final do século XVIII e início do século XIX, consolidando a Economia como corpo científico próprio. Lançaram as bases do liberalismo econômico, em que prevalecem as forças de mercado, sem intervenção governamental. Seus expoentes foram Adam Smith, David Ricardo, John Stuart Mill e Jean-Baptiste Say.

Coeteris paribus. Expressão latina que significa "tudo o mais constante". Em Microeconomia, analisa-se um dado mercado isolado dos demais. É a análise do equilíbrio parcial.

Concorrência monopolística (ou imperfeita). Estrutura de mercado com inúmeras empresas, produto diferenciado e livre acesso de firmas ao mercado, na medida que elas possuam a tecnologia e o volume apropriado de capital.

Coeficiente de Gini. Indicador de distribuição de renda, criado pelo economista italiano Conrado Gini. Variando de 0 a 1 (ou 0 a 100%): quanto maior, indica que a renda está mais concentrada; quanto menor, a renda é mais distribuída.

Comportamento estratégico. Dentro de um jogo de mercado, quando o agente percebe que é capaz de afetar variáveis relevantes para a sua decisão e que essas variáveis também podem ser afetadas pelas decisões de outros agentes.

Concorrência perfeita. Estrutura de mercado com número expressivo de firmas, com produto homogêneo e em que não existem barreiras à entrada ou à saída de firmas.

Consumo autônomo (ou consumo mínimo da coletividade). Consumo da coletividade quando a renda nacional é zero. Ou seja, é a parcela do consumo que independe da renda nacional.

Contabilidade social. Registro contábil da atividade econômica de um país em dado período (normalmente, um ano). É uma técnica que se preocupa com a definição e os métodos de quantificação dos principais agregados macroeconômicos, como produto nacional, consumo global, investimentos, exportações etc.

Contas "CC5". O documento normativo Carta-Circular n. 5, editado pelo Banco Central em 1969, regulamentou a abertura de contas em moeda nacional tituladas por não residentes (ou não sediados) no País. Essa Carta-Circular foi revogada em 1996 pela Circular n. 2.677, que atualmente regula a transferência internacional em reais. Os recursos mantidos nessas contas, quando tituladas por instituições financeiras não sediadas no País, podem ser automaticamente convertidos em moeda estrangeira e remetidos ao exterior. Atualmente, as contas CC5 permanecem na Resolução n. 3.265, de 4 de março de 2005, do CMN, mas cessam as transferências ao exterior de recursos de terceiros pelas contas de instituições financeiras não residentes.

Contrato. Documento **formal** ou **informal**, que tem como objetivo garantir que a transação ocorra de forma que os benefícios esperados sejam usufruídos por ambas as partes contratantes.

Copom – Comitê de Política Monetária. Comitê do Banco Central, constituído pelo presidente, diretores e chefes de departamento de áreas econômicas do Banco Central, que se reúne mensalmente. Fixa a taxa de juros Selic e a tendência da taxa de juros até a próxima reunião do Comitê.

Crescimento econômico. Crescimento contínuo da renda total e *per capita* ao longo do tempo.

Criptomoedas. Moedas digitais, sem intermediários, não emitidas pelo governo.

Curto prazo. Período de tempo no qual existe pelo menos um fator de produção fixo.

Curva (fronteira) de possibilidades de produção (CPP). Fronteira máxima daquilo que a economia pode produzir, dados os recursos produtivos limitados. Representa as opções de produção da sociedade, supondo os recursos plenamente empregados.

Curva de Laffer. Mostra que, a partir de certo nível da alíquota do imposto, qualquer elevação da taxa, em vez de aumentar a arrecadação total do governo, resulta em sua redução, devido à evasão fiscal (sonegação), e em desestímulo sobre os negócios em geral.

Curva de Phillips. Representa a existência de uma relação inversa entre taxas de salários e taxas de desemprego.

Custo contábil. Envolve dispêndio monetário. É o custo explícito considerado na contabilidade privada.

Custo de longo prazo. No longo prazo só existem custos variáveis. O longo prazo é um horizonte de planejamento: as empresas têm um elenco de opções, com diferentes escalas (tamanhos) de planta e escolhem uma delas.

Custo de oportunidade. Grau de sacrifício que se faz ao optar pela produção de um bem, em termos da produção alternativa sacrificada. Também chamado de **custo alternativo** ou **custo implícito** (por não envolver desembolso monetário).

Custo direto. Sinônimo de Custo Variável. Varia conforme o volume produzido.

Custo fixo. Não varia conforme o volume produzido.

Custo fixo médio (CFMe). Custo fixo total dividido pela quantidade produzida.

Custo fixo total (CFT). Parcela do custo que se mantém fixa quando a produção varia (aluguéis). Ou seja, são os gastos com fatores fixos de produção.

Custo marginal (CMg). Variação do custo total dada a variação de uma unidade na quantidade produzida.

Custo total (CT). Gasto total da empresa com fatores de produção. Compõe-se de custos variáveis e fixos.

Custo total médio (CTMe ou CMe). Custo total dividido pela quantidade produzida. Também chamado de custo unitário.

Custo variável. Varia conforme o volume produzido.

Custo variável médio (CVMe). Custo variável total dividido pela quantidade produzida.

Custo variável total (CVT). Parcela do custo que varia quando a produção varia (salários e matérias-primas). Depende da quantidade produzida.

Déficit de caixa. Omite as parcelas do financiamento do setor público externo e do resto do sistema bancário, bem como fornecedores e empreiteiros. É a parcela do déficit público financiada pelas autoridades monetárias.

Déficit nominal. Déficit total do governo, incluindo juros e correções monetária e cambial da dívida passada. Também chamado de necessidades de financiamento do setor público – conceito nominal.

Déficit operacional. Diferença entre os gastos públicos e a arrecadação tributária no período, somados aos juros reais da dívida passada. Ou seja, não inclui a correção monetária e cambial da dívida. Também chamado de necessidades de financiamento do setor público – conceito operacional.

Déficit primário. Diferença entre os gastos públicos e a arrecadação tributária do período. Não inclui a dívida passada.

Deflação. Ocorre quando se retira o efeito da inflação das séries monetárias ou nominais. É calculada a partir da divisão da série monetária por um índice de preços (chamado deflator).

Demanda de moeda para transações. Parcela da demanda de moeda que o público retém com o objetivo de satisfazer suas transações normais do dia a dia. Depende do nível de renda: quanto maior o nível de renda, maior a necessidade de moeda para transações.

Demanda de moeda por especulação. Parcela da demanda de moeda que o público retém, com o objetivo de auferir algum ganho futuro na compra de ativos (como títulos e imóveis). Depende do nível das taxas de juros de mercado: quanto maior a taxa de juros, mais as pessoas aplicarão em ativos, e menor a retenção de moeda para especulação.

Demanda de moeda por precaução. Parcela de moeda que é retida por pessoas e empresas para fazer face a pagamentos imprevistos ou atrasos de recebimentos esperados.

Demanda derivada. É a análise do mercado de fatores de produção. A demanda por insumos (mão de obra, capital) está condicionada pela procura do produto final da empresa, no mercado de bens e serviços, ou dela deriva.

Demonstrativo de renúncias fiscais. Balanço das perdas de receita que decorrem de isenções e subsídios concedidos pelo governo federal.

Depreciação. Consumo (ou desgaste) do estoque de capital físico, em determinado período.

Derivativos. São instrumentos financeiros cujo preço de mercado deriva de um bem ou de outro instrumento financeiro.

Desemprego disfarçado. A produtividade marginal da mão de obra é zero. Por exemplo, em uma agricultura de subsistência, a transferência de trabalhadores do campo para a cidade praticamente não diminui o produto agrícola.

Desemprego estrutural ou tecnológico. O desenvolvimento tecnológico do capitalismo marginaliza a mão de obra por ser capital-intensivo. Também chamado desemprego **marxista**.

Desemprego friccional ou taxa natural de desemprego. É o desemprego que ocorre devido à mobilidade transitória da mão de obra, mudando de setor ou de região.

Desemprego keynesiano ou conjuntural. Ocorre quando a demanda agregada é insuficiente para absorver a oferta agregada de pleno emprego.

Desenvolvimento econômico. Parte da teoria econômica que se preocupa com a melhoria do padrão de vida da coletividade ao longo do tempo. Estuda questões como progresso tecnológico e estratégias de crescimento.

Despesa nacional. Total dos gastos dos vários agentes econômicos, em termos agregados. Compõe-se das despesas de consumo, despesas de investimento, despesas correntes do governo e despesas líquidas do setor externo (exportações menos importações).

Desvalorização nominal de câmbio. Aumento da taxa cambial (reais por dólar, por exemplo).

Desvalorização real do câmbio. Ocorre quando a desvalorização nominal supera a taxa de inflação interna. Pode ser medida pela relação câmbio-salários (que é a variação da taxa de câmbio sobre a variação da taxa de salários) ou, então, pela relação entre a variação da taxa de câmbio sobre a variação da inflação interna.

Discriminação de preços. Quando uma empresa, dependendo do comprador, adota preços diferentes para o mesmo produto.

Economia. Pode ser definida como a Ciência Social que estuda a maneira pela qual os homens decidem empregar recursos escassos a fim de produzir diferentes bens e serviços, de modo a distribuí-los entre as várias pessoas e grupos da sociedade, a fim de satisfazer as necessidades humanas.

Economia a dois setores. Em uma economia simplificada, supõe-se que os únicos agentes são as empresas (que produzem bens e serviços) e as famílias (que auferem rendimentos pela prestação de serviços).

Economia a quatro setores. Uma economia completa, com os quatro agentes: famílias, empresas, setor público e setor externo.

Economia a três setores. Uma economia hipotética, fechada, com três agentes: famílias, empresas e setor público.

Economia centralizada (ou economia planificada). Sistema econômico em que as questões econômicas fundamentais são resolvidas por um órgão central de planejamento, e não pelo mercado, predominando a propriedade pública dos recursos de produção.

Economia de mercado. Sistema econômico em que as questões econômicas fundamentais são resolvidas pelo mercado. Caracteriza-se também pela propriedade privada dos recursos de produção. Pode ser uma economia de mercado pura (**sistema de concorrência pura**) ou ter a interferência do governo (**sistema de economia mista**).

Economia informal. Reflete a desobediência civil a atividades normais de mercado (sonegação, não registro em carteira de trabalho, caixa dois).

Economia internacional. Parte da teoria econômica que estuda as relações entre os países, as quais envolvem transações com mercadorias, transações com serviços e transações financeiras.

Efeito preço total. Variação da quantidade demandada, quando varia o preço do bem, *coeteris paribus*. Divide-se em efeito renda e efeito substituição.

Efeito renda. Dada uma variação no preço de um bem, é o efeito sobre a quantidade demandada desse bem, derivado de uma mudança na renda real (ou poder aquisitivo) do consumidor, supondo a renda monetária e os preços dos outros bens constantes. Por exemplo, se o preço do *bem x* aumenta, a quantidade demandada de *x* cai, porque o poder aquisitivo do consumidor diminui, *coeteris paribus*.

Efeito substituição. Dada uma variação no preço de um bem, é o efeito sobre a quantidade demandada desse bem, derivado de uma alteração nos preços relativos dos bens, supondo a renda monetária e os preços dos outros bens constantes. Por exemplo, se o preço do *bem x* aumenta, a quantidade demandada de *x* cai, porque o *bem x* fica relativamente mais caro que os outros bens, *coeteris paribus*.

Efeito Tanzi (ou Oliveira-Tanzi). A inflação corrói o valor da arrecadação fiscal do governo, pela defasagem entre o fato gerador e o recolhimento dos impostos.

Eficiência marginal do capital. Taxa de retorno esperada sobre a compra de um bem de capital. É a taxa que iguala o valor dos retornos líquidos que se espera obter do investimento com o preço de aquisição do equipamento.

Elasticidade. Alteração percentual em uma variável, dada a variação percentual em outra, *coeteris paribus*.

Elasticidade no ponto. Calculada em um ponto específico (por exemplo, a um dado nível de preço e quantidade).

Elasticidade no ponto médio (ou no arco). Calculada a partir dos pontos médios, e não em um ponto específico (por exemplo, preço médio e quantidade média).

Elasticidade-preço cruzada da demanda. Variação percentual na quantidade demandada, dada a variação percentual no preço de outro bem, *coeteris paribus*. Quando é positiva, os bens são substitutos; quando é negativa, os bens são complementares.

Elasticidade-preço da demanda. Variação percentual na quantidade demandada, dada a variação percentual no preço do bem, *coeteris paribus*. Quando é maior que um (em módulo), o bem tem **demanda elástica**; quando é menor que um (em módulo), o bem tem **demanda inelástica**; quando é igual a um, o bem tem **demanda de elasticidade unitária**.

Elasticidade-preço da oferta. Variação percentual na quantidade ofertada, dada a variação percentual no preço do bem, *coeteris paribus*. Quando é maior que um, o bem tem **oferta elástica**; quando é menor que um, o bem tem **oferta inelástica**; quando é igual a um, o bem tem **oferta de elasticidade unitária**.

Elasticidade-renda da demanda. É a variação percentual na quantidade demandada, dada uma variação percentual na renda, *coeteris paribus*. Quando maior que um, é um **bem superior** ou **de luxo**; quando é menor que um e maior que zero, é um **bem normal**; quando é menor que zero, é um **bem inferior**.

Equilíbrio geral. Procura analisar se o comportamento independente de cada agente econômico conduz todos a uma posição de equilíbrio global, considerando-se a interdependência entre os mercados.

Equilíbrio de Nash. Situação em que, em um jogo envolvendo dois ou mais jogadores (agentes), nenhum jogador tende a ganhar mudando seu jogo unilateralmente, ou seja, uma estratégia ótima para um jogador depende do que fazem os demais jogadores.

Equilíbrio Maximin. Quando os jogadores desejam maximizar a probabilidade de perda mínima, ou minimizar a perda esperada.

Equilíbrio parcial. Analisa um mercado específico, isoladamente de outros mercados.

Era do consumo de massa. Etapa do processo de crescimento em que ele se consolida, quando os setores líderes se voltam para a produção de bens de consumo duráveis de alta tecnologia e serviços. São destinados mais recursos para o bem-estar e a seguridade social.

Estabilizador automático (*built in*). A tributação progressiva tem efeito anticíclico sobre a renda disponível. Por exemplo, na recessão, o contribuinte que tivesse sua renda diminuída desceria de alíquota e teria uma redução no imposto, o que faria que a renda disponível diminuísse menos que a renda nacional total.

Estagflação. Situação que ocorre quando paralelamente há taxas elevadas de inflação e recessão econômica.

Estratégia Dominante. Estratégia ótima para um jogador (agente), independente da decisão tomada por outro(s) jogador(es).

Estratégia Maximin. Ver Equilíbrio Maximin.

Estruturalismo. Corrente econômica surgida na América Latina, que supõe que a inflação em países subdesenvolvidos está associada a tensões de custos, causadas por deficiências estruturais e conflitos distributivos.

Ex ante. Valores previstos, projetados, planejados, *a priori*. O que julgamos que vai ocorrer no início de um período. São os valores considerados na teoria macroeconômica.

Ex post. Valores realizados, ocorridos *a posteriori*. São os valores medidos após sua ocorrência e cujas variáveis são consideradas na contabilidade social.

Externalidades (economias externas). Quando a produção ou o consumo de um bem acarreta efeitos sobre outros indivíduos e esses custos/benefícios não se refletem nos preços.

Falhas de informação. Como os agentes econômicos têm informação imperfeita a respeito dos preços de bens e serviços, não tomarão decisões corretamente quando forem ao mercado desejando adquiri-los.

Fatores de produção. São os recursos de produção da economia, constituídos pelos recursos humanos (trabalho e capacidade empresarial), terra, capital e tecnologia.

Financiamento oficial compensatório. Item do balanço de pagamentos que mostra como o saldo foi financiado ou alocado. É composto dos itens Haveres e Obrigações no Exterior, Operações de Regularização com o FMI e Atrasados Comerciais. Também chamado de Movimento de Capitais Oficiais.

Fiscalistas. Corrente que defende a atuação ativa do Estado por meio de política econômica. Também chamados de **keynesianos**. Seus expoentes são James Tobin e Paul Anthony Samuelson.

Fisiocracia. Uma das escolas precursoras da Economia, embora ainda muito influenciada pela Filosofia, Ética e Religião. Teve seu apogeu entre 1760 e 1770. Os fisiocratas preocupavam-se com a questão da repartição do produto entre os setores da atividade e enfatizavam as leis naturais do universo que condicionariam as relações econômicas. Seu principal expoente foi o médico francês François Quesnay, provavelmente, o principal responsável pelo uso, em Economia, de termos como fluxos, órgãos e circulação.

Flutuação suja ou *dirty floating*. Mesmo no regime de taxa de câmbio flutuante, o Banco Central, como principal agente do mercado, tanto na compra como na venda de divisas, consegue manter a taxa de câmbio nos níveis por ele desejados.

Fluxo circular de renda. Fluxo que se estabelece entre as unidades produtoras e unidades apropriadoras de renda, no mercado de bens e serviços e no mercado de fatores de produção.

Função de produção. Relação técnica entre a quantidade física de fatores de produção e a quantidade física do produto em determinado período de tempo.

Funções da moeda. Meio ou instrumento de troca; unidade de medida (ou unidade de conta); reserva de valor.

Funções do Banco Central. Banco emissor; banco dos bancos; banco do governo; banco depositário das reservas internacionais.

Grau de monetização. Relação entre M1/M4, ou seja, entre moeda que não rende juros (moeda com o público e depósitos à vista) M1, sobre o total dos meios de pagamento, que inclui aplicações que rendem juros (M4).

Hiato recessivo. Insuficiência da demanda agregada em relação à oferta agregada de pleno emprego. Tem-se uma situação de desemprego de recursos. Mostra de quanto a demanda agregada deve ser aumentada para que possa atingir o equilíbrio de pleno emprego.

Hiato inflacionário. Excesso de demanda agregada em relação à oferta agregada de pleno emprego. Tem-se aqui uma inflação de demanda. Mostra de quanto a demanda deve cair para restabelecer o equilíbrio de pleno emprego.

Homogeneidade (produto homogêneo). Acontece quando todas as firmas oferecem um produto semelhante, homogêneo. Não há diferenças de embalagem e qualidade do produto nesse mercado.

IDH – Índice de Desenvolvimento Humano. Índice criado pelas Nações Unidas para comparar o grau de desenvolvimento humano dos países. É uma média de três índices: índice de expectativa de vida ao nascer, índice de educação (ponderação entre a taxa de alfabetização de adultos e taxa de escolaridade) e índice da Renda Nacional Bruta (RNB) *per capita*.

Imposto *ad valorem*. Imposto indireto, com alíquota (percentual) fixada e com valor (em $) variando de acordo com o preço da mercadoria.

Imposto de Pigou ou Imposto Pigouviano. Nome devido ao economista inglês A. C. Pigou. Quando o custo social supera o custo privado (ou seja, externalidade negativa), propõe a internalização dessa externalidade, por meio da cobrança de imposto.

Imposto específico. Imposto indireto, com valor (em \$) fixado, independentemente do preço da mercadoria.

Imposto inflacionário. Espécie de taxação que o Banco Central impõe à coletividade pelo fato de deter o monopólio das emissões e nunca ter perda de poder de compra, mesmo com inflação elevada.

Imposto sobre a renda. A incidência ocorre sobre os fluxos de rendimento, mensais e de ajuste anual.

Imposto sobre a riqueza (patrimônio). A base tributária é o estoque acumulado de riqueza sob a forma de patrimônio.

Imposto sobre vendas de mercadorias e serviços. O fato gerador é a compra e venda de mercadorias e serviços.

Incidência tributária. É a carga ou proporção do imposto paga efetivamente pelos consumidores e pelos produtores.

Índice da carga tributária líquida. Porcentagem do total de impostos diretos e indiretos, excluídas as transferências e subsídios ao setor privado, em relação ao PIB a preços de mercado.

Índice de preços. Número que reflete o crescimento dos preços de um conjunto de bens, servindo para medir a taxa de inflação e deflacionar séries monetárias ou nominais.

Índice de Gini. Ver Coeficiente de Gini.

Inflação. Aumento contínuo e generalizado no nível geral de preços.

Inflação de custos. Ocorre quando o nível de demanda agregada permanece o mesmo, mas os custos de produção aumentam, diminuindo a oferta agregada. Também chamada de **inflação de oferta**.

Inflação de demanda. Diz respeito ao excesso de demanda agregada, em relação à produção disponível (oferta agregada) de bens e serviços.

Inflação inercial. Inflação decorrente dos reajustes de preços e salários provocada pelo mecanismo de indexação ou de correção monetária.

Informação assimétrica. Ver Assimetria de informações.

Injeções de renda. Todos os recursos que são injetados no fluxo básico de renda, e que não são originados da venda de bens de consumo às famílias. É o caso do investimento agregado, dos gastos do governo e das exportações.

Institucionalistas. Criticam o alto grau de abstração da teoria econômica e o fato de ela não incorporar em sua análise as instituições sociais. Seus grandes expoentes são John Kenneth Galbraith e Thorstein Veblen.

Investimento agregado ou taxa de acumulação de capital. É o aumento da capacidade produtiva da economia em dado período. É o gasto em bens que permitirão o aumento do consumo e do fluxo de renda futuro. Seus componentes são máquinas, equipamentos e construções (investimentos em bens de capital, ou formação bruta de capital fixo) e variações de estoques.

Jogo cooperativo. Os jogadores negociam contratos que sejam obrigados a cumprir, e que lhes permitam estratégias conjuntas. Por exemplo, grupos de empresas formulam acordos de cooperação na disputa com outros grupos.

Jogo de lance único (*one shot game*). As partes envolvidas jogam apenas uma vez.

Jogo não cooperativo. Situação na qual não é possível negociar e implementar contratos para que os jogadores sejam obrigados a cumprir. Por exemplo, duas empresas concorrentes tomam suas decisões de preço e propaganda independentemente, levando em consideração o provável comportamento do rival.

Jogos repetidos. Jogo pode repetir-se infinitamente. A cooperação pode levar a melhores resultados para os jogadores (agentes).

Jogos sequenciais. Um jogador escolhe sua estratégia primeiro e só depois o outro jogador faz sua escolha. Pode ou não ser vantajoso fazer o primeiro lance.

Lei de Diretrizes Orçamentárias (LDO). Por determinação da Constituição Federal de 1988, o Executivo deve definir a cada ano suas metas e prioridades para o exercício financeiro subsequente, e o faz por meio da Lei de Diretrizes Orçamentárias. Essa lei determina os parâmetros que devem ser observados na elaboração da lei orçamentária anual, dispõe sobre as modificações na legislação tributária e estabelece a política de aplicação das agências oficiais de fomento.

Lei de Say. Princípio criado pelo francês Jean-Baptiste Say, segundo o qual a oferta cria sua própria demanda.

Lei dos rendimentos decrescentes. Ao se aumentar o fator variável (mão de obra), sendo dada a quantidade de um fator fixo, a produtividade marginal do fator variável cresce até certo ponto e, a partir daí, decresce até tornar-se negativa. Vale apenas se mantiver um fator fixo (portanto, só vale no curto prazo).

Lei geral da demanda. A quantidade demandada de um bem ou serviço varia na relação inversa ao preço do próprio bem, *coeteris paribus*.

Lei geral da oferta. A quantidade ofertada de um bem ou serviço varia na relação direta com o preço do próprio bem, *coeteris paribus*.

Leis antitruste. Atuam sobre a formação de preços em mercados monopolizados e oligopolizados, e sobre a conduta das empresas.

Liberalismo. Corrente econômica surgida no século XVIII, que acredita que os mercados, sem interferência do governo, como que guiados por uma "mão invisível", conduzem a economia ao pleno emprego.

Longo prazo. Período de tempo no qual todos os fatores de produção variam, ou seja, não existem mais fatores fixos.

Lucro extraordinário. Uma vez que os custos totais já incluem os lucros normais (a remuneração do empresário, ou seu custo de oportunidade), ocorrerão lucros extraordinários quando as receitas totais forem superiores aos custos totais.

Lucro normal. Remuneração do empresário, medida pelo custo de oportunidade de estar empregando seus recursos em dada atividade, e não em uma alternativa. Nas curvas de custo, a teoria econômica incorpora os custos de oportunidade associados aos insumos, ou seja, remuneram-se todos os fatores de produção de propriedade do empresário.

M1. Moeda em poder do público + depósitos à vista nos bancos comerciais.

M2. M1 + depósitos de poupança + títulos privados (depósitos a prazo, letras cambiais, hipotecárias e imobiliárias).

M3. M2 + fundos de renda fixa + operações compromissadas com títulos federais.

M4. M3 + títulos públicos federais, estaduais e municipais.

Macroeconomia. Estudo da determinação e do comportamento dos grandes agregados, como PIB, consumo nacional, investimento agregado, exportação e nível geral dos preços.

Mais-valia. Conceito criado por Marx, referente à diferença entre o valor das mercadorias que os trabalhadores produzem e o valor da força de trabalho vendida aos capitalistas. Os lucros, juros e aluguéis, que são rendimentos da propriedade, representam a expressão da mais-valia.

Mão invisível. A base do pensamento liberal da escola clássica: milhões de consumidores e milhares de empresas, sozinhos, como que guiados por uma mão invisível, encontram a posição de equilíbrio nos vários mercados, sem intervenção do Estado. É o *laissez-faire*.

Marcha para o amadurecimento. Etapa do processo de desenvolvimento em que a moderna tecnologia se estende dos setores líderes, que impulsionaram o arranco, para outros setores.

Marginalismo. Base do pensamento neoclássico. Os conceitos de margem (como utilidade marginal, receita marginal e custo marginal) são mais relevantes para a tomada de decisões por parte de consumidores e empresários do que os conceitos de média (como produtividade média e custo médio).

Mark-up. Margem da receita de vendas (faturamento) sobre os custos diretos de produção.

Marxistas. Escola baseada nos trabalhos de Karl Marx, desenvolvidos na segunda metade do século XIX. Fazem uma crítica ao capitalismo, observando que o desenvolvimento tecnológico em regimes capitalistas levaria à marginalização dos trabalhadores. Fundamentam sua análise a partir da luta entre capitalistas e trabalhadores.

Matriz insumo-produto ou de relações intersetoriais. Sistema de contabilidade social, criado pelo economista russo Wassily Leontief, que mostra todas as transações agregadas de bens intermediários e de bens finais da economia em determinado período.

Matriz de *payoffs*. Resultados possíveis de um jogo estratégico entre dois ou mais agentes (jogadores).

Maximizar lucro total. Corresponde ao volume de produção em que a receita marginal (RMg) = custo marginal (CMg).

Meios de pagamento. Estoque de moeda disponível para uso do setor privado não bancário, a qualquer momento (ou seja, de liquidez imediata). É composto pela moeda em poder do público (moeda manual) e pelos depósitos à vista nos bancos comerciais (moeda escritural).

Mercado atomizado. Aquele com inúmeros vendedores e compradores (como "átomos"), de forma que um produtor isolado não tem condições de afetar o preço de mercado. Assim, o preço de mercado é um dado fixado para a empresa, sendo determinado no mercado pela ação conjunta de ofertantes e consumidores.

Mercado de derivativos. Mercado no qual a formação de seus preços deriva dos preços de outros ativos no mercado à vista. Inclui os mercados futuros, mercado a termo, *swaps* de câmbio e juros.

Mercado relevante. É o que identifica o conjunto de agentes econômicos (consumidores e produtores) que efetivamente limitam as decisões referentes a preços e quantidades produzidas pela empresa. Dentro desse mercado, a reação dos consumidores e produtores a mudanças nos preços relativos, isto é, o grau de substituição entre os produtos ou fontes de produtores, é maior do que fora dele.

Mercados futuros. Compromissos de compra e venda, a preços determinados, para uma data futura.

Mercantilistas. Praticamente os precursores do estudo econômico sistematizado. Apesar de não apresentarem um conjunto analítico homogêneo, tinham preocupações explícitas sobre a acumulação de riquezas, sobre comércio exterior e sobre a moeda. Enfatizaram o poder do Estado, considerando que o governo de um país seria mais forte e poderoso quanto maior fosse seu estoque de metais preciosos. Seus principais expoentes são William Petty e Cantillon.

Meta de inflação (*inflation target*). Meta fixada de taxa de inflação, que as autoridades monetárias comprometem-se a atingir, no médio e longo prazos (no Brasil, para o próprio ano e o ano seguinte, limitadas a uma variação de 2% para cima ou para baixo).

Microeconomia (ou teoria de preços). Estudo do comportamento de consumidores e produtores em mercados específicos, preocupando-se com o modo de determinação dos preços e das quantidades dos bens e serviços nesses mercados.

Modelo clássico de oligopólio (ou modelo neoclássico). O objetivo da empresa é maximizar o lucro total (ou seja, igualar a receita marginal ao custo marginal).

Modelo de Harrod-Domar. Nome devido aos economistas Roy Harrod (inglês) e Evsey Domar (norte-americano). É um dos primeiros modelos a tentar identificar matematicamente os fatores que afetam o crescimento econômico de um país. Segundo esse modelo, a taxa de crescimento de um país depende fundamentalmente da taxa de poupança e da relação produto-capital.

Modelo de *mark-up*. Trata-se de um modelo de oligopólio, em que o objetivo da firma é maximizar o *mark-up* e não os lucros. Esse modelo parte do pressuposto de que as firmas conhecem melhor seus custos de produção do que a demanda do produto, razão pela qual o preço do produto é fixado a partir de uma margem sobre os custos diretos de produção (*mark-up*).

Modelo de Solow. Nome devido ao economista norte-americano Robert Solow. Trata-se de um modelo de crescimento econômico que, utilizando função de produção, permite identificar os fatores de crescimento do PIB *per capita* de um país no longo prazo, que depende basicamente da expansão da quantidade de capital (K) e da ocorrência de progresso tecnológico (T).

Moeda. Objeto de aceitação geral utilizado na troca de bens e serviços. Sua aceitação é garantida por lei (ou seja, a moeda tem "curso forçado" e sua única garantia é a legal).

Moeda escritural. Total de depósitos à vista nos bancos comerciais. Também chamada de moeda bancária.

Moeda manual. Total de moeda em poder do público (empresas privadas e pessoas físicas).

Monetarismo. Corrente que considera que os instrumentos de política monetária são mais eficazes no combate à inflação e ao desemprego. No Brasil, essa corrente defende que a principal causa da inflação é o desequilíbrio das contas públicas. Também chamada **ortodoxa** ou **neoliberal**.

Monetaristas. Corrente econômica que enfatiza o papel da política monetária, que seria menos intervencionista do que a política fiscal. São também liberais, no sentido de que a atuação do Estado deve ser direcionada para o fornecimento de bens públicos, como educação, saúde, justiça, segurança. Seu principal representante é Milton Friedman.

Monopólio. Estrutura de mercado com uma única empresa, produto sem substitutos próximos e em que existem barreiras à entrada de novas firmas.

Monopólio bilateral. Forma de mercado em que um monopsonista, na compra de um insumo, defronta com um monopolista na venda desse insumo. Por exemplo, uma única fábrica em uma cidade do interior (monopsonista na compra) que defronta com um único sindicato de trabalhadores (monopolista na venda).

Monopólio puro ou natural. Mercado em que as empresas apresentam elevadas economias de escala, o que lhes permite produzir a custos unitários de produção muito baixos e vender seu produto a preços que inviabilizam a entrada de novas firmas no mercado.

Monopsônio. Único comprador defronta com muitos vendedores de fatores de produção.

Moral hazard **(Risco Moral).** Uma vez formalizado um contrato, uma das partes passa a tomar ações indesejáveis sob o ponto de vista contratual, ações essas que não são observadas pela outra parte.

Movimento de capitais. Parte do balanço de pagamentos relativa às transações com capitais internacionais, físicos ou monetários. Compõe-se dos seguintes itens: investimentos diretos, reinvestimentos, empréstimos e financiamentos autônomos e amortizações.

Multiplicador da base monetária. Variação dos meios de pagamento, dada uma mudança no saldo da base monetária. A variação dos meios de pagamento é um múltiplo da variação da base monetária. É também chamado simplesmente de multiplicador monetário.

Multiplicador keynesiano de gastos. Variação da renda nacional, dada uma variação autônoma em algum dos componentes da demanda agregada (consumo, investimento, gastos do governo, tributação, exportações ou importações). A renda nacional varia em um múltiplo da variação de algum elemento autônomo da demanda agregada.

Neoclássicos. Corrente econômica que se desenvolveu a partir da segunda metade do século XIX e início do século XX. Partindo de princípios liberais (economia de mercado), foi responsável por consolidar a formalização analítica em Economia e pelo uso intensivo da Matemática. A preocupação principal era com a alocação ótima de recursos. Criou a teoria do valor-utilidade, pela qual o preço dos bens é formado a partir do grau de satisfação que o consumidor espera obter do bem, contrapondo-se à teoria do valor-trabalho, pela qual o valor dos bens seria derivado do lado da oferta, ou dos custos da mão de obra. Seus principais expoentes são Alfred Marshall, Leon Walras, Vilfredo Pareto, Joseph Schumpeter e Francis Edgeworth, entre outros.

Nova Matriz Macroeconômica. Política desenvolvimentista, com estímulos à atividade econômica por meio do aumento dos gastos públicos, adotada em 2012 no Governo Dilma Rousseff. Também é conhecida como Nova Matriz Econômica.

Oferta. Quantidade de determinado bem ou serviço que os produtores desejam vender, em dado período de tempo.

Oligopólio. Estrutura de mercado com pequeno número de empresas que dominam o mercado, sendo que existem barreiras à entrada de novas empresas.

Oligopsônio. Poucos compradores defrontam com muitos vendedores do fator de produção.

Open market **ou mercado aberto.** Mercado de compra e venda de títulos públicos.

Orçamento da seguridade social. Compreende todas as entidades e órgãos vinculados ao Executivo, da saúde, Previdência Social e assistência social. É parte do Orçamento Geral da União.

Orçamento Geral da União. É formado pela soma do orçamento fiscal, orçamento das estatais, orçamento da seguridade social e renúncias fiscais.

Orçamento público moderno. A partir da década de 1930, o Estado começou a abandonar a neutralidade econômica que caracterizava o pensamento liberal e passou a intervir para corrigir distorções do sistema econômico e estimular programas de desenvolvimento. Desde então, as alterações orçamentárias começaram a ter grande importância.

Orçamento público tradicional. A principal função do **orçamento tradicional** era disciplinar as finanças públicas e possibilitar aos órgãos de representação um controle político sobre o Executivo. O orçamento estava a serviço da concepção do Estado liberal, que tinha por finalidade manter o equilíbrio nas contas públicas. Nesse tipo de orçamento, o aspecto econômico não estava em primeiro plano. As contas públicas caracterizavam-se por sua neutralidade e o gasto público não tinha importância significativa em termos econômicos.

Pass-through. Efeito (Repasse Cambial) de variações na taxa de câmbio sobre as taxas de inflação.

Payoff. Resultados possíveis de um jogo estratégico, entre dois ou mais agentes.

Pleno emprego de recursos. Ocorre quando todos os recursos produtivos da economia estão totalmente utilizados, ou seja, não existe capacidade ociosa nem trabalhadores desempregados.

Poder de mercado. Consiste no ato unilateral de uma empresa (ou grupo de empresas) aumentar os preços, ou reduzir quantidades, ou diminuir a qualidade ou a variedade dos produtos ou serviços.

Poder de monopólio. Quando um produtor, ou grupo de produtores, ao trabalhar com capacidade ociosa, coloca no mercado um volume menor de produção, cobrando preços superiores àqueles que seriam praticados se o mercado fosse competitivo.

Política cambial. Refere-se à atuação do governo sobre a taxa de câmbio.

Política comercial. Refere-se a medidas específicas para incentivar ou inibir o comércio exterior. Podem ser de ordem monetária, fiscal ou qualitativas, como a imposição de controles e barreiras a determinadas importações.

Política de gastos públicos. Refere-se a alocação e distribuição dos gastos do setor público.

Política de rendas. Diz respeito à interferência direta do governo na formação de preços, por meio de congelamento de preços e salários, fixação de reajustes salariais etc.

Política fiscal. Controle e administração das contas públicas por meio da política tributária e de gastos.

Política monetária. Refere-se à atuação do governo sobre a quantidade de moeda, crédito e o nível das taxas de juros, com o objetivo de manter a liquidez do sistema econômico.

Política tributária. Refere-se à arrecadação de impostos por meio da manipulação da estrutura e das alíquotas de impostos.

Políticas heterodoxas. Termo associado a políticas implementadas no Brasil a partir de 1986, que localizam nos mecanismos de indexação a causa principal da inflação no país.

Pós-keynesianos. Corrente que promoveu uma releitura da obra de Keynes, procurando demonstrar que esse autor não desprezou o papel da moeda no sistema econômico. Enfatizam o papel da especulação financeira em Keynes e defendem que o governo deve intervir na atividade econômica quando necessário. Seus expoentes são Joan Robinson, Hyman Minsky, Paul Davidson e Alessandro Vercelli.

Poupança agregada. Parcela da renda nacional não consumida no período; isto é, da renda gerada, parte não é gasta em bens de consumo no período.

Poupança externa. Saldo do balanço de transações correntes (BTC), com sinal trocado. Se o saldo do BTC é negativo, isso indica que o país aumentou seu endividamento externo, em termos financeiros, mas tem poupança externa positiva, pois absorveu bens e serviços em termos reais do exterior. Se o saldo do BTC é positivo, significa uma poupança externa negativa.

Preço absoluto. É o preço específico de determinado bem ou serviço.

Preços relativos. É o preço de um bem comparado com os preços de outros bens.

Princípio da anualidade. Princípio legal pelo qual todo tributo só pode ser cobrado no ano seguinte ao de sua criação. Chamado anteriormente de **princípio da anterioridade**.

Princípio da capacidade de pagamento. Segundo este princípio tributário, os agentes (famílias, firmas) deveriam contribuir com impostos de acordo com sua capacidade de pagamento.

Princípio da demanda efetiva. Princípio criado por Keynes e pelo polonês Michal Kalecki: a demanda agregada é que determina as variações do produto e da renda no curto prazo. Inverte a Lei de Say, que propunha que a oferta agregada é que seria determinante.

Princípio da discriminação ou especialização. Segundo este princípio orçamentário, receitas e despesas devem aparecer no orçamento de maneira discriminada, de forma que fiquem claras a origem e a destinação dos recursos.

Princípio da equidade. Um tributo, além de ser neutro, deve ser equânime, no sentido de distribuir seu ônus de maneira justa entre os indivíduos. A equidade pode ser avaliada sob outros dois princípios: princípio do benefício e princípio da capacidade de pagamento.

Princípio da exclusividade. Por este princípio, o orçamento deve conter exclusivamente matérias de natureza orçamentária. Este princípio visa impedir que o orçamento seja utilizado como meio de aprovação de outras matérias que não dizem respeito às questões financeiras.

Princípio da não vinculação das receitas. Este princípio orçamentário impede a vinculação de receitas, ou seja, nenhuma parte da receita poderá estar vinculada a determinados gastos.

Princípio da neutralidade. Este princípio tributário ocorre quando os tributos não alteram os preços relativos, minimizando sua interferência nas decisões econômicas dos agentes de mercado.

Princípio da racionalidade. Diz que os agentes econômicos sempre procuram maximizar, seja o lucro, no caso dos empresários, seja a satisfação (utilidade), no caso dos consumidores.

Princípio da unidade. Trata-se de um princípio orçamentário, que diz que cada entidade pública financeiramente autossuficiente deve possuir apenas um orçamento. As unidades financeiramente autossuficientes são as que não dependem de recursos do Tesouro para sua manutenção.

Princípio da universalidade. De acordo com este princípio, o orçamento precisa conter todas as despesas e receitas do Estado.

Princípio do benefício. Segundo este princípio tributário, um tributo é justo quando cada contribuinte paga ao Estado um montante diretamente relacionado com os benefícios que recebe do governo. Isto é, o indivíduo paga o tributo de maneira a igualar o preço do serviço recebido ao benefício marginal que ele recebe com sua produção.

Princípio do equilíbrio. Neste princípio reside a diferença entre o orçamento tradicional e o moderno. Para os economistas clássicos, o equilíbrio orçamentário era fundamental, pois o déficit público, caso ocorresse, deveria ser coberto por recursos da atividade produtiva. A partir da década de 1930, com o advento da teoria keynesiana, o gasto público adquire a função de estabilizador da economia.

Princípio do orçamento bruto. O orçamento deve conter todas as parcelas da receita e da despesa em valores brutos, sem nenhuma dedução. Essa regra impede a inclusão de importâncias líquidas (saldos positivos ou negativos).

Princípios orçamentários. Coleção de regras que têm por finalidade aumentar a coerência e a efetividade do orçamento.

Processo de produção (ou método de produção). Caracteriza-se como diferentes combinações dos fatores de produção a um dado nível de tecnologia.

Procura (ou demanda). Quantidade de determinado bem ou serviço que o consumidor deseja adquirir, em dado período de tempo.

Produção. Processo pelo qual uma firma transforma os fatores de produção adquiridos em produtos ou serviços para a venda no mercado.

Produtividade marginal. Variação do produto, dado um aumento de uma unidade no fator de produção. Por exemplo, a produtividade marginal da mão de obra é a variação da quantidade produzida dada a alteração de uma unidade na quantidade de mão de obra utilizada.

Produtividade média. Relação entre o nível do produto e a quantidade do fator de produção. Por exemplo, a produtividade média da mão de obra (ou produto por trabalhador) é a relação entre a quantidade produzida e o número de trabalhadores empregados.

Fundamentos de Economia

Produto Interno Bruto (PIB). Renda devida à produção dentro dos limites territoriais do país.

Produto nacional. Valor de todos os bens e serviços finais produzidos em determinado período de tempo.

Produto Nacional Bruto (PNB). Renda que pertence efetivamente aos residentes do país. É o PIB mais a renda líquida do exterior (dada pela diferença entre a renda recebida e a renda enviada, na forma de juros, lucros, *royalties* e assistência técnica).

Produto Nacional Líquido (PNL). Produto nacional bruto menos a depreciação.

Produto (renda) nominal. Produto medido a preços correntes do período. O mesmo que produto (renda) monetário.

Produto (renda) real. Produto medido a preços constantes de determinado ano (chamado ano-base), ou seja, é o produto deflacionado, donde se retirou o efeito da inflação.

Produto Total (PT). Quantidade total produzida em um dado período de tempo.

Propensão marginal a consumir. Variação do consumo agregado dada uma variação da renda nacional.

Propensão marginal a poupar. Variação da poupança agregada dada uma variação da renda nacional.

Propensão média a consumir. Relação entre o nível de consumo agregado e o nível de renda nacional (ver item 10.4.1).

Propensão média a poupar. Relação entre o nível de poupança agregada e o nível de renda nacional (ver item 10.4.2).

Quase-moeda. São ativos que têm alta liquidez, embora não imediata, e que rendem juros.

Receita Marginal (RMg). Acréscimo na receita total, decorrente da venda de uma unidade adicional na quantidade vendida do bem.

Redesconto de liquidez ou comum. Empréstimo do Banco Central aos bancos comerciais, quando de eventual déficit na conta de compensação de cheques.

Redesconto especial ou seletivo. Montante de recursos que o Banco Central coloca à disposição dos bancos comerciais com o objetivo de incentivar setores específicos da economia.

Relação produto-capital. Relação entre a variação da renda nacional e a variação no estoque de capital da economia. Mostra quantas unidades de renda podem ser produzidas por uma unidade de capital. Também chamada de **produtividade marginal do capital**.

Relação Dívida/PIB. Relação entre a dívida pública bruta e o PIB do país. Sua trajetória indica o grau de sustentabilidade da dívida. É um indicador de risco-país.

Renda enviada ao exterior (RE). Parte do que foi produzido internamente não pertence aos que vivem no país, principalmente o capital e a tecnologia. A remuneração desses fatores vai para fora, na forma de remessa de lucros, *royalties*, juros e assistência técnica.

Renda líquida do exterior. Remuneração dos ativos, de acordo com o país de origem. É a diferença entre a renda recebida do exterior e a renda enviada ao exterior, na forma de lucros, juros, *royalties* e assistência técnica. Também chamada de **serviços de fatores**. No Brasil é chamada de **renda líquida enviada ao exterior**.

Renda nacional. Soma dos rendimentos pagos aos fatores de produção (salários, juros, aluguéis e lucros) em dado período.

Renda pessoal disponível. Toda renda recebida pelas famílias, e que fica disponível para gastar ou poupar. É dada pela renda nacional (renda nacional líquida a custo de fatores) mais as transferências do governo, menos os lucros não distribuídos pelas empresas, os impostos diretos, as contribuições previdenciárias, e outras receitas do governo (como taxas e multas).

Renda recebida do exterior (RR). Renda enviada do exterior para o Brasil pelas empresas que produzem em outros países.

Rendimentos constantes de escala. Se todos os fatores crescem em dada proporção, a produção cresce na mesma proporção. As produtividades médias dos fatores de produção permanecem constantes.

Rendimentos crescentes de escala (ou economias de escala). Se todos os fatores de produção crescem em uma mesma proporção, a produção cresce em uma proporção maior. Isso ocorre porque empresas com maiores plantas permitem maior especialização de tarefas (melhor divisão do trabalho) e porque certas unidades de produção só podem ser operadas a partir de um nível mínimo de produção (as chamadas indivisibilidades na produção).

Rendimentos decrescentes de escala (ou deseconomias de escala). Se todos os fatores de produção crescem em uma mesma proporção, a produção cresce em uma proporção menor. A expansão da empresa pode provocar descentralização e acarretar problemas de comunicação entre a direção e as linhas de produção.

Reservas compulsórias ou obrigatórias. Parcela dos depósitos à vista que os bancos comerciais são obrigados legalmente a reter no Banco Central. Também chamadas depósitos ou encaixes compulsórios, ou simplesmente compulsório.

Reservas totais dos bancos comerciais. É a soma das reservas de caixa, reservas obrigatórias e reservas voluntárias no Banco Central.

Reservas voluntárias ou livres. São contas dos bancos comerciais no Banco Central para atender a seu movimento de caixa e compensação de cheques. Também chamadas depósitos ou encaixes voluntários.

Risco moral (ou perigo moral). Ver *Moral hazard*.

Salário de subsistência. Corresponde ao nível de salário que visa atender às necessidades básicas de manutenção, em termos de alimentação e moradia, do trabalhador de baixa qualificação.

Securitização. A garantia (os recebíveis) para as instituições financeiras (aplicadores, como fundos, bancos de investimento) era o pagamento das hipotecas imobiliárias. São títulos garantidos por um fluxo de pagamentos futuro. O emissor desses títulos antecipa os recursos, vendendo o papel para os investidores que, no caso, são as hipotecas.

Seleção adversa. Ocorre quando há assimetria de informações, quando os compradores selecionam de maneira incorreta determinados bens e serviços no mercado.

Serviços de fatores. Correspondem aos itens do balanço de serviços que representam remuneração a fatores de produção externos, ou seja, é a própria renda líquida do exterior, que corresponde à soma de lucros, juros, *royalties* e assistência pagos e recebidos do exterior.

Serviços de não fatores. Correspondem aos itens do balanço de serviços referentes a pagamentos a empresas estrangeiras, na forma de fretes, seguros, transporte, viagens etc.

Sisbacen – Sistema de Informações do Banco Central. É um sistema eletrônico de coleta, armazenagem e troca de informações, que liga o Banco Central aos agentes do Sistema Financeiro Nacional. O registro de todas as operações de câmbio realizadas é obrigatório no Brasil; por esse motivo, o Sisbacen é o principal elemento de que dispõe o Banco Central para monitorar e fiscalizar o mercado de câmbio.

Sistema de concorrência pura. Neste sistema, o encontro do ponto de equilíbrio entre consumidores e produtores é feito pelo mercado (sem a interferência do governo) por meio do mecanismo de preços. É a base da filosofia liberal.

Sistema de contas nacionais. Sistema de contabilidade social criado pelo economista inglês Richard Stone, que considera apenas as transações com bens e serviços finais. Utiliza o método contábil das partidas dobradas e consiste em quatro contas básicas (PIB, renda nacional disponível, capital e transações com o resto do mundo) e em uma conta complementar (conta corrente das administrações públicas).

Sistema de economia mista. Sistema predominantemente de economia de mercado, mas com a participação direta do Estado, com o objetivo de eliminar distorções alocativas e distributivas que o mercado sozinho não tem condições de resolver.

Substituição de importações. Estratégia de desenvolvimento econômico com base no estabelecimento de barreiras às importações de produtos que a indústria nacional tem condições de produzir.

Taxa de câmbio. Preço da moeda (ou divisa) estrangeira (reais por dólares, reais por euros etc.).

Taxa de câmbio fixa. Ocorre quando o Banco Central mantém a taxa fixa por certo período, independentemente da oferta e da demanda de divisas.

Taxa de câmbio flutuante (ou flexível). Taxa de câmbio que varia conforme variam a oferta e a demanda de divisas. É a taxa de equilíbrio do mercado de divisas.

Taxa de reservas bancárias. Relação entre as reservas totais dos bancos comerciais e os depósitos à vista (ver item 11.3.3).

Taxa de retenção do público. Relação entre o total da moeda em poder do público e os depósitos à vista. Também pode ser definida como a relação entre o total da moeda em poder do público e o saldo dos meios de pagamento.

Tecnologia. Inventário dos métodos de produção conhecidos. É o "estado da arte".

Teorema de Coase. Nome devido ao advogado norte-americano Ronald Coase, Prêmio Nobel de Economia de 1991. Analisando os impactos econômicos dos efeitos colaterais (externalidades) positivos ou negativos do consumo ou da produção de um indivíduo sobre outro, postula que, independentemente de quem seja o "dono" dos direitos de propriedade, desde que estejam definidos, se os custos de chegar a um acordo entre as duas partes (custos de transação) são baixos, esse acordo seria melhor para ambas as partes (sociedade) do que um processo judicial.

Teorema do orçamento equilibrado. Se o governo efetuar gastos no mesmo montante dos impostos recolhidos (isto é, se o orçamento estiver equilibrado), o nível de renda nacional aumentará no mesmo montante do aumento nos gastos e nos impostos. Também chamado de **teorema do multiplicador unitário** ou ainda **teorema de Haavelmo**.

Teoria de produção. Refere-se às relações tecnológicas e físicas entre a quantidade produzida e a quantidade de insumos utilizados na produção.

Teoria do bem-estar ou *welfare*. Estuda como alcançar soluções socialmente eficientes para o problema da alocação e distribuição dos recursos, isto é, encontrar a alocação ótima de recursos.

Teoria dos custos. Parte da teoria microeconômica que analisa as relações entre os preços dos insumos e a produção física.

Teoria dos Jogos. Estudo do comportamento das pessoas ou empresas em situações estratégicas. Ao decidir quais ações tomar, os agentes consideram de que modo os outros poderiam responder a tais ações.

Teoria quantitativa da moeda. Dada pela expressão $MV = Py$, em que M é a quantidade de moeda; V é a velocidade-renda da moeda; P é o nível geral de preços; e y é a renda nacional (PIB), sendo Py a renda nominal. Ela mostra que, multiplicando o estoque de moeda pela velocidade com que a moeda cria renda, tem-se o total da renda nominal.

Trade-off. Expressão utilizada para definir a tendência à relação inversa ("troca") entre taxas de inflação e taxas de desemprego: maior o desemprego, menor a inflação; e menor o desemprego, maior a inflação.

Transferências unilaterais. Item do balanço de pagamentos em que são lançados os donativos recebidos e enviados a outros países, seja em mercadorias, seja em donativos financeiros. Também chamadas de donativos.

Transparência do mercado. Os consumidores e os vendedores conhecem tudo sobre o mercado (preços, lucros etc.).

Tributo direto. Incide diretamente sobre a renda das pessoas (por exemplo: imposto de renda).

Tributo indireto. Incide sobre o preço das mercadorias (por exemplo: ICMS, IPI). Também chamado imposto de venda, pode ser específico e *ad valorem*.

Tributo progressivo. Quanto maior o nível de renda, maior a proporção paga do imposto em relação à renda.

Tributo proporcional ou neutro. A proporção arrecadada do imposto permanece constante para todos os níveis de renda.

Tributo regressivo. Quanto maior o nível de renda, menor a proporção paga do imposto relativamente à renda.

Utilidade marginal. Acréscimo do grau de satisfação (ou de utilidade) do consumidor, ao adquirir uma quantidade adicional de um bem ou serviço.

Utilidade total. É o grau de satisfação do consumidor.

Valor adicionado. Consiste em calcular o que cada ramo de atividade adicionou ao valor do produto final, em cada etapa do processo produtivo. É dado pela diferença entre o valor bruto da produção (receita de vendas) e as compras de bens intermediários (matérias-primas e componentes).

Variação na demanda. Deslocamento da curva da demanda devido a alterações no preço de outros bens (substitutos ou complementares), na renda do consumidor ou nas preferências do consumidor.

Variação na oferta. Deslocamento da curva de oferta devido a alterações no preço de outros bens (substitutos na produção), no custo dos fatores de produção, na tecnologia ou nos objetivos empresariais.

Variação na quantidade demandada. Movimento ao longo da própria curva de demanda devido à variação do preço do próprio bem, supondo todas as demais variáveis constantes.

Variação na quantidade ofertada. Movimento ao longo da própria curva de oferta, devido à variação do preço do próprio bem, supondo todas as demais variáveis constantes.

Vazamentos de renda. Quando parcela da renda recebida pelas famílias (salários, juros, aluguéis e lucros) não é gasta com as empresas nacionais. É o caso da poupança agregada, impostos e importações.

Velocidade-renda da moeda ou velocidade de circulação da moeda. Número de giros que a moeda dá, em certo período, criando renda nacional. É dada pela relação entre a renda nominal (PIB corrente) e o saldo dos meios de pagamento.

Venda casada. O ofertante de determinado bem ou serviço impõe para sua venda a condição de que o comprador também adquira outro bem ou serviço.

Viés da taxa de juros. O Comitê de Política Monetária (Copom) estabelece mensalmente a provável tendência da taxa de juros até a próxima reunião do Comitê. O viés pode ser de alta, de baixa ou neutro (sem viés). Por exemplo, se anunciado um viés de baixa, o presidente do Banco Central pode reduzir a taxa de juros (taxa Selic, de compra e venda de títulos públicos) antes da próxima reunião.

Índice Remissivo

C

Q

R

S